最新版

# はじめての果樹の育て方

監修　高橋栄治

最近、果樹栽培を楽しむ人がふえています。育てる楽しみ、収穫する喜び、そして新鮮な果実を味わうことができるのが人気の理由でしょう。庭があればもちろん、鉢やコンテナに植えれば、玄関先やベランダでも育てることができ、赤やオレンジなどの美しい果実は、観賞用としてもよいものです。

本書は、既刊の新実用BOOKS『はじめての果樹づくり』に、新しい知見を加えた最新の改訂版です。鉢やコンテナでの育て方、小さなスペースで手軽に楽しむことができる人気のベリー類の育て方を、詳しく解説しました。収穫した果実の利用法も、おいしいジュースやスイーツのつくり方などを新たに紹介しました。とりあげた果樹の配列も、わかりやすいように変えてあります。それぞれの種類の育て方は、写真やイラストを使って、わかりやすく説明してあります。これから果樹づくりを始めようとしている人はもちろん、すでに果樹を育てている人にも最適の、果樹栽培の入門書です。

最新版
# はじめての果樹の育て方

## わが家で育てる果樹の楽しみ



## 鉢植えで楽しむ果樹栽培



## 人気のベリーを育てよう

## バラ科の果樹を育てよう

## つる性の果樹を育てよう

## 柑橘類の果樹を育てよう



## シンボルツリー果樹を育てよう



## トロピカルフルーツを育てよう

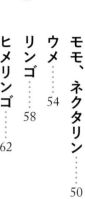

## 収穫後のおいしい利用法



## よりよい収穫をめざす栽培法



コラム

# 本書を読む前に

24～153ページまでの果樹の育て方では、ベリー類をはじめ、バラ科の果樹、つる性の果樹、柑橘類の果樹、シンボルツリー果樹、トロピカルフルーツの6つに分類しています。小さな実がなるベリー類は栽培が容易で初心者向き。バラ科の果樹は果物として流通する種類が多く、育てがいのあるグループです。このほか、つる状に枝を伸ばす果樹や、オレンジなどの柑橘類、庭のシンボルツリーにもなる果樹、熱帯性のトロピカルフルーツなど、育て方や楽しみ方が近い種類をそれぞれにまとめて解説しました。種類別の栽培法のほかに、収穫後の利用法や鉢植えでの育て方、収穫アップをめざす栽培の基本など、果樹づくりに必要な情報をわかりやすく紹介しています。

●タイトル
一般的な名前をタイトルとし、漢字表記をその下に掲げています。
●木の性質　科名／別名
落葉・常緑と、低木～高木またはつる性に分けました。

科名は異論のあるものもありますが、現在の一般的な分類科名に従いました。

別名は、流通名や和名、英名などをあげていますが、あまり使われない名前は掲載していません。
●原産地
原産地がわかると、植物の耐寒性や好む土質など、いろいろな性質がわかります。古くから栽培されている種類では、特定されていないこともありますが、一般的な説をとりました。
●栽培適地
庭植えにする場合、簡単な霜よけ程度で栽培できる地域を、目安としてあげています。記載よりも北、あるいは南方でも条件を整え、品種を選べば育てられることがあります。
●利用法
収穫後の利用方法としてポピュラーなものを、以下の5つのうちからあげています。
■花　花が美しく、観賞用になるものです。食べられるものもあります。
■生食　収穫後そのまま、あるいは追熟して、実を皮ごと食べたり、皮をむいて食べたりするものです。
■薬効　葉や根をせんじたり、実を干したりして薬効成分を利用します。
■加工品　ジャムやコンポート、ドライフルーツなどに加工して食します。
■果実酒　アルコールに実を漬けて色や香り、栄養成分などを利用し、お酒として飲むものです。
●こんな木
果樹のプロフィールとして、自生地の環境、性質などを記載しています。

● Point
栽培のうえで特に気をつけたい作業、収穫を左右する条件などのワンポイント解説です。
●栽培カレンダー
関東平野部の作業の目安を帯で示しました。
■木の状態　開花と収穫、そして剪定をする際に気をつけたい場合は、花芽分化の時期も記載しています。
■庭植えの作業、鉢植えの作業　植えつけ（鉢植えの場合は、植えつけと植えかえ）と人工授粉、剪定、摘果、施肥など、主な作業適期を示しています。
■病害虫　病害虫防除のため、薬剤散布などの対策を行う時期の目安です。
●庭植えのつくり方、鉢植えのつくり方
それぞれのつくり方について、以下のように分けて記載しています。共通項については庭植えのつくり方に入れています。
■品種と苗選び　家庭果樹として栽培しやすく、入手しやすい品種名をあげています。苗選びは病害虫の跡のないもの、接ぎ口のなめらかなものなど、一般的なよい苗選びのほかに、選ぶときに気をつけたい点を必要に応じて入れています。
■植えつけ（植えつけと植えかえ）　土、温度などの条件と特に気をつけたいことを解説しました。
■仕立て方と剪定　収穫しやすい、果樹の性質に合った樹形、そのための剪定方法です。
■施肥　時期と肥料について。分量は木の大きさによるので、190ページを参照してください。
■病害虫対策　食べるためにはできるだけ薬剤を使いたくないのですが、果樹で無農薬栽培はかなり難しく手間がかかります。また、使用する薬剤の種類が法律で決められている種類もあります（193ページ参照）。ここでは、特に対策が必要な病害虫をあげています。
■収穫のための作業
果樹は放任していてはおいしい実にならないどころか、実がつかないこともあります。ここでは、よりよい収穫を上げるために必要な作業などを解説しています。
●こうして実を楽しむ
実ができたら、いよいよ収穫です。いつどうやって収穫したらよいのか、また、収穫後においしく食べるための方法などを記しました。

※写真とイラストについて
掲載している写真は実の特徴、つき方の様子などがわかるものを選んでいるので、必ずしも入手しやすい品種、人気品種とは限りません。

イラストでは主に、植えつけから収穫までの流れを図で示しました。また、実のつき方など、栽培上、知っておきたい事項についても適宜、掲載しています。

# わが家で育てる
# 果樹の楽しみ

冷涼な気候を好み、雨の少ない地域での栽培に適しているサクランボ。春に咲く花も楽しめる。

ブルーベリーは、比較的簡単に栽培することができる家庭果樹の代表。木が大きく育てば、たくさんの果実が収穫できる。

Fruits

# こんなにある家庭果樹のメリット

いまやスーパーやデパートに行けば、さまざまなフルーツが手に入ります。しかし果樹を自分で栽培すると、市販品では得られないメリットがたくさんあります。

まず、おいしい完熟果が味わえることです。生産農家でつくられた作物は、農協から市場、仲買業者、小売店をへて、消費者の手に届きます。こうした流通経路をたどる間に商品価値がなくならないよう、果実は適した熟期よりも早めに収穫されています。これに対して家庭果樹なら、ひとつひとつの果実を見きわめて完熟期に収穫できるので、最もおいしい果実を得ることができるのです。

また、無農薬に近い状態で栽培することも魅力です。実際、無農薬栽培が難しい果樹はたくさんありますが、プロでない限り、見た目の美しさや収穫量にこだわる必要はありません。さまざまな工夫によって市販品よりも安心・安全な果実を味わうことができます。

このほか、家庭果樹では育てる果樹の品種を選ぶ楽しみもあります。一般的に果実の日もちがしないものや、病虫害を受けやすいものなどはあまり流通しません。ところが、その中には食味や香りのすばらしいものがたくさんあります。個性的な品種を見つけて栽培することで、家庭でしか食べられない「わが家の味」が楽しめるようになるのです。

品質がよくておいしい果実を栽培するのは簡単なことではありません。はじめは果実がつかなかったり、大きくならなかったり、あまりおいしくなかったりすることもあるでしょう。しかし、失敗しても毎年少しずつ修正して栽培することで、徐々に安定した収穫が望めます。

家庭の庭や食卓を彩る果実をイメージして、好みの果樹を育ててみましょう。

# 季節の変化も楽しみながら

果樹を育てる楽しみは、おいしい果実を収穫することだけではありません。春の芽吹きや開花、夏の新緑、秋の収穫、紅葉など、季節の中で育つ樹木を観賞することも楽しみのひとつです。

サクランボやモモ、ナシ、ウメ、リンゴなどのバラ科の果樹は、美しい花を咲かせ、春の訪れを知らせてくれます。また、ブルーベリーやジューンベリーなどは、秋にみごとな紅葉が楽しめます。

常緑樹である柑橘類やオリーブは、草花の少ない冬の時期でも庭やベランダを緑でなごませてくれます。スターフルーツやアボカドなど、トロピカルフルーツの鉢植えは、グリーンインテリアとしても冬の室内を彩ってくれます。

果実の収穫はもちろん、開花や紅葉なども、果樹が常によいコンディションであることが大切です。一年をとおして季節を感じながら、栽培を楽しみましょう。

4～5月に咲くリンゴの花。異なる品種を近くに植えて受粉させるとよい。

ドウダンツツジに似るブルーベリーの花。ハチが訪れて受粉のお手伝い。

ナシの花も美しい。授粉用の品種を育て、人工授粉するとよい。

真っ赤に染まるブルーベリーの紅葉。

かわいらしい果実をつける、アルプス乙女。

バラ科の果樹（モモ）

ベリー類（ブラックベリー）

柑橘類の果樹（ミカン）

つる性の果樹（ブドウ）

トロピカルフルーツ（アボカド）

シンボルツリー果樹（カキ）

# 果樹の種類や分類を知ろう

ひと口に果樹といってもさまざまな種類があり、性質も多種多様です。まずは果樹の種類を知っておきましょう。本書では上の6つのグループに分けて果樹を紹介しています。

ブルーベリーやラズベリーなど、小さな果実を楽しめるのがベリー類です。生育が旺盛で育てやすい果樹といえます。モモやサクランボ、リンゴ、ナシなどはバラ科の果樹で、主要となる種類が多いグループ。花木としても観賞価値が高く、比較的病害虫の被害にあいやすい特性もあります。ブドウやキウイ、アケビなどはつるを伸ばして生長する果樹で、フェンスや支柱などに誘引して育てます。オレンジやミカン、レモンなどの柑橘類の果樹は寒さに弱いのが特徴です。このほか、庭の主役として育てたいシンボルツリー的な果樹や、熱帯・亜熱帯に育つトロピカルフルーツなどがあります。

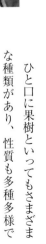

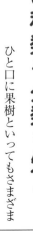

# 果樹には栽培の適地がある

果樹にはそれぞれに適した生育環境があります。環境が合わない場所で栽培するとうまく育ってくれません。じょうずに果樹を育てるためには、育てたい果樹の性質を知って適した環境で栽培することがとても重要です。

庭植えで育てる露地栽培では、地域の環境条件が適合していれば順調に栽培することができますが、栽培適地の環境から離れれば離れるほど、人の手で条件を整えてやらなくてはなりません。たとえば、暑い地域で夏が苦手な果樹を育てるなら、涼しく過ごさせる工夫が必要になります。逆に、寒い地域で冬が苦手な果樹を育てるには、寒風に当てない工夫をしなければなりません。

まずは、各種果樹の耐暑性や耐寒性を理解して、左ページの「果樹栽培の適地マップ」を参考に、住んでいる環境に適した果樹を育てるのがおすすめです。ただし、同じ緯度にある地域でも標高の違いなどで、気象条件にはかなりの差が生まれます。適地マップは、あくまでも目安として参考にしましょう。

さらに、育てる場所の日当たりのぐあいや、土の性質も重要な要素になります。一般的には日当たりと風通しのよい場所を選んで苗木を植えつけます。また、植える場所は、事前に排水性と保水性の高い土に改良し、肥料を施しておくとよいでしょう。

また、世話がややたいへんになりますが、庭植えより鉢植えのほうが幅広い果樹を栽培することが可能になります。その果樹が理想とする気象条件から多少離れていても、季節によって室内や日陰、軒下などに鉢を移動することで、生育環境を調節できるためです。地域の環境に一致しない果樹を育てる場合は、鉢植えにして栽培するとよいでしょう。

サクランボは冷涼な気候を好む。

柑橘類は関東以南が栽培適地。

比較的幅広い地域で栽培できるナシ。栽培適地は東北南部から九州まで。

# 果樹栽培の適地マップ

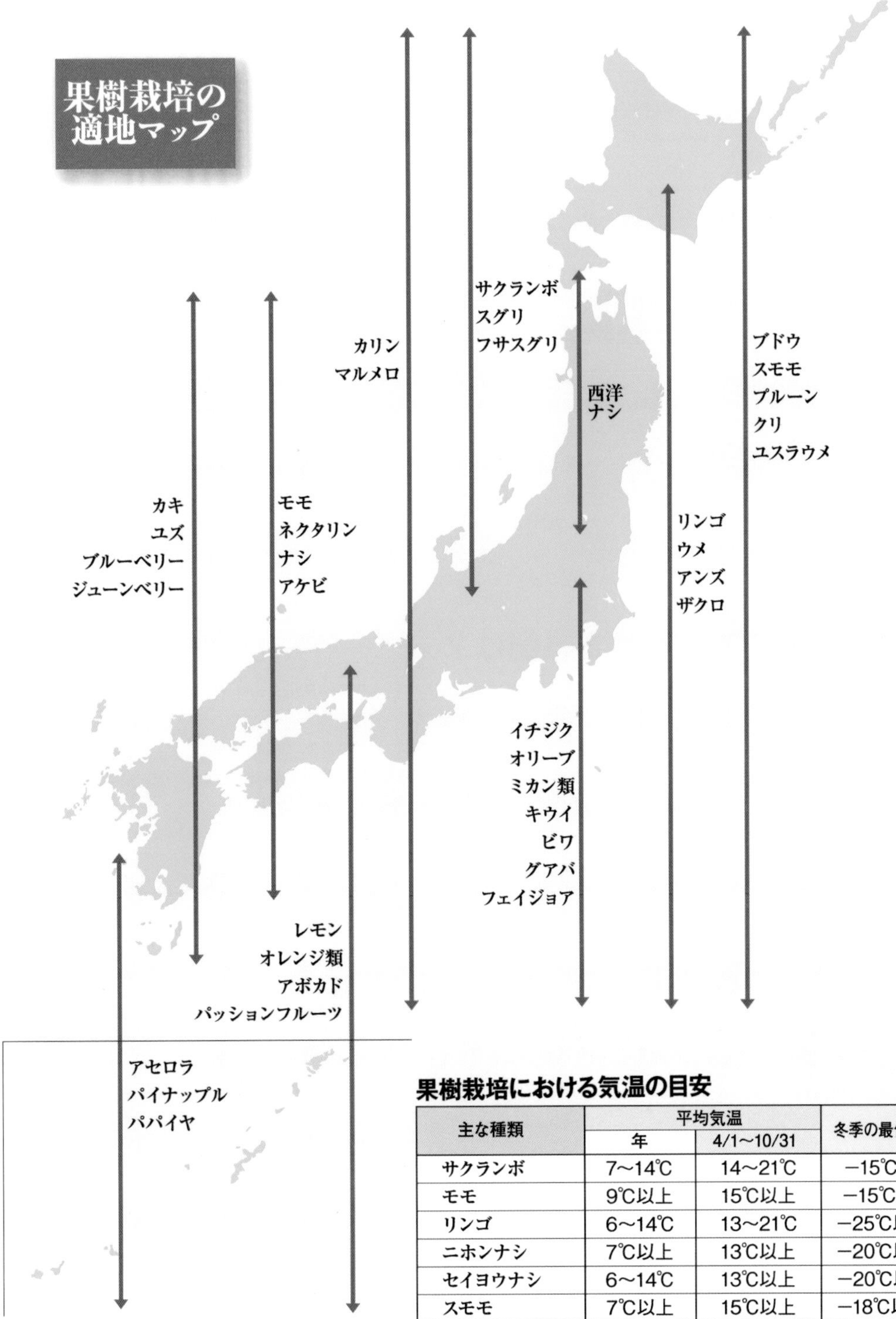

サクランボ
スグリ
フサスグリ
カリン
マルメロ
西洋ナシ
ブドウ
スモモ
プルーン
クリ
ユスラウメ
カキ
ユズ
ブルーベリー
ジューンベリー
モモ
ネクタリン
ナシ
アケビ
リンゴ
ウメ
アンズ
ザクロ
イチジク
オリーブ
ミカン類
キウイ
ビワ
グアバ
フェイジョア
レモン
オレンジ類
アボカド
パッションフルーツ
アセロラ
パイナップル
パパイヤ


| | | |
|---|---|---|
| 札幌 | 年平均気温 | 8.5℃ |
| 東京 | 年平均気温 | 15.9℃ |
| 大阪 | 年平均気温 | 16.5℃ |
| 福岡 | 年平均気温 | 16.6℃ |

## 果樹栽培における気温の目安

| 主な種類 | 平均気温 | | 冬季の最低気温 |
|---|---|---|---|
| | 年 | 4/1〜10/31 | |
| サクランボ | 7〜14℃ | 14〜21℃ | −15℃以上 |
| モモ | 9℃以上 | 15℃以上 | −15℃以上 |
| リンゴ | 6〜14℃ | 13〜21℃ | −25℃以上 |
| ニホンナシ | 7℃以上 | 13℃以上 | −20℃以上 |
| セイヨウナシ | 6〜14℃ | 13℃以上 | −20℃以上 |
| スモモ | 7℃以上 | 15℃以上 | −18℃以上 |
| ブドウ | 7℃以上 | 14℃以上 | −20℃以上 |
| カキ | 13℃以上 | 19℃以上 | −13℃以上 |
| キウイ | 12℃以上 | 19℃以上 | −7℃以上 |
| ウンシュウミカン | 15〜18℃ 〜 −5℃以上 | | |
| オレンジ | 16℃以上 〜 −5℃以上 | | |

（農林水産省調べ）

# 目的別で選ぶ
# おすすめの果樹リスト

家庭で育てられる果樹には、さまざまな種類があります。
もちろん、味わいたい果樹を育てるのがいちばんですが、
次のような目的別で選んでみるのもおすすめです。

## Q 完熟果が市販されない果樹は？

ナシ…………とれたての完熟果は香りが強く、果汁も多い（P.66）
モモ…………完熟した果実は甘い香りがして果汁も多く、果皮がむきやすい（P.50）
スモモ………ほどよく酸味が抜けて、甘みが強くなる（P.68）
キウイ………熟した果実を収穫すると、追熟が短くなる（P.86）
イチジク……完熟すると果肉がやわらかくなり、独特の香りも（P.124）
アボカド……収穫時期を見きわめて、適切に追熟する（P.136）

## Q 比較的、早く実をつける果樹は？

ブルーベリー……………………植えつけたあと、翌年には開花して結実する（P.26）
ラズベリー、ブラックベリー…植えつけの翌夏から開花・結実する（P.32,34）
スグリ、フサスグリ……………植えつけの翌年から果実を収穫することができる（P.36,38）
サクランボ………………………樹形をコンパクトに仕立てれば、早期に結実する（P.64）
ブドウ……………………………鉢植えで栽培すると、早期に結実して収穫できる（P.82）
スダチ……………………………柑橘類の中では成木になるのが早い（P.109）

## Q 1株だけで実をつける果樹は？

ウンシュウミカン…単為結果性が強く、受粉しなくても結実する（P.94）
ビワ…………………自家和合性があり、実がよくなる（P.74）
ブドウ………………人工授粉しなくても実つきがよい（P.82）
ザクロ………………晴れた日に人工授粉すると実つきがよくなる（P.126）

## Q 比較的、病害虫に強い果樹は？

ベリー類……樹勢が強い種類が多く、病虫害は比較的少ない（P.24 ～ 47）
ザクロ………大きなダメージを受けるような病害虫はない（P.126）
ヤマモモ……日本の環境に合う野生種なので丈夫（P.128）
グミ…………目立った病害虫はなく、薬剤の散布もほとんど不要（P.132）

## Q 寒冷地でも丈夫に育つ果樹は？

リンゴ……………………夏の高温が苦手で寒冷地での栽培に向く（P.58）
スモモ、プルーン……寒冷地から暖地まで幅広い地域で栽培できる（P.68,70）
ジューンベリー………耐寒性があり、寒冷地での栽培も可能（P.40）
ハスカップ……………北海道に自生する果樹で、寒冷地向き（P.46）

## Q 半日陰でも育つ果樹は？

クランベリー……………………コンパクトな果樹で、ロックガーデンにも使える（P.44）
ラズベリー、ブラックベリー…ほかの木の陰になってもよく育つ（P.32,34）
スグリ、フサスグリ……………コンパクトに仕立てられるベリー類。夏の西日を嫌う（P.36,38）
ジューンベリー…………………建物の陰でもよく育つ。シンボルツリーにしてもよい（P.40）

## Q 剪定が楽に行える果樹は？

ベリー類………………株立ちが多く、あまり樹形を気にせずに剪定できる（P.24～47）
ウメ……………………強剪定をしなければ、花芽がよくつく（P.54）
ブドウ…………………成木になったら樹形を気にせずに剪定できる（P.82）
スモモ、プルーン……強い剪定をしなければ花芽がつきやすい（P.68,70）

## Q 果樹の香りがよい果樹は？

カリン、マルメロ……生食はしないが、周囲によい香りを漂わせる（P.76）
アンズ…………………口いっぱいに広がる甘い香りが特徴（P.72）
ユズ類…………………柑橘類の中でも香りが強く、果皮は料理に利用される（P.102）
オレンジ類……………完熟果はさわやかでほのかに甘い香りが漂う（P.108）

## Q 花が美しい果樹は？

ウメ……………………開花期が早く、紅白の花が春の訪れを知らせる（P.54）
モモ……………………観賞価値の高い、鮮やかなピンク色の花が咲く（P.50）
リンゴ…………………白～薄紅色の美しい花を咲かせる（P.58）
ザクロ…………………実ザクロでも、初夏によく目立つ花が咲く（P.126）
パッションフルーツ……夏に咲く花はエキゾチックな雰囲気（P.140）

## Q 紅葉が美しい果樹は？

カキ……………………秋の深まりとともに、照りのある葉が紅色に染まる（P.114）
ブルーベリー……秋になると、鮮やかな紅色に変化する（P.26）
ジューンベリー……木全体が紅色、もしくは黄色に染まって美しい（P.40）
クランベリー………寒さに当たると小さな葉が紅色に変わる（P.44）
ポポー…………………個性的な葉が鮮やかな黄色に染まる（P.150）

# 鉢植えで楽しむ果樹栽培

ブルーベリーの若木にペチュニアとヘデラを寄せ植え。果実と花の色を同系色にまとめて落ち着いた雰囲気に。

ユズの鉢植え。コンパクトな樹形でも、りっぱな果実を実らせることが可能。

サクランボの鉢植え。暑さの調整がしやすいので、鉢植えなら地域を問わず栽培できる。

Potted plants

## コンパクトに育てる鉢栽培の魅力

たとえ広いスペースがなくても、ベランダや玄関先などで栽培できるのが鉢植えの魅力です。ほとんどの果樹が鉢植えで栽培することができ、庭をもたないマンション住まいでも、さまざまな種類の果樹栽培を楽しむことができます。

鉢植えでは根の張る空間が制限されるのでコンパクトに育ち、木のサイズに合わせて果実を収穫します。コンパクトに仕立てて、適切な量の果実を収穫するには、剪定や誘引、摘果などの世話が不可欠ですが、地植えの木よりも実がなり始めるのが早いのが特徴といえます。だいたい2年目から、遅いものでも3年目ぐらいには果実が収穫できるようになります。花芽がついた苗や、小さな果実がついている鉢植え果樹を購入して育ててもよいでしょう。

また、コンパクトに育てられた果樹の実は味が濃厚になります。露地栽培では、水分や肥料分を求めて太い根がどこまでも張るので、果実は大きくなっても、味はやや薄くなりがちです。定期的な植えかえをする鉢植えのほうが、細い根がたくさん出て、味が濃くなり、糖度が増します。また、鉢植えなら水や肥料をコントロールしやすくなるので、家庭果樹ならではの完熟したおいしい果実を味わうことができます。

鉢で果樹を育てると、省スペースになるだけではなく、楽に移動ができることもメリットです。梅雨時は雨を避けることができるし、受粉のために相性のよい品種をそばに置くこともできます。冬場は寒さを避けて室内や温室にとり込むことが可能で、保温すれば、寒冷地でもトロピカルフルーツを栽培することができます。さらに、常緑の果樹を冬場に室内や玄関先に移せば、グリーンインテリアとしても楽しめます。

自由な発想で楽しめる果樹の鉢植え。メインとなる果樹のサイズや樹形などを考えて、鉢を選びましょう。相性のよい草花を合わせると、栽培がよりいっそう楽しくなります。

Arrange1

## 草花とともに楽しむブルーベリー

スタンダード仕立てにしたブルーベリーの寄せ植え。寂しくなりがちな株元には、ブルーのペチュニアを中心に、コリウス、サルビア、ペンタスなどを添えて。庭やベランダのフォーカルポイントにも。

ペチュニア

ブルーのペチュニアは、ブルーベリーの果実の色に合わせて。

コリウス

明るい黄緑色の葉色が、全体を軽くさわやかに見せてくれる。

Arrange2

## クランベリーのかわいいハンギング

長く伸びるクランベリーの枝をそのまま楽しむハンギング。ゴシキイワナンテンやアルテルナンテラを合わせている。クランベリーは乾燥に弱いので、保湿性のある用土を使い、こまめに水やりするのがポイント。

Arrange3

## フサスグリの果実が映えるコンテナ

透明感のある赤い実が魅力的なフサスグリ。この赤い果実を強調させるために、株元には斑入りの葉が特徴の観賞用トウガラシを合わせている。そのほかヘンリーヅタやアスパラガス‘スプレンゲリー’をいっしょに。

Arrange4

## 西洋ナシをコンパクトに仕立てて

小さな鉢植えでもしっかりと果実をつけた西洋ナシの株。主幹を短く切り詰めて、主枝を横方向に誘引して育てるとコンパクトな樹形になる。果実の雰囲気に合った洋風の鉢で栽培。

Arrange5

## 小さな果実が実るヒメリンゴの鉢植え

果実が小さく鉢植えに向く、アルプス乙女の栽培。自家和合性があり、授粉樹がなくても実がなる品種で育てやすい。春の花と秋に色づく果実が、テラスを美しく彩ってくれる。

## Arrange6
# コンテナは好みに合わせて自由に選ぶ

コンテナ選びも鉢植えの楽しみのひとつ。サイズだけではなく、素材にも注目して選びたい。木製のポットはナチュラルな雰囲気で、株立ちのベリー類によく似合う。ただ用土が乾燥しやすいので、水やりはこまめに。

## Arrange7
# 野菜といっしょに収穫を楽しむ1鉢

赤い実が美しいフサスグリを主役にして、彩りが異なるレタス類を添えた、すべて収穫が楽しめる寄せ植え。ローボウルの中心にフサスグリを植え、その周りをレタスが彩り、どの角度からも観賞できる。

# 鉢植えで果樹を育てる基本作業

はじめて果樹を育てる人は、まず鉢植えでスタートするのがおすすめ。
用土の種類や植えつけ、日常の管理など、基本となる作業を紹介します。

Point1

## 鉢の種類

鉢はサイズや形状、素材、色などが選ぶ際の大切なポイントになります。最もポピュラーな鉢は素焼きのテラコッタ。通気性にすぐれて扱いやすい鉢です。そのほか、プラスチック製や木製の鉢などがあります。プラスチック鉢は、軽量で移動がしやすく、色や形も豊富。保水性が高いので、こまめに水やりができない人におすすめ。

テラコッタ鉢

通気性にすぐれ、根が生長しやすい最もポピュラーな鉢。

プラスチック鉢

軽くて移動しやすく、色彩や形状が豊富なプラスチック製の鉢。

Point2

## 用土と肥料の種類

果樹栽培に適した用土は、水はけと通気性がよく、しかも水もち、肥料もちのよい土。鉢植えでは市販の赤玉土を主体につくります。赤玉土6：腐葉土3：川砂1の混合土が一般的で、多くの果樹に適応します。ブルーベリーなど、酸性土を好む種類には赤玉土4：鹿沼土3：ピートモス（酸度未調整）3の混合土を使います。

肥料は原料の違いで、動植物からつくられた有機質肥料と、化学的に製造された化成肥料に分けられます。また、肥料の効果がある期間によって緩効性や速効性などのタイプがあります。

有機質肥料は主に植えつけ前の元肥として施し、速効性のある液体肥料などは生長途中に追肥として与えます。固形の緩効性化成肥料は元肥、追肥どちらにも利用できます。

### 用土の基本配合

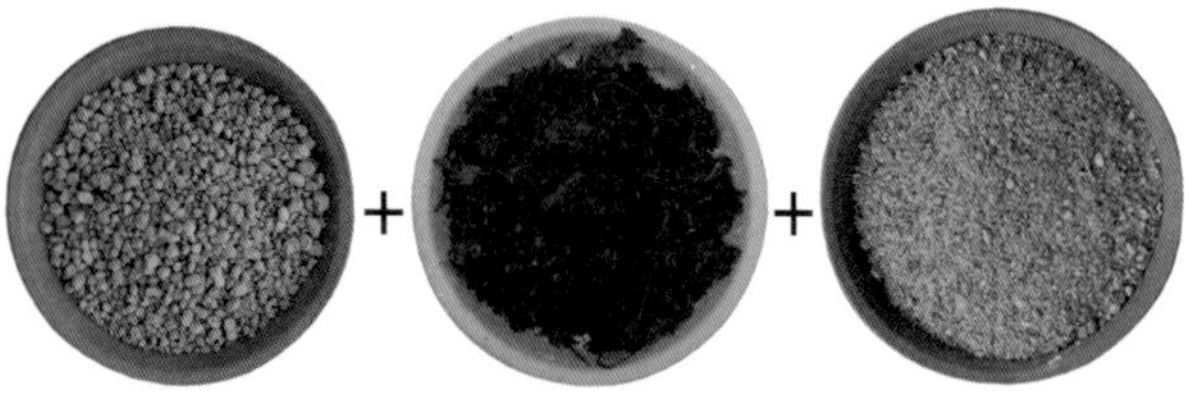

赤玉土 6 ＋ 腐葉土 3 ＋ 川砂 1

### 肥料の種類

液体肥料

化成肥料

有機質肥料

## ブルーベリー（落葉果樹）の植えつけ方

1 ブルーベリーの苗木を植えつける。ポット苗で細根の量がわかりにくい。細枝が多いものを選ぶとよい

2 8～10号程度の鉢を用意。鉢底穴のサイズに合わせて鉢底ネットを敷く

3 鉢の底にゴロ土（赤玉土の大粒）を3～5㎝ほど入れる。鉢内の水はけをよくするため

4 苗木の根鉢の高さを考え、酸度未調整のピートモスを混ぜた用土を入れ、元肥を施す

5 やや高植えになるよう、苗木をすえて土の量を調整する。苗木が鉢の中心になるように

6 苗木の植えつけ位置が決まったら、すき間を埋めるように残りの土を入れる

7 土の表面を平らに整えたら手で押さえ、根鉢と用土をよくなじませる

8 鉢底から流れ出るまで、ジョウロでたっぷりと水やりする。このとき土が沈んでしまったところには土を足しておく

9 支柱をまっすぐに立て、麻ひもなどで苗木を固定する。苗木が動かないよう、2カ所程度とめておくとよい

Point3

### 鉢への植えつけ

落葉果樹は晩秋から早春、常緑果樹は早春が植えつけ適期ですが、鉢植えの場合は、いずれも早春に植えるのがおすすめです。秋に入手した苗は、大鉢や庭に仮植えしておき、3月に鉢に植えます。

植えつけ作業は、まず鉢を用意し、鉢底ネットで鉢底穴をふさぎ、水はけをよくするためにゴロ土（軽石や赤玉土の大粒）を敷いて用土を5㎝ほど入れます。苗木は直根をできるだけ短くカットし、細根をよく広げて植えつけます。その後、用土を足し、鉢の縁から2～3㎝のウオータースペースを残して植えつけます。

模様木風に仕立てる場合は、苗木をやや傾けて植えつけます。風などで倒れやすい苗木は支柱を立てて固定しておきます。地上部の幹は鉢の倍程度の高さで切り詰めておきます。植えつけ後は鉢底から水が流れ出るまでたっぷりと水やりを。その後は日当たりのよい場所で、水ぎれに注意して管理します。

## ウンシュウミカン（常葉果樹）の植えつけ方

1 ウンシュウミカンの接ぎ木苗と鉢などを用意。植えつけ適期までは苗木の根は乾かさないこと

2 鉢底のゴロ土には赤玉土や鹿沼土の大粒や、市販の鉢底石などを用いる

3 苗木の根は一晩、水につけておき、植えつけ前に接ぎ木テープをとり除く

4 苗木が鉢におさまるように根を整理する。接いだ部分が土に埋まらないような高さにして、カットする根の長さを測る

5 細根がたくさん出ているのがよい苗。細根を残し、太根を切るようにするとよい

6 ゴロ土の上に用土を入れ、元肥を施し、苗木を鉢の中心にすえながら、周りに土を入れる

7 用土を入れたら、土の表面を整え、さらに鉢を軽く数回地面に落とすようにすると、土のすき間がなくなる

8 鉢底から水が流れ出るまでたっぷりと水やり。土が沈んだ部分には土を足しておく

9 支柱を立て、麻ひもなどで枝を固定する。支柱と枝を8の字に結びつけるとよい。短い苗木の場合は切り戻す必要はない

## Point4 植えかえ時とその手順

鉢植えの場合、木が生長すると、しだいに鉢いっぱいに根が回った状態になります。そのまま放置すると根詰まりを起こして、花や実がつきにくくなります。そうなる前に植えかえを行いましょう。

植えかえの適期は、最初の実をつけた翌年の3月。実つきの苗を購入した場合でも翌年の3月に植えかえます。

植えかえの前日には水やりを控えます。鉢から木を抜く際、抜きとりにくい場合は、木づちや手で鉢縁や鉢底をたたくとよいでしょう。根鉢は竹箸などで$\frac{1}{3}$ほどくずし、傷んだ根を整理し、長く伸びすぎた根もカットします。8号以上の大きな鉢に植えていた場合は同じ大きさの鉢に、小さな鉢に植えていた場合は、1号大きなサイズの鉢に、新しい用土で植えかえます。植えかえた年はほとんど実をつけませんが、翌年には実をつけてくれます。

Point5

## 鉢植えの置き場所

果樹はほとんどの場合、日当たりのよい場所を好むので、基本的には日がよく当たる場所に置いて管理します。

鉢栽培では、季節や気候に合わせて手軽に移動できるのがメリットです。春や秋の生長期には、日当たりと風通しのよい屋外に出し、夏の直射日光が苦手な種類は、半日陰に移したり、寒冷紗をかけたりします。冬の寒さに弱い常緑果樹は、室内にとり込んで冬越しさせるとよいでしょう。特にトロピカルフルーツは暖房の入った室内で栽培します。

用土の乾燥に注意して、日当たりのよい場所で管理。

Point6

## 水やりの方法

水やりは鉢土の表面が乾いたら行う。

庭植えでは基本的には水やりをする必要はありませんが、鉢植えの場合は、適切な水やりが必要不可欠です。一年を通じて、鉢土の表面が乾いたのを確かめてから、鉢底から水が流れ出るまでたっぷりと与えます。水をたっぷりと与えることによって、土の中の古い空気が押し出され、新鮮な空気が供給されます。

特に夏場は乾燥しやすいので水ぎれに注意しましょう。しかし、必要以上に水を与えすぎてもいけません。過湿状態が続くと根腐れの原因になります。

Point7

## コンパクトに仕立てる

木の枝を切る作業を剪定といいます。果樹の生長を促し、充実した果実をつけるための大切な作業です。特に鉢栽培では、コンパクトな樹形に仕立てる剪定が必要になります。一般には、枝を間引くことで日当たりをよくする間引き剪定と、枝先を切り詰めることで新しい枝をふやす切り戻し剪定があります。

また、ひもや支柱などで枝を一定の方向へ導くのが誘引です。枝を横方向に誘引すると、枝の生長が抑制され、果実に十分な栄養分を与えることができます。

ひもを使って、主枝を横方向に誘引。

# 人気のベリーを育てよう

かわいらしい果実がたわわに実る、ベリーの仲間。ほかの果樹にくらべて栽培が簡単で失敗が少ないので、栽培初心者にもおすすめです。植えつけから短期間で収穫できるのも魅力です。果実だけではなく、花や紅葉も観賞できます。

ひと口にベリーといっても、さまざまな種類があります。中でもいちばんの人気を誇るのがブルーベリーです。品種の系統を知れば、全国各地で栽培でき、夏にたくさんの果実を収穫できます。品種も豊富で選ぶ楽しみがあります。次いで、ラズベリーとブラックベリーも人気が高く、生育旺盛で育てやすい果樹です。ラズベリーは比較的冷涼な地域、ブラックベリーは暖地での栽培が適しています。このほか、色鮮やかな果実が際立つスグリやフサスグリ、庭のシンボルツリーとしてもよく利用されるジューンベリー、マルベリーなどがあります。

# INDEX

# ブルーベリー

ツツジ科　半落葉低木　別名 ヌマスグリ

原産地 北アメリカ　栽培適地 ノーザンハイブッシュ系：北海道～関東北部、サザンハイブッシュ系：本州以北、ラビットアイ系：本州、四国、九州

フェスティバル（ラビットアイ系）

**栽培カレンダー**

| 月 | 1 | 2 | 3 | 4 | 5 | 6 | 7 | 8 | 9 | 10 | 11 | 12 |
|---|---|---|---|---|---|---|---|---|---|---|---|---|
| 木の状態 | | | | | 開花 | | 花芽分化 収穫 | | | | | |
| 庭植えの作業 | 施肥 | 剪定 | | 植えつけ | 人工授粉 | | | 剪定 | | 植えつけ | | 剪定 |
| 鉢植えの作業 | | 植えつけ 剪定 | 施肥 | | 人工授粉 | | | | | 施肥 | | 剪定 |
| 病害虫 | | | | | | | 防鳥ネット | | | | | |

**利用法**

- 花
- 生食
- 加工品
- 果実酒

## 品種の系統を知ろう

### ○特性と品種

北アメリカ原産の落葉低木で、一般家庭でもつくりやすい果樹の代表です。野生のブルーベリーから品種改良が重ねられ、現在では200を超える品種があるといわれています。1950年代にアメリカより導入され、各地に広がりました。地域の気候風土に適した品種を選べば、全国で栽培することができます。

ブルーベリーは、原産地の違いから大きく3つの系統に分けられます。

ノーザンハイブッシュ系は寒さに強く寒冷地の栽培に向き、果実が大粒で味のよい品種が多いのが特徴です。マイナス30度にも耐える強さがありますが、暑さには弱く、関東南部以西の暖地では、栽培が難しいでしょう。収穫期が6月からで、梅雨時期にあたることも栽培を制限しています。

サザンハイブッシュ系はやや耐寒性が低い系統で、ノーザンハイブッシュ系よりも暖かい地域でよく育つグループです。寒冷地では枝に凍害が出やすい特徴があります。

ラビットアイ系は名前のとおり、実が熟し始めるとウサギの目のように赤くなります。比較的土壌を選ばず、暖地でも栽培しやすい

### ラビットアイ系

もとはフロリダ州などアメリカ東南部が原産地の系統。比較的土壌を選ばず、樹勢が強いため、高温や乾燥にも耐えるので初心者向き。果実の収穫期はやや遅く、7月中旬〜9月中旬。

ウッダード

ティフブルー

### サザンハイブッシュ系

ノーザンハイブッシュ系よりも暖かい地域でよく育つブルーベリー。耐寒性がやや低く、寒冷地では枝に凍害が出やすくなる。酸性土壌を好み、収穫適期もノーザンハイブッシュ系とほぼ同じ。

オニール

フロリダブルー

### ノーザンハイブッシュ系

果実が大粒で味のよい品種が豊富。アメリカ北部を原産地とする系統で、耐寒性は強いものの、暑さには弱い傾向がある。また、酸性土壌でないとうまく生育しない。収穫期は6〜8月上旬。

バークレー

チャンドラー

品種群です。樹勢が強くて生長も速く、栽培しやすい系統ですが、果実の大きさや風味などの品質は、ハイブッシュ系のほうがまさっています。

一般にハイブッシュ系は、ラビットアイ系にくらべて自家結実性が強く、1本だけでも実をつけますが、他家受粉させたほうが果実が大きくなります。ラビットアイ系は自家不結実性で、別に授粉樹が必要です。それぞれ同じ系統の品種を2品種以上選んで、近くに植えて栽培します。

### ○樹形や花の個性

株元から何本かの新梢が伸びて株立ちの樹形になります。樹形には、大きく分けて直立形と開張形があり、植えつけるスペースやイメージに合わせて選びましょう。ウェイマウスやブルーゴールド、ティフブルー、デライトなどが直立性で、バークレーやコビル、ウッダード、ブルージェムなどが開張性です。ただしホームベルなど、直立性から開張性に変化して生長していく品種もあります。

4月に咲く花は、ドウダンツツジに似たかわいらしい形状をしています。花びらは合弁で、釣り鐘形や壺形。ハイブッシュ系には開口部が広く花弁が丸いタイプが多く、ラビットアイ系では開口部が狭くて細長いタイプが多いようです。

## 庭への植えつけ方

1 3年生の挿し木苗。苗は秋から春にかけてさまざまな品種が出回る

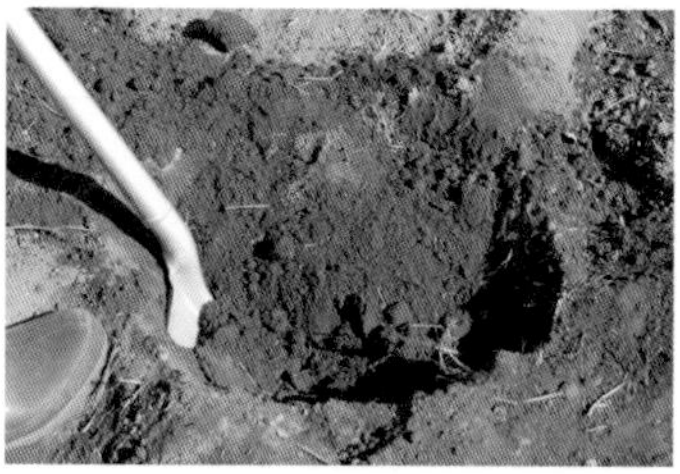

2 根は浅く張るので、植え穴の深さは30～40cm程度でよい。直径は50cm以上掘る

3 掘り上げた土に同量分のピートモスを混ぜ、植え穴に戻し、スコップでよく混ぜ合わせる

4 苗木をポットからはずして、一度植え穴に置いて、植えつける高さを調整する

5 根を傷めないように支柱を立て、根鉢の周りに土を入れ、しっかりと植え込む

6 株の周囲に緩効性有機質肥料を置き、土を土手のようにして水鉢をつくる

7 麻ひもを使って枝を支柱に固定。ひもは8の字を描くようにして、誘引するとよい

8 株元に、乾燥防止のバークチップを敷き詰める。樹皮やワラなどを利用してもOK

9 土手をつくった水鉢へ、十分に水がたまるぐらいにたっぷりと水やりする

# 植えつけと日常の管理

## ○植えつけ

多くの果樹とは異なり、酸性の土壌を好みます。植えつけ場所にはピートモスを加えて、酸性の土をつくることがポイントです。芽吹き前の2～3月が植えつけ作業の適期ですが、初秋から晩秋にも植えつけられます。

こまかい根が浅くびっしりと張るので、土の乾燥に弱く、水ぎれさせると実がしぼみます。バークチップなどで表土をマルチングするとよいでしょう。基本的に冷涼な気候を好むので、夏場は直射日光の当たらない涼しい場所で育てます。

鉢植えなら7～8号鉢に植え、3年後に10号鉢、5～6年後に12号鉢に植えかえます。用土は、水はけと通気性がよい土に、酸度未調整のピートモスを多めに加えます。風通しのよい場所で管理し、夏の乾燥期は朝夕2回は水やりしましょう。7度以下の低温に800時間以上あわないと花芽ができないので、冬に暖かい室内にとり込みっぱなしだと、いつまでも花が咲きません。

## ○開花から収穫まで

丸みを帯びた花は5月に咲きます。この開花期に受粉されなければ実はつきません。通

## マルチングで根の乾燥を防ぐ

根が浅く広がるので、土の乾燥に弱い。株元にはバークチップや樹皮、もみ殻などでマルチングするとよい。鉢植えでは夏場の水やりはこまめに。

## 春の開花と人工授粉

5月にドウダンツツジに似た、かわいらしい花を咲かせる。形は丸みを帯びたベル形。

ハチなどの昆虫が、花から花へ花粉を運んで受粉を手伝う。

2品種の花粉を筆などを使って交互につけるだけで、両方を受粉させる。

## 徐々に色づく果実

花が終わると、新梢が伸び始め、枝先についた房状の果実が少しずつ大きくなり、徐々に色づいていく。

常ハチなどの昆虫が飛び回って受粉の手伝いをしてくれますが、昆虫が少ない都市部では人工授粉が有効です。花は両性なので、2品種の花粉を筆や綿棒などを使って交互につけると、両方に受粉させることができます。

受粉した果実は徐々にふくらみ、1果ずつ熟していきます。よく熟すと果実のつけ根まで色づき、つけ根に離層ができて、簡単に手でとれるようになります。早くとりすぎると酸味が強いので、ひとつずつ熟したものから収穫します。収穫適期はハイブッシュ系が早く、そのあとにラビットアイ系が完熟します。

### ○施肥

1〜2月にN：P：K＝2：1：2の緩効性化成肥料を施し、ピートモスを軽くすき込みます。様子を見て元気がないようなときは追肥を行います。与える場所は株元ではなく、根が広がる周辺（根が広がっている先端付近）に施すとよいでしょう。

鉢植えの場合は、植えつけ1カ月後に玉肥3〜4個を鉢の縁に埋め込みます。毎年、春と収穫後に同様の施肥を繰り返します。

### ○病害虫対策

病害虫の発生は少なく、無農薬でも十分に栽培できます。果実の成熟期に鳥害が心配なときは、寒冷紗か防鳥ネットを張ります。

## 実のつき方と剪定

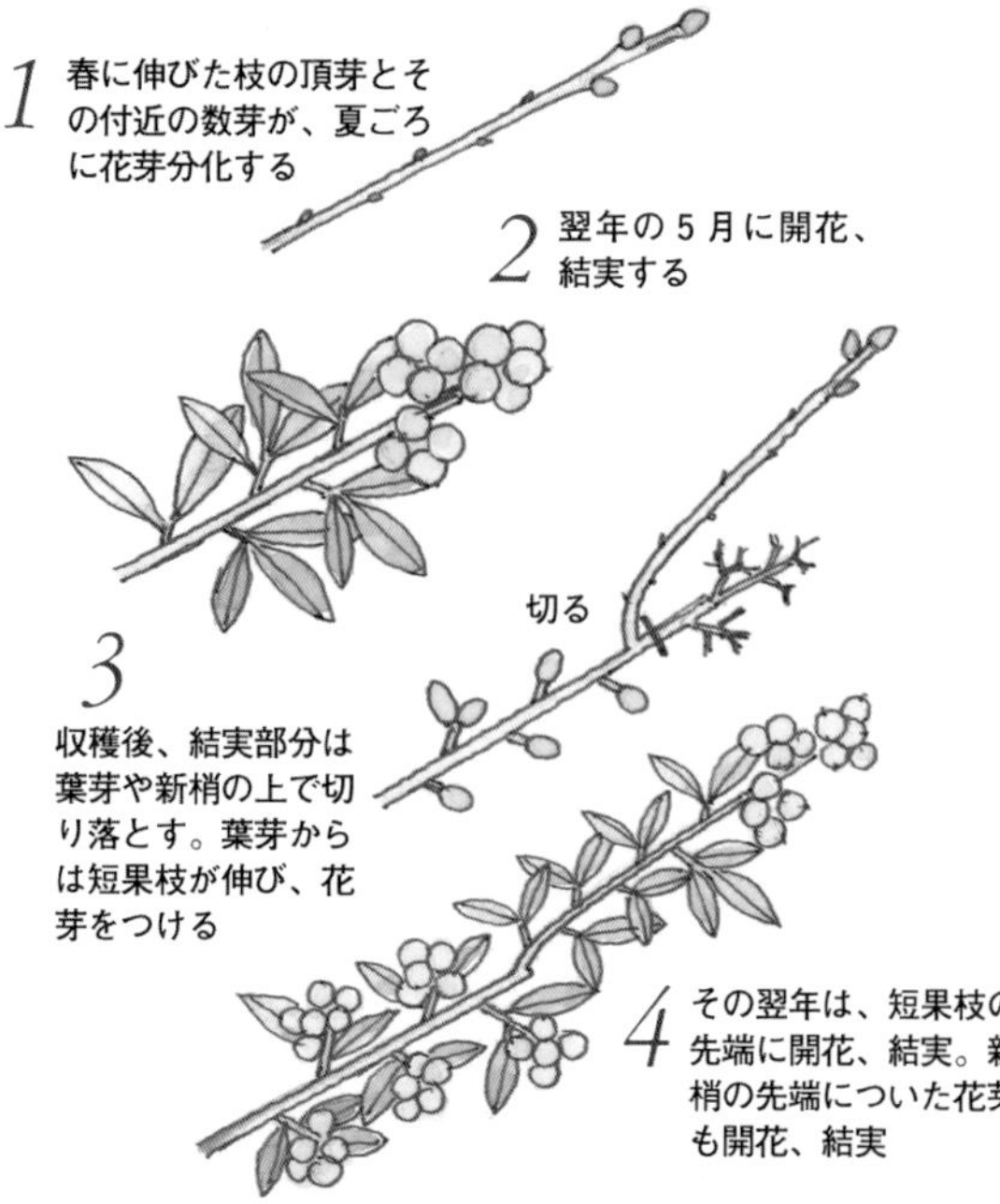
1 春に伸びた枝の頂芽とその付近の数芽が、夏ごろに花芽分化する
2 翌年の５月に開花、結実する
切る
3 収穫後、結実部分は葉芽や新梢の上で切り落とす。葉芽からは短果枝が伸び、花芽をつける
4 その翌年は、短果枝の先端に開花、結実。新梢の先端についた花芽も開花、結実

## 冬の剪定

株元付近から伸びる交差した枝を切る。不要な枝は、枝の基部からカットするのがポイント。

▼

毎年、新梢の先端に花芽がつくので、実がついた枝は基部から切り落とす。

▼

株元からまっすぐに伸びる新しい枝は腰の高さで剪定し、分枝させるとよい。葉芽の上1㎝くらいを目安にしてカットする。

剪定前。植えつけから5年目の株。横に伸び、地面に届きそうな枝も見られる。

◀

剪定後。主幹は5～6本を残し、3年ぐらいを目安に新しい枝に更新する。

# 剪定の方法とふやし方

### ○仕立て方と剪定

自然と株立ち状になり、ハイブッシュ系なら樹高は2m前後でおさまります。植えつけ後は生長も緩慢なので、弱い枝を間引く程度にし、花芽も剪定して生長を促します。3年目の1～2月から、込み合うところの弱い枝や内向枝などの不要枝を間引き剪定します。充実した枝5～6本を主枝にし、ひこばえは地ぎわから切り落とします。枝は必ずつけ根から切り落とすことが大切です。

実がついた枝は収穫後、夏季剪定を行い、いちばん上の芽や枝の上のところまで切り戻すと、枝が込まずに下の芽にも日が当たるようになります。

### ○花芽のつき方・実のつき方

4～8月上旬までに伸びた新梢の先端とその下数芽に、7～8月ごろ花芽分化して翌年に開花、結実します。10月には花芽がはっきりわかります。

### ○繁殖の方法

株のふやし方で最も一般的な方法は挿し木です。休眠枝挿しとも呼ばれる方法で、12～1月に剪定した枝を利用します。これを穂木として活用して苗を育てます。

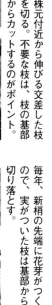

## 休眠枝挿しの手順

1 冬に不要な枝を剪定。この枝を挿し穂に利用してふやせるのがうれしいところ

2 穂木は20㎝程度の長さに切りそろえて、春になるまで冷蔵庫で保管しておく

3 挿し木の適期は3月ごろ。挿し穂の下部を斜めにカットし、水につける

4 小さなサイズのポットを用意し、吸水させたピートモスを主体にした用土を入れる

5 挿し穂の上下を間違えないように、土の中へ差し込み、土の表面を軽く押さえる

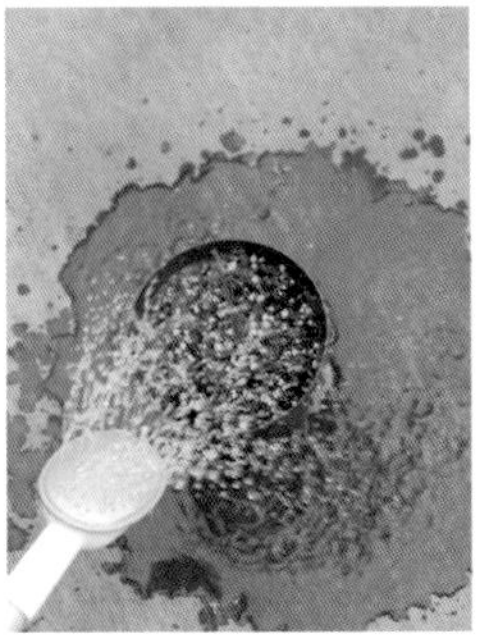

6 ジョウロを使って、たっぷりと水やりする。発根するまで水ぎれしないように管理

初夏になると挿し穂から新芽が出る。2～3年育苗して植えつける。

穂木は20㎝くらいにそれぞれ切りそろえたら、ビニール袋に入れて3月まで冷蔵庫で保管します。春に挿し床を用意して、挿し穂の下部を斜めに切り落としたものをポリポットなどに植えつけます。

夏季剪定で切った葉のついた新梢を利用する緑枝挿しという方法もあります。葉を半分切り落として葉からの蒸散を防ぎます。休眠枝挿しと同様の方法で挿して発根させます。

また、酸性土壌を好むハイブッシュ系は土壌適応性にすぐれたラビットアイ系を台木にして接ぎ木するのがおすすめで、発育がよくなり管理も楽になります。剪定のときにハイブッシュ系の穂木を切りとり、ラビットアイ系の台木には10㎝ほどの切れ込みを入れます。接ぎ木テープで両者を接いで完成です。

### こうして実を楽しむ

実が青紫色になってから5～7日ぐらいで完熟します。ハイブッシュ系は花後50～60日、ラビットアイ系は60～70日が目安。熟したものから順に摘みとります。生食のほか、お菓子づくりや果実酒などにも利用できます。

果実をつまみ、軽くひねるときれいに収穫できる。

とれたての完熟果は、フレッシュな味わい。

# ラズベリー

バラ科　落葉低木　別名 キイチゴ
原産地 ヨーロッパ、アメリカほか　栽培適地 全国

インディアンサマー

春と秋に咲く花。

ファールゴールド

栽培カレンダー

| 月 | 1 | 2 | 3 | 4 | 5 | 6 | 7 | 8 | 9 | 10 | 11 | 12 |
|---|---|---|---|---|---|---|---|---|---|---|---|---|
| 木の状態 | | | | | 開花 | | 収穫 | 開花 収穫 | | | | |
| 庭植えの作業 | 施肥 剪定 | | 植えつけ | | | 剪定 | | | | | | |
| 鉢植えの作業 | 施肥 剪定 | | 植えつけ | | | 剪定 | | 施肥 | | | | |
| 病害虫 | | | | 薬剤散布 | | | | | | | | 薬剤散布 |

利用法
生食
加工品
果実酒



## 生育旺盛で栽培しやすい

### ○特性と品種

初夏に鮮やかな赤い実をつけるラズベリーは、甘酸っぱくてさわやかな風味が魅力のベリーです。古くから北アメリカやヨーロッパで栽培され親しまれてきました。耐寒性にすぐれ、日本では比較的、冷涼な地域での栽培に向いています。

春になると、あまり目立たない小さな花を無数に咲かせます。1年に二度実をつける二季なり品種は秋にも花を咲かせます。ラズベリーの収穫時期は6～7月、二季なり品種は9月にも実をつけます。

ラズベリーには赤実のほかに、黄色い実をつける品種もあります。最近では初夏に白色やピンク色の花を楽しむ品種も出回るようになりました。完熟した果実は生のまま楽しむほか、果実酒やジャム、ソースなどにも利用されています。ラズベリーはビタミンCやカロテンなどの栄養素を多く含むため、健康食品としても注目されています。

### ○植えつけ

日当たり、水はけのよい場所に植えます。夏に西日が当たらず、半日陰になる場所が適しています。鉢植えでは、深鉢か大型プラン

## 鉢植えのあんどん仕立て

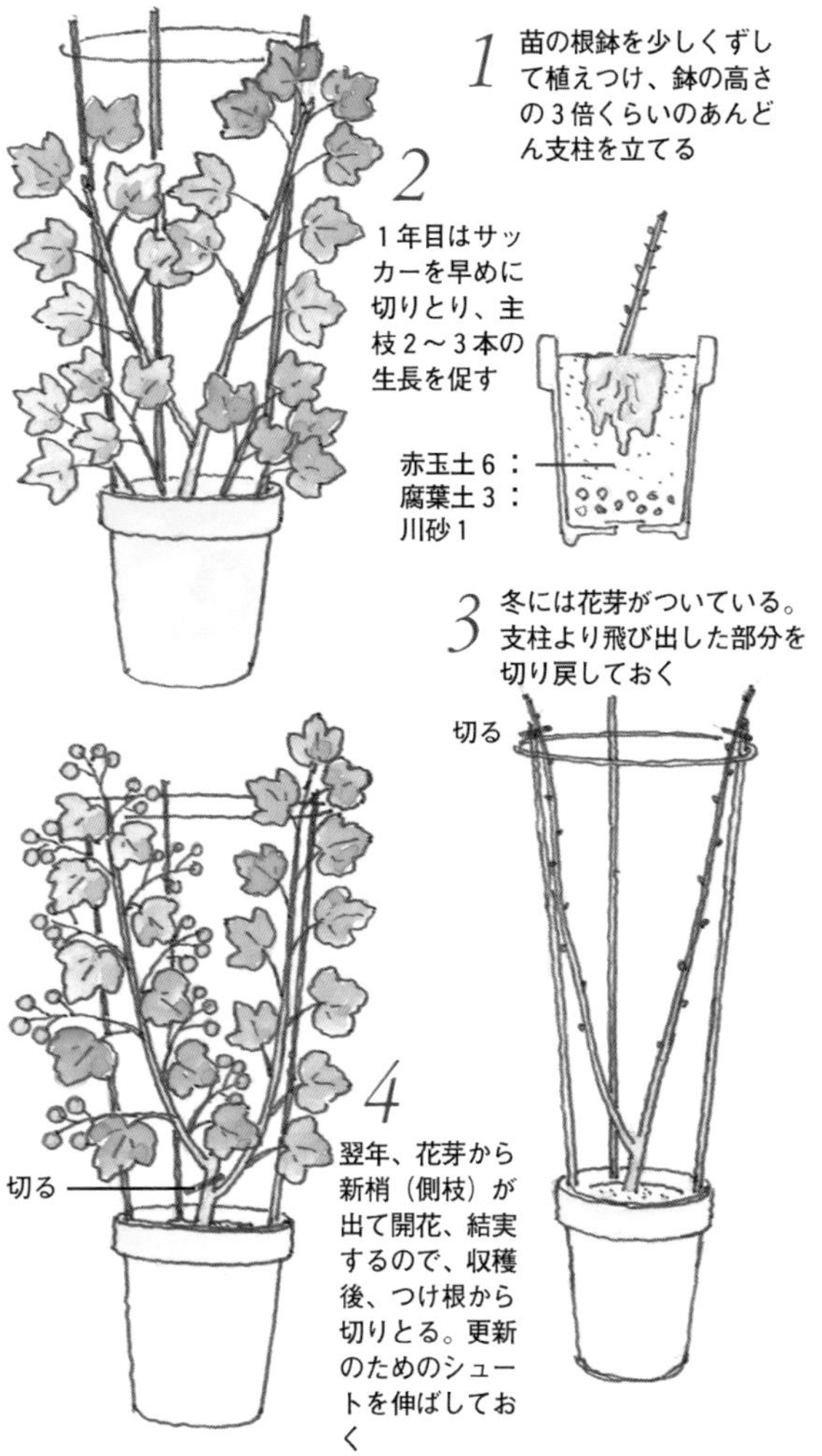
1 苗の根鉢を少しくずして植えつけ、鉢の高さの3倍くらいのあんどん支柱を立てる
2 1年目はサッカーを早めに切りとり、主枝2〜3本の生長を促す
赤玉土6：腐葉土3：川砂1
3 冬には花芽がついている。支柱より飛び出した部分を切り戻しておく
切る
4 翌年、花芽から新梢（側枝）が出て開花、結実するので、収穫後、つけ根から切りとる。更新のためのシュートを伸ばしておく
切る

### 収穫の方法

完熟すると果托からこぼれるように、簡単に果実がはずれる。収穫した実の中央は空洞になり、くずれやすく傷みやすいので、収穫の際はていねいに扱う。

### 剪定の方法

伸ばしたい葉芽の上1cmでカットすると、翌年新梢が生えてくる（写真上）。数年実をつけた主幹は株元から切り詰めて更新する（写真下）。

ターに植えつけ、1年おきに根を切って植えかえます。植えかえの際、株を半分に分けてふやすこともできます。

### ○仕立て方と剪定

放任しても1.5mぐらいの株立ち状にまとまります。スペースに合わせて主枝の本数を決め、落葉後に結実した枝を、前年枝ごと切り落として更新します。

実のつき方は、夏に花芽分化し、翌年、そこから新梢が伸びて先端に開花、結実します。二季なり品種は葉芽から伸びた新梢の先端付近に花芽分化し、その年の8月下旬以降に開花、結実します。

### ○施肥

寒肥として、緩効性化成肥料や有機質肥料を施します。二季なり品種は最初の収穫後に速効性の液肥を与えます。

### ○病害虫対策

高温多湿の環境では灰色かび病が発生しやすいので、薬剤で防除します。カイガラムシやハダニは見つけしだいとり除きます。

### こうして実を楽しむ

実の赤い色が深くなってきたら、ひとつずつ収穫します。収穫後の果実は日もちせず、保存が難しいので、たくさん収穫できたときは果実酒やジャムに加工するか、冷凍保存します。

徐々に変化する果実の色彩も楽しんで

# ブラックベリー

バラ科　落葉低木　別名 クロミキイチゴ

原産地 ヨーロッパ、アメリカほか　栽培適地 全国

マートンソーンレス

ブラックベリーの花。

ボイセンベリー

Blackberry

利用法
- 生食
- 加工品
- 果実酒

栽培カレンダー

| 月 | 1 | 2 | 3 | 4 | 5 | 6 | 7 | 8 | 9 | 10 | 11 | 12 |
|---|---|---|---|---|---|---|---|---|---|---|---|---|
| 木の状態 | | | | | 開花 | | 収穫 | | | | | |
| 庭植えの作業 | 剪定 | | | 植えつけ | | | | | | | | |
| | | 施肥 | | | | | | | | | | |
| 鉢植えの作業 | | | | 植えつけ | | | | | | | | |
| | 剪定 | | 施肥 | | | | | | 施肥 | | | 剪定 |
| 病害虫 | | | | 薬剤散布 | | | | | | | | 薬剤散布 |

## 暑さに強く、暖地向き

### ○特性と品種

光沢のある真っ黒な集合果をたくさんつけるベリーです。キイチゴの仲間の中では耐暑性にすぐれているので、温暖な地域での栽培に適しています。

アメリカやヨーロッパが原産で、古くから欧米で親しまれてきました。春に白色、または薄ピンク色の花を咲かせる一季咲きで、ラズベリーにくらべると花は大きく美しいのが特徴です。花のあとは実がふくらみ、未熟果のうちは赤色で、完熟するころになると光沢のある黒色に変化します。自家結実性なので1本の株でたくさんの実をつけます。

品種は、早生で赤紫色の実のボイセンベリーのほか、ほふく性種のソーンレス、立ち性のメルトントロンデス、バイオチーフなどがあります。

### ○植えつけ

極端に乾燥や過湿にならなければ、土質は選ばず、やせた土地でも育ちます。2～3月に水はけのよい場所を選んで植えつけます。

鉢植えの場合は、8～10号鉢に水はけのよい用土で植えつけ、表土が乾いたらたっぷりと水やりします。2年おきに植えかえ、2回

## 実のつき方

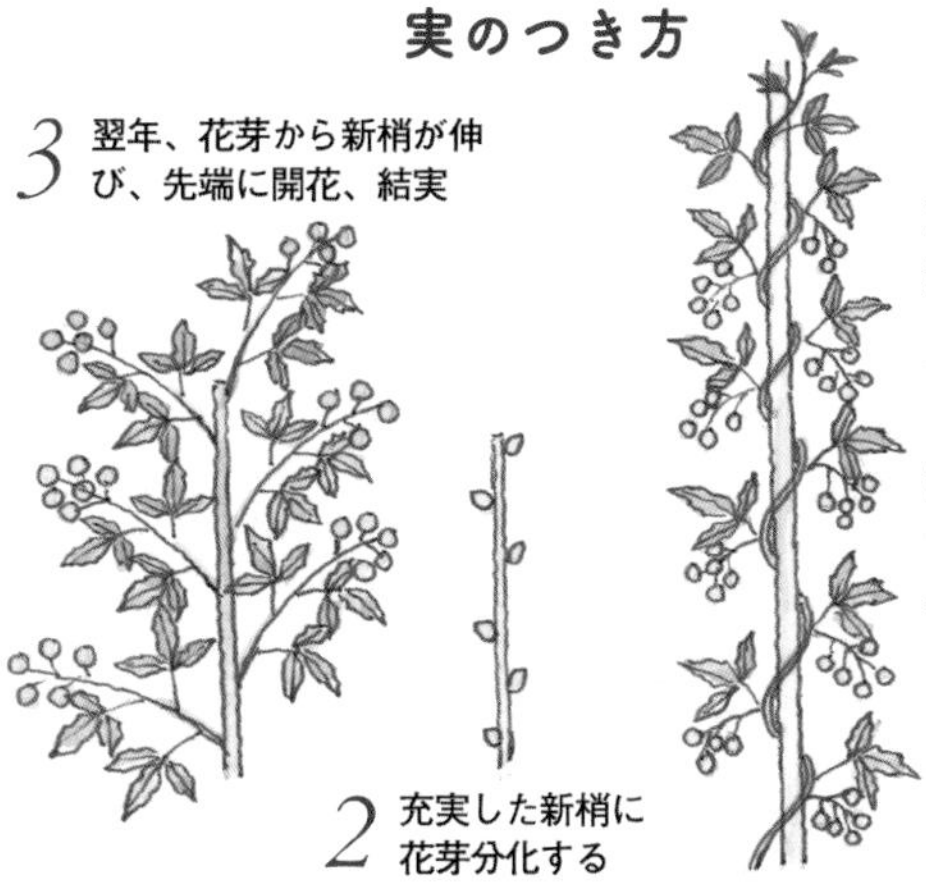
1 ほふく性の種類は、ポールや支柱に絡ませて実をたくさんつけさせる
2 充実した新梢に花芽分化する
3 翌年、花芽から新梢が伸び、先端に開花、結実

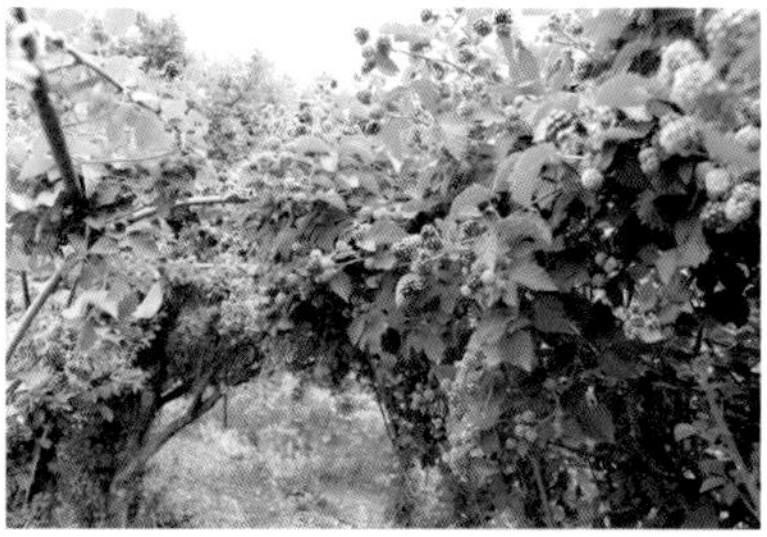
アーチに誘引されたブラックベリー。生育旺盛で樹勢が強く、たくさんの実をつける。

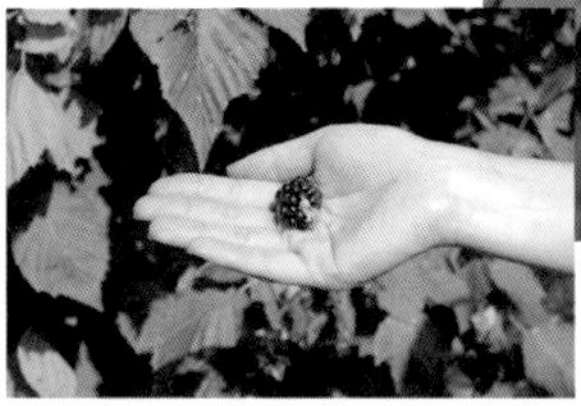

ラズベリーのように花托が離れないので、果実のつけ根をハサミでカットして収穫。

## 庭植えのフェンス仕立て

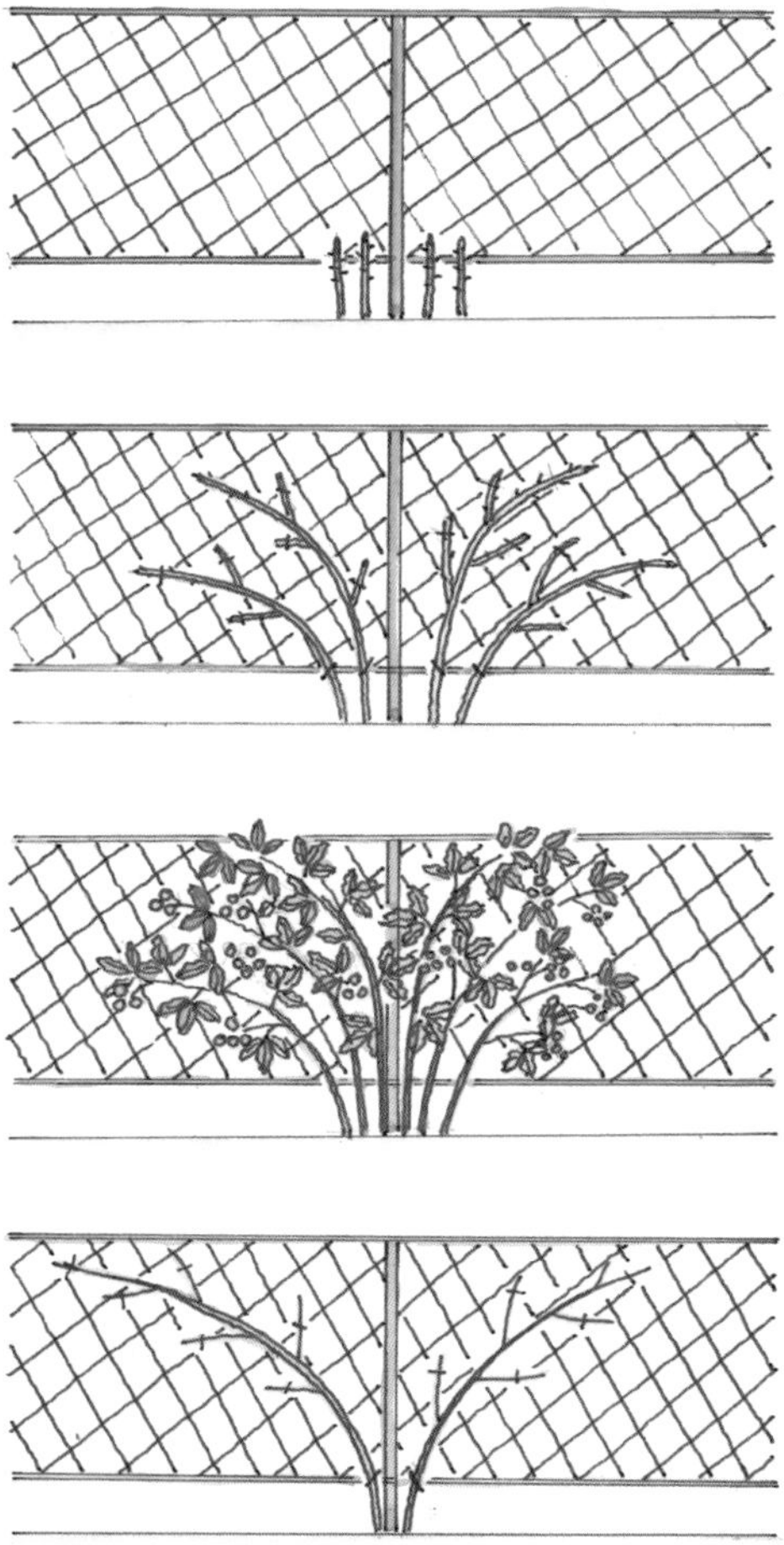
1 フェンスの中央あたりに苗をまとめて植え、20～30cmで切り戻す。長いフェンスでは1.5m間隔にする
2 1年目はサッカー（根から出る新梢）やシュート（勢いのよいひこばえ）をとり、主枝数本を左右にバランスよく誘引し、フェンスにとめていく
3 2mぐらいになったら摘芯をして側枝を伸ばし、シュートも誘引して実つきの枝数をふやす
4 新梢の誘引と、古い枝の更新で、株を維持していく

植えかえたら挿し木や取り木で株を更新するとよいでしょう。

### ○仕立て方と剪定

生育は旺盛で、株元から次々と新梢を伸ばします。結実した枝は弱って実をつけないので、収穫後に剪定し、新しい枝に更新しながら枝数を制限します。ほふく性種は、フェンスやアーチなどに絡ませて育てます。鉢植えならあんどん仕立てが一般的です。

### ○施肥

寒肥として、1～2月に緩効性化成肥料をばらまき、軽く表土にすき込みます。鉢植えでは、植えつけ1カ月後と毎年春と秋に、玉肥を3～4個、鉢の縁に埋め込みます。

### ○病害虫対策

高温多湿状態では灰色かび病が発生しやすくなるので、風通しよく育てます。株の周りに木くずが落ちていたらコウモリガが枝の中に入っているので、穴のあいた枝をさがして切り落とします。カイガラムシは歯ブラシなどを使ってこそげ落とします。

### こうして実を楽しむ

果実が黒く色づいたものからひとつずつ収穫します。日もちする果実ではないので、生のまま食べるか、ジャムなどの加工品に。たくさん収穫できた場合は冷凍して保存します。

# スグリ

ユキノシタ科　落葉低木　別名 グーズベリー
原産地 ヨーロッパ、北アメリカ
栽培適地 中部以北の冷涼地

株立ち状に育つ。

スグリの花。

栽培カレンダー

| 月 | 1 | 2 | 3 | 4 | 5 | 6 | 7 | 8 | 9 | 10 | 11 | 12 |
|---|---|---|---|---|---|---|---|---|---|---|---|---|
| 木の状態 | | | | 開花 | | 収穫 | | | | | | |
| 庭植えの作業 | 剪定 | | 植えつけ | | | | | | | | | |
| | | | 施肥 | | | | | | | | | |
| 鉢植えの作業 | 剪定 | | 植えつけ | | | | | | | | | |
| | | | 施肥 | | | | | | 施肥 | | | |
| 病害虫 | | | | | 薬剤散布 | | | | | | | 薬剤散布 |

利用法
生食
加工品
果実酒

## 半日陰で西日を避ける

### ○特性と品種

真ん丸の果実に、うっすらと入る縦縞模様がかわいいスグリ。ヨーロッパではグーズベリーと呼ばれ、ジャムなどの加工品として広く利用されています。ヨーロッパ原産のオオスグリ（ドイツ大玉など）と、アメリカ原産のアメリカスグリ（ピクスウェルなど）に分けられます。生果は日もちせず、一般にはあまり流通しないので、家庭栽培ならではの楽しみがあるベリーといえるでしょう。

耐寒性にすぐれ、高冷地などでの栽培に適しています。反対に、暖地での夏場の高温には弱いので暑さ対策が必要です。1株で自家受粉し、6～7月が収穫適期です。

### ○植えつけ

苗木は根の生長が止まっている休眠期に行います。耐陰性があり、水ぎれには弱いので、植えつける場所は明るい日陰で夏の西日が当たらない土地が適しています。砂質土でなければ特に土質は選びませんが、水はけ、水もちのよい土で、風通しのよい場所に植えます。乾燥すると葉が枯れ、実つきが悪くなるので、夏の高温乾燥期には水やりをして、株元にマルチングを施します。

## プランター植え、鉢植えの方法

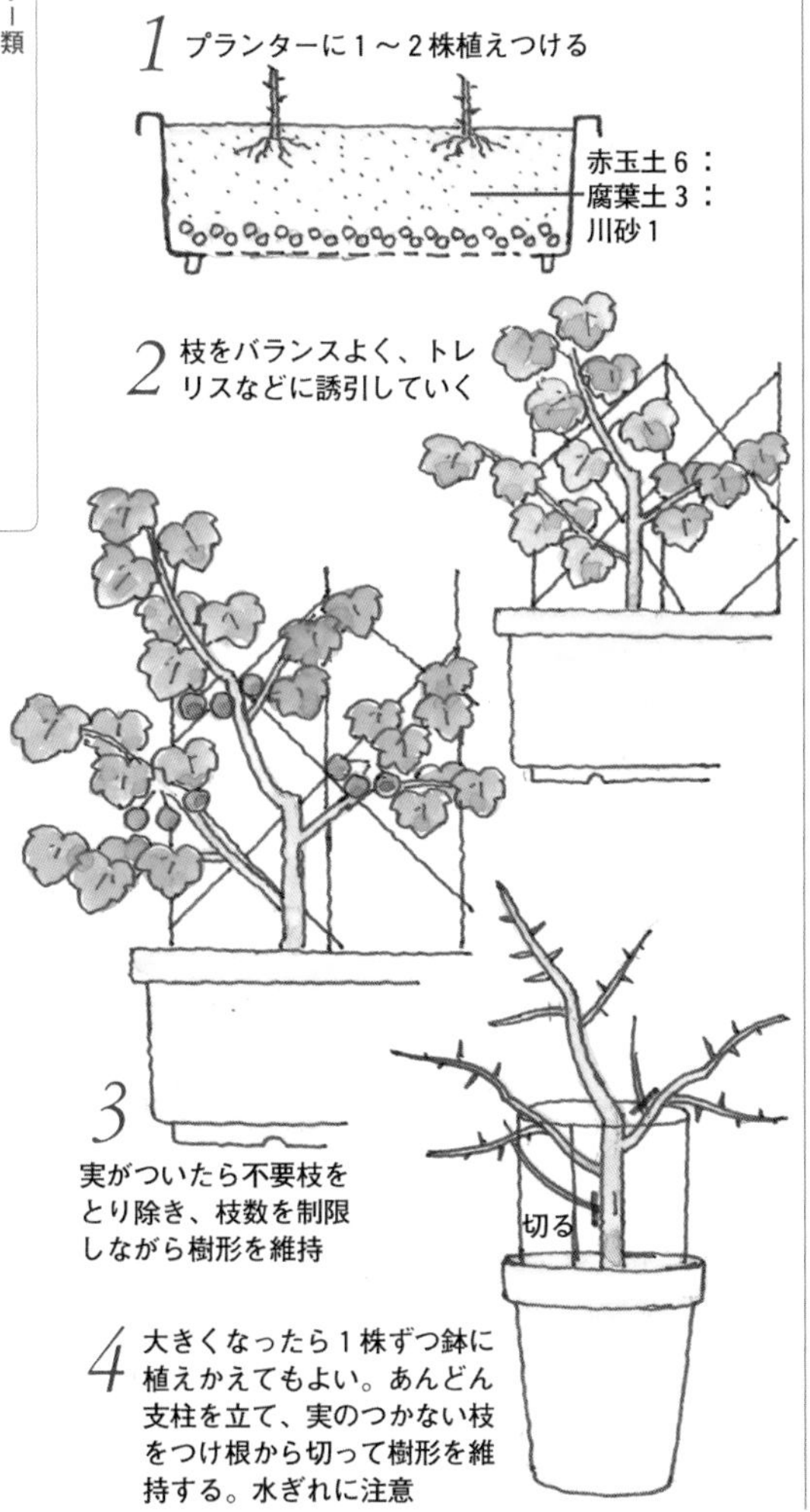
1 プランターに1～2株植えつける
赤玉土6：
腐葉土3：
川砂1
2 枝をバランスよく、トレリスなどに誘引していく
3 実がついたら不要枝をとり除き、枝数を制限しながら樹形を維持
切る
4 大きくなったら1株ずつ鉢に植えかえてもよい。あんどん支柱を立て、実のつかない枝をつけ根から切って樹形を維持する。水ぎれに注意

## 仕立て方と実のつき方

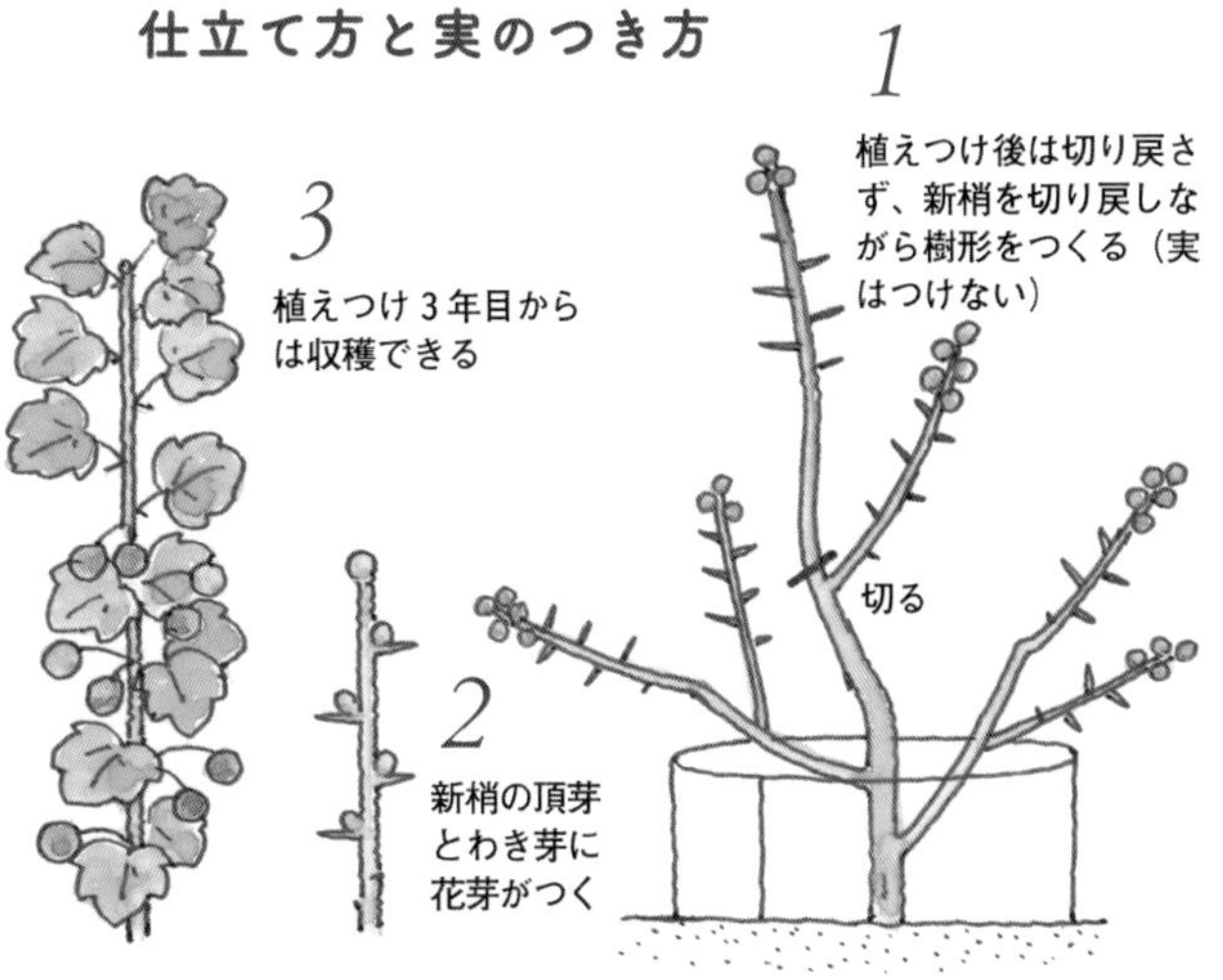
1 植えつけ後は切り戻さず、新梢を切り戻しながら樹形をつくる（実はつけない）
切る
2 新梢の頂芽とわき芽に花芽がつく
3 植えつけ3年目からは収穫できる

熟した果実からハサミで収穫する。赤紫色の実は甘酸っぱく、生食できる。緑色の若い実はジャムなどに加工する。

鉢植えでは6～7号鉢かプランターに植えつけ、2～3年おきに植えかえます。

### ○仕立て方と剪定

地ぎわから枝がたくさん出て株立ち状に育ち、放任しても1.5mぐらいにおさまります。葉がすべて落ちて休眠期に入ったら剪定を行います。古い実つきの悪くなった枝は切り落とし、新しい枝と更新させましょう。枝が込み合っている場合は、バランスを見ながら、交差している枝などを基部から切り落とします。日当たりと風通しをよくすることで、病気などの発生を防ぎます。

実は充実した新梢の先端につくので、新梢の切り戻しはできません。

### ○施肥

3～4月に肥料を土の表面にすき込みます。鉢植えでは植えつけ1カ月後に玉肥3～4個を埋め、毎年春と秋に追肥します。

### ○病害虫対策

暖地ではうどんこ病や斑点病などが発生しやすいので、薬剤散布をして防ぎます。

### こうして実を楽しむ

果実は、明るい黄緑色からだんだんと赤紫色に変化します。完熟果を生で食べると甘酸っぱく、さわやかな風味。若い実は、加工用として、酸味をきかせたジャムやドリンクなどに利用します。

宝石のような赤い果実は、お菓子づくりの彩りにも

# フサスグリ

ユキノシタ科　落葉低木

原産地 ヨーロッパ、北アメリカ

別名 カラント

栽培適地 中部以北の冷涼地

ブラックカラントの果実。

ブッシュ状に生長する樹姿。

栽培カレンダー

| 月 | 1 | 2 | 3 | 4 | 5 | 6 | 7 | 8 | 9 | 10 | 11 | 12 |
|---|---|---|---|---|---|---|---|---|---|---|---|---|
| 木の状態 | | | | 開花 | | 収穫 | | | | | | |
| 庭植えの作業 | 剪定 | | 植えつけ<br>施肥 | | | 剪定 | | | | | | |
| 鉢植えの作業 | 剪定 | | 植えつけ<br>施肥 | | | 剪定 | | | | | | |
| 病害虫 | | | | | 薬剤散布 | | | | | | | 薬剤散布 |

利用法
生食
加工品
果実酒

## 夏の高温に注意

### ○特性と品種

カラントとも呼ばれるフサスグリは、赤いビーズのような小さな実が幾重にも連なって結実する、とても美しいベリーです。赤実のレッドカラント（アカフサスグリ）と呼ばれるタイプのほか、カシスとして親しまれるブラックカラント、珍しいホワイトカラントなどのバリエーションもあります。

ベリーの中でも特に耐寒性があり、寒冷地での栽培に向いています。暖地では鉢植えなどで移動できるようにして、夏の暑さを避けるとよいでしょう。4～5月に小さな目立たない花を咲かせます。1株で自家受粉するので人工授粉などは必要ありません。収穫は6～7月が適期です。

### ○植えつけ

3月に、風通しがよく、西日の当たらない明るい日陰に植えます。水はけ、水もちがよければ、特に土質は選びません。乾燥すると実つきが悪くなるので、夏の高温乾燥期には寒冷紗で日よけをするか、あらかじめ日陰になるような落葉樹の木陰に植えます。

鉢植えでは5～6号鉢に植え、乾燥対策としてマルチングをします。実なりのよかった

## 庭植えの株立ち仕立て

1 3月、苗木を植えつける。切り戻しは不要。根づくと、夏には地ぎわから勢いのよい枝が出てくる

2 実がついた枝は収穫後に切る。弱い枝、枯れ枝、新梢が出なくなった古い枝は、冬に地ぎわから切る

## 鉢植えの株立ち仕立て

1 3月に植えつけ、切り戻さずに新芽が出てくるのを待つ

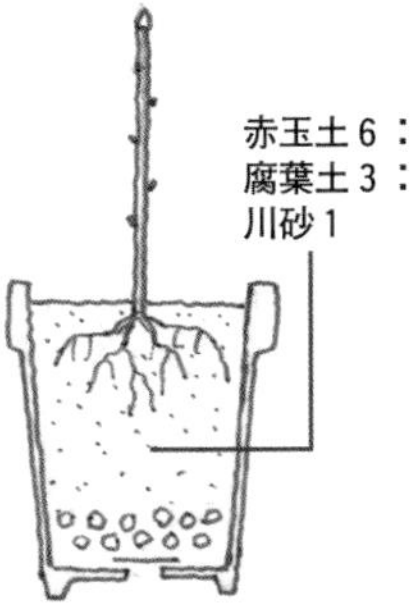

2 夏になると出てくる新梢を伸ばす

3 冬は枝を間引いて日当たりをよくする。実つきが悪くなった枝などを落とす

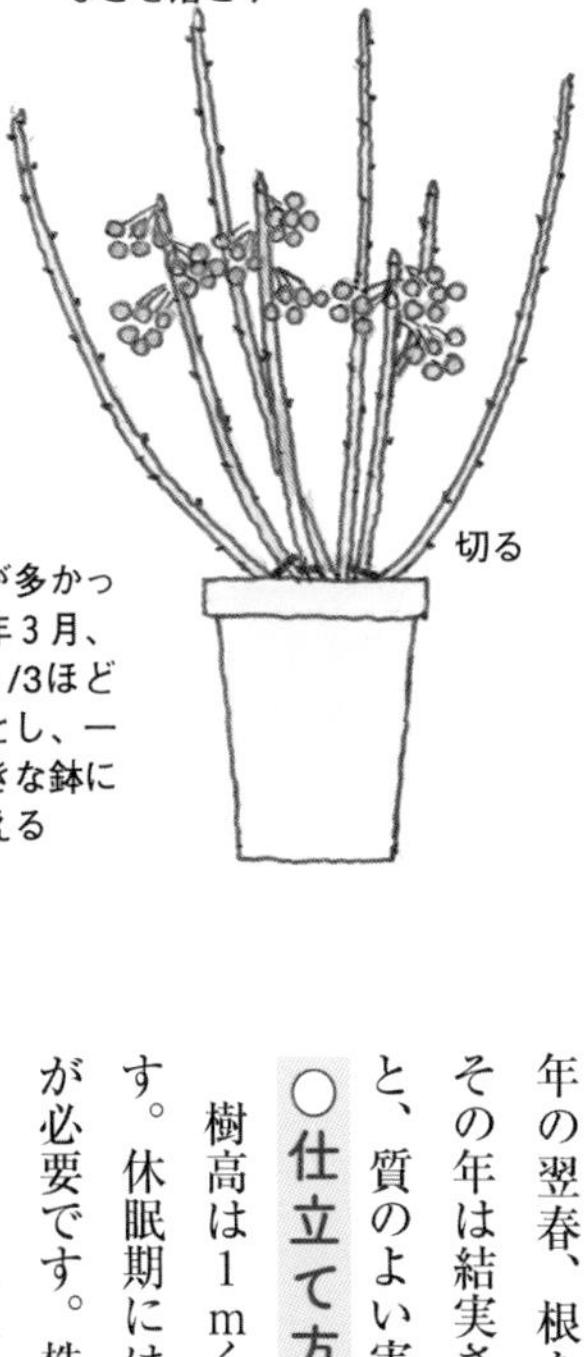

4 収穫量が多かったら翌年3月、根鉢を1/3ほど切り落とし、一回り大きな鉢に植えかえる

アカフサスグリは、小さな果実がひとつの房にたくさんつくので、房のつけ根を切って収穫する。

年の翌春、根を1/3ほど整理して植えかえ、その年は結実させずに株の生長を優先させると、質のよい実が収穫できます。

### ○仕立て方と剪定

樹高は1mくらいでブッシュ状に生長します。休眠期にはバランスのとれた適度な剪定が必要です。株元に余分な葉が茂ると日が当たらず、通気性が悪くなり病気の原因にもなります。収穫して3～4年経過した枝は実つきもだんだん悪くなるので、株元から切り落としてしまいましょう。

果実は充実した新梢の先端から3～5芽ぐらいで花芽分化し、翌年、新葉が出てそのつけ根に開花、結実します。

### ○施肥

3～4月に緩効性肥料を浅くすき込みます。鉢植えでは植えつけ1カ月後に玉肥3～4個を埋め、以降は3～4月に追肥します。

### ○病害虫対策

温暖な地域ではうどんこ病や斑点病などが出やすくなるので、早めに薬剤散布します。

### こうして実を楽しむ

収穫した実は生でも食べられますが、独特の酸味と渋みがあるのでジャムや果実酒、ゼリーなどに利用します。ブラックカラントはカシス酒が有名です。完熟すると実が落果するので注意します。

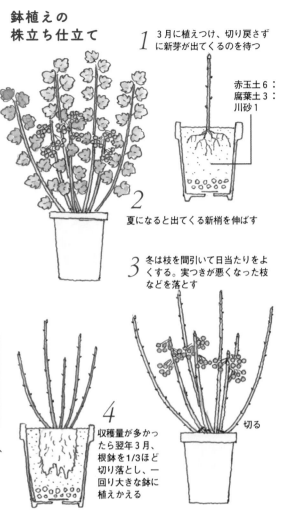

# ジューンベリー

バラ科　落葉高木　別名 アメリカザイフリボク

原産地 北アメリカ　栽培適地 東北以南

秋の黄葉。

ジューンベリーの花。

栽培カレンダー

| 月 | 1 | 2 | 3 | 4 | 5 | 6 | 7 | 8 | 9 | 10 | 11 | 12 |
|---|---|---|---|---|---|---|---|---|---|---|---|---|
| 木の状態 | | | | 開花 | 収穫 | 収穫 | | | | | | |
| 庭植えの作業 | 剪定 | 植えつけ・施肥 | | 人工授粉 | | 剪定 | 剪定 | | | | | 植えつけ |
| 鉢植えの作業 | 剪定 | 剪定 | 植えつけ・施肥 | 人工授粉 | | 剪定 | 剪定 | | 施肥 | | | |
| 病害虫 | | | | | | | | | | | | |

利用法
生食
加工品
果実酒

## 美しい落葉樹

### ○特性と品種

春の花、初夏の新緑と結実、秋の紅葉と、年間をとおして楽しめ、ガーデンやベランダのシンボルツリーにおすすめのベリーです。樹高は大きいもので8mくらいに生長するものもあります。

春に白やピンク色の花をたくさん咲かせ、果実は初夏に実ります。さわやかな葉の緑色と赤い実の色彩が美しく、観賞価値の高い果樹といえます。いくつかの園芸品種もありますが、日本では区別することなくジューンベリーの名で出回ることがほとんどです。ポット苗から始めても、実つきの鉢植えを植えつけても育てられます。

### ○植えつけ

落葉した12月以降、水はけ、水もちのよい場所に植えつけます。耐陰性もありますが、日当たりを好みます。また、酸性土を好むので土を中和する必要はありません。庭植えでも、夏の強い乾燥にあうと実つきが悪くなるので、乾燥が続くようなら水やりをして、株元にマルチングします。

鉢植えの場合は、8～10号鉢に、ピートモスを混ぜた用土で植えつけます。

## 庭植えの主幹形仕立て

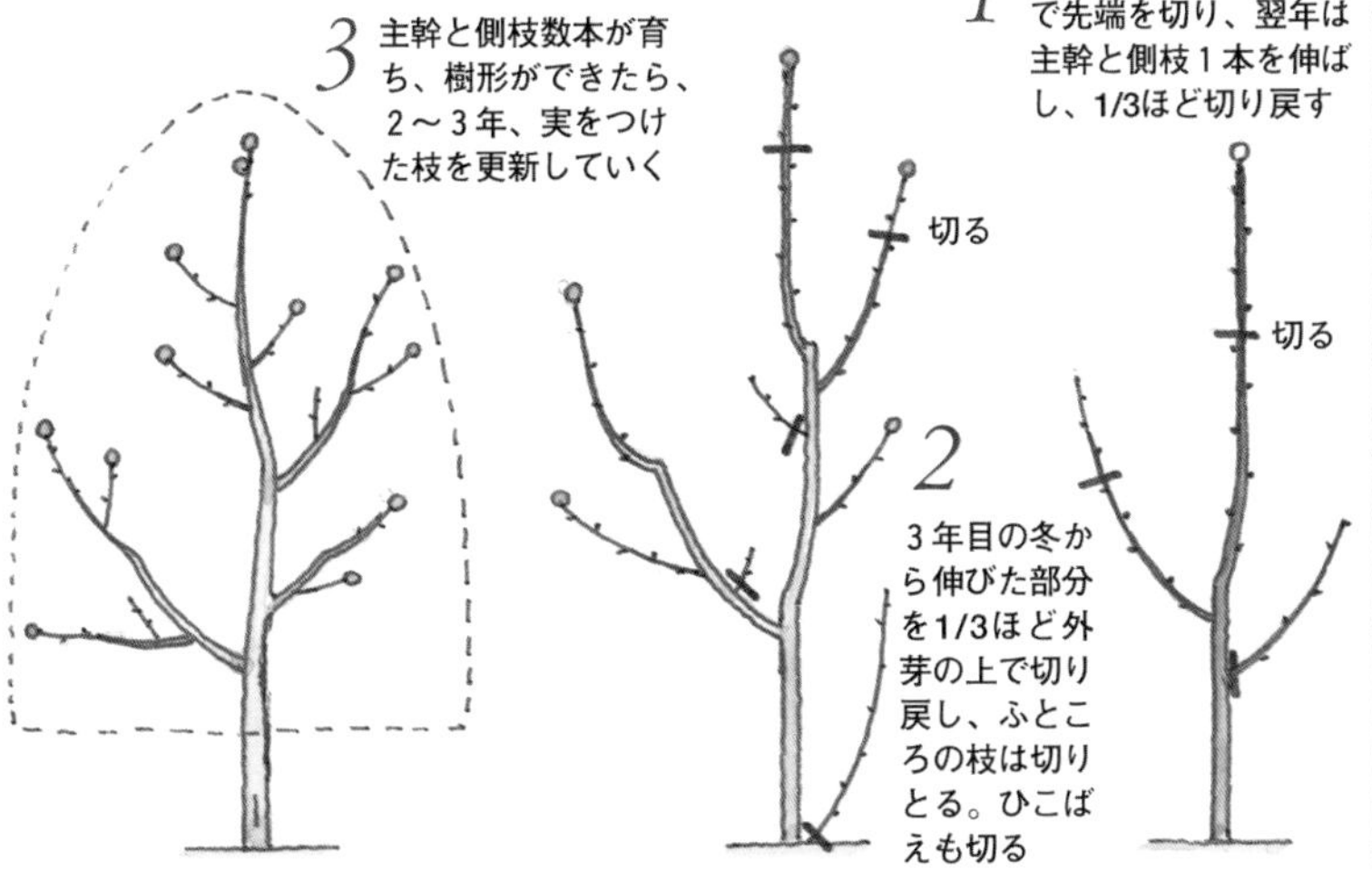
3 主幹と側枝数本が育ち、樹形ができたら、2～3年、実をつけた枝を更新していく
切る
2 3年目の冬から伸びた部分を1/3ほど外芽の上で切り戻し、ふところの枝は切りとる。ひこばえも切る
1 植えつけて50～60cmで先端を切り、翌年は主幹と側枝1本を伸ばし、1/3ほど切り戻す
切る

## 実のつき方

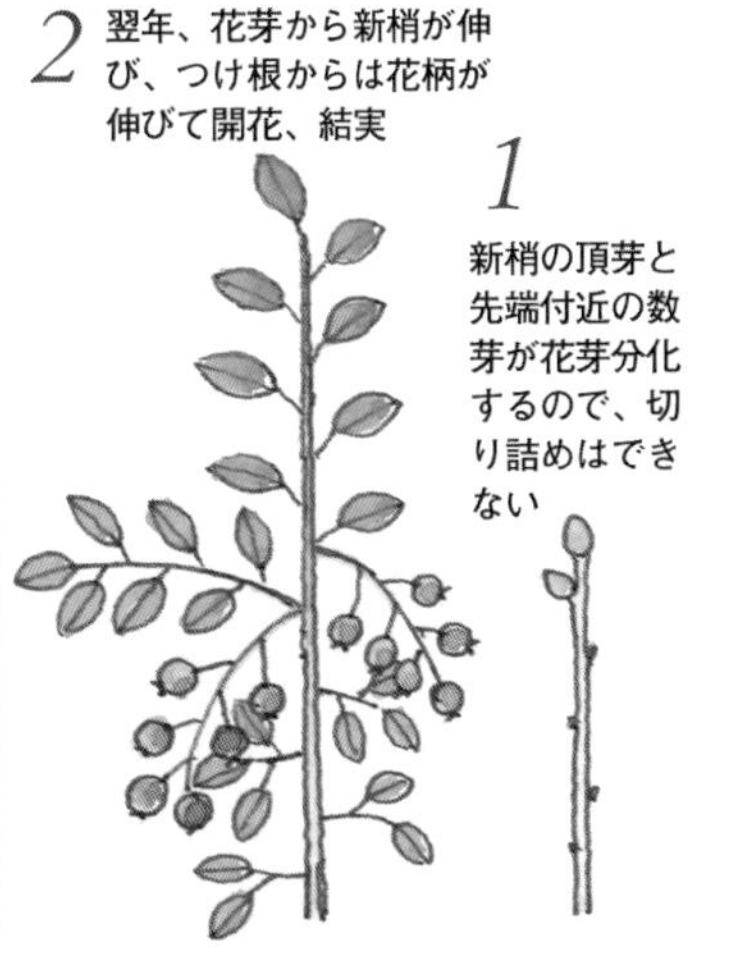
2 翌年、花芽から新梢が伸び、つけ根からは花柄が伸びて開花、結実
1 新梢の頂芽と先端付近の数芽が花芽分化するので、切り詰めはできない

## 剪定の方法

剪定したあとの様子。風通しもよくなり、繊細な枝ぶりも強調されている。

剪定前の樹木。植えつけて5年が経過した成木。枝が込み合ってきている。

ノコギリで剪定した跡。切り口には癒合剤を塗っておくとよい。

内側に伸びる細い枝は、剪定バサミで基部から切りとる。

太い枝を切り落とすときには、剪定ノコギリを使用する。

### ○仕立て方と剪定

放任すると株立ち状にたくさんの枝が出てきます。主幹形仕立てにするなら、株元の枝を1本残して、ほかの枝を早めに切りとります。株立ち仕立てにするなら、3本ぐらい枝を残し、余分なひこばえを早めにとり除いて、不要な枝を間引きます。2～3年、実をつけた古枝は、そばに出ている新梢と更新します。美しい樹形を保つように、繊細な枝ぶりを生かした剪定を心がけましょう。

果実は新梢の先端に花芽分化し、翌春、新梢が伸びてそのつけ根に開花、結実します。

### ○施肥

2月に株元の周りに溝を掘り、緩効性化成肥料を施します。鉢植えでは、植えつけ1カ月後に玉肥を3～5個埋め込み、以降、春と秋に追肥します。

### ○病害虫対策

幹の周りに木くずが落ちていたら、中にカミキリムシが入り込んでいるので、殺虫剤を注入して穴をふさいでおきます。

### こうして実を楽しむ

完熟すると実は濃紅色に変化し、生食でもおいしく食べられます。収穫後は日もちしないので、冷凍保存するか、ジャムなどに加工します。秋になると紅葉も美しく、赤や黄色に色づきます。

# マルベリー

クワ科　落葉高木　別名 クワ
原産地 東アジア、アメリカ、アフリカ
栽培適地 全国

雲南マルベリー

マルベリーの木。放任すると高木化する。

スイートマルベリー

マルベリーの雌花と幼果。

栽培カレンダー

| 月 | 1 | 2 | 3 | 4 | 5 | 6 | 7 | 8 | 9 | 10 | 11 | 12 |
|---|---|---|---|---|---|---|---|---|---|---|---|---|
| 木の状態 | | | | 開花 | | 収穫 | 花芽分化 | | | | | |
| 庭植えの作業 | 剪定 | 施肥 | 植えつけ | | 剪定 | 剪定 | | | | 施肥 | | |
| 鉢植えの作業 | 剪定 | | 施肥<br>植えつけ | | 剪定 | 剪定 | | | | 施肥 | | |
| 病害虫 | | | | | | | 薬剤散布 | | | | | |

利用法
生食
加工品
薬効
果実酒

Mulberry

## なじみ深いベリー

### ○特性と品種

マルベリーとはクワの実のことで、日本人にも古くからなじみがあり、郷愁を呼ぶ果実としても近年注目を集めています。特に肥料を与えなくてもどんどん生長するほど丈夫で、初心者でも育てやすく、おいしい果実がたくさん収穫できます。

家庭果樹では実なりのよい栽培品種のポップベリー、ララベリー、雲南マルベリーなどがおすすめ。白実のゼルベ・ベヤズ、エーゲ・ベヤズなども実なりのよい品種です。

4月ごろに目立たない小さな花を咲かせます。同じころ旺盛に展開する葉は美しく、庭のシンボルツリーとしても利用できます。果実は赤い実が徐々に黒く色づき、初夏に大きくなったものを収穫します。

自家受粉し、実つきがよいのが特徴ですが、実がつきすぎたら、色づく前に1カ所に2～3個残して摘果します。

### ○植えつけ

苗木の植えつけ適期は、芽吹き前の3月です。水もちがよく肥沃な土地を好みます。入手した苗の根が伸びすぎていたら、植えつけ前に、余分な根を思い切って切り落としまし

## 実のつき方

1 夏ごろ、花芽分化する

2 翌年、新梢が出てつけ根に開花、結実。1カ所にいくつもつくところは摘果する

## 鉢植えの仕立て方

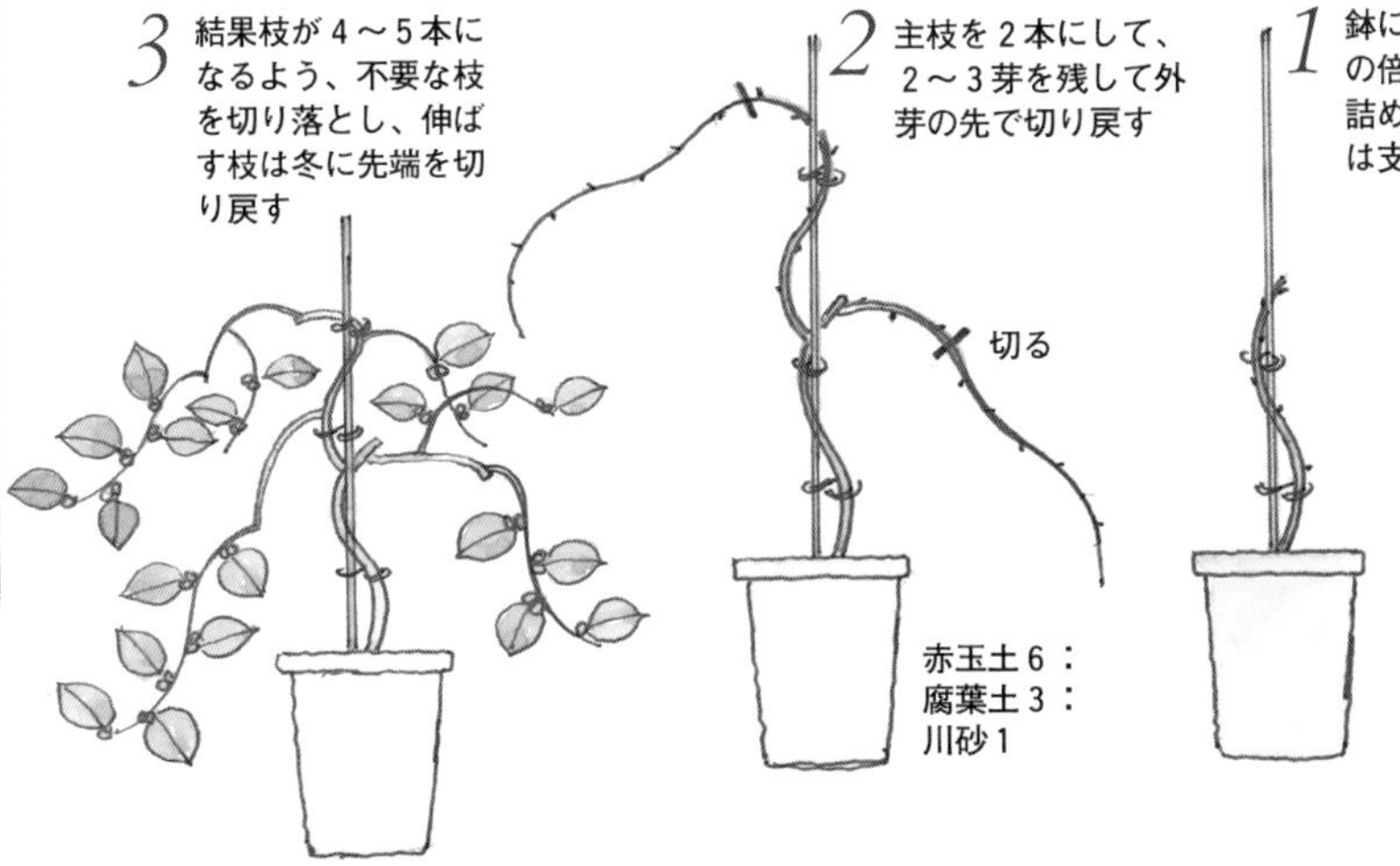


1 鉢に植えつけ、鉢の倍の高さで切り詰める。しだれ種は支柱に誘引

2 主枝を2本にして、2～3芽を残して外芽の先で切り戻す

3 結果枝が4～5本になるよう、不要な枝を切り落とし、伸ばす枝は冬に先端を切り戻す

## 庭植えの方法

1 根に土がない裸苗は、植えつけ前に根の部分を水に浸しておく

2 50cm程度の植え穴を掘る。深く根を張るので大きめに

3 堆肥や腐葉土をすき込み、支柱を立て、苗を配置

4 苗を植え込む高さを調節して掘り上げた土で植え込む

5 途中で一度水をやり、根を土になじませる

6 株元を軽く手で押さえ、土手状の水鉢をつくる

7 支柱に幹を固定する。麻ひもで8の字を描くように

8 株元に水がたまるように、たっぷりと水やりする

ょう。植えつけ後、生育が旺盛なので、苗木は好みの高さに切り詰めておきます。果実の成熟期に水ぎれを起こすと落果が起こります。ワラや樹皮でマルチングするとよいでしょう。大きく育つマルベリーですが、鉢植えで育てればコンパクトに栽培できます。

### ○仕立て方と剪定

樹勢が強く、刈り込み仕立てもできますが、一文字仕立てにすると、狭いスペースでも収穫量がふやせます。冬に結果母枝を50～60cmに切り戻し、1年ごとに結果枝を更新していきます。鉢植えの場合は、主枝を4～5本までにして、先端を切り戻して新芽を出させます。

果実は7～8月に花芽分化し、翌年枝を伸ばしてわき芽に開花、結実します。

### ○施肥

2～3月と10月に緩効性肥料を施します。

### ○病害虫対策

葉が展開すると、アメリカシロヒトリの幼虫が食害するので、葉ごととり除きます。

### こうして実を楽しむ

実が赤から黒に熟してきたら収穫します。ヒヨドリなどが好んで食べるので、防鳥ネットを張っておくと安心です。生食のほか、果実酒やジャムに加工します。葉は健康食品に利用されます。

鉢植えで小さく仕立てても、たくさん収穫できる

# クランベリー

Cranberry

ツツジ科　常緑小低木　別名　オオミノツルコケモモ
原産地　北アメリカ東部　栽培適地　中部以北の冷涼地

花壇に植えられたクランベリー。

クランベリーの花。

栽培カレンダー

| 月 | 1 | 2 | 3 | 4 | 5 | 6 | 7 | 8 | 9 | 10 | 11 | 12 |
|---|---|---|---|---|---|---|---|---|---|---|---|---|
| 木の状態 | | | | 開花 | | | | | | 収穫 | | |
| 庭植えの作業 | 剪定 | | 植えつけ | | | | | | | | | |
| | | | 施肥 | 人工授粉 | | | | | | 施肥 | | |
| 鉢植えの作業 | 剪定 | | 植えつけ | | | | | | 植えつけ | | | |
| | | | 施肥 | 人工授粉 | | | | | | 施肥 | | |
| 病害虫 | | | 薬剤散布 | | | | | | | | | |

利用法
薬効
加工品
果実酒

## 花と紅葉も楽しめる

### ○特性と品種

丸い赤い実をつけるクランベリーは、ツツジ科スノキ属に分類されるほふく性の小低木です。ツルコケモモ（スモールクランベリー）、オオミノツルコケモモ（ラージクランベリー）が、実つきの鉢植えで出回ります。

春にピンク色の可憐な花を咲かせ、秋には実が収穫でき、冬には赤く紅葉します。最近ではガーデニングにとり入れる素材としても人気があります。また、果実はアントシアニンを豊富に含み、健康食品として親しまれています。

アメリカの農場では湿地帯のような場所で栽培されているほど水分を好みます。特に鉢栽培では水をきらさないよう、頻繁な水やりを心がけましょう。また夏の暑さも苦手です。夏場は西日のささない涼しい場所で管理します。

### ○植えつけ

植えつけ適期は春と秋。苗は根がカラカラに乾燥していないポット苗を選ぶようにします。日当たりがよく、水もちのよい場所を選んで植えつけます。酸性土壌を好むので、酸度未調整のピートモスを使って土壌改良して

## 鉢植えの方法

1 園芸店に出回る市販の鉢植えを植えかえる。根が乾いていないものを選ぶ

2 ピートモス5：赤玉土3：鹿沼土1：パーライト1の割合で用土をつくる

3 ポットから苗をとり出し、根鉢を軽くほぐす

4 5号鉢に苗を入れ、ピートモス主体の混合土で植える

5 根の乾燥を防ぐため、株元の表土を水ごけで覆う

6 日当たりのよい場所で育てる。冬は寒さに当てないと花芽ができない

## 実のつき方

年末ごろから新梢に花芽分化し、翌年に開花、結実

## 株分け

1 株分けは実つき後の3～4月、植えかえの際に行う。株をとり出して、根鉢を半分に分ける

地上部は切り戻したり、間引いたりして少し減らしておく

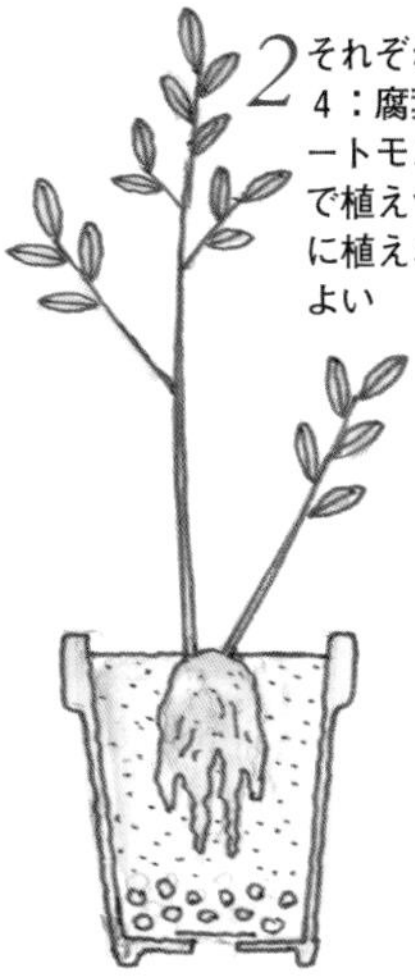

2 それぞれを赤玉土4：腐葉土3：ピートモス3の用土で植えつける。庭に植えおろしてもよい

## 挿し木

1 挿し木は4月下旬ごろ、15～20cmの挿し穂をつくり、下葉をとって葉2枚にし、1時間ほど水揚げをする

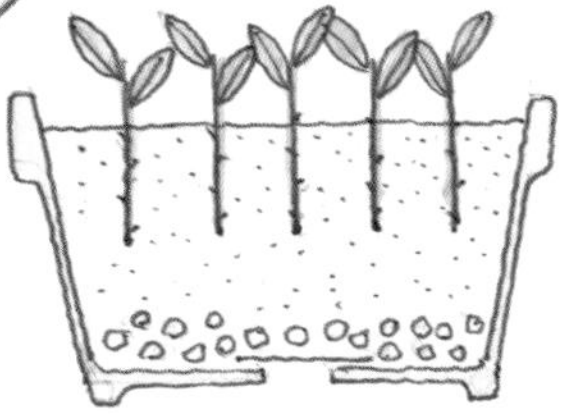

2 鹿沼土などを平鉢に入れ、挿し穂を深く挿し、乾かさないように水やりをして発根を促すと、1カ月ほどで発根する

おきます。乾燥が激しい季節は乾かさないようにこまめに水やりし、株元をマルチングしておきましょう。鉢植えでは表土を水ごけで覆うと安心です。

### ○仕立て方と剪定

ほふくしながら枝が伸びていくので、込み合うところを間引き、植え広がりを抑えるように剪定します。随時、枯れ枝や古枝を切り戻します。冬は霜よけの対策を立て、寒風を避けます。

果実は新梢の葉腋につきます。自家結実性ですが、筆で花にふれるとよく結実します。

### ○施肥

寒肥として少量の緩効性化成肥料を与える程度で問題ありません。鉢植えでは、生長の様子を見ながら、硫安などを含んだ酸性肥料を施します。

### ○病害虫対策

特に問題となる病害虫はありませんが、収穫前に鳥に食害されることがあるので注意します。

### こうして実を楽しむ

開花から3カ月ほどで収穫できます。果実は生食には向きませんが、冷凍保存ができ、ジュースやジャムに加工するとおいしく食べられます。日本では健康食品としても利用されます。

# ハスカップ

スイカズラ科　落葉低木　別名 クロミノウグイスカズラ

原産地 北海道　栽培適地 東北以北

栽培カレンダー

| 月 | 1 | 2 | 3 | 4 | 5 | 6 | 7 | 8 | 9 | 10 | 11 | 12 |
|---|---|---|---|---|---|---|---|---|---|---|---|---|
| 木の状態 | | | | 開花 | | 収穫 | 収穫 | | | | | |
| 庭植えの作業 | 施肥 | 剪定 | 植えつけ | | | | | | | | | 植えつけ<br>剪定 |
| 鉢植えの作業 | 施肥 | 剪定 | 植えつけ | | | | 剪定 | | | | | 植えつけ<br>剪定 |
| 病害虫 | | | | | 防鳥ネット | 防鳥ネット | | | | | | |

利用法
生食
薬効
加工品
果実酒

## 健康&美容に効果的

### ○特性と品種

北海道などの冷涼な気候でよく育つベリー類で、栄養価が高く、古くからアイヌ民族の人々の間では不老長寿の妙薬として珍重されてきました。品種は北海道の野生種から選抜されたものが出回っています。果実はあまり日もちしないため、生食ではほとんど流通しませんが、ジャムなどの加工品が市販されています。耐寒性にすぐれていますが、暑さに弱いので、暖地では鉢植えがおすすめ。日当たりと風通しのよい場所に置き、夏場は寒冷紗などを張って、涼しい場所で管理します。

### ○栽培方法

根がしっかり張っている苗木を購入して植えつけます。酸性土壌を好むため、土に酸度未調整のピートモスを加えるのがポイント。収穫の適期は6~7月です。薄クリーム色の花は開花時期にばらつきがあるので、果実も順番に熟します。完熟果は落果しやすいので、色づいたものから順次収穫します。寒肥として緩効性肥料を施し、収穫後に追肥します。窒素分の多い肥料を与えすぎると、実つきが悪くなるので注意。枝が込み合ったら、休眠期に不要な枝を剪定します。

# シーベリー

グミ科　落葉中低木
原産地　中央アジア、ロシア
別名　サジー、シーバックソーン
栽培適地　関東以北

**利用法**
- 薬効
- 加工品
- 果実酒

**栽培カレンダー**

| 月 | 1 | 2 | 3 | 4 | 5 | 6 | 7 | 8 | 9 | 10 | 11 | 12 |
|---|---|---|---|---|---|---|---|---|---|---|---|---|
| 木の状態 | | | | | 開花 | | | | 収穫 | | | |
| 庭植えの作業 | | 剪定 | 植えつけ<br>施肥 | | | | | | | | | 植えつけ<br>剪定 |
| 鉢植えの作業 | | 剪定 | 植えつけ<br>施肥 | | | | | | | 施肥 | 植えつけ | 剪定 |
| 病害虫 | | | | | | | | | | | | |

## 酸味が強いので加工品に

### ○特性と品種

日本ではまだなじみの薄い植物ですが、ロシアや中国などに自生しているベリーの仲間です。秋に枝が垂れ下がるほどたくさんの黄色い実をつけます。樹高は2～4ｍになり、雌雄異株で、耐寒性があるのが特徴です。乾燥に強いため比較的育てやすいベリーといえます。アミノ酸やビタミン、不飽和脂肪酸など、多くの栄養素が含まれて、食用はもとより、化粧品、医薬品としても利用されている健康食品です。

### ○栽培方法

雄木、雌木をそれぞれ入手し、近くで栽培します。水はけのよい砂や礫の多い土壌を好むので、土に川砂などを混ぜて、水はけをよくします。苗木を庭に植えつける場合は、鉢などで1～2年養成して十分大きくなってから植えるとよいでしょう。実が多くついて枝が折れることがあるので、弱い枝は間引き剪定を行います。栽培適温がマイナス10～40度までと広いので場所を選ばず栽培できます。完熟果は黄金色の小さな実がたわわに実り、ジュースや果実酒などに利用できます。

# バラ科の果樹を育てよう

バラ科の植物は、じつに多彩なグループで、主に花を観賞するバラをはじめとして、花木や果樹、野草など幅広い種類が見られます。果樹だけでも、モモやリンゴ、ナシ、サクランボ、ウメ、ビワなど、主要になるおなじみの果樹がバラ科に含まれています。花も美しい種類が多く、庭木として十分に楽しめます。

比較的、病害虫に弱い種類が多く、栽培難易度が高いのが特徴で、美しい樹形に仕立て、りっぱな果実を得るには、それなりのノウハウが必要になります。実つきをよくするための剪定はもちろん、定期的な施肥、病害虫対策、摘蕾・摘果、袋かけなど、果樹の生長に合わせた栽培管理が不可欠です。栽培適地や作業の適期を守り、じっくりと大切に育てれば、きっとおいしい果実を収穫できます。好みの種類や品種を選んで、バラ科の果樹の栽培を楽しみましょう。

# INDEX

実つきがよくジューシーなあかつきが人気に

# モモ、ネクタリン

桃

Peach,Nectarine

バラ科　落葉中高木

原産地　中国　栽培適地　東北南部以南

モモの花。

あかつき

ボナンザピーチ

**Point**

水はけのよい土に植える。収穫前に雨が多いと実が水っぽくなるので、早生種は雨よけをするか鉢植えにする。

**こんな木**

東北南部以南なら庭植えができる。大木になるので、剪定で小さく仕立てる。日照の影響が大きいので、不要枝を間引いて日当たりをよくする。

利用法：花、生食、薬効、加工品、果実酒

栽培カレンダー

| 月 | 1 | 2 | 3 | 4 | 5 | 6 | 7 | 8 | 9 | 10 | 11 | 12 |
|---|---|---|---|---|---|---|---|---|---|---|---|---|
| 木の状態 | | | | 開花 | | | 収穫 | 花芽分化 | | | | |
| 庭植えの作業 | | 剪定、施肥 | 植えつけ | 人工授粉、摘果 | 摘果 | 剪定 | | | | | | 植えつけ |
| 鉢植えの作業 | | 剪定 | 植えつけ、施肥 | 人工授粉、施肥 | 摘果 | 剪定、摘果 | 針金かけ | 施肥 | | | | 植えつけ |
| 病害虫 | 薬剤散布 | | | | | 薬剤散布 | | | | | | 薬剤散布 |

## 庭植えのつくり方

### ○品種と苗選び

果皮にこまかい毛のあるモモは、日川白鳳、長沢白鳳、嶺鳳など白鳳系と、川中島白桃、清水白桃などの白桃系に分かれ、交配種のあかつきなどもあります。ネコブセンチュウ抵抗性台木を用いた接ぎ木苗が出回ります。

毛のないネクタリンはやや耐寒性が弱く立ち性になり、ヒラツカレッド、秀峰などのスイートネクタリン系が出回ります。

### ○植えつけ

平均気温9度以上なら庭植えできます。マイナス15度ぐらいまでだいじょうぶですが、夏の高温がないと実が熟しません。12〜3月に日当たり、水はけのよい場所、できれば地下水まで1m以上の深く肥沃な土に植えるとよく育ちます。いや地傾向があるので、一度モモを植えた場所は避けます。春の強風は病害虫発生の原因になるので、強風の当たらない場所で育てます。乾燥には強く、水やりは不要です。

### ○仕立て方と剪定

放任すると枝が広がる開心自然形になりますが、矮性台木の苗で3m以下の主幹形仕立てにします。ボナンザピーチやゴールデングローリーなどの矮性種を選べば、1mぐらいの半円形に仕上がります。

6月には、込み合った枝葉を整理して樹冠

西野白桃

白凰

倉方早生

内部に日が入るようにする間引き剪定をします。不要枝や伸びすぎた新梢、徒長枝などをつけ根から切り落とします。そうして日当たりをよくすることが、実の質を高めます。収穫後にも再び日当たりをよくする間引き剪定をし、十分に養分を蓄えさせます。

1～2月には花芽がわかるので、ふくらんだ花芽がない先端部分を切り詰めます。徒長枝も2～3芽を残して切り、新梢を出させます。つけ根部分から出る弱い枝は残します。

**実のつき方**　7月ごろ新梢の先端が葉芽になり、腋芽に花芽分化して、翌年、そこに開花、結実します。1カ所の真ん中が葉芽で両側に花芽となることが多いのですが、ひとつだけのことも、花芽だけが複数つくこともあります。花芽ひとつにつき、1果となります。

## ○施肥

1～2月に溝を掘り、緩効性化成肥料を十分に施して埋め戻します。

## ○病害虫対策

生長期にはアブラムシ、ハダニ、シンクイムシが発生することがあります。若葉が火ぶくれ状態になっていたら縮葉病が原因です。休眠期間中に高濃度の石灰硫黄合剤を散布するか、ビスダイセン水和剤を散布します。実を食害する虫や細菌病の発生を防ぐには、摘果が終わったところで袋かけをすると、薬剤を使うことなく、被害を抑えることができます。

## 鉢植えの植えつけ

1 鉢底ネットを敷き、水はけをよくするためのゴロ土として、鹿沼土の大粒を敷く

2 ここでは畑土に3割ほど腐葉土を混ぜた用土を使い、あかつきの切り接ぎ苗を植える

3 苗木が深植えにならないよう気をつけ、根鉢と鉢の間に用土を入れて苗木を固定する

4 ウオータースペースを残し用土を入れたら、軽く鉢を地面に落としてすき間をなくす

5 鉢底から流れ出すようにたっぷり水を与え、根鉢と用土を密着させる。すき間があると根が出にくい

6 まっすぐに支柱を差し込み、枝幹を麻ひもなどで8の字に結びつける。まずは下部を固定する

7 枝幹を鉢の倍くらいの高さ、60～70cmぐらいで切り戻す。枝がまっすぐなことを確認

8 上部も麻ひもで8の字に結んで固定。生長後は水はけが悪くなる前に植えかえをする

## 鉢植えのつくり方

### ○植えつけと植えかえ

矮性種でも6～8号鉢、できれば10号鉢の大きめの鉢に植え、鉢の倍の高さで切り戻します。表土が乾いたらたっぷり水やりします。過湿にならないよう気をつけますが、夏の高温乾燥期は朝夕2回は必要です。収穫をしたら、翌年の春に植えかえます。

### ○仕立て方と剪定

新梢がやわらかい6～7月に、シュロ縄や細竹で枝を広げ、模《も》様《よう》木《ぎ》風《ふう》に仕立てます。

### ○施肥

植えつけ1カ月後に、玉肥を3～4個埋め込みます。その後は毎年、春と花後、8月下旬の3回、同様に玉肥を鉢縁に埋めます。

### ○収穫のための作業

大久保や白鳳系は自家受粉しますが、白桃系などは花粉が出ないので受粉しません。また、昆虫の飛来が期待できず、受粉しないこともあります。開花期に遅霜にあうことで、雌しべが傷んでしまい、受粉しないこともあります。そこで、より結実量をふやすために人工授粉をします。開花したら筆などで花の中をかき回すようにすればよく、早く咲いた花のほうがよく結実します。ハナモモの花粉を集め、乾燥剤を入れて密閉し、冷蔵庫に保存しておいて利用することもできます。

結実後に生理落果をしますが、もともとの

## 実のつき方

2 頂芽は葉芽なので新梢が伸び、花芽1個に実が1個つく

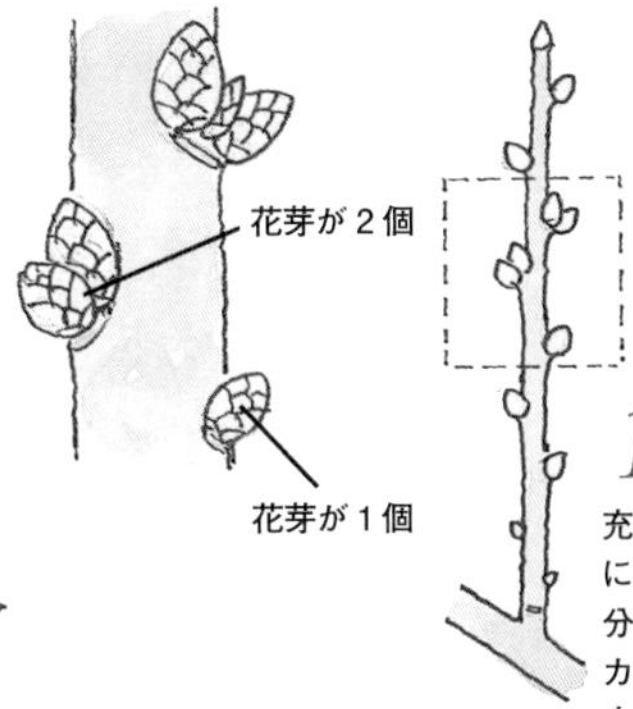
中心が葉芽で
両わきが花芽
花芽が2個
花芽が1個

1 充実した新梢に夏ごろ花芽分化する。1カ所に2つ以上の芽がつくことも多い

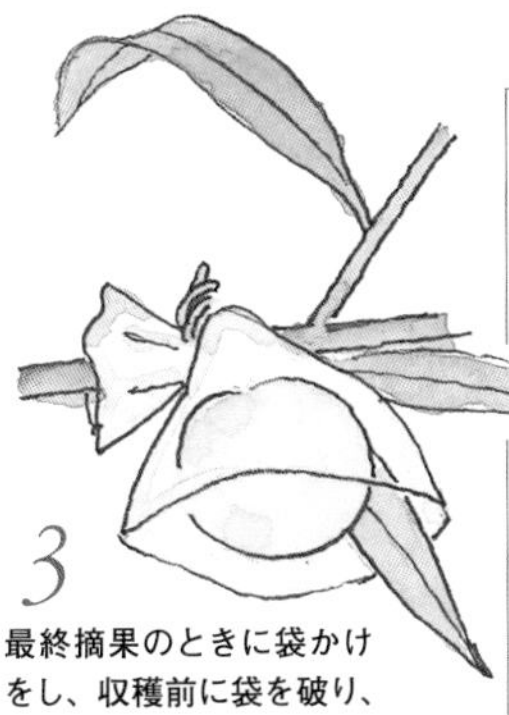

3 最終摘果のときに袋かけをし、収穫前に袋を破り、色をつけてから袋をとる

品種ごとの除袋作業の適期
（収穫からさかのぼっての日にち）

| 品種 | 袋を破る | 袋をとる |
|---|---|---|
| 白桃系 | 10～12日前 | 1週間前 |
| 白鳳系 | 8～10日前 | 5日前 |
| 大久保 | 1週間前 | 3日前 |

## 庭植えの主幹形仕立て

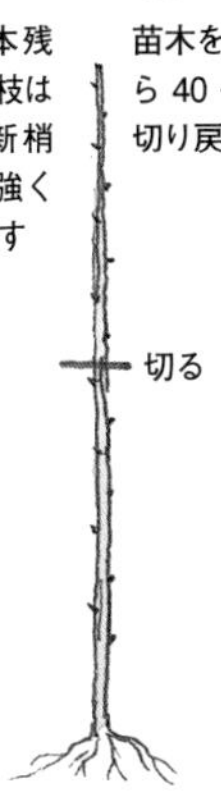
切る

1 苗木を植えつけたら40～50cmで切り戻す

切る

2 冬に主枝を1本残し、幹から出る枝は切り落とす。新梢部分の先端を強く切り詰めて伸ばす

切る

3 3年目からは伸ばす枝は先端を弱剪定にし、間引き剪定で枝を整理する

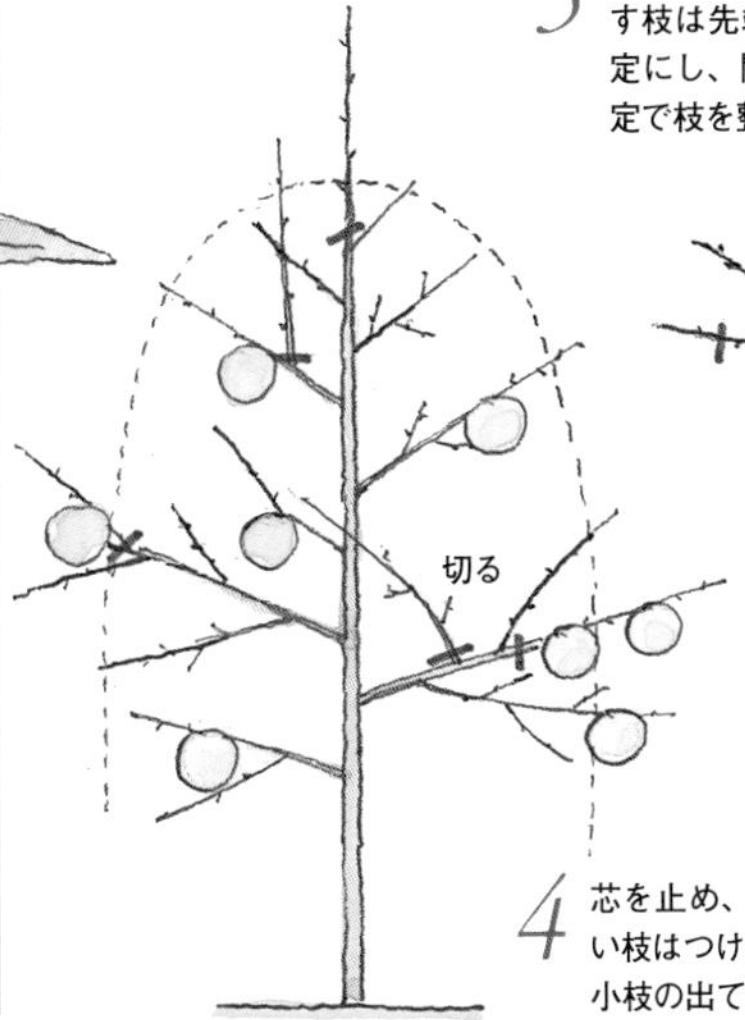
切る

4 芯を止め、立ち枝などの勢いの強い枝はつけ根で切りとり、結果枝も小枝の出ているところまで切り戻す

開花数がたいへん多いので、摘果をしないと実が多すぎて株が疲れ、花芽分化しなくなる隔年結果を起こすことがあります。満開から3~4週間で1回目の摘果として、奇形や生育不良の実をとります。このころまでには2回目の生理落果もほぼ終わっています。

その2~3週間後に2回目の摘果として、短果枝3~4本に1果、長果枝に2~3果となるように摘果をします。病害虫の被害や天候不順による発育不良などを想定し、2回に分けて摘果するのがポイントです。最終的に葉15枚に1果を目安にします。頂芽から新梢が伸びている結果枝の、先端から中間くらいにあるよい実を残しましょう。摘果が不十分だと6月にも生理落果が起きます。

鉢植えは5月中旬~下旬、10㎝の枝に1果にし、6月には全体で3果、矮性種なら5果になるようにします。

2度目の摘果をしたら、葉を傷つけないように注意して袋かけをします。

### こうして実を楽しむ

袋かけから60~80日ぐらいが、収穫の目安です。実が大きくなって緑色が薄くなってきたら、袋をとって光線を当てます。特に白桃系は色づきにくいので、収穫の1週間前に袋をとります。品種のもつ色になり、香りがよくなってきたら、朝の気温が低いうちに収穫します。

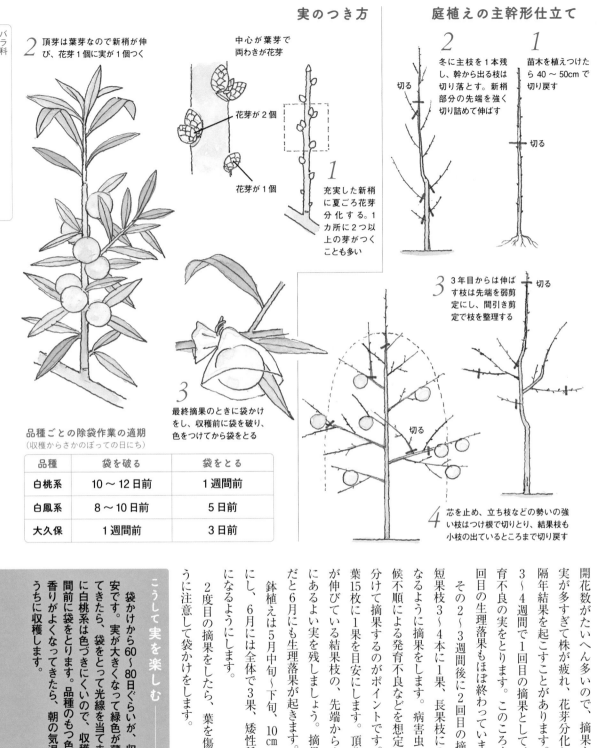

相性のよい2品種を選び、花木としても楽しもう

# ウメ 梅

バラ科　落葉中高木

原産地　中国　栽培適地　全国

豊後

甲州最小

**Point**

暖冬では実つきが悪くなるなど、気候や株の栄養状態によって、雌しべの状態にかなり違いが出る。

**こんな木**

中国原産だが、古くから各地で栽培され、品種改良が盛ん。実ウメにも花の美しい品種が多く、庭木として重要。枝が多いので放任しないこと。

**利用法**

花
生食
薬効
加工品
果実酒

**栽培カレンダー**

| 月 | 1 | 2 | 3 | 4 | 5 | 6 | 7 | 8 | 9 | 10 | 11 | 12 |
|---|---|---|---|---|---|---|---|---|---|---|---|---|
| 木の状態 | | 開花 | | | | 収穫 | 花芽分化 | | | | | |
| 庭植えの作業 | 施肥 | 植えつけ<br>人工授粉 | | | | | 剪定 | | | | 剪定 | 植えつけ |
| 鉢植えの作業 | | 人工授粉<br>施肥 | 植えつけ | 矮化処理<br>施肥 | | | 剪定 | 針金かけ | 施肥 | | 剪定 | |
| 病害虫 | | | 薬剤散布 | | | | | | | | | 薬剤散布 |

## 庭植えのつくり方

### ○品種と苗選び

実ウメの品種のうち、よく栽培されるのは自家結実性のある小粒南高や豊後、梅郷、他品種の花粉でないと結実しない白加賀、南高などです。寒冷地では遅咲きで耐寒性の強い豊後系の品種を選びます。

### ○植えつけ

日当たりと水はけ、通気性のよい場所を選び、少なくとも地下水が1m以上の深い位置にある肥沃な場所に植えます。表土が浅い場所は50cm以上掘り返しておきます。開花期に寒風の吹きさらしにならないよう、霜よけができることもポイントです。ウメは根が動き出すのが早いので、12〜3月に出回る苗木は入手したらすぐに植えつけ、支柱を立てて50〜60cmに切り詰めます。水やりは不要です。

### ○仕立て方と剪定

主幹形仕立てや開心自然形にします。立ち枝がたくさん出てくるので、込み合った部分は不要枝を中心に間引いてすかします。よくわからないときは、長い枝を切り、短枝は残しておきます。主幹の芯を止めたら、弱剪定を主体にして強い枝を出させないようにして樹形をつくります。

新梢は1/3ほど切り詰め剪定をしておくと、翌年の6〜7月に短枝がたくさん出て、8月の上旬までには花芽がつきます。長い枝では

小ウメ類の一種

白加賀

南高

結実しにくい性質があります。

なお、花ウメは樹形づくりのために花芽分化する前、花後すぐに剪定をしますが、実ウメは結実、収穫をして落葉期に剪定します。

**実のつき方** 10㎝以下にしか伸びなかった短果枝の葉腋に花芽分化し、翌年そこで開花、結実します。

## ○施肥

1月に枝先付近に溝を掘り、緩効性化成肥料を埋めます。

## ○病害虫対策

葉が出てくるとアブラムシも発生します。葉裏について汁液を吸うため、葉が巻いているのを見つけたら、ただちに薬剤散布で駆除します。晩春には枝に白い糸の塊をつくるウメケムシ（オビカレハの幼虫）が出るので、葉が食害される前にとり除き処分します。

実に黒い斑点が出るのは黒星病です。かびが原因なので早めにとり除いて被害が拡大するのを抑え、薬剤散布をします。落葉期の寒い時期に高濃度の石灰硫黄合剤を散布しておくと、病気やアブラムシの発生を抑えるのに効果的です。

## 鉢植えの模様木風仕立て

1
6号鉢に太根を切った苗木を、角度をつけて植え、鉢の倍の高さで切り戻す

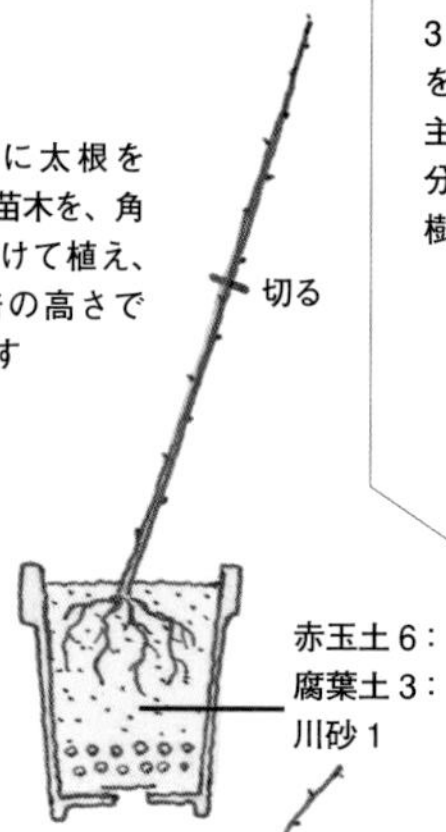


2
冬に主幹は伸びた部分を半分に切り戻し、側枝は左右にバランスよく出るように残し、不要な枝をつけ根で切る

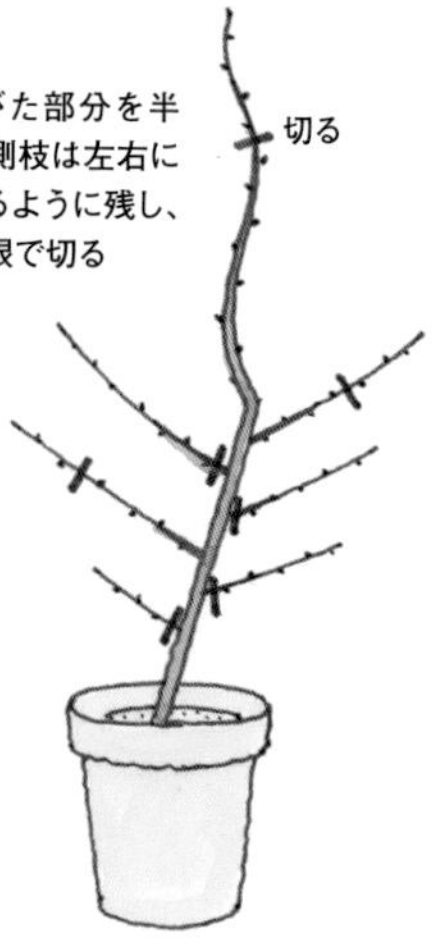


3
鉢の3倍くらいの高さになったら芯を止め、徒長枝や立ち枝はつけ根から落とし、伸ばす枝は切り戻して短果枝をつけさせる

4
若木のうちに6～7月ごろ、針金をかけると枝ぶりを調整できる。古木になったら植えかえは3年に1回でよい

## 庭植えの主幹形仕立て

1
深さ50cmほどの植え穴に元肥を施して苗を植え、50～60cmの高さで切り戻す。2年目の冬は主幹だけにして1/3ほど切り詰める

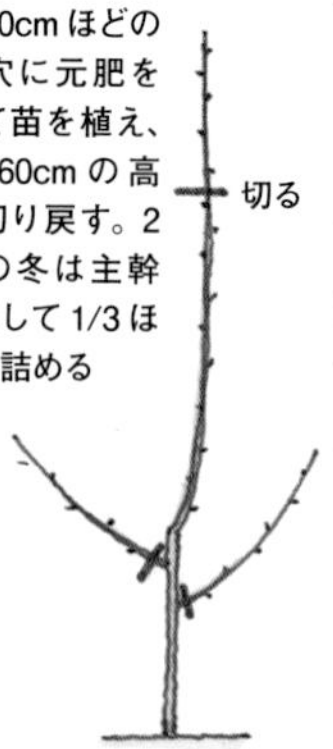


2
3年目から側枝を水平に誘引し、主幹は伸びた部分を切り詰めて樹形をつくる

3
樹形ができたら芯を止め、伸ばす枝は新梢を1/3切り戻して短枝を出させ、徒長枝は切り落とす剪定を繰り返し、樹形を維持する

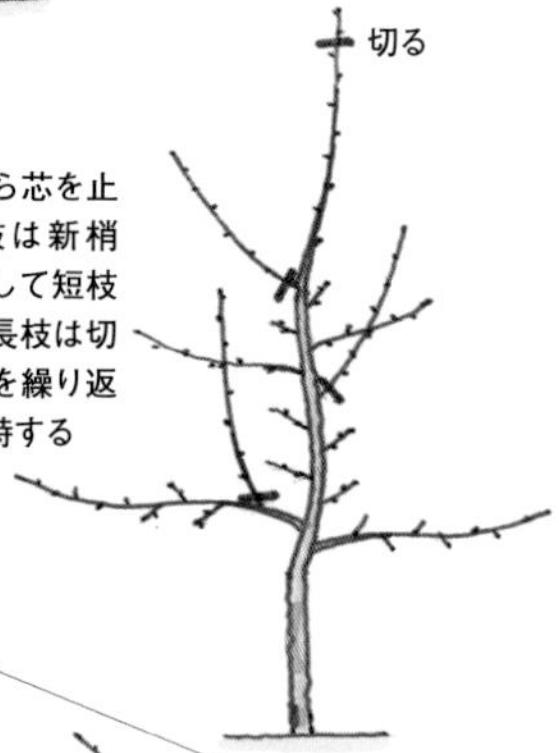


## 実のつき方

新梢に7月下旬～8月上旬ごろをピークに花芽がつき、翌年に開花。10cm以下の短果枝には結実するが、長枝ではほとんど結実しない

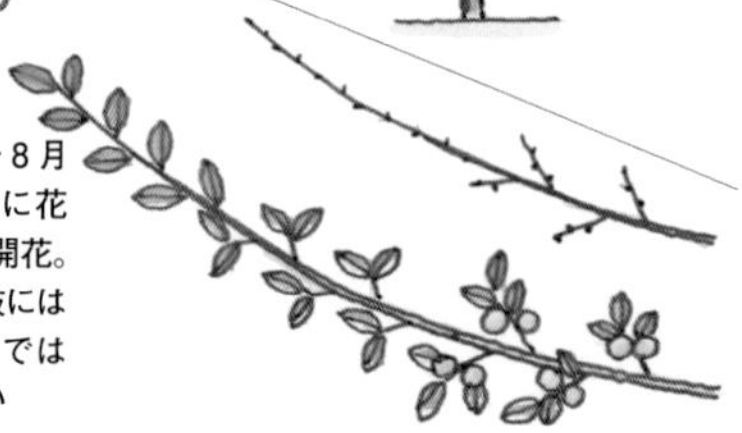

## 鉢植えのつくり方

### ○品種と苗選び

庭に2品種を植えるスペースがないときは、花粉の多い甲州最小や竜峡小梅などの小ウメ類を鉢植えにし、授粉樹にする方法があります。

### ○植えつけと植えかえ

角度をつけて植えつけ、鉢の倍の高さで切り戻して主幹をつくります。表土が乾いたら、鉢底から抜けるくらいたっぷり水やりし、特に夏は水ぎれさせないように気をつけます。結実後は1年おきに、古い根を切り落として植えかえます。

### ○仕立て方と剪定

主幹は内芽、外芽と交互に切ることで、模様木風に仕立てます。しっかり根が張って株が充実するまでは、花を咲かせずに生長を促します。植えつけ後3年目に開花、結実します。その後も、鉢植えは短果枝が出やすいので、結実の数を減らすために、花ウメと同じく花後に剪定をするか、摘花します。樹勢が強すぎて立ち枝がたくさん出るような場合は、5月中旬ごろに矮化剤をかけて生長をコントロールします。6～7月の生長期に、やわらかい新梢に針金をかけて枝を横へ広げる方法もあります。

### ○施肥

植えつけ1カ月後と、以降、毎年2月、4月、

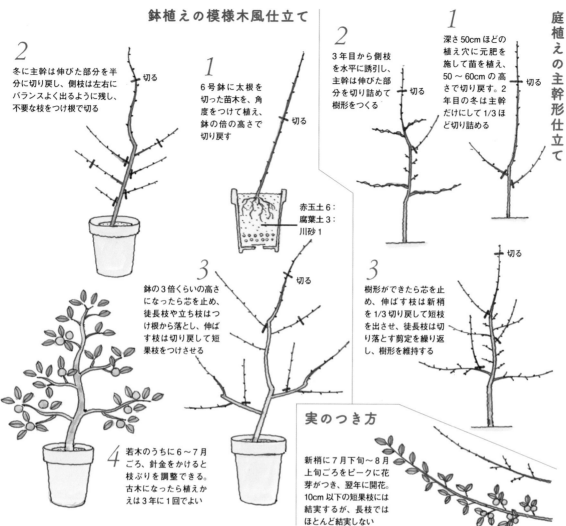

## 長枝の剪定

1 長い枝、短い枝、細い枝、太い枝などいろいろな枝がたくさん出るウメ

2 長い枝が同じ方向に何本も立ち上がっているので、残す立ち枝を決め、ほかはつけ根で切りとる

3 残す長い枝も先端を軽く切り詰め、翌年の短果枝を出させる

4 花つきがよいので、枝を減らしても寂しい感じにはならない。切った枝は水に挿しておけば開花する

5 立ち枝を間引いて剪定終了。左側の枝は未剪定

6 徒長枝には花芽がつかないので、樹形づくりに不要な場合はつけ根で切りとる

7 先端を1/3ほど切り戻しておくと短果枝が出て、花芽がつくようになる

### こうして実を楽しむ

ウメ酒をつくるなら、完熟の前の青ウメを収穫します。ウメ干しには完熟前ぐらいがよいので、下にネットを張って落果したものを集めます。ジャムには黄色い完熟果を利用します。

9月に玉肥を3～5個、鉢縁に埋めます。

### ○収穫のための作業

花粉がたくさん出て自家受粉の可能な品種は数少なく、ほとんどの品種が自家不和合性なので人工授粉をします。たとえば、関東地方でよく栽培される大実の白加賀や玉英などは、花粉を出さない品種なので、授粉樹がなければ何種類植えても結実はしません。豊後など自家受粉する品種も、授粉樹がそばにあるほうがよく結実します。

白加賀には小ウメ類や南高や梅郷、玉英にはそれらに加えて鶯宿などというように、花粉を出す相性のよい品種を調べてそばに植え、さらに花粉を筆や羽毛でくっつけたり、花を直接雌しべにこすりつけたりします。花粉は、開花時期が異なる場合などは、冷蔵庫で保存しておきます。小ウメ類は花粉が多く自家受粉もするので、1本植えておくといろいろな品種に花粉を提供できるだけでなく、収穫もできて便利です。また、花ウメの花粉も利用できます。人工授粉は二～三分咲きから満開までに、数回行うと効果が高まります。

人工授粉をすると結実が多くなりすぎ、実の質が落ちることがあります。実がつきすぎたところは3～5㎝の間隔になるよう、鉢植えではバランスよく1鉢に5～10果となるように摘果します。

# リンゴ

林檎

矮性台木苗が出回るようになり、家庭果樹として定着

バラ科　落葉高木

原産地　東ヨーロッパ、西アジア

栽培適地　全国

アルプス乙女

王林

メイポール

*Point*

自家受粉ではほとんど結実しない。2品種以上を植えるか、花粉用にヒメリンゴやミヤマカイドウなどを用意。

こんな木

冷涼な気候を好み、暑さ対策と病害虫防除が必要。高温多雨の暖地では、実が着色する前に熟してしまう。夏涼しく、強い西日を避けて育てる。

栽培カレンダー

| 月 | 1 | 2 | 3 | 4 | 5 | 6 | 7 | 8 | 9 | 10 | 11 | 12 |
|---|---|---|---|---|---|---|---|---|---|---|---|---|
| 木の状態 | | | | 開花 | | | 花芽分化 | | | 収穫 | | |
| 庭植えの作業 | 剪定<br>施肥 | | 植えつけ | 人工授粉 | 摘果 | 剪定 | | | | | | |
| 鉢植えの作業 | 剪定<br>施肥 | | 植えつけ | 人工授粉 | 摘果<br>施肥 | 剪定 | | 施肥 | | | | |
| 病害虫 | | | | 薬剤散布 | | | | | | | | |

利用法

花

生食

薬効

加工品

果実酒

## 庭植えのつくり方

### ○品種と苗選び

果皮の色により、赤リンゴと青リンゴに分けられます。いずれも矮性台木（M9やM26、極矮性のM27など）を使った接ぎ木苗で、12月から出回ります。植えつけ後3年で収穫でき、庭に植えても3mぐらいにおさまります。

日当たりが悪いと、花芽形成が行われなくなったり、実の色や質が悪くなったりします。特につがるやふじは直射日光が必要です。暖地では晩生種のふじや王林を選ぶか、ミニリンゴを選びます。

イギリスで改良されたポール状になるリンゴのバレリーナ・アップルツリーは、立ち上がる枝に開花、結実するので場所をとりません。青リンゴのボレロや、赤リンゴのポルカなどの品種があります。

### ○植えつけ

耐寒性が非常に高く、1月ごろならマイナス25度でもだいじょうぶで、東北や北海道で多く栽培される理由です。逆に、5度以下の低温に1100時間以上あわないと、休眠から覚めません。開花時期に低温にあうと、結実が悪くなります。苗木は3月まで仮植えし、気温が安定してきたら、日当たりと水はけのよい場所に植えつけ、支柱を立てて水やりをします。土質は選びませんが、根が折れやすく、根張りが浅いので、作業はていねいに行います。

Apple

バラ科
リンゴ　Apple

紅玉

千秋

ジョナゴールド

## ○仕立て方と剪定

主幹形仕立てや紡錘形仕立て（スレンダースピンドルブッシュ）にします。スペースが広いなら、杯状仕立てにします。枝が曲げやすいので垣根仕立てやU字形、棚仕立てもできます。

冬に樹形を整えるため、不要な枝を間引き、長く伸びた枝を枝の分かれたところまで切り戻し、大きさを調整します。さらに夏には、樹冠の中までよく光が入り込むように、込み合った部分で不要枝を間引きます。

**実のつき方**　新梢に7～8月ごろ花芽分化します。12月にはほぼ花芽は完成しますが、見分けるのは難しいので、新梢の枝先は切らないことが大切です。頂芽から出た短果枝は先端の数芽、腋芽から出た短果枝の頂芽が花芽になります。中果枝や長果枝の頂芽が分化することもあります。また、30㎝以下の短果枝の花芽は、翌年、短果枝群となります。

## ○施肥

1～2月に溝を掘り、緩効性化成肥料を施します。

## ○病害虫対策

枝葉につくのはアブラムシ、ハマキムシ、グンバイムシ、キンモンホソガなどです。ヒメシンクイガは実を食害します。袋かけで被害を抑えます。暖地ではうどんこ病や赤星病などが発生しやすいので、アンビルフロアブルやス

1 リンゴは弱酸性土を好む。掘り上げた土にピートモスをスコップ2杯程度混ぜる

2 苗木をすえる。リンゴの苗木は矮性台木が多い。根鉢は無理にくずさない

3 接ぎ木のつぎ口を埋めないよう高植えにしたら、土を戻して水鉢をつくって水を注ぐ

4 すっかり水が引いたら、残りの土で水鉢を埋めて軽く固め、支柱をまっすぐにさし込む

5 下部を1カ所、支柱にとめ、高さ70～80cmくらいのところで切り戻しておく

6 上部も麻ひもで8の字に結び、枝幹を固定。これくらいすき間をあける

7 段ボールの中心まで切れ目を入れ、株元に敷いてマルチングをする

8 段ボールの四隅に土をかけて飛ばされないようにしたら、植えつけ作業終了

トロビードライフロアブルなどの薬剤を、早めに予防散布しておきます。

## 鉢植えのつくり方

### ○品種と苗選び

矮性台木の苗を求めます。アルプス乙女などのミニリンゴを育てるのもよいでしょう。

### ○植えつけと植えかえ

8～10号鉢に水はけのよい土で植え、日当たりと風通しのよい場所に置きます。表土が乾いたところで、たっぷり水やりをします。春から夏に水ぎれになると葉やけを起こすことがあるので、晴れた日は毎日与えます。収穫できるようになったら、根詰まりしないよう1年おきに植えかえます。

### ○仕立て方と剪定

模様木風《もようぎふう》かスタンダード仕立てにします。結実したら、葉数の少ない位置の実をとり、1株に2～3果、小果品種では5～10果を目安に摘果します。

### ○施肥

植えつけ1カ月後に玉肥3～4個を施します。以降、毎年1～2月の寒肥と花後のお礼肥、8月下旬に追肥を行います。

### ○収穫のための作業

ひとつの花芽で5個以上の開花が見られるので、最初に咲く2～3個を残してほかのつぼみをとり、芽が小さいところは花房ごととっ

## 実のつき方

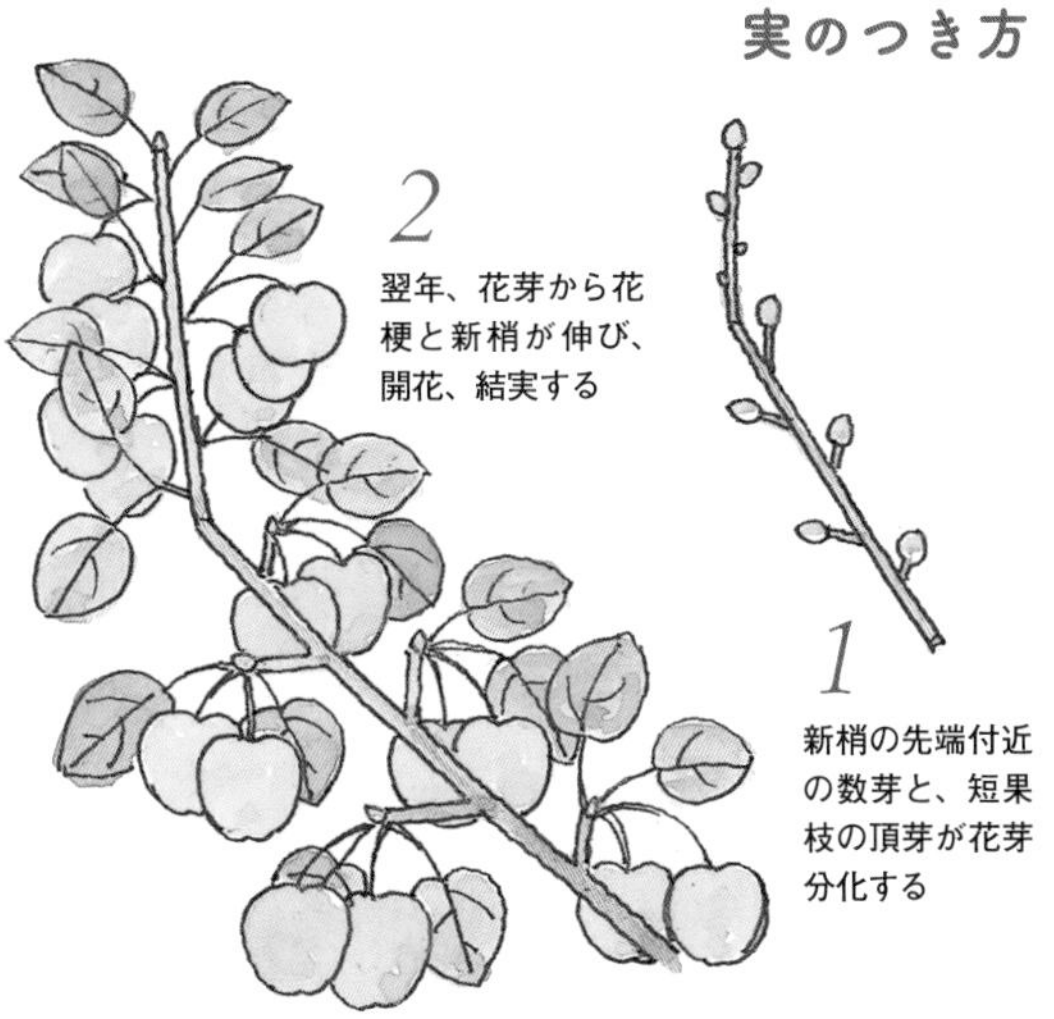
2
翌年、花芽から花梗と新梢が伸び、開花、結実する
1
新梢の先端付近の数芽と、短果枝の頂芽が花芽分化する

## 鉢植えの模様木風仕立て

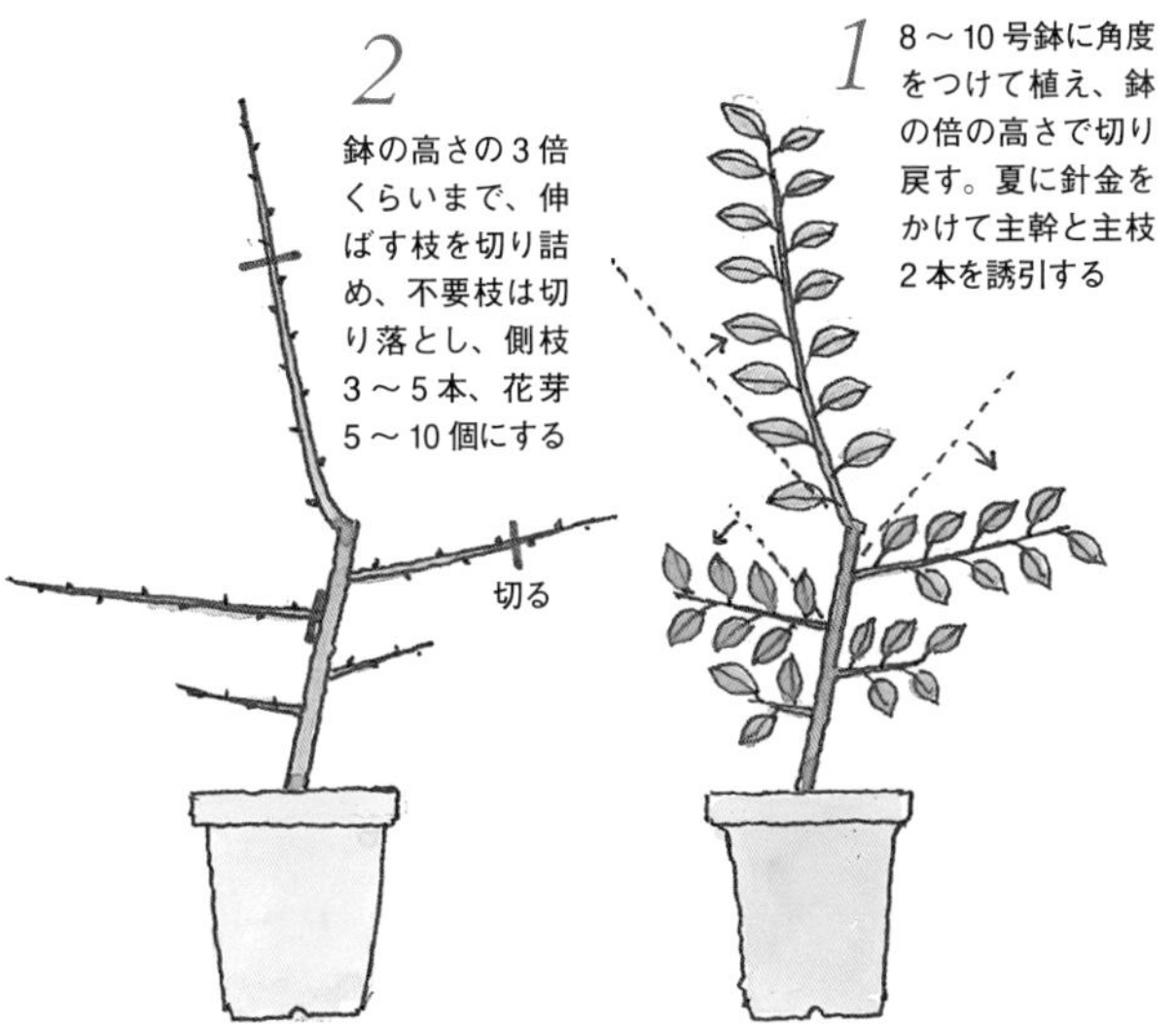
1
8～10号鉢に角度をつけて植え、鉢の倍の高さで切り戻す。夏に針金をかけて主幹と主枝2本を誘引する
2
鉢の高さの3倍くらいまで、伸ばす枝を切り詰め、不要枝は切り落とし、側枝3～5本、花芽5～10個にする
切る

家庭果樹向きの品種

| | 品種 | 特徴 |
|---|---|---|
| 大果赤皮 | 紅玉 | 中生、香りがよい |
| | つがる | 早生、寒冷地向き |
| | ふじ | 晩生、日もちする |
| | 陽光 | 中生、つくりやすい |
| | 千秋 | 早生、日もちする |
| 大果黄皮 | シナノゴールド | 黄色で10月に収穫できる |
| | 王林 | 甘く香りがよい |
| 小果 | アルプス乙女 | 赤皮、ヒメリンゴとの交雑種 |
| | 姫国光 | 晩生、落果しにくい |
| | ドルゴ | 早生、芳香強 |
| バレリーナ・アップルツリー | ボルカ | 赤皮、花は濃桃色、葉と実は紅色 |
| | ボレロ | 黄皮 |

## 摘花と玉回し

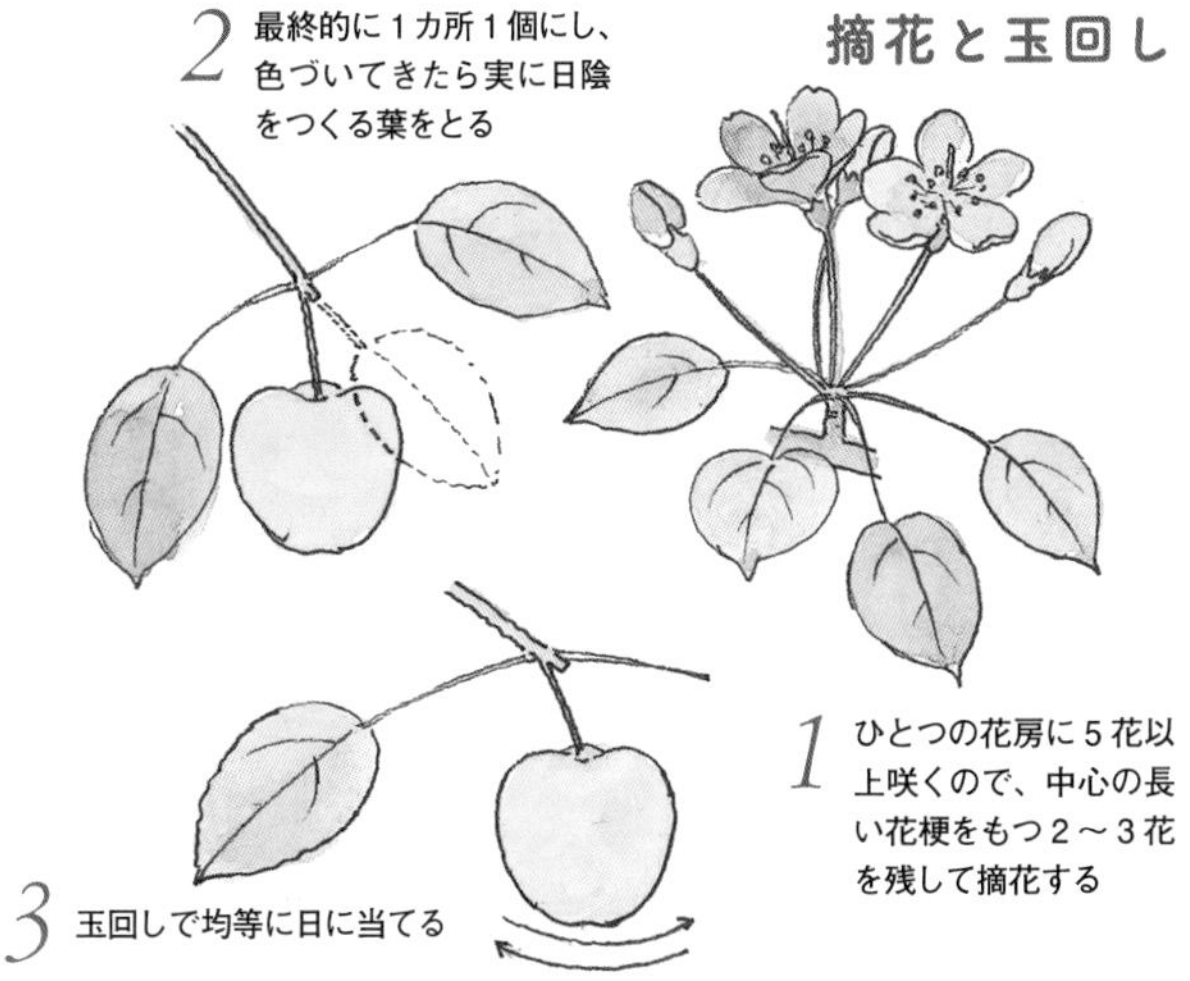
1
ひとつの花房に5花以上咲くので、中心の長い花梗をもつ2～3花を残して摘花する
2
最終的に1カ所1個にし、色づいてきたら実に日陰をつくる葉をとる
3
玉回しで均等に日に当てる

てしまいます。

開花後3日以内に、収穫したい品種と相性のよい花粉を選んで受粉させます。デリシャス系やつがる、紅玉などは受粉しやすい品種です。花粉は25度前後で出てきて、5日間ほど受粉に使えます。乾燥剤を入れた密閉容器に入れておけば、冷蔵庫で保存ができます。

2週間後、結実した実を摘果し、1房1果にします。紅玉や王林は3～4芽に1果、ふじやジョナゴールドは4芽に1果、むつは5芽に1果とし、だいたい葉が30～40枚に1果を目安にするとよいでしょう。摘果が不十分なときは生理落果が起こります。摘果が終わったら袋をかけて病害虫から守ります。

### こうして実を楽しむ

収穫予定の1カ月前に袋をはずし、光線をたっぷり浴びさせ、品種本来の色が十分に出たものから収穫します。実に直接、日がさすように陰をつくっている葉をとり、色の薄い部分に日が当たるように、枝や実を回します。暖地では色づく前に落果しますが、熟しているのでおいしく食べられます。

整腸作用があり、ポリフェノールを多く含む果物で、昔から医者いらずといわれる健康食品です。高温にならなければ保存がきき、長期間、生で食べられますが、果実酒、ジュース、ジャムやコンポートなどにも利用できます。

# ヒメリンゴ

姫林檎

Crabapple

バラ科　落葉小高木
交雑種　栽培適地　全国

ヒメリンゴの花。

ヒメリンゴの鉢植え。

ドルコクラブ

**Point**

自家受粉するが、異なる品種やカイドウなどがそばにあると受粉しやすい。剪定はリンゴと同じで短果枝を出す。

**こんな木**

リンゴとズミとの交雑種など、実の小さなリンゴ。授粉樹としても利用されることもあり、あまり大きくならず、剪定で小さくまとまって育てやすい。

**利用法**

生食
加工品
果実酒

**栽培カレンダー**

| 月 | 1 | 2 | 3 | 4 | 5 | 6 | 7 | 8 | 9 | 10 | 11 | 12 |
|---|---|---|---|---|---|---|---|---|---|---|---|---|
| 木の状態 | | | | 開花 | | | | | | 収穫 | 収穫 | |
| 庭植えの作業 | 剪定・施肥 | 剪定・施肥 | 植えつけ | 摘果 | 摘果 | 剪定 | 剪定 | | | | | |
| 鉢植えの作業 | 剪定 | 剪定 | 植えつけ | 摘果 | 摘果 | 剪定 | 剪定 | | 施肥 | | | |
| 病害虫 | | 薬剤散布 | | | | | | | | | | |

## 庭植えのつくり方

### ○品種と苗選び

ズミとリンゴの雑種、エゾノコリンゴとイヌリンゴの雑種など、いろいろな交雑ルートが類推されていますが、いずれも実が成熟しても直径3～5cmくらいの小さなリンゴです。品種により、実が赤や黄色になります。リンゴと交配した品種なら、生食できます。

また、欧米のミニリンゴはクラブアップルと呼ばれ、果実酒にされます。

### ○植えつけ

3月に、日当たり、水はけ、水もちのよい場所に植えつけ。土質は特に選ばず、根は浅く張って広がらないので、狭い場所でも育ちます。幼木のうちは支柱を立てておきます。耐寒性が高く、多少の乾燥や日陰にも耐えるので、栽培しやすいリンゴです。実生や挿し木で簡単にふやすことができます。

### ○仕立て方と剪定

樹形ができるまでは切り詰めると枝がふえすぎるので、間引く程度にします。実がつくようになったら、長い枝を5～10芽で切り戻し、短果枝を出させます。成木になると3～6mくらいになりますが、ミニ盆栽に仕立てても実つきの様子が楽しめます。

**実のつき方**　短枝に花芽がつき、翌年そこに開花、結実します。その短果枝が少し伸びてまた花芽をつけます。

## 実のつき方と剪定

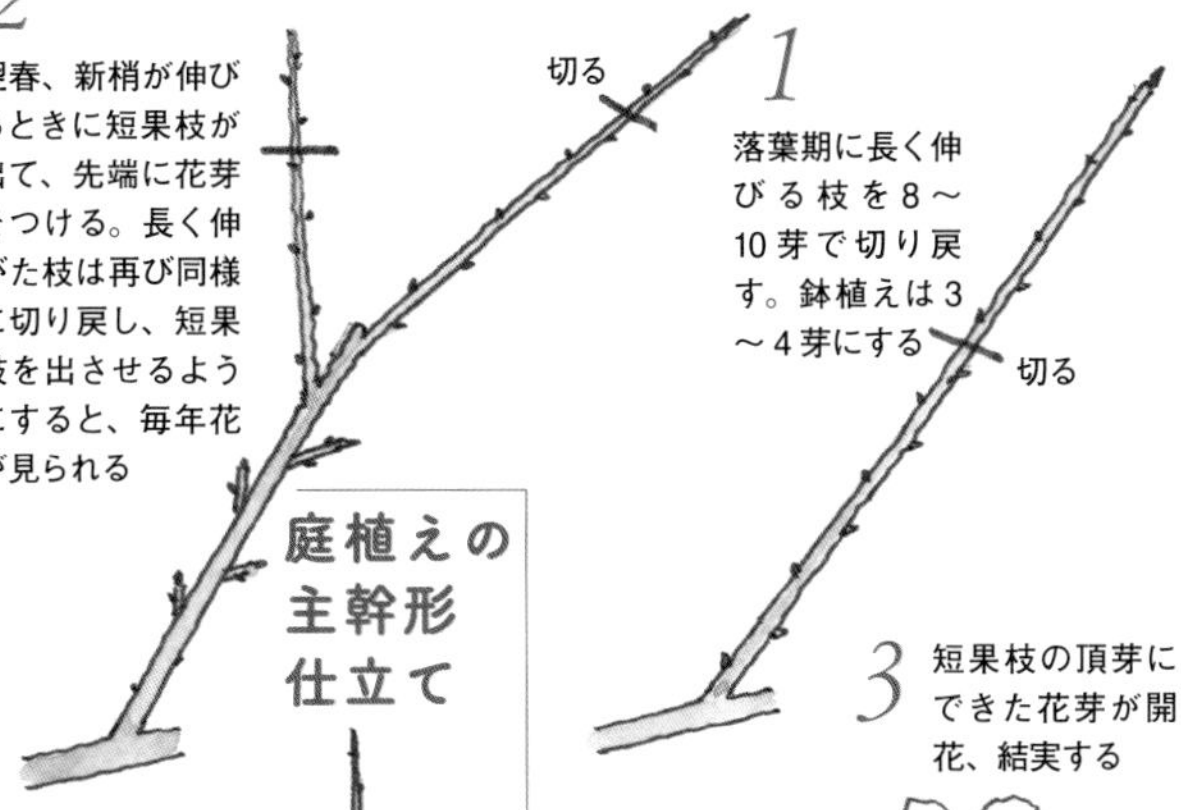


1 落葉期に長く伸びる枝を8～10芽で切り戻す。鉢植えは3～4芽にする

2 翌春、新梢が伸びるときに短果枝が出て、先端に花芽をつける。長く伸びた枝は再び同様に切り戻し、短果枝を出させるようにすると、毎年花が見られる

3 短果枝の頂芽にできた花芽が開花、結実する

4 結実した短果枝は、先端が少し伸びて再び花芽をつけるので切り落とさないこと

## 庭植えの主幹形仕立て

1 植えつけた苗木は50～60cmで切り戻し、冬に主幹と側枝2本にして、先端を1/3程度切り戻す

2 側枝を4～6本にして、実がついてからは短果枝を出させるように長い枝を切り戻しながら、樹形をつくる

## 鉢植えの模様木風仕立て

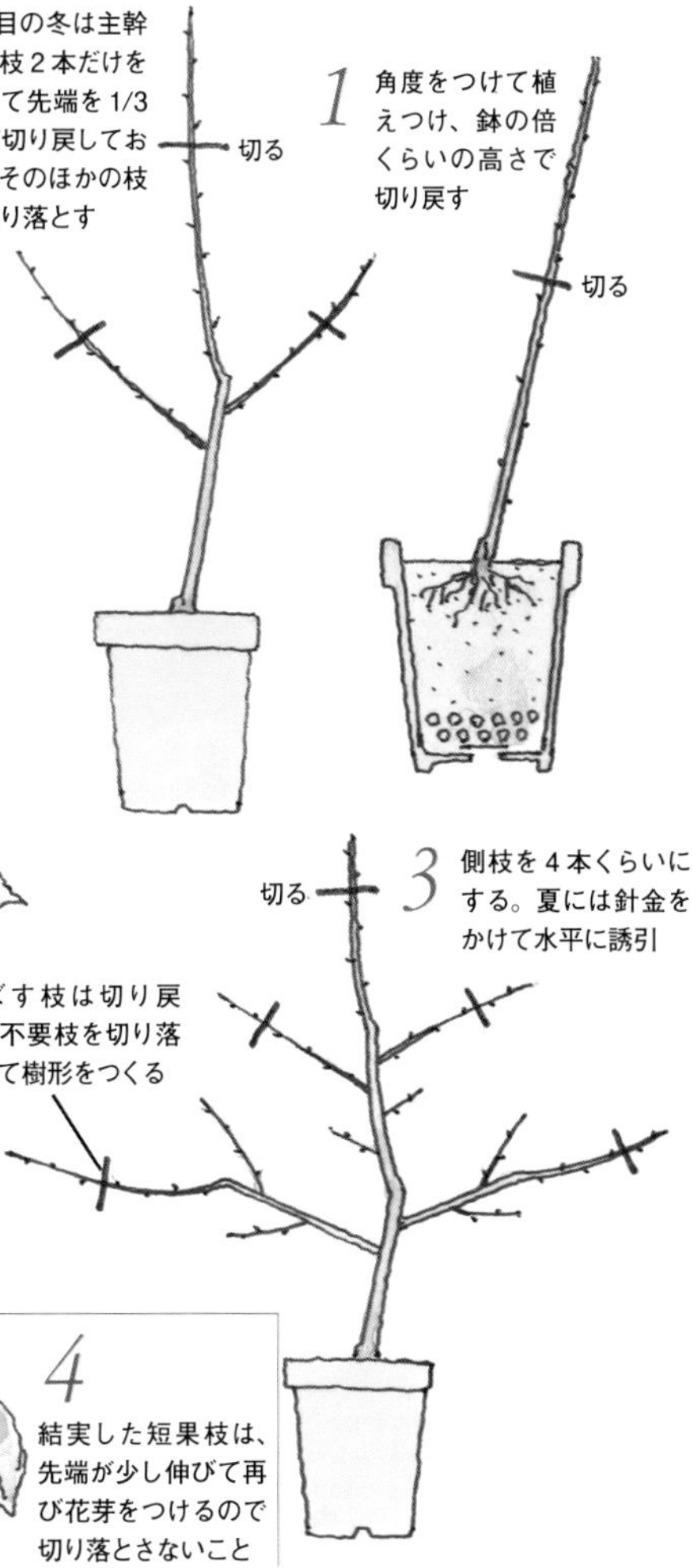


1 角度をつけて植えつけ、鉢の倍くらいの高さで切り戻す

2 1年目の冬は主幹と側枝2本だけを残して先端を1/3程度切り戻しておく。そのほかの枝は切り落とす

3 側枝を4本くらいにする。夏には針金をかけて水平に誘引

伸ばす枝は切り戻し、不要枝を切り落として樹形をつくる

### ○施肥

リンゴに同じ。

### ○病害虫対策

2月ごろ、石灰硫黄合剤を散布しておくと、病害虫防除に効果があります。

## 鉢植えのつくり方

### ○植えつけと植えかえ

3月に植えつけ、表土が乾いたらたっぷり水やりをします。2年に一度、植えかえます。

### ○仕立て方と剪定

模《も》様《よう》木《ぎ》風《ふう》に仕立て、樹形ができたら長い枝を3～4芽に切り詰め、短果枝を出させます。

### ○施肥

9月に玉肥を埋め込みます。

### ○収穫のための作業

自家受粉はしますが、実どまりが悪いので、2品種以上をいっしょに植えるか、カイドウやミヤマカイドウなど、ほかのリンゴ類をそばに植えます。また、スペースがないときに、リンゴの授粉樹として植えておくと便利です。

### こうして実を楽しむ

リンゴとの交配種は生食できます。渋くすっぱい実は砂糖漬けにしたり、果実酒にするとよいでしょう。実を食べられない場合でも、実つきがよいので観賞樹、授粉樹として植える価値があります。鳥を呼ぶこともできます。

たわわに実っても、早めに摘果をして甘い実を収穫

# サクランボ

バラ科　落葉高木　別名　オウトウ
原産地　西アジア、トルコ
栽培適地　東北中部以北（暖地オウトウは関東以南）

ナポレオン

サクランボの鉢植え。

ビング

**Point**

五分咲きから満開になるまでの間に２〜３回、人工授粉を行うと結実がよくなる。実を雨に当てない。

**こんな木**

西アジア、トルコ原産。冷涼で春から夏の生育期に雨の少ない気候を好む。リンゴより耐寒性は低い。相性のよい品種同士を植えて結実させる。

**利用法**

- 花
- 生食
- 加工品
- 果実酒

**栽培カレンダー**

| 月 | 1 | 2 | 3 | 4 | 5 | 6 | 7 | 8 | 9 | 10 | 11 | 12 |
|---|---|---|---|---|---|---|---|---|---|---|---|---|
| 木の状態 | | | | 開花 | | 収穫 | 花芽分化 | | | | | |
| 庭植えの作業 | | 剪定<br>施肥 | 植えつけ | | 人工授粉 | 摘果 | 施肥 | | | | | |
| 鉢植えの作業 | | 剪定 | 植えつけ<br>施肥 | | 人工授粉 | 摘果 | | | | | | |
| 病害虫 | | | 薬剤散布 | | | | | | | | | 薬剤散布 |

## 庭植えのつくり方

### ○品種と苗選び

ナポレオン、佐藤錦、高砂、南陽などで、相性のよい品種をいっしょに植えます。ビングなどアメリカからの輸入種もあります。いずれも矮性台木を使った接ぎ木苗を求めます。

### ○植えつけ

春の開花期に遅霜がなく、夏の収穫期に雨の少ない地域が栽培に適します。12月ごろから出回る苗木を仮植えしておき、3月、水はけと通気性のよい肥沃な場所に植えつけます。

### ○仕立て方と剪定

植えつけ後、1/3ほど切り戻して主枝を出させ、主幹形仕立てにします。樹勢が強く、放任すると大きくなるばかりで結実しません。

**実のつき方**　充実した新梢のつけ根に花芽分化し、翌年に開花、結実します。花芽にならなかった葉芽は花束状短果枝となり、その翌年に、側芽が開花、結実します。夏、夜間に気温が下がると花芽分化がスムーズです。

### ○施肥

お礼肥は多すぎると紅葉がきれいにならず、少なすぎると翌年の実つきに影響するので、速効性のもので補います。1〜2月には緩効性化成肥料を埋め込みます。

### ○病害虫対策

アブラムシやカイガラムシのほか、アメリカシロヒトリが葉を食害します。新芽が出る

バラ科

# サクランボ Cherry

## 鉢植えの模様木風仕立て

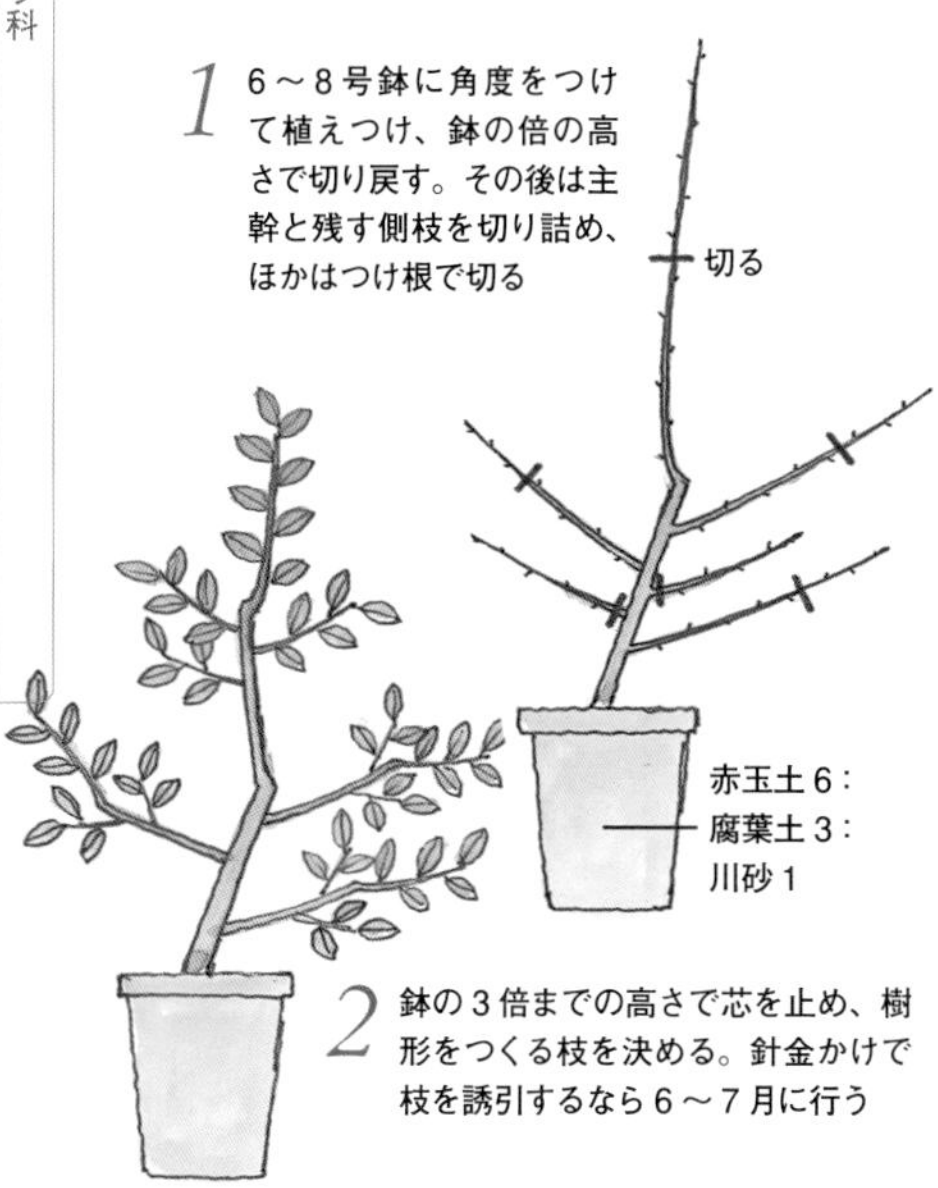
1 6～8号鉢に角度をつけて植えつけ、鉢の倍の高さで切り戻す。その後は主幹と残す側枝を切り詰め、ほかはつけ根で切る
切る
赤玉土6：
腐葉土3：
川砂1
2 鉢の3倍までの高さで芯を止め、樹形をつくる枝を決める。針金かけで枝を誘引するなら6～7月に行う

## 庭植えの主幹形仕立て

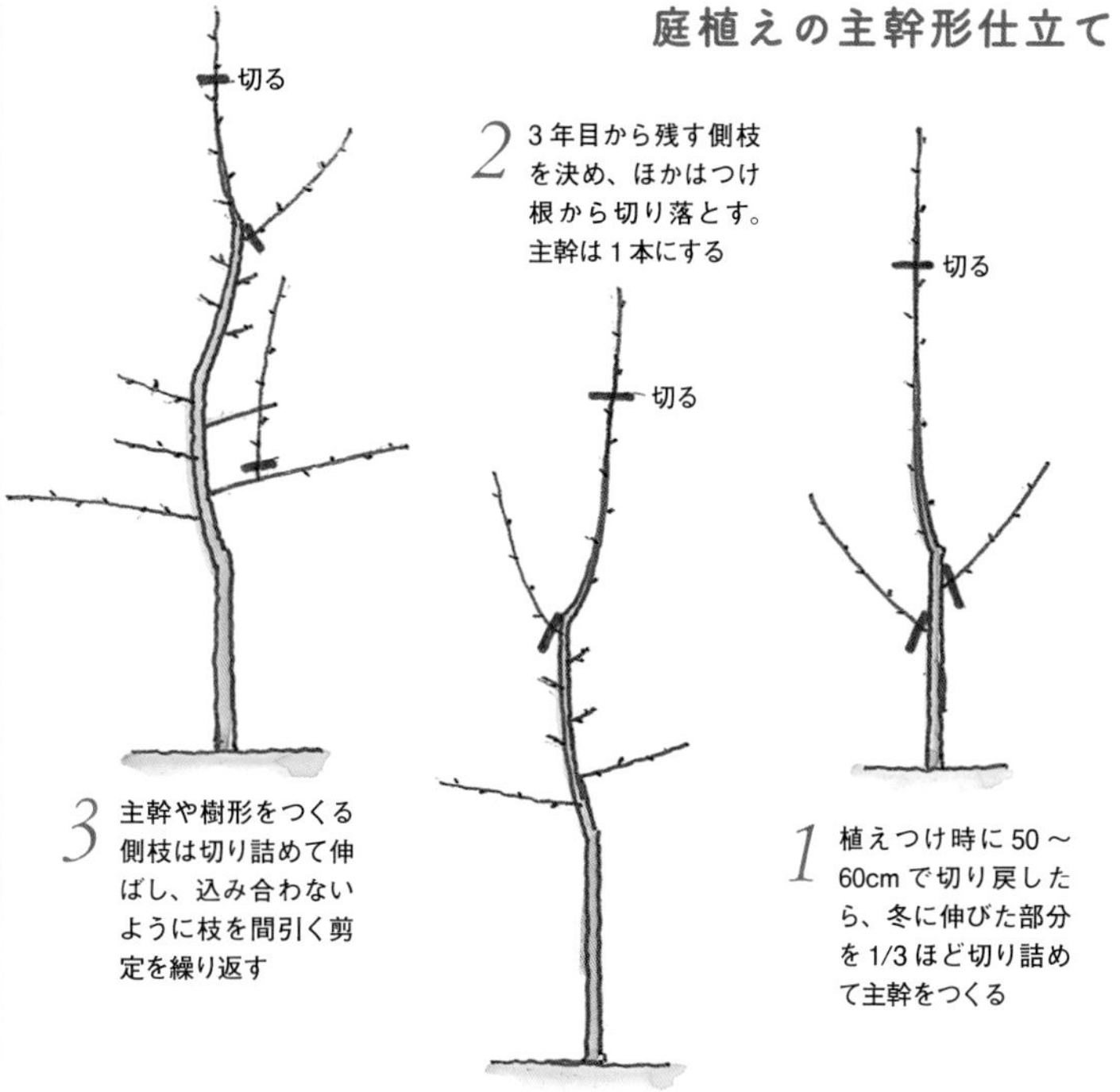
切る
2 3年目から残す側枝を決め、ほかはつけ根から切り落とす。主幹は1本にする
切る
切る
3 主幹や樹形をつくる側枝は切り詰めて伸ばし、込み合わないように枝を間引く剪定を繰り返す
1 植えつけ時に50～60cmで切り戻したら、冬に伸びた部分を1/3ほど切り詰めて主幹をつくる

交配不和合群

| |
|---|
| ナポレオン、ビング |
| 高砂、日の出、チャップマン |
| ジャブレー、大紫 |
| 佐藤錦、黄玉、ウィンクラー |

同じグループ同士では受粉しない

相性のよい受粉の組み合わせ

| 受粉させる品種 | 花粉をとる品種 |
|---|---|
| ナポレオン | 高砂、日の出、蔵王錦 |
| 高砂 | ナポレオン |
| 佐藤錦 | ナポレオン |
| 蔵王錦 | ナポレオン |

## 実のつき方

雄しべの花粉を耳かきの羽毛や筆などにつけ、花の雌しべの先端につける人工授粉を行う

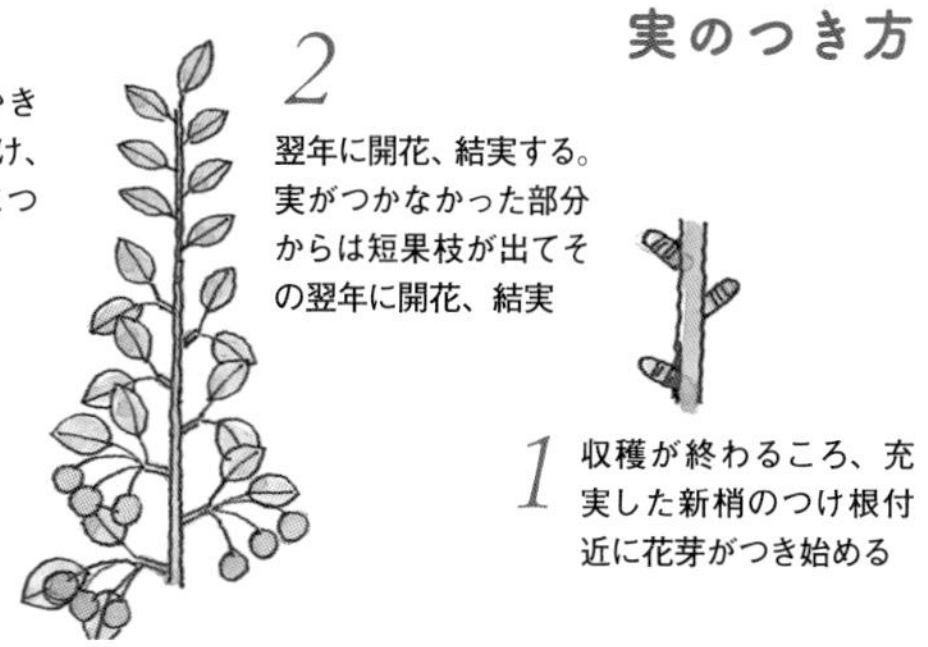
2 翌年に開花、結実する。実がつかなかった部分からは短果枝が出てその翌年に開花、結実
1 収穫が終わるころ、充実した新梢のつけ根付近に花芽がつき始める

前に予防散布をするか、落葉期に石灰硫黄合剤を散布しておきます。灰星病も防除します。

## 鉢植えのつくり方

### ○植えつけと植えかえ

市販の実つき鉢は、1年おきに根鉢を1/3ほどくずして植えかえ、根詰まりを防ぎます。水ぎれと過湿に気をつけて水やりし、収穫を隔年にすると、実がおいしくなります。

### ○仕立て方と剪定

模様木風《もようぎふう》に仕立てます。休眠から覚めるためには、いったん7度前後の寒さにあわせる必要があるので、冬は屋外の軒下などに置き、夏は半日陰で乾燥を抑えます。

### ○施肥

植えつけ1カ月後から、毎年春に玉肥を3～4個、鉢縁に埋め込みます。肥ぎれに注意。

### ○収穫のための作業

短果枝のつぼみは半分に摘みとります。満開から3～4週間後には生理落果も終わり、実のよしあしもわかるので、4～5枚の葉で1果になるように、生長のよくないものを摘果します。バランスよく、半数ぐらいとります。7～8号鉢なら10～15果にします。

### こうして実を楽しむ

1カ所に2～5個の実がなります。開花40～50日後から、熟したものから順に果梗をつまんで収穫します。早朝に摘みます。

幸水と愛甘水、新水では結実しない。品種選びに注意

# ナシ

梨

バラ科　落葉高木

原産地　日本（西洋ナシはヨーロッパ）

栽培適地　東北南部以南（西洋ナシは以北）

ル・コント

秀玉

幸水

**Point**

交配和合性のある品種を植える。接ぎ木苗なら３年目ぐらいから収穫ができ、７～８年で成木となる。

**こんな木**

日本の気候に合った日本ナシのほか、西洋ナシ、中国ナシもある。平均気温 12 ～ 15 度の地域での栽培が多い。摘果後、袋かけで美しい実をつくる。

栽培カレンダー

| 月 | 1 | 2 | 3 | 4 | 5 | 6 | 7 | 8 | 9 | 10 | 11 | 12 |
|---|---|---|---|---|---|---|---|---|---|---|---|---|
| 木の状態 | | | | 開花 | 花芽分化 | | | 収穫 | | | | |
| 庭植えの作業 | 剪定 | | 植えつけ | | 摘果 | 剪定 | | | | | | |
| | 施肥 | | | 人工授粉 | | | | | 施肥 | | | |
| 鉢植えの作業 | 剪定 | | 植えつけ | | 摘果 | 剪定 | | | | | | |
| | | | 施肥 | 人工授粉 | | | | | 施肥 | | | |
| 病害虫 | | | 薬剤散布 | | | | | | 薬剤散布 | | 薬剤散布 | |

利用法

- 花
- 生食
- 薬効
- 加工品
- 果実酒

## 庭植えのつくり方

### ○品種と苗選び

赤ナシでは中型の幸水、大型の豊水、耐病性の高い愛甘水など、青ナシでは八達。苗木は野生種を実生台木にした接ぎ木の1～2年生苗が出回ります。中国ナシは授粉樹として利用されるぐらいで、冷涼、少雨で育つ西洋ナシはラ・フランスが多く、矮性のマルメロ台木に接がれたものが出回ります。

### ○植えつけ

乾きすぎなければ土質は特に選ばず、遅霜にあわせないよう注意して、日当たりと水はけ、通気性のよい場所に植えます。石灰による中和は必要ありません。夏の高温乾燥期には水穴を数カ所掘り、週1回、水をためます。収穫の10日前まで行います。

### ○仕立て方と剪定

収穫期の台風の被害を避けるため、低い棚仕立てにします。U字形仕立てや垣根仕立てもよいでしょう。花芽がついたら間引き剪定を。

**実のつき方**　7月中旬から充実した中果枝の先端付近、長果枝の先端と腋芽に花芽分化し、開花、結実します。3年枝から1～2cmほど伸びた部分（短果枝）の先端にも6月下旬ごろ分化します。花芽が開花までに低温にあうと、結実がよくありません。

### ○施肥

1月に遅効性の有機質肥料を、お礼肥とし

Pear

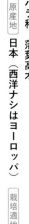

## 実のつき方

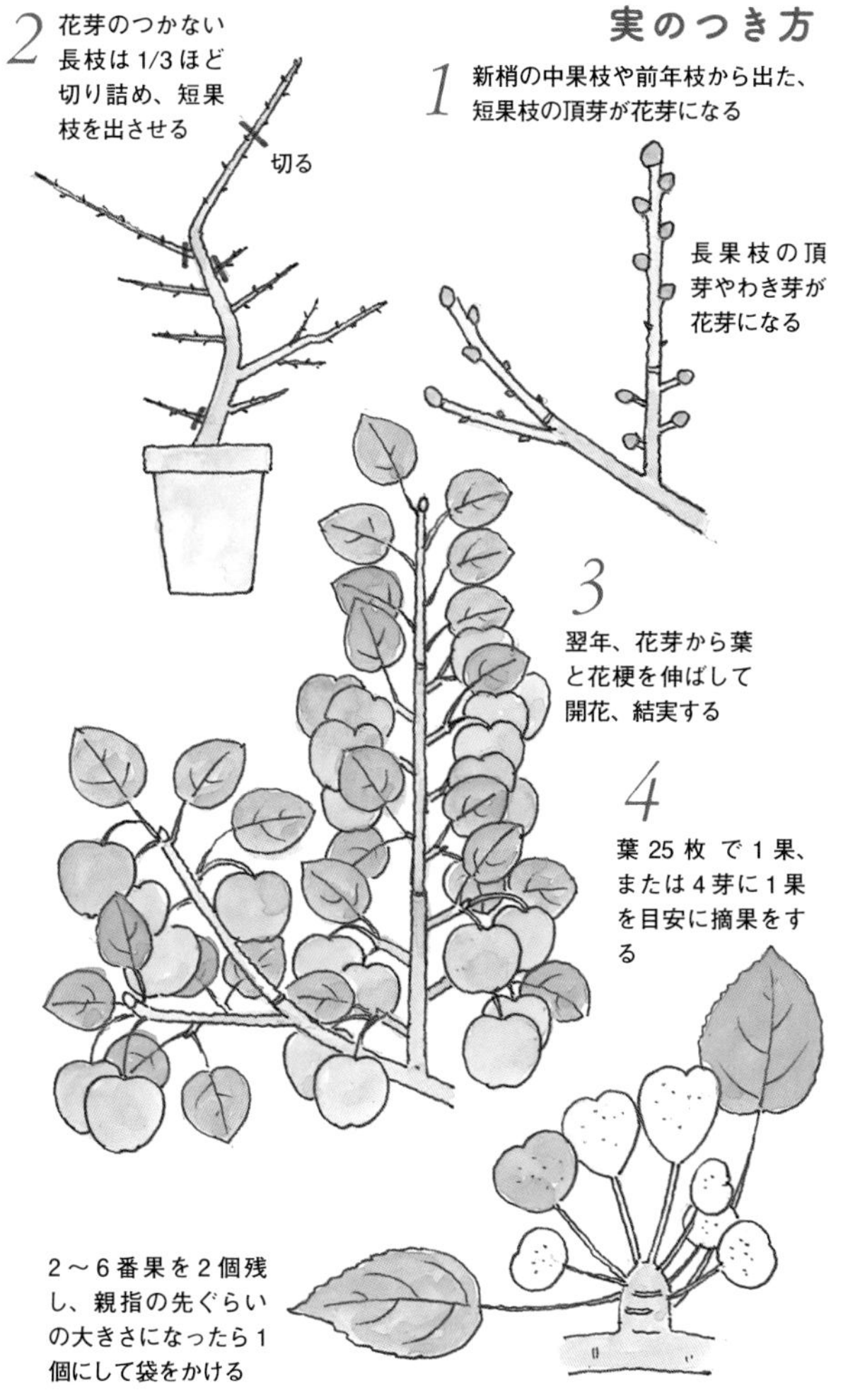
1 新梢の中果枝や前年枝から出た、短果枝の頂芽が花芽になる
長果枝の頂芽やわき芽が花芽になる
2 花芽のつかない長枝は1/3ほど切り詰め、短果枝を出させる
切る
3 翌年、花芽から葉と花梗を伸ばして開花、結実する
4 葉25枚で1果、または4芽に1果を目安に摘果をする
2～6番果を2個残し、親指の先ぐらいの大きさになったら1個にして袋をかける

## 庭植えのU字形仕立て

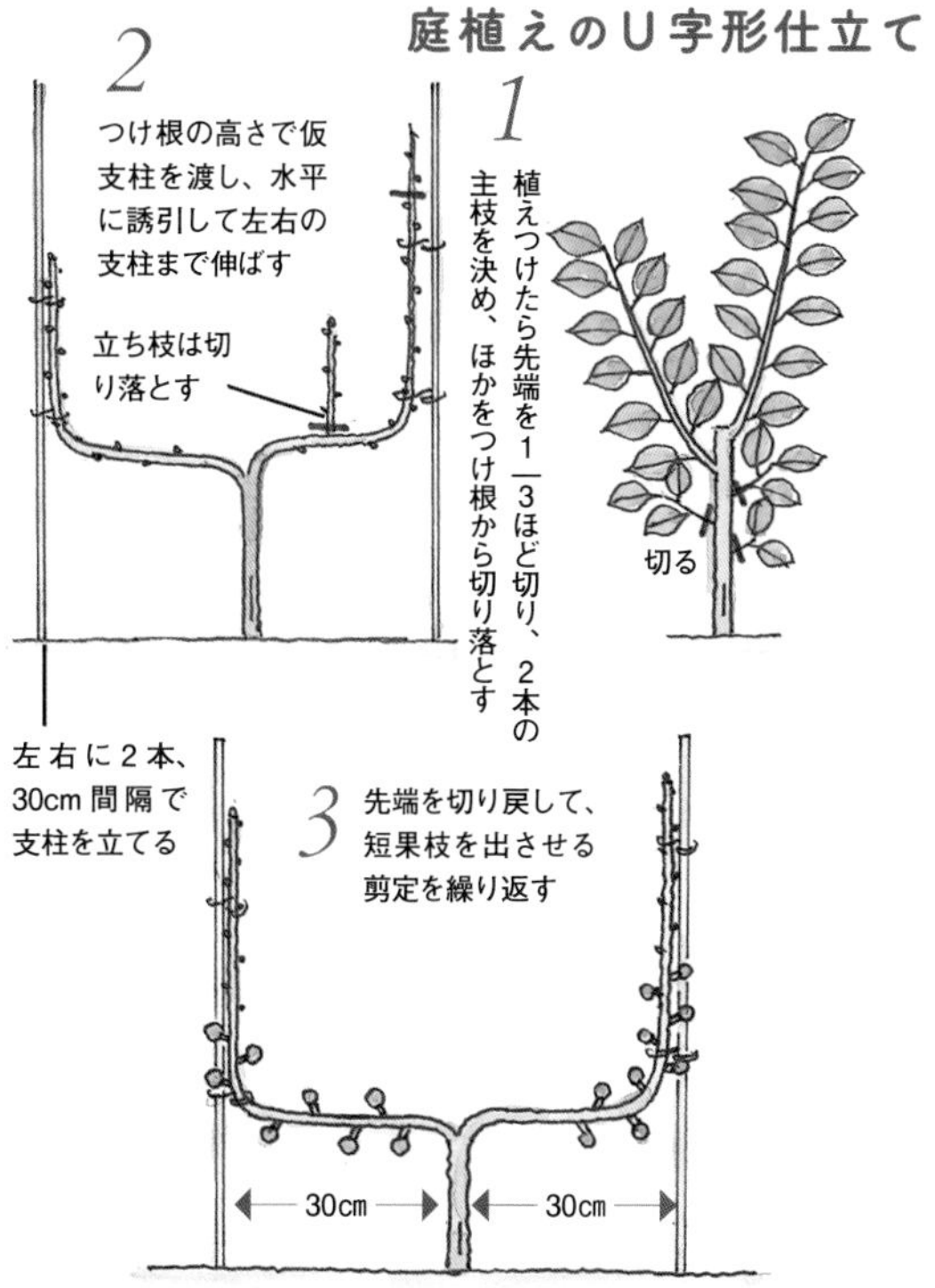
1 植えつけたら先端を1/3ほど切り、2本の主枝を決め、ほかをつけ根から切り落とす
切る
2 つけ根の高さで仮支柱を渡し、水平に誘引して左右の支柱まで伸ばす
立ち枝は切り落とす
左右に2本、30cm間隔で支柱を立てる
3 先端を切り戻して、短果枝を出させる剪定を繰り返す
30cm
30cm

育てやすいナシの品種

| | | | |
|---|---|---|---|
| 日本ナシ | 赤ナシ | 幸水 | 早生、中果、甘 |
| | | 豊水 | 中生、大果、鉢 |
| | | 長十郎 | 中生、鉢 |
| | | 新興 | 晩生、鉢 |
| | | 愛宕 | 晩生、超特大果、香りがよい |
| | 青ナシ | 菊水 | 中果 |
| | 紅色 | 大原紅 | 鉢 |
| 西洋ナシ | | ラ・フランス、ル・コント | |
| 中国ナシ | | 鴨梨（ヤーリー）、慈梨（ツーリー）、紅梨（ホンリー） | |

※二十世紀は多雨で黒斑病になりやすいので、家庭果樹には向かない。

て収穫後に速効性の肥料を施します。

### ○病害虫対策

アブラムシ、ハマキムシ、グンバイムシは見つけしだい駆除。イブキやビャクシン類がそばにあると赤星病がよく発生します。

## 鉢植えのつくり方

### ○植えつけと植えかえ

6～7号鉢に植えて日当たりのよい場所に置き、午前中にたっぷり、夏の高温乾燥期は朝夕2回、水やりをします。

### ○仕立て方と剪定

模様木風《もようぎふう》に仕立て、結果枝を更新します。

### ○施肥

植えつけ1カ月後に玉肥3～4個を鉢縁に埋め、毎年春と秋、同様の肥料を施します。

### ○収穫のための作業

自家不和合性、他家不和合性があるので、相性のよい品種を選んで人工授粉をします。15度以上ある日に、当日に開花した花で行います。摘果は開花から2～3週間以内の5月中旬ごろに行います。

### こうして実を楽しむ

日本ナシは熟すに従い糖分がふえるので、皮の色がよく出てから収穫します。もともと貯蔵のきかない愛甘水や新水、幸水や長十郎は気温の低い早朝に収穫します。新興は保存がききます。

# スモモ（プラム）

季

バラ科　落葉中高木

原産地　中国　栽培適地　本州以南

鉢植えのソルダム。

スモモの花。

大石早生

**Point**

自家受粉しにくいので、他品種をそばに植えるか、ウメやアンズの花粉を使って人工授粉するとよい。

**こんな木**

中国原産で古くから日本で栽培されている日本スモモと、アメリカスモモの交配種が主流。暑さ寒さ、乾燥に強いが、暖地のほうが生長がよい。

**利用法**

- 花
- 生食
- 加工品
- 果実酒

**栽培カレンダー**

| 月 | 1 | 2 | 3 | 4 | 5 | 6 | 7 | 8 | 9 | 10 | 11 | 12 |
|---|---|---|---|---|---|---|---|---|---|---|---|---|
| 木の状態 | | | 開花 | | | | 収穫 | 花芽分化 | | | | |
| 庭植えの作業 | 剪定 | 施肥 | 植えつけ | 人工授粉 | 摘果 | 剪定 | | | | | | |
| 鉢植えの作業 | | 剪定<br>施肥 | 植えつけ | 人工授粉 | 摘果 | 剪定 | | | 施肥 | | | |
| 病害虫 | | | | 薬剤散布 | | | | | | | | 薬剤散布 |

## 庭植えのつくり方

### ○品種と苗選び

日本スモモとアメリカスモモが交配され、ソルダムやサンタローザなどが作出されました。直立タイプのメスレー、ビューティ、サンタローザ、開張タイプの大石早生、ソルダムがあります。ネコブセンチュウに抵抗性のある台木を用いた接ぎ木苗を選びます。ヨーロッパスモモはプルーン（70ページ）参照。

### ○植えつけ

2～3月に日当たり、水はけがよく肥沃な場所に植えます。風が強くないことも大切です。植え場所は深く耕しておきます。

### ○仕立て方と剪定

枝が細く、よく伸びて開心自然形になりますが、垣根仕立てや棚仕立て、主幹形仕立てにすると、コンパクトになります。直立タイプは夏に間引き剪定と摘芯で生長を促し、開張タイプは冬に強めの切り詰め剪定をします。

**実のつき方**　新梢や前年枝に花芽が分化し、翌年、その芽から枝を伸ばして開花、結実。

### ○施肥

1～2月に緩効性化成肥料を施します。

### ○病害虫対策

4月下旬、幼果が急に大きくなるのはふくろみ病で、落葉期の石灰硫黄合剤の散布で防ぎます。灰星病は専用の薬剤を使用します。アブラムシ、カイガラムシは発生しだい駆除。

## 庭植えの主幹形仕立て

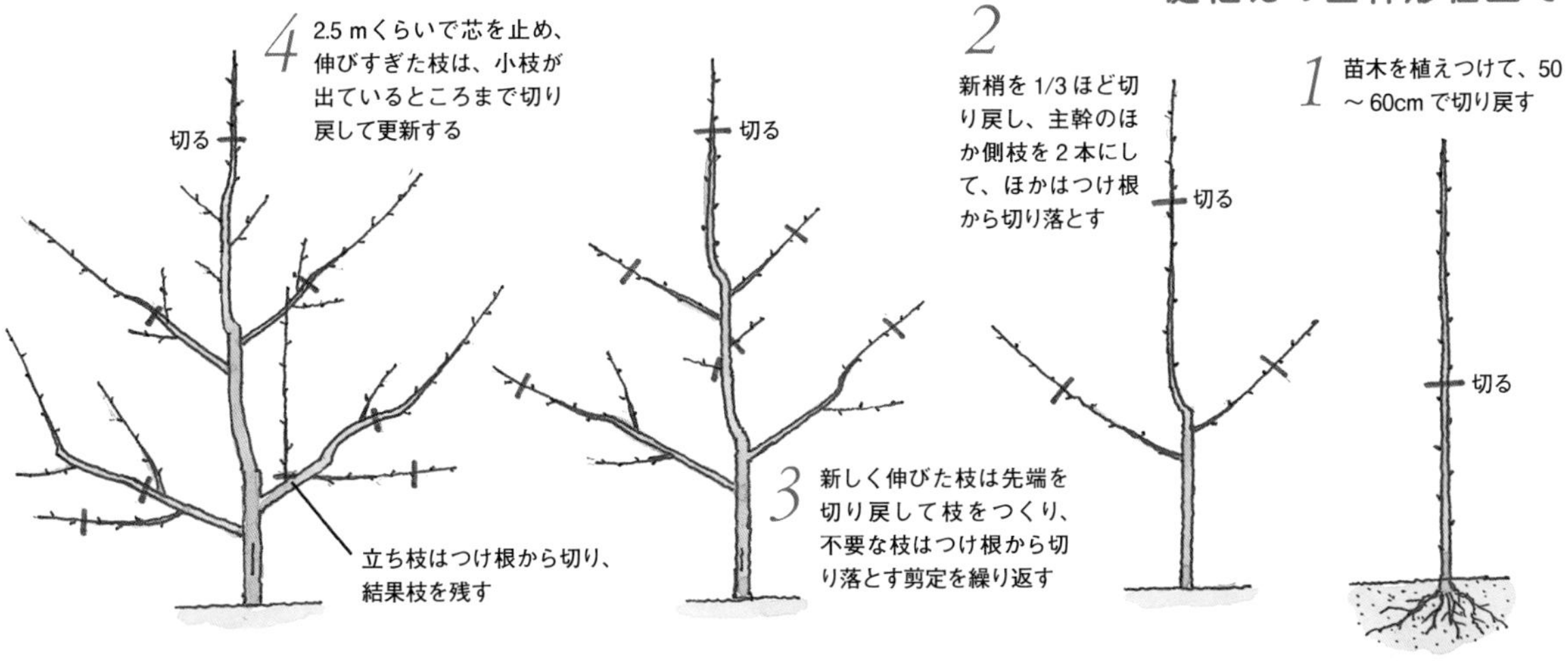
1 苗木を植えつけて、50～60cmで切り戻す
切る
2 新梢を1/3ほど切り戻し、主幹のほか側枝を2本にして、ほかはつけ根から切り落とす
切る
3 新しく伸びた枝は先端を切り戻して枝をつくり、不要な枝はつけ根から切り落とす剪定を繰り返す
切る
4 2.5 mくらいで芯を止め、伸びすぎた枝は、小枝が出ているところまで切り戻して更新する
切る
立ち枝はつけ根から切り、結果枝を残す

## 鉢植えの模様木風仕立て

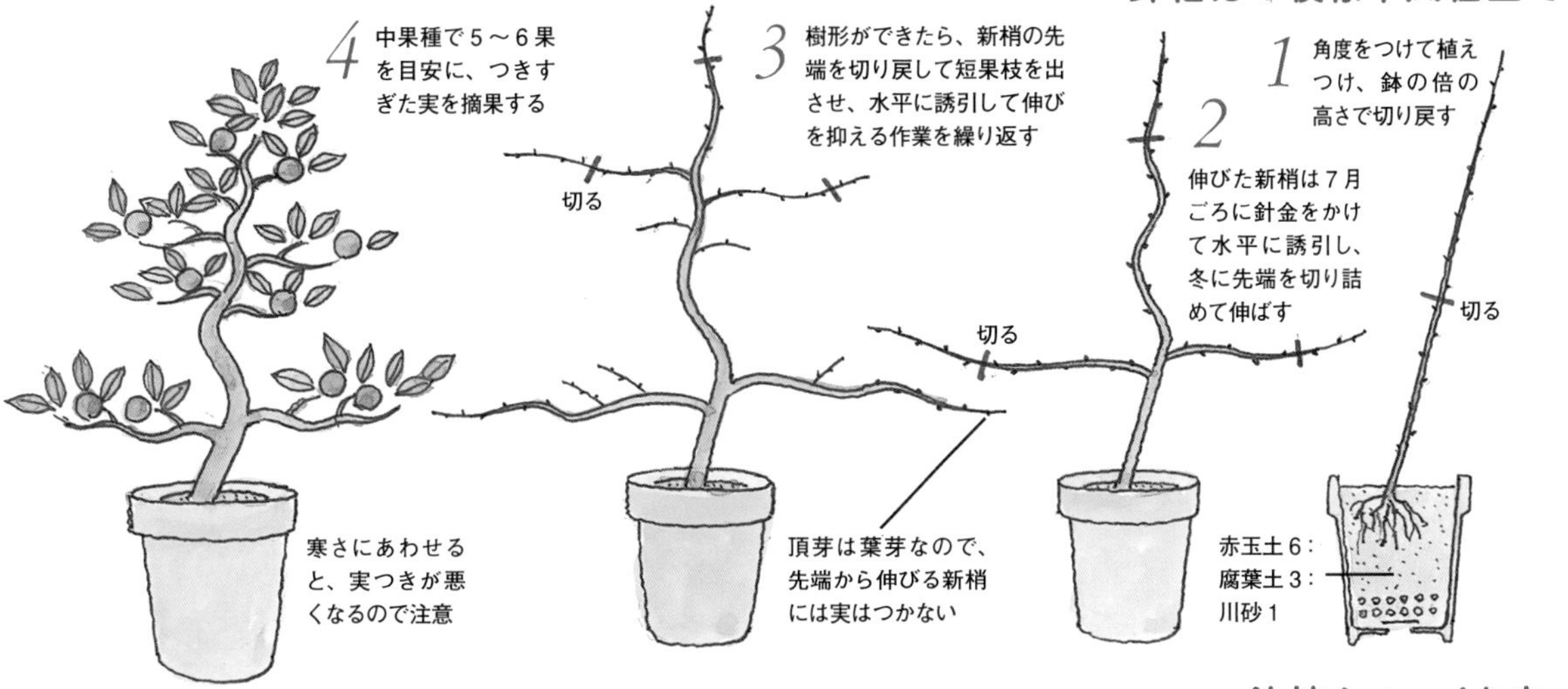
1 角度をつけて植えつけ、鉢の倍の高さで切り戻す
切る
赤玉土6：腐葉土3：川砂1
2 伸びた新梢は7月ごろに針金をかけて水平に誘引し、冬に先端を切り詰めて伸ばす
切る
3 樹形ができたら、新梢の先端を切り戻して短果枝を出させ、水平に誘引して伸びを抑える作業を繰り返す
切る
頂芽は葉芽なので、先端から伸びる新梢には実はつかない
4 中果種で5～6果を目安に、つきすぎた実を摘果する
寒さにあわせると、実つきが悪くなるので注意

## 鉢植えのつくり方

### ○品種と苗選び

矮性台木を使った苗が育てやすいでしょう。

### ○植えつけと植えかえ

8～10号鉢に植え、1年おきに植えかえて木を休ませます。開花から収穫まで水ぎれしないようにしますが、過湿に弱いので必ずいったん表土が乾いてから水を与えます。

### ○仕立て方と剪定

模様木《もようぎ》風《ふう》に仕立て、1鉢5～6果に摘果。

### ○施肥

2月と9月に玉肥を3～4個埋め込みます。

### ○収穫のための作業

自家不結実性や他家不和合性があるので、相性のよい2品種以上を植えるか、開花期が同じウメやアンズの花粉をつけて人工授粉を行います。満開後、散りかけるころに2～3回行うのが効果的です。植えるスペースがないなら、自家受粉するメスレーやビューティを植えます。開花期の遅霜は実つきを悪くします。鉢植えなら室内で花を観賞しましょう。

親指の頭大になったら、実がつきすぎたところを摘果します。

### こうして実を楽しむ

完熟するとやわらかい実が収穫できます。落果してしまわないよう、少し早めにとって2～3日追熟させせてもかまいません。ジャムや果実酒にするのもよいでしょう。

# プルーン

市場にはほとんど出回らない完熟果を味わいたい

バラ科　落葉小高木　別名　ヨーロッパスモモ

原産地　コーカサス地方　栽培適地　中部以北の少雨地域

サンプルーン

プルーンの花。

**Point**

自家受粉する品種を選ぶが、人工授粉でより確実になる。完熟させてから収穫すると生食できる。

**こんな木**

タネつきのまま乾燥させても発酵しない、ドメスチカを基本としたヨーロッパスモモ。コーカサス地方原産で耐寒性が高く、暑さや多雨に弱い。

**利用法**

生食

加工品

果実酒

**栽培カレンダー**

| 月 | 1 | 2 | 3 | 4 | 5 | 6 | 7 | 8 | 9 | 10 | 11 | 12 |
|---|---|---|---|---|---|---|---|---|---|---|---|---|
| 木の状態 | | | | 開花 | | | 収穫 | 収穫／花芽分化 | | | | |
| 庭植えの作業 | 剪定／施肥 | 剪定／施肥 | 植えつけ | 人工授粉 | | 摘果 | | | | | | 植えつけ |
| 鉢植えの作業 | 剪定 | 剪定／施肥 | 植えつけ | 人工授粉 | | 摘果 | | | 施肥 | | | 植えつけ |
| 病害虫 | | | 薬剤散布 | 薬剤散布 | 薬剤散布 | | | | | | | 薬剤散布 |

## 庭植えのつくり方

### ○品種と苗選び

日本で栽培されている品種のうち、自家結実性のあるシュガー、スタンレー、サンプルーンなら、1本だけでも結実します。最近は実の大きなパープルアイやプレジデントなども登場しています。

### ○植えつけ

栽培は基本的にスモモと同じです。厳寒期を除く落葉期にポット苗を植えます。日当たりと水はけのよい場所を選び、乾かしぎみに管理します。

### ○仕立て方と剪定

主幹形や杯状に仕立て、樹幹の内部も日当たりがよくなるように間引き剪定をします。

**実のつき方**　ウメなどと同じで、新梢のうち充実した短枝の腋芽に花芽分化し、翌年、そこから枝を出して開花、結実します。スモモの花から2週間ほど遅れて、ひとつの花芽に1～2花が咲きます。

### ○施肥

寒肥として緩効性化成肥料を施します。

### ○病害虫対策

灰星病はトリフミン水和剤で防除します。

### ○品種と苗選び

シュガーなど、樹勢のあまり強くない品種のほうが育てやすいでしょう。庭植えのスペー

## 鉢植えの模様木風仕立て

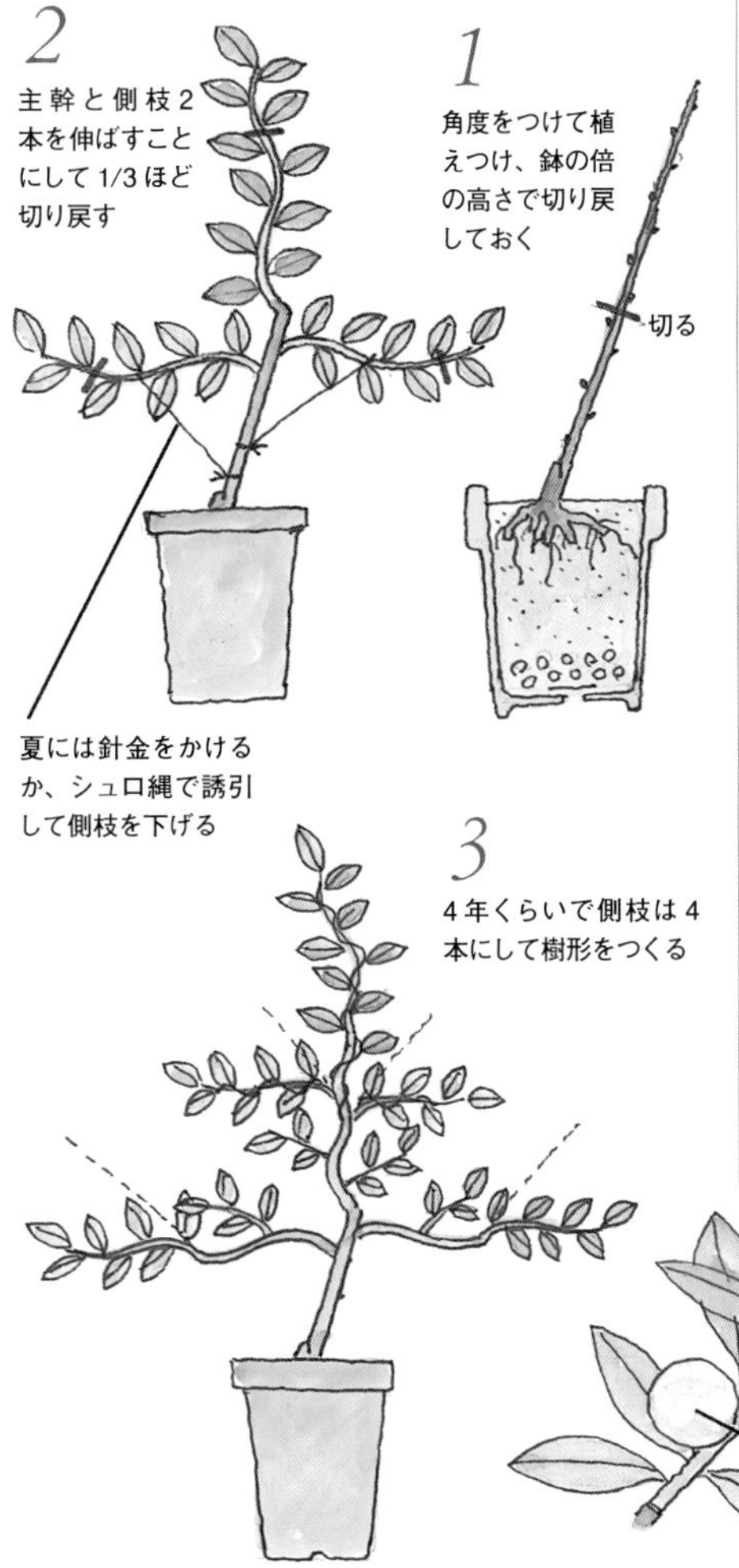
1
角度をつけて植えつけ、鉢の倍の高さで切り戻しておく
切る
2
主幹と側枝2本を伸ばすことにして1/3ほど切り戻す
夏には針金をかけるか、シュロ縄で誘引して側枝を下げる
3
4年くらいで側枝は4本にして樹形をつくる

## 実のつき方

1
充実した短枝のわき芽が花芽分化する
徒長枝は切り戻すと、短果枝が出やすくなる
2
異なる品種の花でふれ、受粉させると実どまりがよい
3
翌年、新梢を伸ばして開花、結実
4
長果枝や中果枝は5〜10cm間隔になるようには摘果し、最終的には葉15〜20枚に1果とする
短果枝は1個に摘果
とる
とる

## 鉢植えのつくり方

スが狭いとき、授粉樹としてサンプルーンやスタンレーを鉢植えにしておくのもひとつの方法です。

### ○植えつけと植えかえ

ポット苗を水はけのよい用土で植えつければ、3〜5年で収穫できるようになります。根詰まりを起こす前に、新しい用土で植えかえます。

### ○仕立て方と剪定

刈り込まず、日が内部までさし込むような間引き剪定にします。

### ○施肥

春と秋に玉肥を埋め込みます。

### ○収穫のための作業

自家授粉樹でも、人工授粉をして確実に実をつけさせます。生理落果も多いので、ひととおり落果した6月ごろに摘果をします。目安はスタンレーで最終的に葉15〜20枚に1果ぐらいです。

### こうして実を楽しむ

実色が濃くなり、少しやわらかくなった完熟果を収穫します。木を揺すって落ちてきた実を拾えばいいでしょう。ただし、早生種は梅雨時期に成熟するので、裂果させないよう、また、病害虫の被害が出ないよう、雨よけをしておきます。サンタスなど裂果しにくい品種もあります。

# アンズ 杏

バラ科 落葉高木 別名 カラモモ

原産地 中国 栽培適地 関東以北

信州大実

ゴールドコット

**Point**

ウメの花粉などで人工授粉すると結実がよい。実がつきすぎたところは摘果し、残した実の質を高める。

**こんな木**

冷涼で雨の少ない環境で育つ。実のつき方などはウメと同じ。加工品が多いが、家庭果樹ならではの生の味を楽しむなら甘くなる品種を選ぶ。

**利用法**

- 花
- 生食
- 薬効
- 加工品
- 果実酒

**栽培カレンダー**

| 月 | 1 | 2 | 3 | 4 | 5 | 6 | 7 | 8 | 9 | 10 | 11 | 12 |
|---|---|---|---|---|---|---|---|---|---|---|---|---|
| 木の状態 | | | 開花 | | | 収穫 | | 花芽分化 | | | | |
| 庭植えの作業 | 剪定・施肥 | | 植えつけ・人工授粉 | | 摘果 | | | | | | | |
| 鉢植えの作業 | 剪定 | 施肥 | 植えつけ・人工授粉 | | 摘果 | | | | | 施肥 | | |
| 病害虫 | | | 薬剤散布 | | | | | | | | | 薬剤散布 |

## 庭植えのつくり方

### ○品種と苗選び

生食には信州大実やゴールドコット、広島大実、加工するなら平和号、新潟大実、山形3号などを植えます。12月から出回る苗木は、3月の植えつけまで仮植えしておきます。

### ○植えつけ

冷涼で雨の少ない気候を好みます。特にヨーロッパ原産の品種は夏に涼しいことが栽培条件。気温が上がる3月ごろ、水はけと日当たりのよい場所を選んで植えつけます。

### ○仕立て方と剪定

目標の大きさまでは、新梢を1/3に切り詰めていき、主幹の芯を止めたら、年明け後から前年枝を1/3に切り詰めて短果枝を出させる剪定をします。短果枝を2年出させた枝はつけ根から切り、そばにある枝に更新します。枝が込み合ってきたら、つけ根から切り落として間引きます。

**実のつき方**　短果枝に花芽分化し、翌年その芽が開花、結実。ときに先端だけが葉芽で、側芽がすべて花芽になることもあります。

### ○施肥

1～2月に緩効性化成肥料を溝に埋めます。

### ○病害虫対策

高温や多湿の状態で立枯病になったり、実が黒点病になったりします。被害部分を早めにとり除いて土の過湿に気をつけます。アブ

## 庭植えの仕立て方

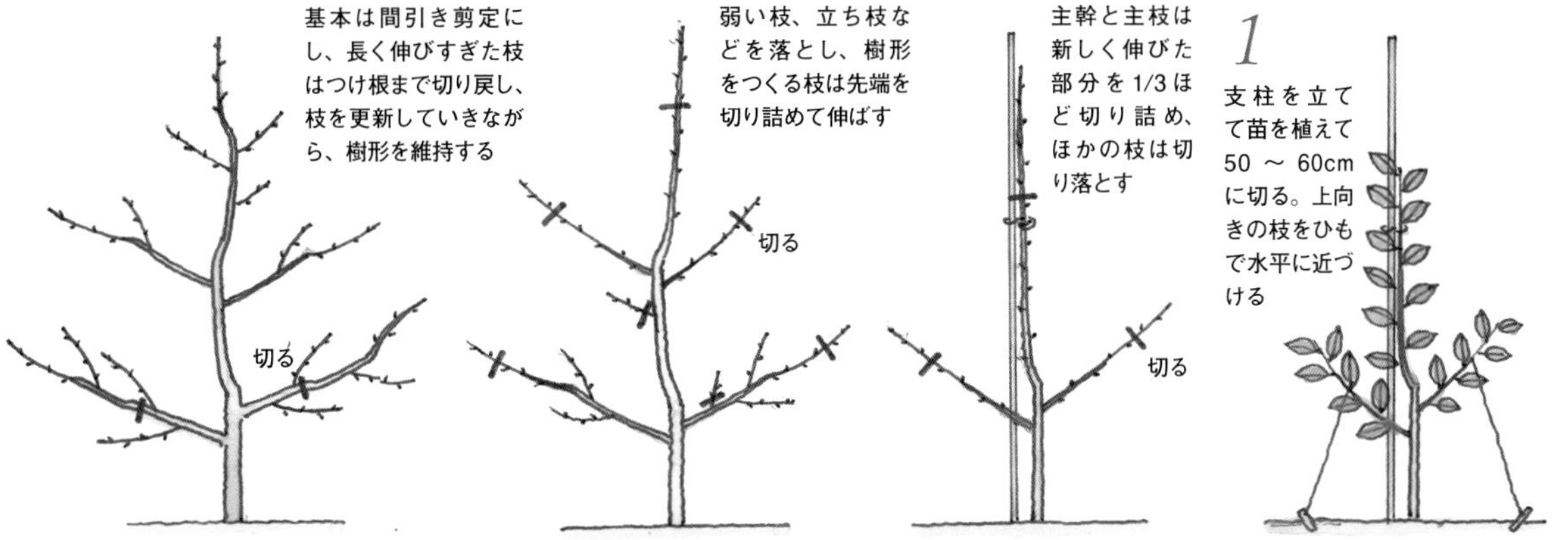


1 支柱を立てて苗を植えて50 〜 60cmに切る。上向きの枝をひもで水平に近づける

2 主幹と主枝は新しく伸びた部分を1/3ほど切り詰め、ほかの枝は切り落とす

3 弱い枝、立ち枝などを落とし、樹形をつくる枝は先端を切り詰めて伸ばす

4 基本は間引き剪定にし、長く伸びすぎた枝はつけ根まで切り戻し、枝を更新していきながら、樹形を維持する

## 鉢植えの仕立て方

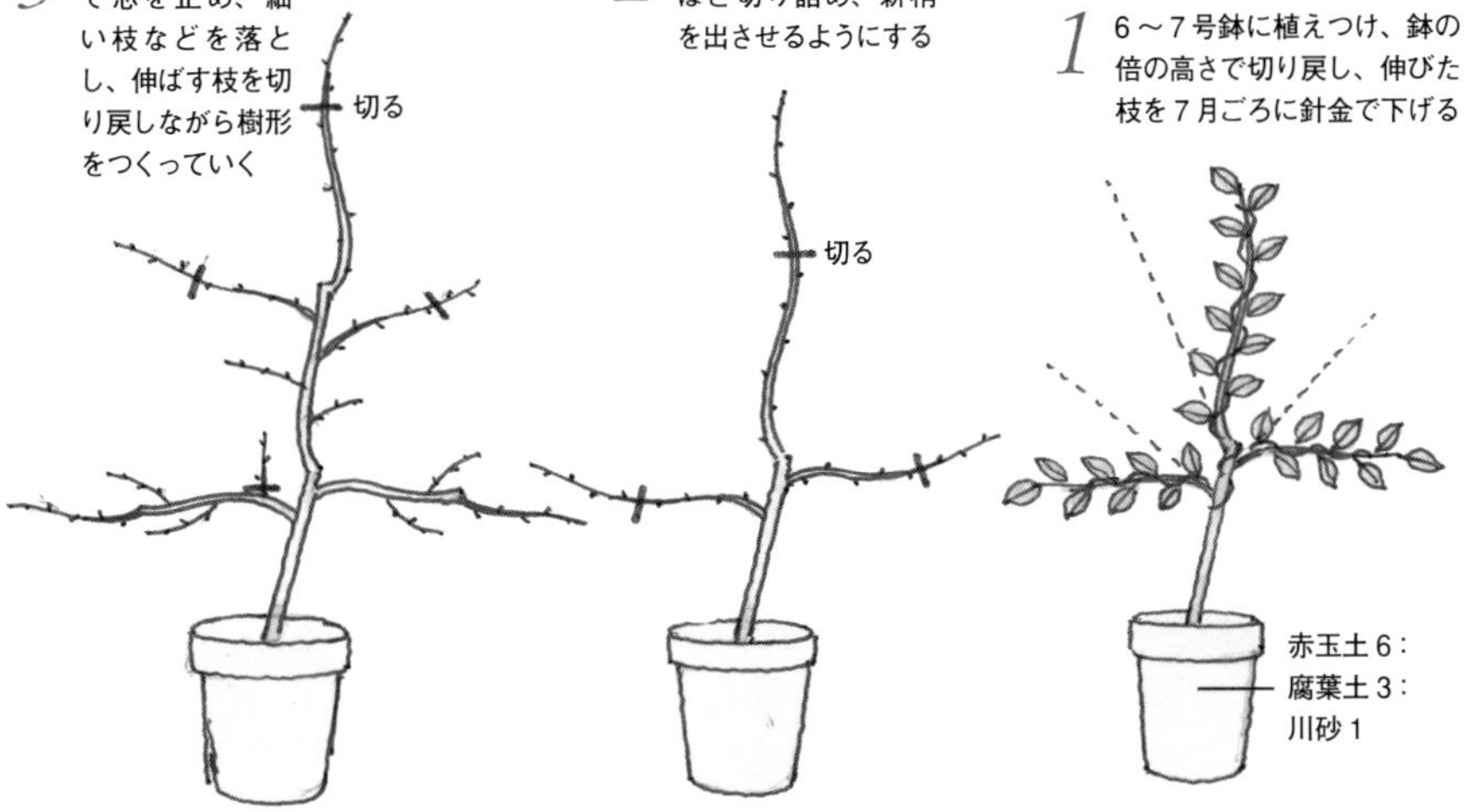


1 6〜7号鉢に植えつけ、鉢の倍の高さで切り戻し、伸びた枝を7月ごろに針金で下げる

2 伸ばす枝は冬に1/3ほど切り詰め、新梢を出させるようにする

3 鉢の3倍くらいで芯を止め、細い枝などを落とし、伸ばす枝を切り戻しながら樹形をつくっていく

## 実のつき方

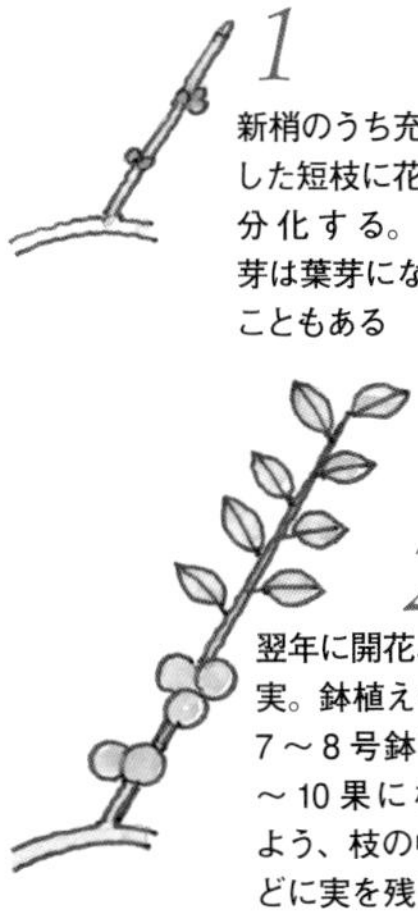

1 新梢のうち充実した短枝に花芽分化する。頂芽は葉芽になることもある

2 翌年に開花、結実。鉢植えなら7〜8号鉢で5〜10果になるよう、枝の中ほどに実を残して摘果

ラムシ、カイガラムシも早めに駆除。

## 鉢植えのつくり方

### ○品種と苗選び

鉢植えにすると栽培条件を整えることで、品種を問わず育てられます。

### ○植えつけと植えかえ

太根を切って植えつけ、鉢の倍の高さに切り戻します。水ぎれには強いほうですが過湿に弱いので、水をやりすぎないように気をつけます。実を収穫したら翌年は根を1/3ほど切り詰めて植えかえ、実をつけさせずに枝葉の生長を促します。

### ○仕立て方と剪定

模様木《もようぎ》風《ふう》に仕立て、枝が込み合わないように制限します。

### ○施肥

植えつけ1カ月後以降、早春と秋に玉肥3〜4個を埋め込みます。

### ○収穫のための作業

もともと自家受粉しますが、2品種以上を植えるか、ウメやモモ、スモモなどをそばに植えておくとよく結実します。さらに、花粉をとって人工授粉をすれば確実です。

### こうして実を楽しむ

加工品種は、コンポートやジャム、ドライフルーツなど、砂糖で甘みを補って加工したり、果実酒にします。

# ビワ
## 枇杷

バラ科　常緑中高木～高木
原産地　日本、中国
栽培適地　関東南部以西

茂木の鉢植え。

田中

ビワの花。

**Point**
枝数を抑えるため、4月、強い1～2芽を残して芽かきをし、収穫後の新梢も7月に1カ所1本にする。

**こんな木**
自生種が多く10mの大木になるが、家庭果樹にするのは改良品種の茂木、田中など。1花房に80～120個も花がつくので、実つきを制限する。

**利用法**
生食
薬効
加工品
果実酒

**栽培カレンダー**

| 月 | 1 | 2 | 3 | 4 | 5 | 6 | 7 | 8 | 9 | 10 | 11 | 12 |
|---|---|---|---|---|---|---|---|---|---|---|---|---|
| 木の状態 | 開花 | | | | | 収穫 | 花芽分化 | | | | 開花 | |
| 庭植えの作業 | 人工授粉 | 植えつけ | 摘果、施肥 | | | | 剪定 | | 剪定 | | 人工授粉、摘果 | |
| 鉢植えの作業 | 人工授粉 | | 摘果、施肥 | | 植えつけ | | 剪定 | | 剪定 | | 人工授粉、摘果 | |
| 病害虫 | | | | 薬剤散布 | | 薬剤散布 | | | | | | |

## 庭植えのつくり方

### ○品種と苗選び

暖地では早生種の茂木、関東は大果の田中がよくつくられます。早熟の長崎早生、大果の福原びわもよいでしょう。実生台木に接ぎ木をした1～2年生のポット苗が出回ります。

### ○植えつけ

年間平均気温16～20度でよく育ち、マイナス3度以下にならなければ冬越しできます。芽が動きだす前の2月に北風の当たらない暖かい場所で、水はけのよい肥沃な土に植えつけ、支柱を立てて50㎝ぐらいで切り戻します。酸性土は嫌います。4年ぐらいで開花します。

### ○仕立て方と剪定

庭植えは高さを抑え、枝が横へ広がる田中は半円形仕立て、立ち性の茂木は主幹形に仕立てます。樹冠内に日がさすように、9月上旬～中旬に込み合った部分で不要枝や徒長枝を間引きます。2～3年ほど実をつけた枝は、9月の終わりごろ、つけ根に小枝を残して切り、結果枝を更新します。

**実のつき方**　短く充実した新梢（春枝）の頂部に、7～8月ごろ花芽が分化します。春枝や前年の結果枝の腋芽2～3個も6～7月に伸び（夏枝）、先端に花芽をつけます。夏枝は徒長枝になることも多いのですが、翌年、そこから伸びた枝に花芽がつきます。

### ○施肥

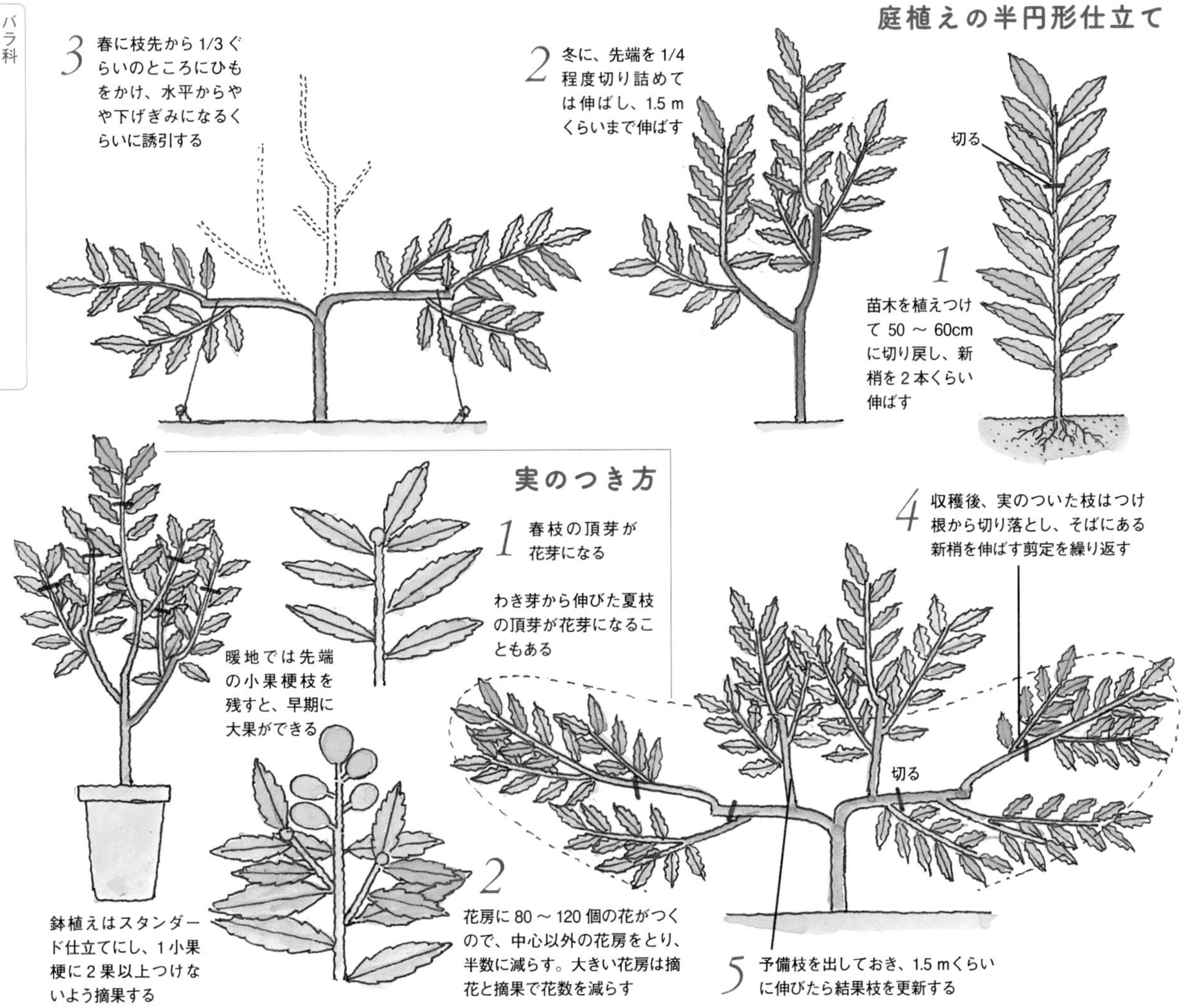
庭植えの半円形仕立て
1 苗木を植えつけて 50 ～ 60cm に切り戻し、新梢を２本くらい伸ばす
切る
2 冬に、先端を 1/4 程度切り詰めては伸ばし、1.5 m くらいまで伸ばす
3 春に枝先から 1/3 ぐらいのところにひもをかけ、水平からやや下げぎみになるくらいに誘引する
4 収穫後、実のついた枝はつけ根から切り落とし、そばにある新梢を伸ばす剪定を繰り返す
切る
5 予備枝を出しておき、1.5 mくらいに伸びたら結果枝を更新する
実のつき方
1 春枝の頂芽が花芽になる
わき芽から伸びた夏枝の頂芽が花芽になることもある
暖地では先端の小果梗枝を残すと、早期に大果ができる
2 花房に 80 ～ 120 個の花がつくので、中心以外の花房をとり、半数に減らす。大きい花房は摘花と摘果で花数を減らす
鉢植えはスタンダード仕立てにし、1 小果梗に２果以上つけないよう摘果する

3月に緩効性化成肥料を溝施肥にします。

### ○病害虫対策

実を食害するモモチョッキリゾウムシは、袋かけで防除します。新梢や幹に円状に黒斑が広がり皮が落ちるがん腫病は、ナシヒメシンクイガが入っていることもあります。

## 鉢植えのつくり方

### ○植えつけと植えかえ

凍害を避けるのに鉢植えは有効です。7～10号鉢に植えて日当たりと風通しのよい場所で管理し、冬は室内へ移します。植えかえは収穫後、1年おきに根鉢を1/3程度くずし、腐った根などを切って植えかえます。

### ○仕立て方と剪定

模《も》様《よう》木《ぎ》風《ふう》やスタンダード仕立てにします。

### ○施肥

春に玉肥を鉢縁に埋め込みます。

### ○収穫のための作業

花が多すぎるので、芽かきや摘房、摘蕾、摘果で実数を制限します。最終的に1果房に3果ぐらいにしたら、茂木は果房全体にかける房がけ法、大果になる田中は実ひとつずつ袋かけをします。

### こうして実を楽しむ

6月に袋を破り、できるだけ光線を当てて実色を濃くしてから収穫します。十分に熟したものはぐっと甘みが増します。

# カリン、マルメロ

花梨

バラ科　落葉高木

原産地　中国

栽培適地　関東以北

マルメロの実。

カリンの実。

カリンの花。

**Point**

カリンは自家受粉し、マルメロは他家受粉するが、花を筆先でふれるなどして確実に受粉させるほうがよい。

**こんな木**

カリンは生食はできないが、果実酒にするとおいしい。ポリフェノールを含み、せき止め薬として利用されてきた。マルメロは隔年結果しやすい。

**利用法**

- 花
- 薬効
- 加工品
- 果実酒

栽培カレンダー

| 月 | 1 | 2 | 3 | 4 | 5 | 6 | 7 | 8 | 9 | 10 | 11 | 12 |
|---|---|---|---|---|---|---|---|---|---|---|---|---|
| 木の状態 | | | | 開花 | | | | | | | 収穫 | |
| 庭植えの作業 | 施肥 | 剪定 | 植えつけ | 人工授粉 | 摘果 施肥 | | 剪定 | 施肥 | | | | 植えつけ |
| 鉢植えの作業 | 施肥 | 剪定 | 植えつけ | 人工授粉 | 摘果 施肥 | | 剪定 | 針金かけ 施肥 | | | | |
| 病害虫 | | | | | 薬剤散布 | | | | | | | |

## 庭植えのつくり方

### ○品種と苗選び

品種はありませんが、実生から育てると収穫までに何年もかかるので、接ぎ木苗を求めます。マルメロは在来種のほか、加工品に向くスミルナなどがあります。長野県ではマルメロのことをカリンと呼んでいます。

### ○植えつけ

落葉期の12～2月に、日当たり、水はけのよい場所に植えつけます。冷涼で乾燥した気候を好むので、夏は日よけをします。

### ○仕立て方と剪定

幹肌が美しいので観賞樹としてもよく植えられます。枝が四方へ立ち上がるようによく伸びるので、先端を少し切り詰め、主枝を何本か伸ばしたら、込み合った部分を間引きます。とげがあるので、剪定作業中は手袋をしましょう。マルメロは枝が広がりやすいので、U字形仕立てにします。

**実のつき方**　カリンの花芽は短果枝に、マルメロの花芽は新梢の枝先につき、翌年に開花、結実します。枝を切り詰めて短果枝を出させるようにしますが、強く切り戻すと、生長が促されて花芽がつかなくなります。

### ○施肥

1～2月と5月下旬、8月下旬に緩効性化成肥料を施しますが、多肥にはしません。

### ○病害虫対策

## 実になる花

新梢に花芽分化し、翌年開花、結実する。完全花は花托が大きいので、選んで人工授粉をする

## 鉢植えの模様木風仕立て

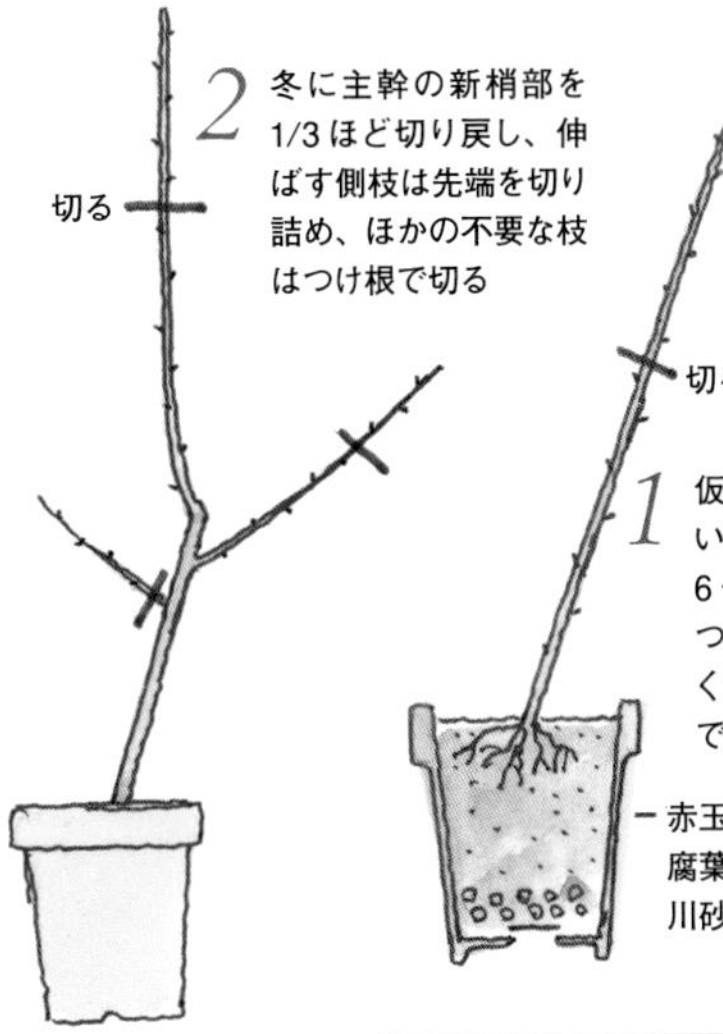
1
仮植えしておいた苗を5～6号鉢に植えつけ、鉢の倍くらいの高さで切り戻す
切る
赤玉土6：腐葉土3：川砂1
2
冬に主幹の新梢部を1/3ほど切り戻し、伸ばす側枝は先端を切り詰め、ほかの不要な枝はつけ根で切る
切る

3
6～7月に針金をかけ、立ち上がる枝を水平に誘引して樹形をつくる

## 庭植えの自然形仕立て

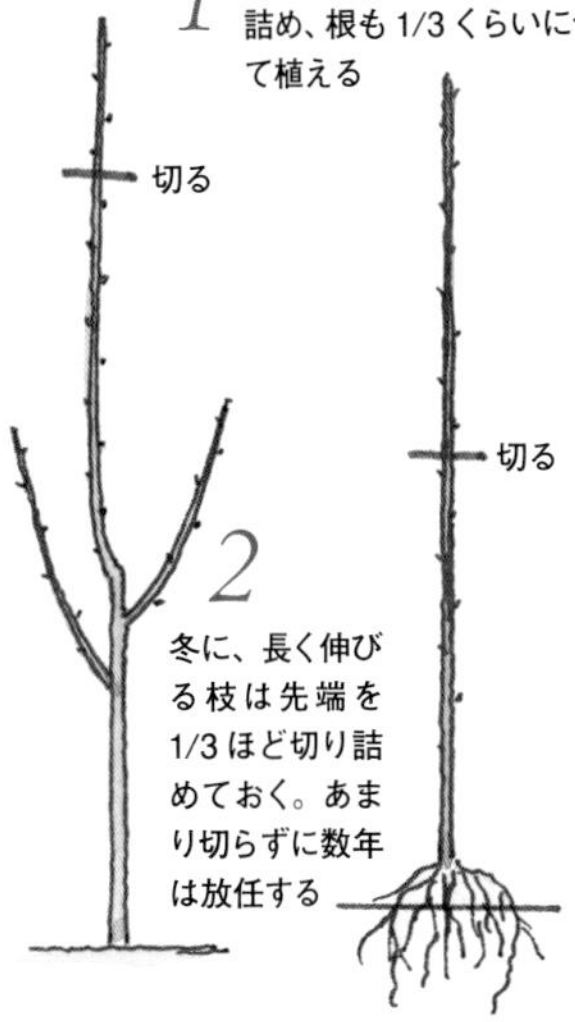
1
苗木は50～60cmで切り詰め、根も1/3くらいに切って植える
切る
2
冬に、長く伸びる枝は先端を1/3ほど切り詰めておく。あまり切らずに数年は放任する
切る

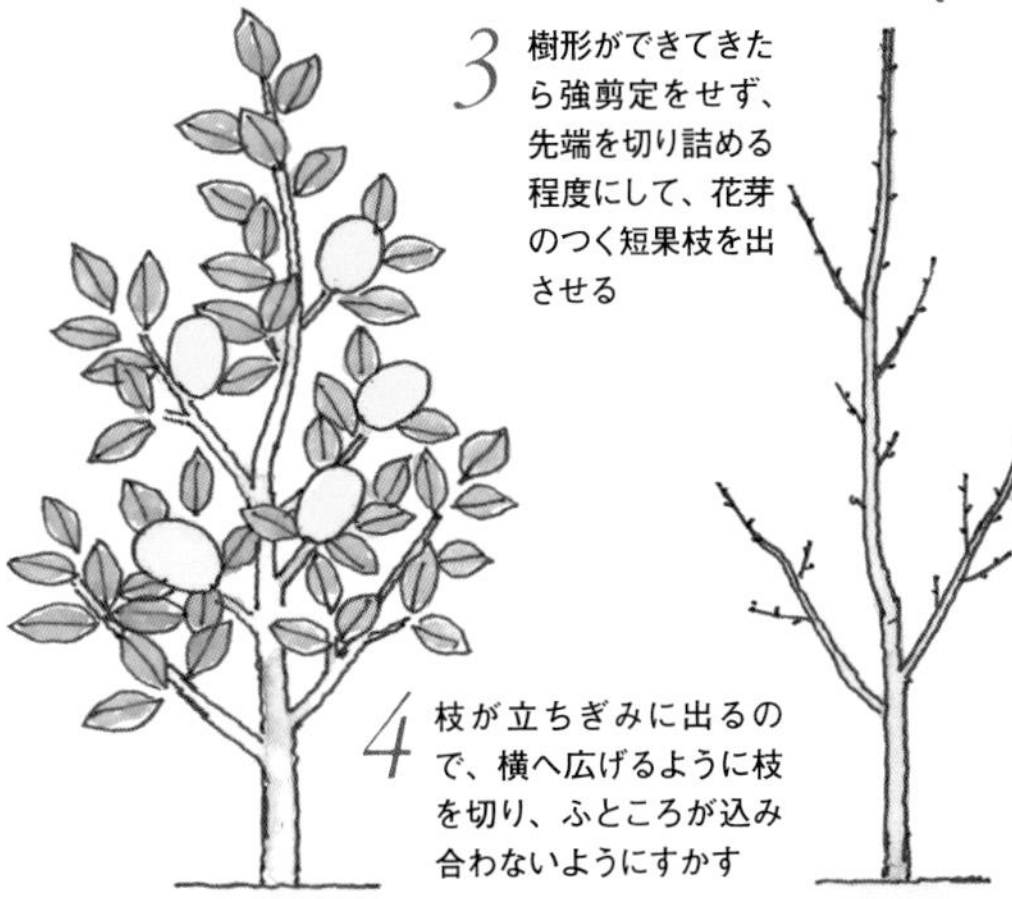
3
樹形ができてきたら強剪定をせず、先端を切り詰める程度にして、花芽のつく短果枝を出させる
4
枝が立ちぎみに出るので、横へ広げるように枝を切り、ふところが込み合わないようにすかす

カミキリムシが発生することがあるので、木くずのようなふんが落ちていたら、穴を見つけて殺虫剤を注入します。

## 鉢植えのつくり方

### ○植えつけと植えかえ

苗木は3月まで仮植えをしておいてから植え、表土が乾いたらたっぷり水やりを行います。結実してからは2～3年に一度、植えかえます。

### ○仕立て方と剪定

新梢がかたまらない6～7月、立ち枝を広げるように針金をかけて模《も》様《よう》木《ぎ》風《ふう》に仕立てます。生長が抑制されるため、短果枝もよく出るようになります。

### ○施肥

植えつけ1カ月後と、庭植えと同じタイミングで、玉肥を3～4個鉢縁に埋め込みます。

### ○収穫のための作業

開花したら、筆などで花の中をかき回すとよく結実します。マルメロは品種の異なるものを植えます。

カリンは晩秋、黄色が濃くなってから収穫します。実がかたいうえにすっぱくて生食できないため果実酒にします。半年以上つけておくと、黄色い果実酒となり、せき止めの薬効も期待できます。輪切りにしたハチミツ漬けもおいしくいただけます。マルメロは生食できますが、普通はジャムやコンポートにします。

# ニワウメ

バラ科　落葉低木　別名 小梅、リンショウバイ（林生梅）
原産地 中国　栽培適地 全国

ニワウメの鉢植え。

**Point**
花後に切り詰め、花の咲く短果枝を出させる。鉢植えにしてもよく開花、結実するので、たくさん収穫できる。

**こんな木**
中国原産。あまり大きくならず花つきがたいへんよく、枝いっぱいに咲いて庭木としてよく植えられる。モモの矮性台木にも利用される。

**栽培カレンダー**

| 月 | 1 | 2 | 3 | 4 | 5 | 6 | 7 | 8 | 9 | 10 | 11 | 12 |
|---|---|---|---|---|---|---|---|---|---|---|---|---|
| 木の状態 | | | 開花 | 開花 | | 収穫 | 収穫／花芽分化 | 花芽分化 | 花芽分化 | | | |
| 庭植えの作業 | 植えつけ | 植えつけ／剪定／施肥 | 植えつけ／剪定 | | 剪定 | | | | 施肥 | | 植えつけ | 植えつけ |
| 鉢植えの作業 | | 剪定 | 植えつけ／施肥 | | 剪定 | | | | | | | |
| 病害虫 | | | 薬剤散布 | 薬剤散布 | | | | | | | | |

**利用法**
花
薬効
加工品
果実酒

## 庭植えのつくり方

### ○品種と苗選び
特に品種の区別はなく、苗木が出回ります。

### ○植えつけ
厳寒期を除く落葉期の11～3月に、日当たりと水はけ、水もちのよい肥沃な場所に。

### ○仕立て方と剪定
芽吹き前に枝をすかし、ふところまで日が入るようにします。花後に切り詰めて短果枝を出させます。古株はひこばえに更新していきます。株分けや挿し木で簡単にふえます。
実のつき方　ウメと同じ。

### ○施肥
2月に寒肥として緩効性化成肥料を施し、元気がないようなら9月にも施肥を。

### ○病害虫対策
アブラムシの発生に気をつけます。

## 鉢植えのつくり方

### ○植えつけと植えかえ
6～7号鉢に植えて模様木風《もようぎふう》に仕立て、2～3年に一度、植えかえます。

### ○施肥
3月に玉肥を埋め込みます。

### ○収穫のための作業
人工授粉しなくても十分な結実が見られます。そのまま結実させ、6月ごろに実が紫紅色になったところで摘みとれば、果実酒にできます。タネや根は生薬になります。

# ユスラウメ

赤実と白実の2種類があり、いずれもよく実がつく

Nanking cherry

**バラ科　落葉低木**

原産地　中国、朝鮮半島

別名　毛桜桃

栽培適地　全国

バラ科
ニワウメ／ユスラウメ
Japanese bush cherry.
Nanking cherry

ユスラウメ（赤実種）

ユスラウメの鉢植え。

ユスラウメ（白実種）

**Point**

受粉後に雨よけをして実つきをよくする。7月に緑枝挿しができるほか、実生でも3年ほどで結実が見られる。

**こんな木**

サクランボの仲間で中国、朝鮮半島原産。2mくらいまでにしかならないので、狭い場所でも収穫できる。モモの矮性台木としても用いられる。

**利用法**

- 花
- 薬効
- 加工品
- 果実酒

**栽培カレンダー**

| 月 | 1 | 2 | 3 | 4 | 5 | 6 | 7 | 8 | 9 | 10 | 11 | 12 |
|---|---|---|---|---|---|---|---|---|---|---|---|---|
| 木の状態 | | | | 開花 | | 収穫 | | | | | | |
| 庭植えの作業 | 剪定<br>施肥 | | 植えつけ | 摘果 | | 剪定 | | | | | | |
| 鉢植えの作業 | 剪定<br>施肥 | | 植えつけ | 摘果 | | 剪定 | | | 施肥 | | | |
| 病害虫 | | | | 薬剤散布 | | | | | | | | |

## 庭植えのつくり方

**○品種と苗選び**

赤実種とやや実の大きな白実種があります。

**○植えつけ**

2～3月、日当たり、水はけがよければ、土質は選びませんが、過湿は嫌います。水けが多いと、葉が黄色くなって落ちます。

**○仕立て方と剪定**

間引き剪定で杯状仕立てにし、ひこばえをとり除きます。

実のつき方　充実した新梢に花芽分化し、翌年開花、結実します。

**○施肥**

1～2月に緩効性肥料をばらまきます。

**○病害虫対策**

カイガラムシをとり除く程度です。

## 鉢植えのつくり方

**○植えつけと植えかえ**

5～10号鉢に植え、表土が乾いたらたっぷり水やり。1年おきに植えかえます。模様木《もようぎ》風《ふう》か、スタンダード仕立てにします。

**○施肥**

植えつけ1カ月後と、1～2月、8月下旬～9月上旬に玉肥を3～4個埋め込みます。

**○収穫のための作業**

実がつきすぎたときは摘果します。実につやが出てきたら収穫。果実酒にできます。

# つる性の果樹を育てよう

つるを伸ばして生長する果樹の仲間に、ブドウやキウイ、アケビなどがあります。これらはその仕立て方に特徴があります。庭植えなら棚仕立てにするのが一般的ですが、広いスペースがない場合は、フェンスやトレリスなどに枝を誘引しても仕立てられます。鉢植えでも栽培することが可能で、あんどん仕立てにすれば、コンパクトに育てられます。

中でもブドウは品種が豊富で、家庭果樹としても、全国で広くとり入れられています。果実の食味のほか、色合いやサイズなども個性豊かで、品種を選ぶ楽しみがあります。耐暑性・耐寒性にすぐれていて、人工授粉の必要もありません。手間をかけずに、収穫できるのも魅力といえます。キウイは雌雄異株なので授粉樹が必要ですが、ブドウと同様に栽培はそれほど難しくありません。アケビやムベは強健で育てやすい、つる性果樹です。

# INDEX

# ブドウ
## 葡萄

落葉つる性　ブドウ科

原産地　ヨーロッパ、北アメリカ

栽培適地　全国

甲州

巨峰

デラウェアの鉢植え。

**Point**

自家結実性で、人工授粉しなくてもよいが、実がなりすぎるので、収穫数を限定し、養分を集中させる。

**こんな木**

春から夏に雨の少ない土地で育ちやすい。乾燥地ではワイン用がよくつくられるが、雨の多い日本ではほとんどが生食用。葉に日を当てるのがコツ。

**利用法**

生食

加工品

**栽培カレンダー**

| 月 | 1 | 2 | 3 | 4 | 5 | 6 | 7 | 8 | 9 | 10 | 11 | 12 |
|---|---|---|---|---|---|---|---|---|---|---|---|---|
| 木の状態 | | | | | 開花 | 花芽分化 | | | 収穫 | | | |
| 庭植えの作業 | 剪定 | 施肥 | 植えつけ | 摘穂 | 剪定 | 摘果 | | | | | | 植えつけ |
| 鉢植えの作業 | 剪定 | | 植えつけ | 摘穂 | 施肥、剪定 | | 摘果 | | | | | |
| 病害虫 | | | | | 薬剤散布 | | | | | | | |

## 庭植えのつくり方

### ○品種と苗選び

雨と風を避け、実なりを調整すると、おいしい実が収穫できます。

雨に強いアメリカ系とその雑種が家庭果樹向き。スチューベン、キャンベル・アーリーなどの黒色品種と、デラウェア、タノレッドなどの赤色品種があり、いずれも耐病性のあるものを選びます。白色系ではナイアガラ、ポートランドがよいでしょう。甲斐路は直射日光に当たらないと色づかず、病気になりやすいので家庭栽培の難しい品種です。

12月から接ぎ木や挿し木でつくられた1年生苗が出回ります。栽培品種のブドウの根はブドウネアブラムシ（ブドウフィロキセラ）がついて木が弱るので、アメリカ原産の抵抗性のある野生種をもとにしてつくられた、フィロキセラ抵抗性台木を使用します。台木の種類によって耐寒性や収穫量、実の品質に差が出るので、多少、高価でもよい接ぎ木苗を選ぶようにします。

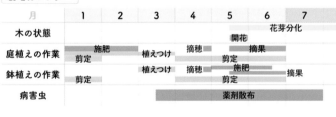

### ○植えつけ

生育適温は15～30度で、耐寒性、耐暑性ともに強い果樹です。3月までに、苦土石灰で中和しておいた場所に植えつけます。夏の生長期によく日が当たる場所で、土の湿りけを嫌い、水はけがよければ乾燥地でもやせ地でも育ちます。作業は細根を切らないように気

スチューベンの鉢植え。

マスカット・オブ・アレキサンドリア

をつけ、植えつけ後に、2芽を残して切り詰め、主枝を伸ばします。高温乾燥が続くようなら水やりしますが、普通は水やり不要です。

## ○仕立て方と剪定

元気のよい1本を残して枝を切り、棚仕立てや垣根仕立て、ポール仕立てにします。ブドウは日当たりのよい葉が多いと収穫量がふえ、勢いが強く枝が長く伸びるほど減ります。同じ葉数でも、長い枝を伸ばさず、短枝をバランスよく配して葉が重ならないようにすることが大切です。

**実のつき方**　5月中旬から8月中旬ごろ、葉のつけ根に花芽が分化し（結果母枝）、翌年にそこから伸びた新梢が結果枝になります。つけ根から3〜4節目と6〜7節目の葉のつけ根に花房がつき、結実します。ここで、花芽がついているからといって切らないでいると、日当たりが悪くなるうえ、実つきがよすぎて、実のひとつずつの味が落ちたり、養分を使い果たして翌年の実つきが減ったりします。樹勢の強い品種は、弱剪定（長梢剪定）で枝の伸びを抑えます。樹勢の弱い品種は、強剪定（短梢剪定）でよい枝を出させます。

## ○施肥

生長を始める前に、寒肥として1〜2月に緩効性化成肥料を施します。老木になって大きくなれば、500gぐらいは必要です。

## 鉢植えのあんどん仕立て

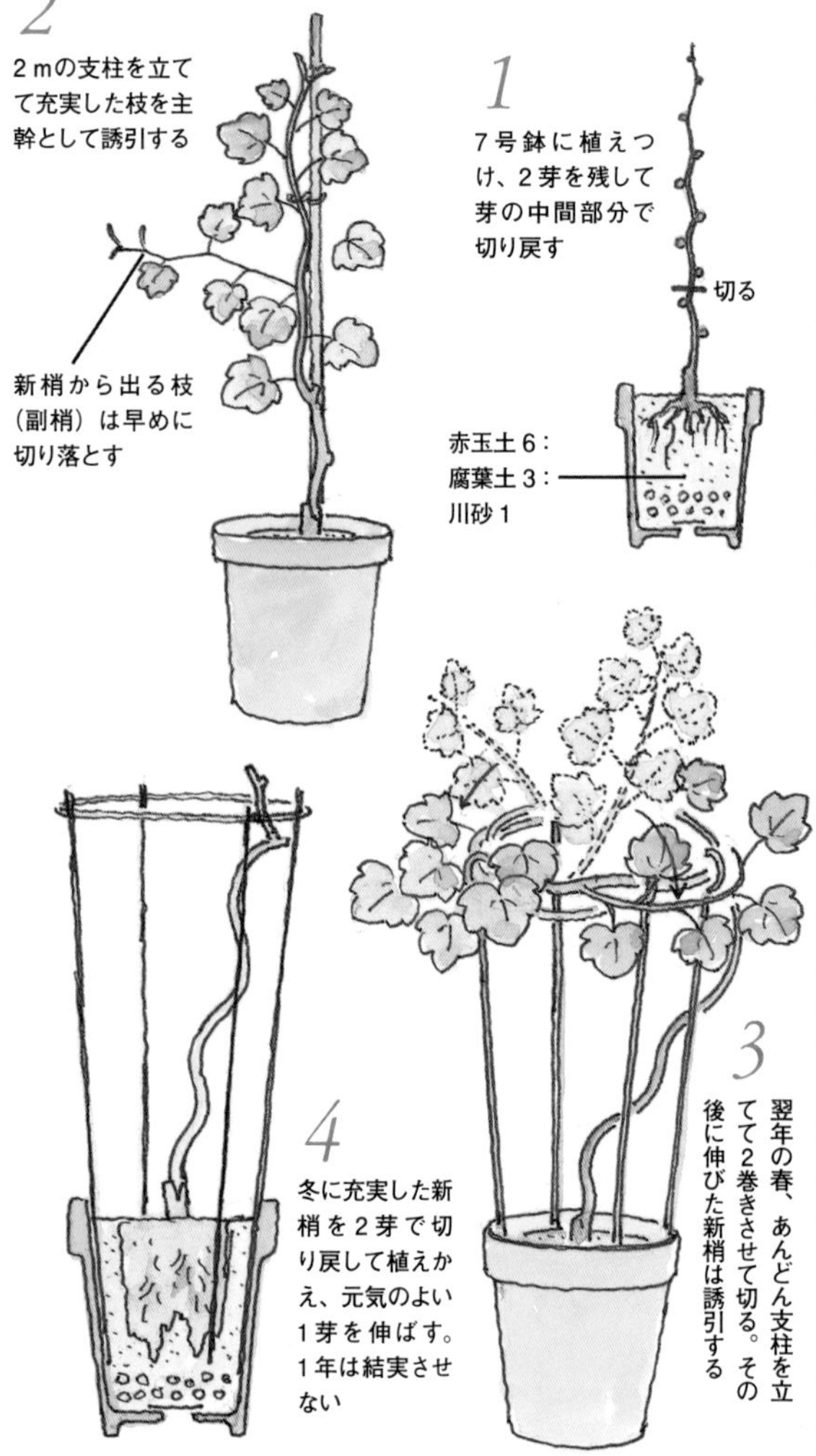
1
7号鉢に植えつけ、2芽を残して芽の中間部分で切り戻す
切る
赤玉土6：
腐葉土3：
川砂1
2
2mの支柱を立てて充実した枝を主幹として誘引する
新梢から出る枝（副梢）は早めに切り落とす
3
翌年の春、あんどん支柱を立てて2巻きさせて切る。その後に伸びた新梢は誘引する
4
冬に充実した新梢を2芽で切り戻して植えかえ、元気のよい1芽を伸ばす。1年は結実させない

## 庭植えの棚仕立て

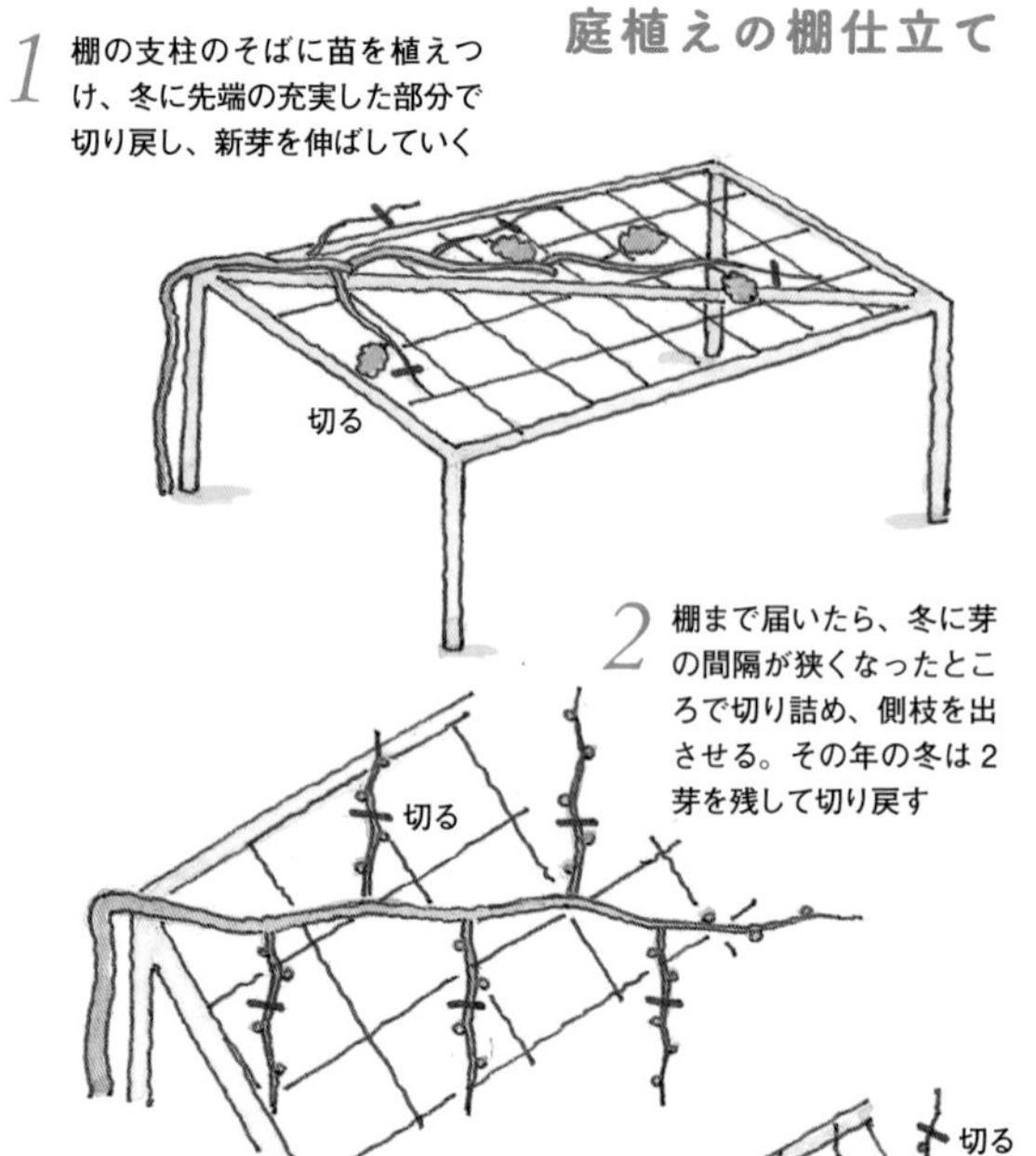
1
棚の支柱のそばに苗を植えつけ、冬に先端の充実した部分で切り戻し、新芽を伸ばしていく
切る
2
棚まで届いたら、冬に芽の間隔が狭くなったところで切り詰め、側枝を出させる。その年の冬は2芽を残して切り戻す
切る

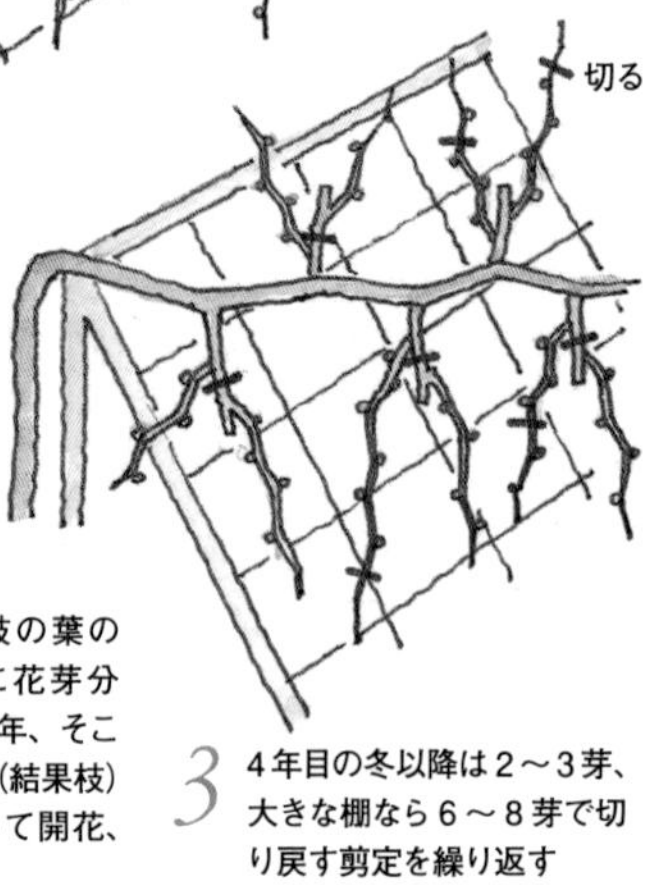
切る
3
4年目の冬以降は2～3芽、大きな棚なら6～8芽で切り戻す剪定を繰り返す

### 実のつき方

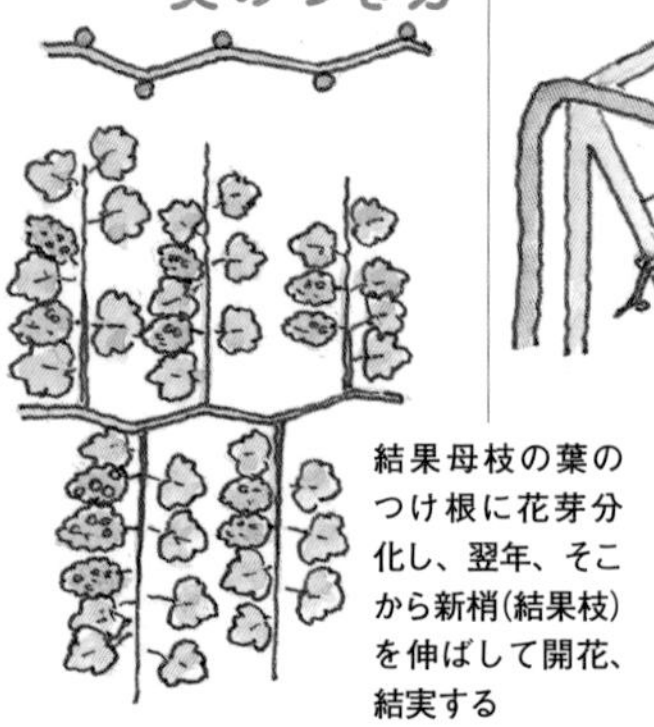
結果母枝の葉のつけ根に花芽分化し、翌年、そこから新梢(結果枝)を伸ばして開花、結実する

### 病害虫対策

ブドウネアブラムシのほか、過湿で出る病気が多いので、日当たり、風通しをよくしておくことが大切です。べと病や枝先や若い房の黒痘病、収穫直前に腐る遅腐病などがあります。病気予防として、落葉期に高濃度(10倍)の石灰硫黄合剤を散布しておくと効果があります。

袋かけのあとに薬剤散布をしてもよいでしょう。ブドウトラカミキリ、ブドウスカシバ、コガネムシなどの食害する害虫は袋かけで防ぎ、見つけしだい捕殺します。

## 鉢植えのつくり方

### 植えつけと植えかえ

苗を仮植えしておき、3月に7～10号鉢に植えつけます。長い根は切らずに鉢に回し入れるようにしておさめ、接ぎ穂は15㎝くらいに切り詰めます。日当たり、風通しのよい場所に置き、表土が乾いたら、鉢底から抜けるくらいたっぷり水やりします。梅雨時期は雨の当たらない軒下などに移します。2年に一度は古根を整理して新しい用土で、一回り大きな鉢に植えかえます。

### 仕立て方と剪定

植えつけ時に支柱を立て、2年目にあんどん支柱にかえて、つるを絡ませます。

### 施肥

## 房づくり

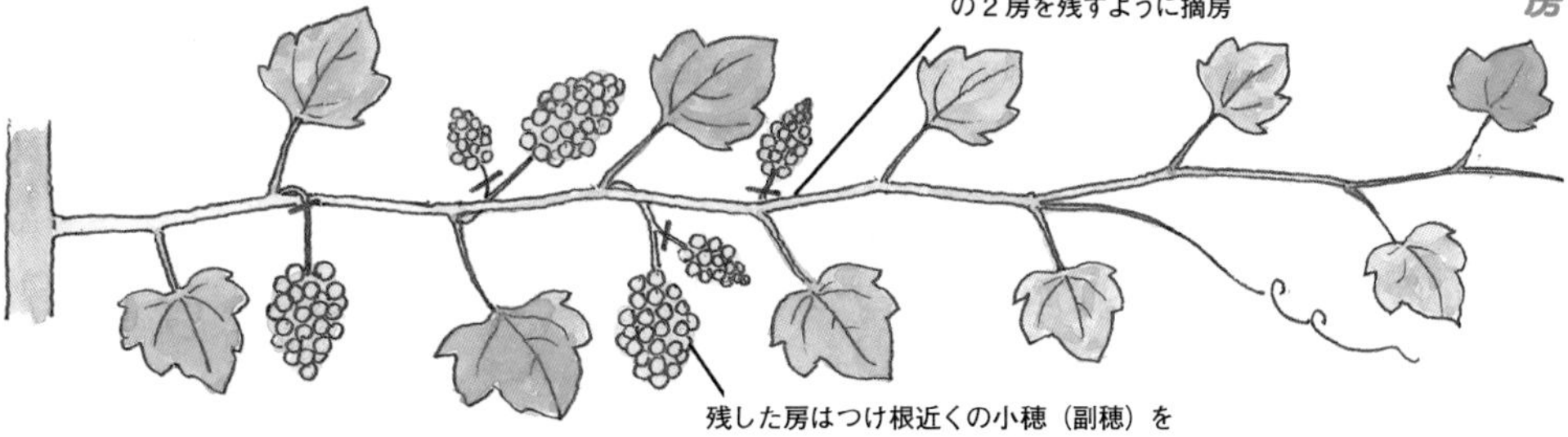
開花の2週間前、枝の中間の2房を残すように摘房
残した房はつけ根近くの小穂（副穂）を摘穂。巨峰などは上部の穂も少しとる

## 苗木の仕立て方

1
4年生の幼木の剪定。主枝を伸ばすため、養分をとってしまう上に伸びる枝をつけ根で切る

2
主枝から左右にバランスよく枝が伸びるように整理し、主枝と垂直になるように誘引し直す

3
残した枝は2節を残して切り戻しておく。節と節の間で切り、芽が枯れ込まないようにする

4
主枝は10～12節残し、節間の狭いところで切り戻し、剪定終了

植えつけ1カ月後に玉肥を4～5個埋め込み、5～6月中旬に速効性の液肥を追肥し、枝の育成を促します。樹形ができてからは、玉肥を埋め込むだけでだいじょうぶです。

### ○収穫のための作業

葉によく日が当たるように、枝を誘引することが第一条件です。

タネなしのデラウェアなどでは、色づきの悪い果実ができたり、隔年結果を招くので、開花の2週間前に小さな花房をとる摘穂をします。房ができたら、庭植えは1枝1房に、鉢植えは1鉢でデラウェア5房、ナイアガラとスチューベンは3房、竜宝とマスカットベリーAは2房になるよう摘房します。

残した房にも実がつきすぎます。密着した部分ではより大きな粒を残し、1房につき大粒種なら30～50粒、小粒種は80～90粒にします。このあとに袋かけを行います。

### こうして実を楽しむ

よく色づき、香りが高くなったものから収穫します。なかなか熟さず、色づきの悪いすっぱい実は、葉の日当たりが悪かったか、実つきが多すぎたか、あるいは前年に実をつけすぎて樹勢が回復しなかったことなどが考えられます。色づいてきたら水をきるようにすると、甘みが増します。午後よりも午前中の涼しい時間に収穫すると、日もちがよくなります。そのまま食べるだけでなく、ジュースやジャムにしてもおいしく食べられます。

# キウイ

マタタビ科　落葉つる性木本　別名　キウイフルーツ
交配種　栽培適地　東北南部以南

キウイの雄花。

キウイの雌花。

キウイの鉢植え。

**Point**
雌雄異株。雄木種を植え、雌木が開花したら人工授粉を２回行う。旺盛に伸びるつるを剪定して日当たりを確保。

**こんな木**
オニマタタビの改良種。温暖地に向くが、生育旺盛で強健、耐寒性もあり、東北南部あたりまで庭植えできる。実がつきすぎると隔年結果になる。

**利用法**
花
生食
加工品
果実酒

**栽培カレンダー**

| 月 | 1 | 2 | 3 | 4 | 5 | 6 | 7 | 8 | 9 | 10 | 11 | 12 |
|---|---|---|---|---|---|---|---|---|---|---|---|---|
| 木の状態 | | | | | 開花 | 開花 | 花芽分化 | | | 収穫 | 収穫 | |
| 庭植えの作業 | 剪定 | 剪定・施肥 | 植えつけ | 植えつけ | 人工授粉・摘蕾 | 人工授粉・施肥 | 剪定・摘果 | | | 施肥 | 施肥 | |
| 鉢植えの作業 | 剪定 | 剪定・施肥 | 植えつけ | 植えつけ | 人工授粉・摘蕾 | 人工授粉・施肥 | 剪定・摘果 | | | 施肥 | 施肥 | |
| 病害虫 | | | | | | 薬剤散布 | 薬剤散布 | | | | | |

## 庭植えのつくり方

### ○品種と苗選び

雌木品種には大果のヘイワード、実つきのよいアボット、香川県で作出された香緑など、黄色い実ではセンセーションアップルがあります。雄木品種はトムリ。12月ごろから1mぐらいのポット苗が出回ります。雌木5～6本ごとに雄木1本が必要です。植え場所がなければ、雄木は鉢植えにする方法もあります。ポットから抜けにくいくらい、根がよく張った苗木を選びます。

### ○植えつけ

ポット苗はそのまま水やりをして冬越しさせ、3～4月に日当たりがよく、風が強くない場所を選んで植えます。1本で50㎡は伸びます。芽が出てから遅霜にあうと、新梢が枯れてしまうこともあるので気をつけます。

土質は選びませんが、酸性土では生育が思わしくないので、あらかじめ苦土石灰などで中和しておきます。水はけと通気性のよいことが重要で、土の過湿と乾燥を嫌います。50㎝ぐらい掘り起こして根を深く張らせ、マルチングをしておきます。夏の高温乾燥期には、株元に深さ30㎝の水穴を掘り、3～4日おきにたまるほどたっぷりと水を入れます。

### ○仕立て方と剪定

棚づくりか垣根仕立てにすると、よい日よけになります。5月に伸び始めたつるを誘引

Kiwi fruit

ヘイワード

イエローキング

ブルーノ

し、梅雨明けに先端を切り詰めます。3～4年で収穫するようにします。

結果母枝は1㎡に1～2本、30～40㎝間隔で残して落葉期に先端を切り戻し、翌年の新梢をふやします。短果枝なら結実した節から2～3芽先、長果枝や実のつかなかった枝なら8～10芽先を目安に切ります。4月に入ったら弱い芽やつぼみにならなかった芽、枝の先端の強い芽をとります。枝を間引いて誘引し、1枚ずつの葉によく日が当たるようにします。6月下旬から7月上旬には、絡んだつるをすべて切ります。実のついた枝は実の先端に葉を8枚ほど、つかなかった枝は15枚ぐらい残して先を切ります。雌花に雄しべがあっても結実はしません。

**実のつき方** 7月につる状になっていない部分に花芽分化し、翌年、そこから伸びた枝のつけ根から2～8芽に開花します。

## ○施肥

生育旺盛で多肥にすると手に負えなくなります。10月下旬～11月上旬に必要量の半分以上を施し、残りの半分を2月、最後に6月に施します。溝を掘って肥料を埋め込みます。

## ○病害虫対策

花腐細菌病や軟腐病は風通しと日当たりをよくして多肥を避けることが第一ですが、発生を見たら薬剤散布をします。ネコブセンチュ

1
収穫後、葉も落ちると枝ぶりがよくわかる。枝がかなり交差しているので、これを整理

2
交差枝を切り落とし、ここまですっきりと枝を落とす。バランスを考えて枝配りをする

3
巻きづるはすべてとる。剪定でワイヤに残ってしまうことも多いので気をつけてとる

4
残しておいたものの、実つきが悪かった枝は切りとっておく。枝のつけ根で切り落とす

5
キウイの枝を切り詰めるときは、芽のそばで切ると枯れ込むので、節間で切る

6
結果枝を切り戻す。実がついた場所から先に8芽ぐらい残しておくと、結果枝が出る

ウには根元の周りにマリーゴールドを植え、花後にすき込みます。

植えつける前に根にこぶのない苗木を選ぶことも大切です。カイガラムシは見つけしだいかきとります。

鉢植えの下葉が黄色くなるのは、光線不足です。これでは葉が落ち、実に十分な養分が行き渡りません。室内のガラス越しの光線に当てるか、屋外の直射日光に当てます。

## 鉢植えのつくり方

### ○植えつけと植えかえ

水はけのよい用土で植えつけます。水ぎれに特に気をつけ、表土が乾いたらすぐに十分な水やりをします。日当たりが悪いと、下葉が黄変して落ちてしまうので、屋外の日当たりで育てます。

大きくなりすぎたときは、挿し木で株を更新するとよいでしょう。梅雨時期に密閉挿しをするとよく発根します。

### ○仕立て方と剪定

あんどん仕立てにして、つるを誘引します。1枝に2〜3果、鉢全体では8〜10果ぐらいに摘果します。

### ○施肥

植えつけて1カ月後、玉肥を3〜4個鉢縁に埋め込みます。以降毎年、庭植えと同じ時期に玉肥を埋め込みます。

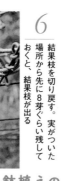

## 実のつき方

1 巻いていない枝に花芽分化する
2 翌年、そこから伸びた新梢のつけ根から2〜8芽に開花、結実

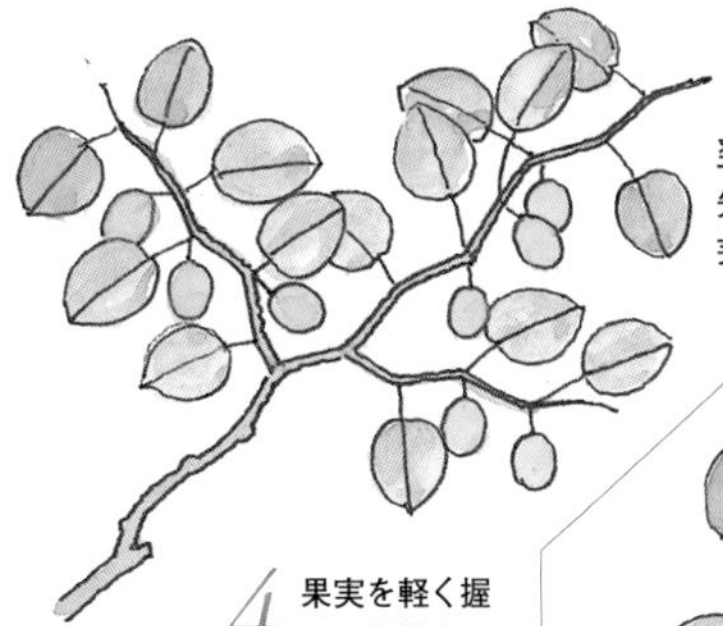
3 翌々年は、実のついた芽の先から枝が出るので、3〜5芽は残して巻きづるを切る

4 果実を軽く握り、果梗をはじいて収穫

## 庭植えの棚づくり

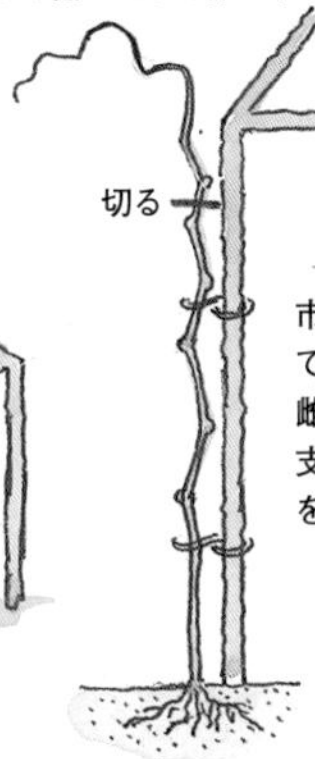
1 市販の棚などを立てて支柱のそばに雌木を植え、別の支柱のそばに雄木を植える
切る
2 支柱に巻きついたつるは切りとり、まっすぐに誘引して棚の上まで伸ばす

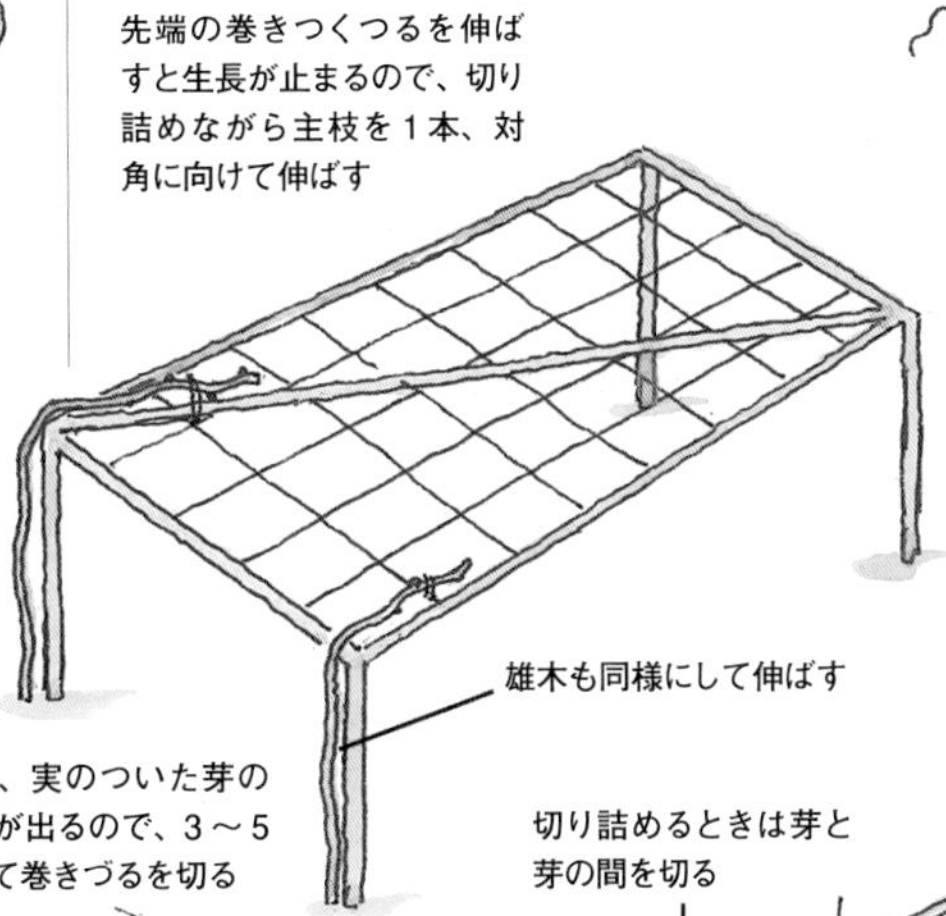
3 先端の巻きつくつるを伸ばすと生長が止まるので、切り詰めながら主枝を1本、対角に向けて伸ばす
雄木も同様にして伸ばす

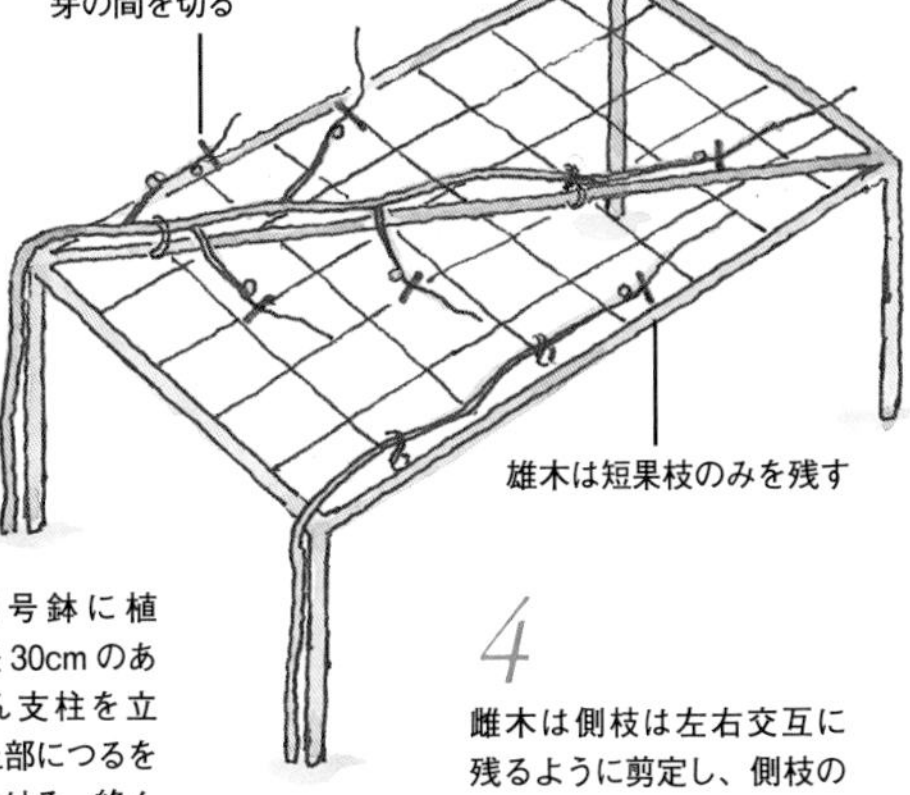
切り詰めるときは芽と芽の間を切る
雄木は短果枝のみを残す
4 雌木は側枝は左右交互に残るように剪定し、側枝の間隔を30〜40cmにする

## 鉢植えのあんどん仕立て

7〜8号鉢に植え、径30cmのあんどん支柱を立てて上部につるを巻きつける。絡んだつるは切りとる

## ◯収穫のための作業

放任すると実がつきすぎて質が落ちるので、摘蕾、摘果をします。開花後1カ月くらいでほぼ肥大するので、開花前の摘蕾が重要です。枝の中央部分に、長果枝で4〜6果、短果枝で2果残します。1カ所に複数のつぼみがついているところは中央の1果にします。

雌花が五分咲きになったら、雄花種の花をこすりつけるようにして人工授粉を行います。受粉させせないと生理落果や不良果がふえます。

開花1カ月後の7月には摘果を始めます。長果枝（60㎝以上）に4〜5果、中果枝（40〜60㎝）で3果、短果枝（40㎝以下）には1果になるようにとり、最終的には1㎡あたり20果にします。摘果が不十分だったり、遅くなってしまうと株が疲弊し、翌年の実つきや質が悪くなります。

### こうして実を楽しむ

キウイは樹上では完熟になりません。収穫して追熟させると、甘くやわらかい実になります。しかし、収穫が早すぎると甘くならず、遅すぎるとやわらかくなって日もちしなくなります。適期は品種によっても異なり、早生種のブルーノなら10月下旬、晩生種のヘイワードは11月下旬くらいになります。わからないときは、初霜の前には切りとって収穫します。

収穫した実は20度の室内なら、2週間ほどでほぼ完熟状態になります。貯蔵するときは冷蔵庫など低温下に置きます。

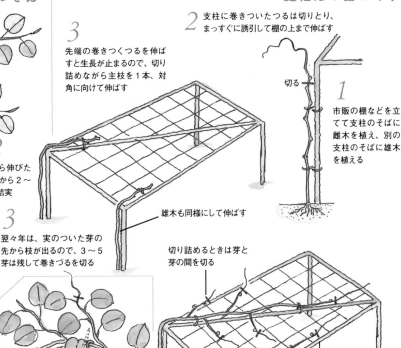

ミツバアケビ

白花ゴヨウアケビの鉢植え。

# アケビ 木通、ムベ 郁子

強健で育てやすい。実が割れる前に収穫すること

Chocolate vine, Japanese staunton vine

原産地　アケビ科　落葉つる性（アケビ）、常緑つる性（ムベ）
日本、中国ほか

栽培適地　本州以南

ムベ

**Point**

ムベは1本で受粉するが、アケビは自家不結実性なので2株植える。雌花は大きく、雄花は花序の先端につく。

**こんな木**

アケビは寒さに強い落葉樹、ムベは暖地性の常緑樹。自生しており、育てやすい。棚仕立てで日よけにすることも多い。つるは非常に丈夫。

**利用法**

花　生食　薬効　加工品　果実酒

**栽培カレンダー**

| 月 | 1 | 2 | 3 | 4 | 5 | 6 | 7 | 8 | 9 | 10 | 11 | 12 |
|---|---|---|---|---|---|---|---|---|---|---|---|---|
| 木の状態 | | | | 開花 | | | | | 収穫 | | | |
| 庭植えの作業 | 施肥 / 植えつけ | | 剪定 | 人工授粉 | 摘果 | 剪定 | | | | | | 植えつけ |
| 鉢植えの作業 | 施肥 | | 剪定 / 植えつけ | 人工授粉 | 摘果 / 施肥 | 剪定 | | 施肥 | | | | |
| 病害虫 | | | | 薬剤散布 | | | | | 薬剤散布 | | 薬剤散布 | |

## 庭植えのつくり方

### ○品種と苗選び

アケビは熟すと実が割れますが、ムベは割れません。三枚葉のミツバアケビが多く、ほかに五枚葉のアケビ、両種の雑種ゴヨウアケビ、実色の明るいシロアケビなどがあります。

### ○植えつけ

水はけのよい肥沃な土に苗木を植えるとよく育ちます。半日陰でも植えられますが、日当たりがよすぎて乾燥するとよくありません。

### ○仕立て方と剪定

2年は生長を促し、棚仕立てのほか垣根やアーチに誘引します。花芽がふくらんでから、花芽のないつるを切り戻します。

**実のつき方**　伸びるつるには花芽があまりつかず、短枝に花芽がつき、雌花が花序のつけ根に咲いてから雄花が咲きます。つるは長く水平に伸ばすと、短枝がよく出ます。

### ○施肥

1～2月に緩効性化成肥料を施します。

### ○病害虫対策

アブラムシ、カイガラムシと収穫時のうどんこ病を早期発見、防除します。冬の石灰硫黄合剤の散布のほか、すかすように剪定して日当たりと風通しをよくすることも大切です。

### ○植えつけと植えかえ

6～7号鉢に水はけと水もちのよい用土で

## アーチ仕立てとフェンス仕立て

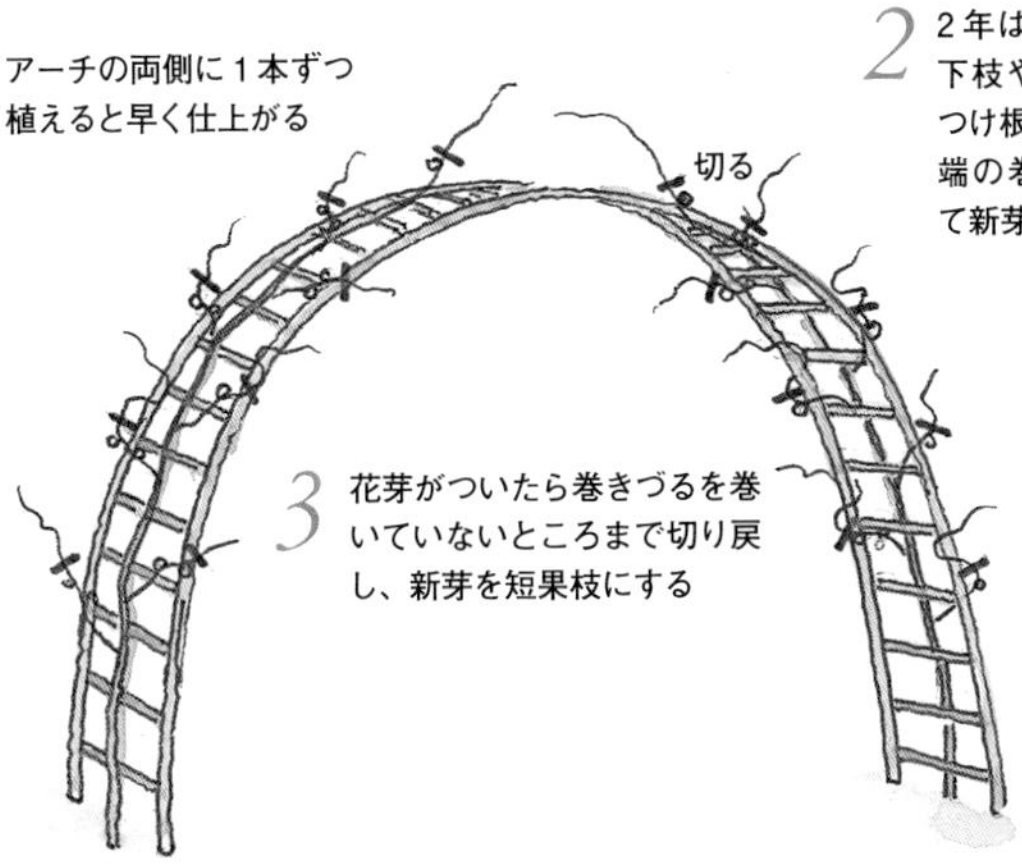
アーチの両側に1本ずつ植えると早く仕上がる
切る
3 花芽がついたら巻きづるを巻いていないところまで切り戻し、新芽を短果枝にする

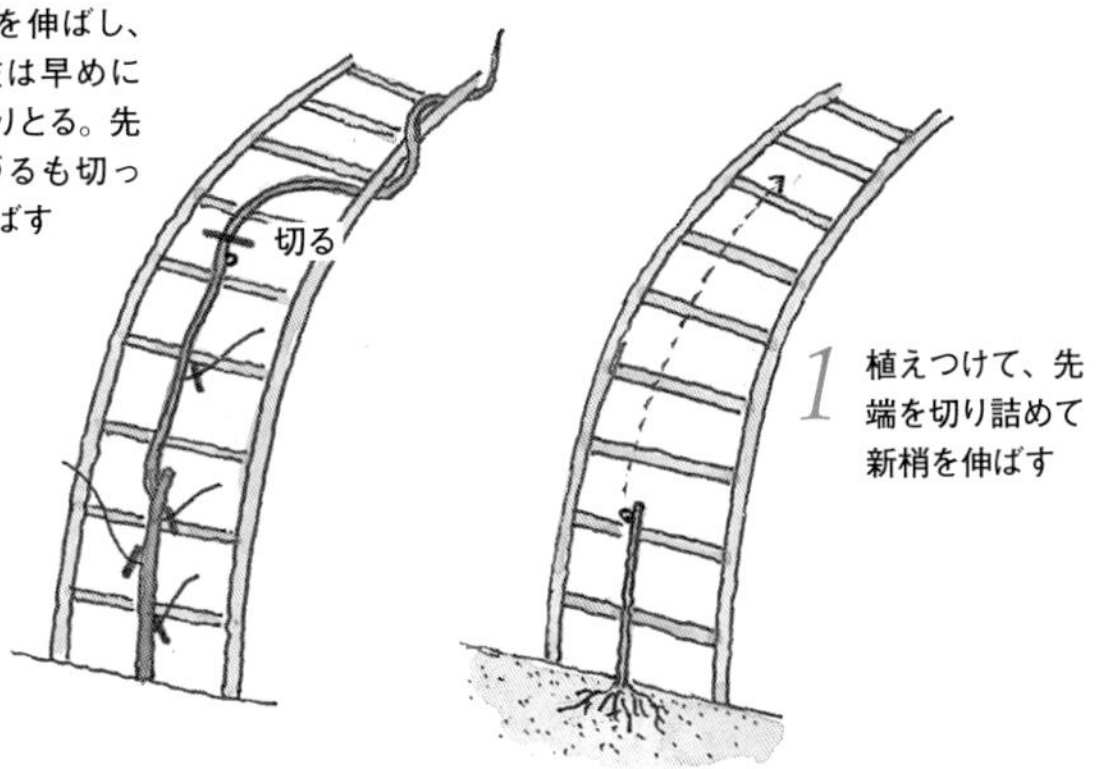
2 2年はつるを伸ばし、下枝や側枝は早めにつけ根で切りとる。先端の巻きづるも切って新芽を伸ばす
切る
1 植えつけて、先端を切り詰めて新梢を伸ばす

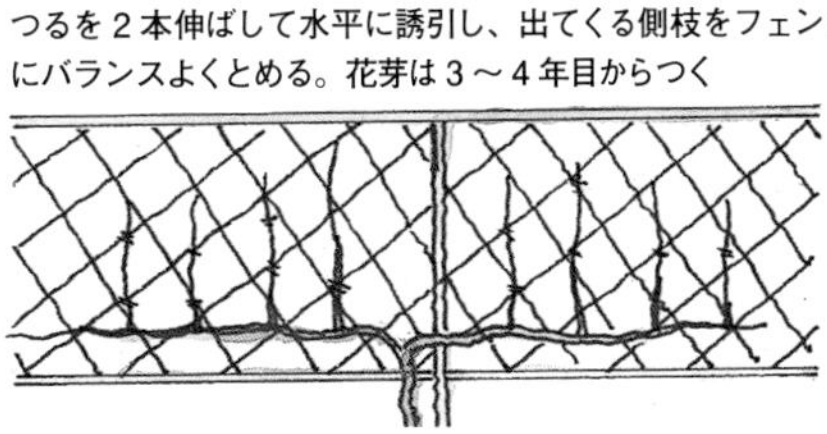
つるを2本伸ばして水平に誘引し、出てくる側枝をフェンスにバランスよくとめる。花芽は3～4年目からつく

## 鉢植えのあんどん仕立て

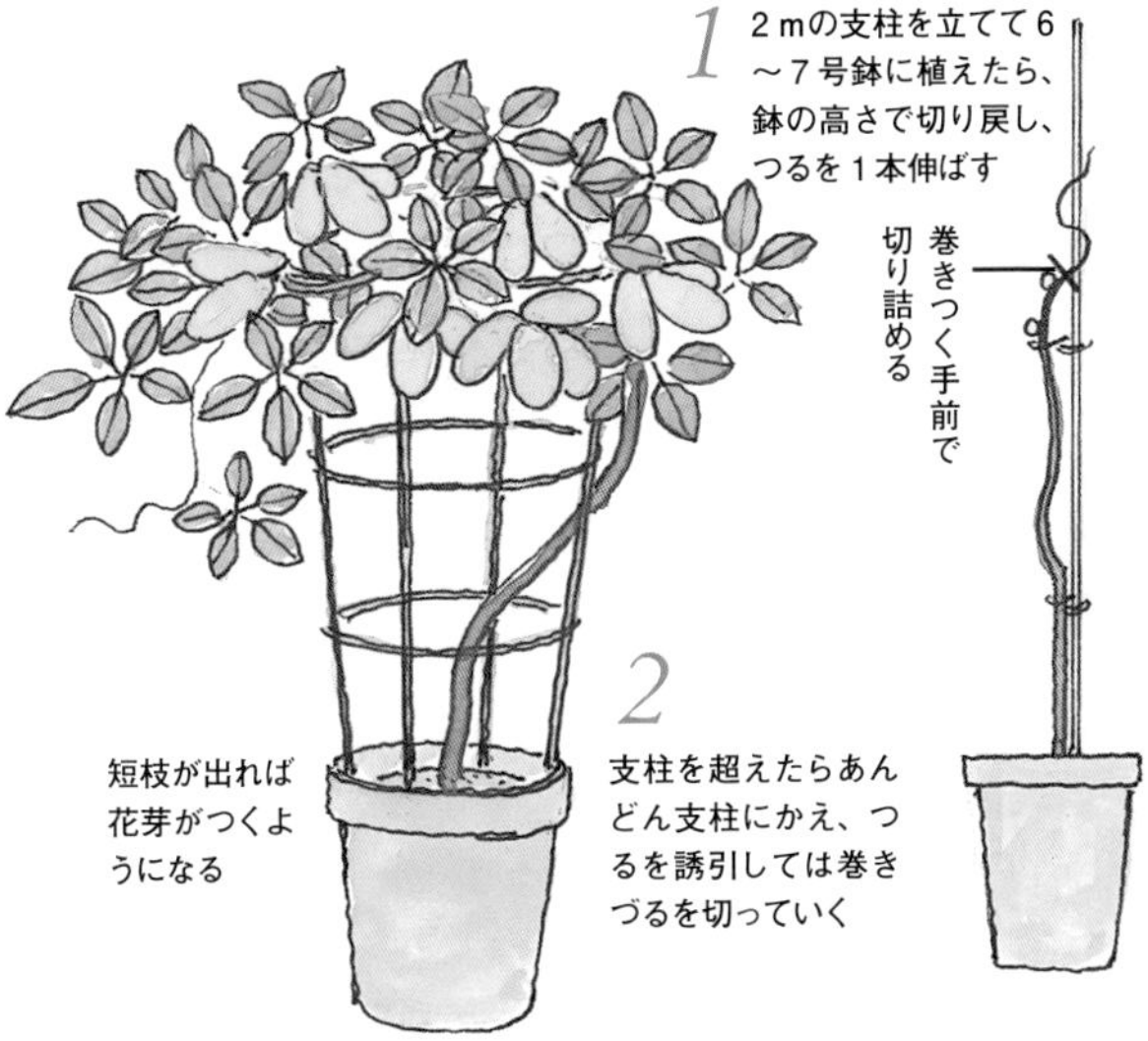
1 2mの支柱を立てて6～7号鉢に植えたら、鉢の高さで切り戻し、つるを1本伸ばす
巻きつく手前で切り詰める
2 支柱を超えたらあんどん支柱にかえ、つるを誘引しては巻きづるを切っていく
短枝が出れば花芽がつくようになる

## 実のつき方

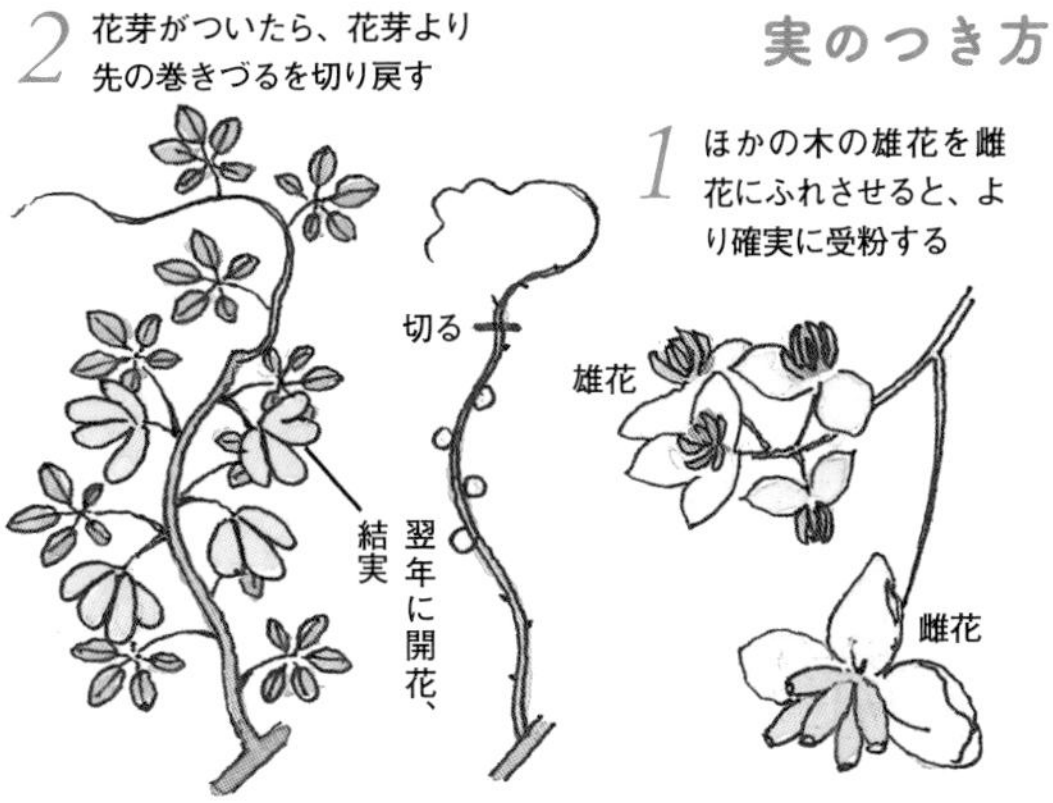
2 花芽がついたら、花芽より先の巻きづるを切り戻す
1 ほかの木の雄花を雌花にふれさせると、より確実に受粉する
切る
結実
翌年に開花、
雄花
雌花

## 鉢植えのつくり方

植えます。表土が乾いたらたっぷり水やりを。

### ○仕立て方と剪定

あんどん仕立てのほか、懸崖仕立てなど盆栽仕立てにし、1株5～6個に摘果します。

### ○施肥

植えつけの1カ月後に3～4個の玉肥を鉢縁に埋めます。毎年、1～2月の寒肥、5月下旬の実つきを促す追肥、8月下旬から9月中旬のお礼肥を施します。肥料が不足すると、雌花がつきません。

### ○収穫のための作業

アケビは自家不結実性なので、2品種以上を植えます。棚の両側から誘引するとよいでしょう。雄花を雌花にこすりつけ、互いに人工授粉をします。

ムベは自家受粉するので、雄花が開花したら雌花にこすりつけます。人工授粉をすると1個の雌花で4～5個の実がつき、そのままではおいしい実になりません。1花2個を目安に早めに摘果します。

### こうして実を楽しむ

アケビは果皮の紫色が濃くなり、割れめの部分が白くなったところで収穫します。とり遅れると実が割れてしまいます。

白くやわらかい果肉をすくって食べるほか、東北地方では皮をいためたり揚げたりします。芽やつる、タネも利用されます。

# 柑橘類の果樹を育てよう

さわやかな香りと味わいが特徴の柑橘系の果樹。柑橘類はミカン科の植物で、ミカン属、キンカン属、カラタチ属などの総称です。最も親しまれているウンシュウミカンやポンカンなどのミカン類のほか、ネーブルオレンジなどのオレンジ類、ナツミカンやヒュウガナツなどの雑柑類、ユズやレモンなどの香酸柑橘類、小さな実がなるキンカン類などに分類されます。多くは海外の暖かい地域が原産地ですが、現在では国産の品種が生み出され、栽培しやすくなっています。

いずれも冬の寒さに弱いので、暖地での栽培に向いています。鉢植えなら温度管理などが自由にでき、より手軽においしい完熟果を収穫することができます。日本で栽培すると、冬の低温によって生育が抑制されるため、比較的小型の樹形をつくりやすく、常緑の庭木としても普及しています。

# INDEX

早生柑橘類の代表種。受粉するとタネあり果になる

# ウンシュウミカン

ミカン科　常緑小高木〜低木　別名　ミカン

原産地　鹿児島県　栽培適地　関東以西

青島

ウンシュウミカンの花。

**Point**

単為結果でタネなし果となる。隔年結果になりやすいので、2回の摘果で実つきを抑え、翌年に備える。

**こんな木**

手で皮がむけるミカン、マンダリンの代表種で、日本で最も大量に生産される柑橘類。約500年前に鹿児島県長島で生まれたといわれる。

栽培カレンダー

| 月 | 1 | 2 | 3 | 4 | 5 | 6 | 7 | 8 | 9 | 10 | 11 | 12 |
|---|---|---|---|---|---|---|---|---|---|---|---|---|
| 木の状態 | | 花芽分化 | | | 開花 | | | | | | 収穫 | 花芽分化 |
| 庭植えの作業 | | 剪定 | 施肥 | 植えつけ | | | 剪定<br>摘果 | 摘果 | | | | |
| 鉢植えの作業 | 施肥 | 剪定 | | 植えつけ | | | 摘果 | 摘果<br>施肥 | | 施肥 | | |
| 病害虫 | | | | | | | 薬剤散布 | | | | | |

利用法
花
生食
薬効
加工品
果実酒

## 庭植えのつくり方

### ○品種と苗選び

柑橘類生産地の中で最も北に位置する日本では、早生で寒さに強いウンシュウミカンが柑橘類栽培の主流です。生育適温は15〜18度で、マイナス5度以下にならない地域なら庭植えでよく育ちます。また、枝変わりや属間雑種が多く、それらを選抜、育成した多くの優秀な品種があります。10月ごろから収穫できる早生種を選ぶと育てやすいでしょう。

### ○植えつけ

カラタチ台木の接ぎ木苗が出回るので、3月下旬〜4月に、接ぎ口を埋めないようにして植えます。耐陰性、耐寒性が高く、夏の高温にも強いのですが、日当たり、水はけ、水もちがよく、風通しのある場所でよく育ちます。マイナス8度以下になると落葉し、収穫に影響します。土質は特に選びませんが、やや酸性土を好みます。

### ○仕立て方と剪定

芯を止めて低めの主幹形仕立てにします。樹形ができるまでは枝の生長を促すため、枝の先端を切り詰めます。収穫できるようになってからは、結果枝をつけ根から切り落とし、新枝に更新していきます。

常緑樹なので、最も勢いのよい春枝のほか、夏枝と秋枝も伸びます。春枝が伸びる前に枝の込み合った部分で、弱い夏枝や秋枝は切り

Satsuma mandarin

ウンシュウミカンの鉢植え。

宮川早生

金峯

落としておきます。弱い枝に実をならせても、よい実にはならず、実がつくと重みで枝が下がり、いっそう弱ってしまうからです。

**実のつき方** 台木のカラタチが落葉樹なので、花芽分化は寒さにあってから起こります。結果母枝から伸びた充実した新梢（春枝）や前年枝（夏枝）の先端付近の数芽に、11月ごろから花芽分化が始まり、4月にかけて花ができ、5月下旬に開花します。花芽分化しなかった芽からは新梢が伸び、その先端に花芽が分化します。花芽は春枝に多く、伸びた先端に花芽がつくので、切り詰めたり刈り込んだりすると花芽を落とすことになります。

## ○施肥

3月に溝を掘り、有機質肥料を施すことで、充実した春枝を出させます。収穫後は、2割ほど骨粉を混ぜた油かすを、お礼肥としてたっぷり施します。春枝の充実を促すため、5月に夏肥を施す方法もありますが、肥効が続くと実が充実しないので、肥料ぎれで葉色が悪くなっていなければ必要ありません。

## ○病害虫対策

ハダニやカイガラムシ、アブラムシは、冬にマシン油乳剤を散布して防除します。実につくアザミウマには、シルバーマルチが効果を上げています。かびによる黒点病、灰色かび病は雨で被害が拡大します。被害部を早め

## 庭植えの植えつけ

※ここではポンカンの苗木を使用

1 深さ50㎝、直径50㎝くらいの植え穴を掘る。掘った土はまとめておく

2 植え土の半分くらいに、腐葉土をスコップ2杯くらい入れてよく混ぜる

3 混ぜた土を穴に戻し、その上に混ぜていない土を戻してから苗を植える

4 苗木の接ぎ木テープははずしておき、まっすぐ植えつけたのを確認したら、残った土で土手を盛って水鉢をつくる

5 バケツに水を用意し、静かにたっぷり水鉢に注ぐ。水鉢に水がたまるくらいの量を入れる

6 水がすっかり引いたら、土手をくずすようにして苗木を固定する

7 足で踏み固めて支柱を立て、芽の向きをまっすぐにしてとめる

8 段ボールでマルチング。細根がたくさん出ていたので地上部は切らなくてもよい

にとり除き、雨に当てないようにします。葉にいぼのようなものができたり、実に傷ついたような跡ができるそうか病には、トップジンM水和剤やフロンサイド水和剤を予防散布する方法が有効です。ウイルス病の予防には、ウイルスフリー苗を求めるのが確実です。

## 鉢植えのつくり方

### ○品種と苗選び

11月収穫の普通種が向いています。鉢植えなら寒冷地でも栽培可能になります。

### ○植えつけと植えかえ

7～8号鉢に植え、半日以上は日が当たる場所に置きます。冬は霜と寒風を避けて日当たりのよい軒下に移します。マイナス5度以下になる場合は、日当たりのよい室内の窓辺にとり込みます。根が浅く張るので、表土が乾いたらすぐに水やりをします。水ぎれしてもすぐには葉がしおれないので気をつけます。収穫ができるようになったら、1年おきに3月下旬～4月ごろ、植えかえをします。

### ○仕立て方と剪定

樹高を鉢の高さの3倍くらいまでに抑え、側枝を大きく出させて模様木風《もようぎふう》に仕立てます。鉢植えでは春枝がほとんどで、夏や秋に枝が伸びないのが普通です。葉がない部分につぼみがつくことがあるので、摘蕾をして花数を減らしておきます。

## 実のつき方と剪定

1 気温が下がると新梢（春枝のほか夏枝、秋枝にもつく）の先端付近に花芽分化が始まる。変化があらわれるのは年が明けてからになる
葉芽からは枝が伸び、寒くなって花芽がつく
2 翌4月ごろから花芽が伸びて春枝となり、先端に開花、結実

## 摘果と収穫

1 生理落果が終わったころ、生育の悪い実を摘果し、早生種は葉40～50枚に1果、普通種は葉20～25枚で1果にする
切る
2 色づいてきたら、木に果梗を残さないように切って収穫し、実に残った果梗も切る
切る

## 庭植えの主幹形仕立て

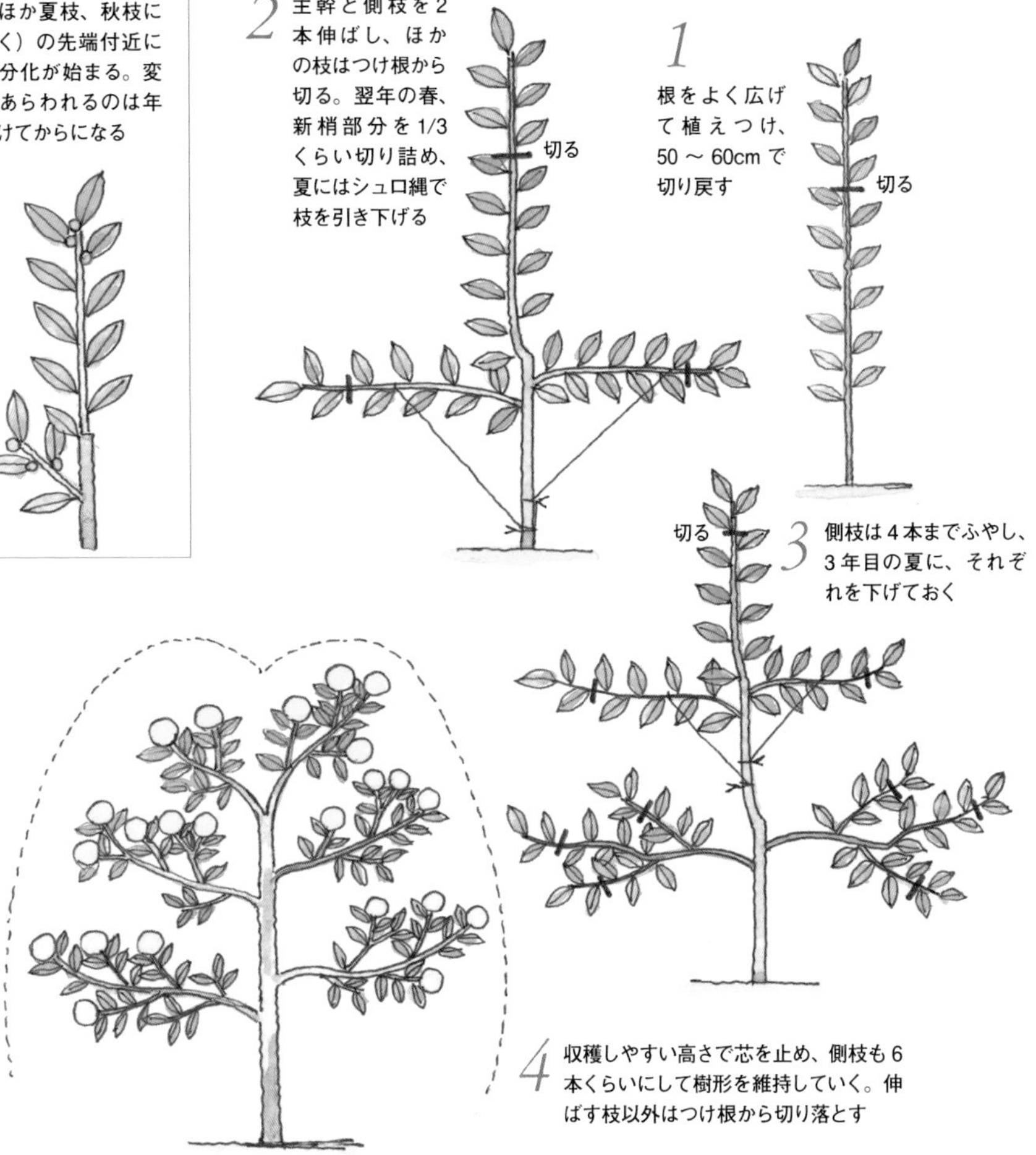
1 根をよく広げて植えつけ、50～60cmで切り戻す
切る
2 主幹と側枝を2本伸ばし、ほかの枝はつけ根から切る。翌年の春、新梢部分を1/3くらい切り詰め、夏にはシュロ縄で枝を引き下げる
切る
3 側枝は4本までふやし、3年目の夏に、それぞれを下げておく
切る
4 収穫しやすい高さで芯を止め、側枝も6本くらいにして樹形を維持していく。伸ばす枝以外はつけ根から切り落とす

### 施肥

植えつけて1カ月後に玉肥3個を埋め込み、翌年1～2月と春に4個、8～9月に3個ほど追肥します。収穫できるようになってからは、1～2月に5～6個、8月と10月下旬にも各2～3個ずつ玉肥を埋め込みます。

### 収穫のための作業

花つきがたいへん多く、自然落蕾、自然落花、生理落果がかなりたくさん見られます。それでもまだ実が多く、木が疲れて翌年は実のならない隔年結果となります。1本しか植えないときは摘果で実数を制限します。

早生種は7月中旬、普通種は7月下旬までに、生育の悪い実をとり、2回目の8月中旬ごろ、早生種は葉40～50枚で1果、普通種は葉20～25枚で1果、鉢植えは1株8～10果にします。

収穫前は乾かしぎみのほうが甘くなります。

### こうして実を楽しむ

開花100日後くらいから急に実が大きくなり、酸味が減ります。160日くらいで大きさは変わらなくなり、今度は甘みがふえだします。果皮が緑色でも食べられますが、できるだけ長く木にならせておき、オレンジ色に完熟させてから収穫すると、甘い実が味わえます。ただし、その間に花芽分化の時期が始まるので、実に栄養分をとられると、花芽分化が起こりにくくなり、翌年の実つきに影響します。隔年結果にしたくなければ、適度なところで収穫します。

皮のむきやすいミカンと、むきにくいオレンジの交配種

# イヨカン

伊予柑

ミカン科　常緑低木

原産地　山口県、インド

栽培適地　関東南部以西

清見

イヨカンの花。

**Point**

単為結果して実つきはよい。寒さにやや弱いので、防寒対策が不十分なときは早めに収穫して追熟させる。

**こんな木**

ミカン（タンジェリン）と、オレンジの交配種はタンゴール類といわれ、その代表種。近年はタンゴールの新品種が数々生まれ、注目を浴びている。

**利用法**

生食　加工品　果実酒

**栽培カレンダー**

| 月 | 1 | 2 | 3 | 4 | 5 | 6 | 7 | 8 | 9 | 10 | 11 | 12 |
|---|---|---|---|---|---|---|---|---|---|---|---|---|
| 木の状態 | 収穫、花芽分化 | 収穫、花芽分化 | 収穫、花芽分化 | 収穫 | 開花 | | | | | | 収穫 | 収穫 |
| 庭植えの作業 | 施肥 | 施肥、剪定 | 剪定、植えつけ | 植えつけ | | | | 施肥 | | 施肥 | | |
| 鉢植えの作業 | 施肥 | 施肥、剪定 | 剪定、植えつけ | 植えつけ | | | | 施肥 | | 施肥 | | |
| 病害虫 | | | | | | 薬剤散布 | 薬剤散布 | 薬剤散布 | 薬剤散布 | | | 薬剤散布 |

## 庭植えのつくり方

### ○品種と苗選び

**イヨカン**　突然変異種として明治19年に山口県阿武郡東分村で発見され、愛媛県松山市で育成、伊予みかんと命名されました。ミカンとナツミカンの自然交雑種といわれています。実つきがよく、1果は200g前後です。宮内伊予柑が出回ります。

**清見**　昭和24年に、ウンシュウミカン（宮川早生）と、アメリカ原産のドロビタオレンジを交配してつくられました。1果は200～250g。皮が薄いのが特徴です。清見と興津の交雑種の津之香など、清見をもとにした品種（せとか、不知火）も人気があります。

### ○植えつけ

イヨカンは矮性で寒さに弱く、清見は耐寒性がウンシュウミカンよりやや弱い程度で、樹勢は中程度です。水はけ、水もちと日当たりのよい場所に植えます。

### ○仕立て方と剪定

日当たりがよくなるように、剪定すればよいでしょう。イヨカンは、樹形ができるまでは実つきを抑えます。

**実のつき方**　ウンシュウミカンと同じく新梢の先端付近に花芽分化し、翌年に開花、結実。

### ○施肥

イヨカンはウンシュウミカンより肥料を好みますが、根が肥料やけしやすいので、施肥

## 鉢植えの模様木風仕立て

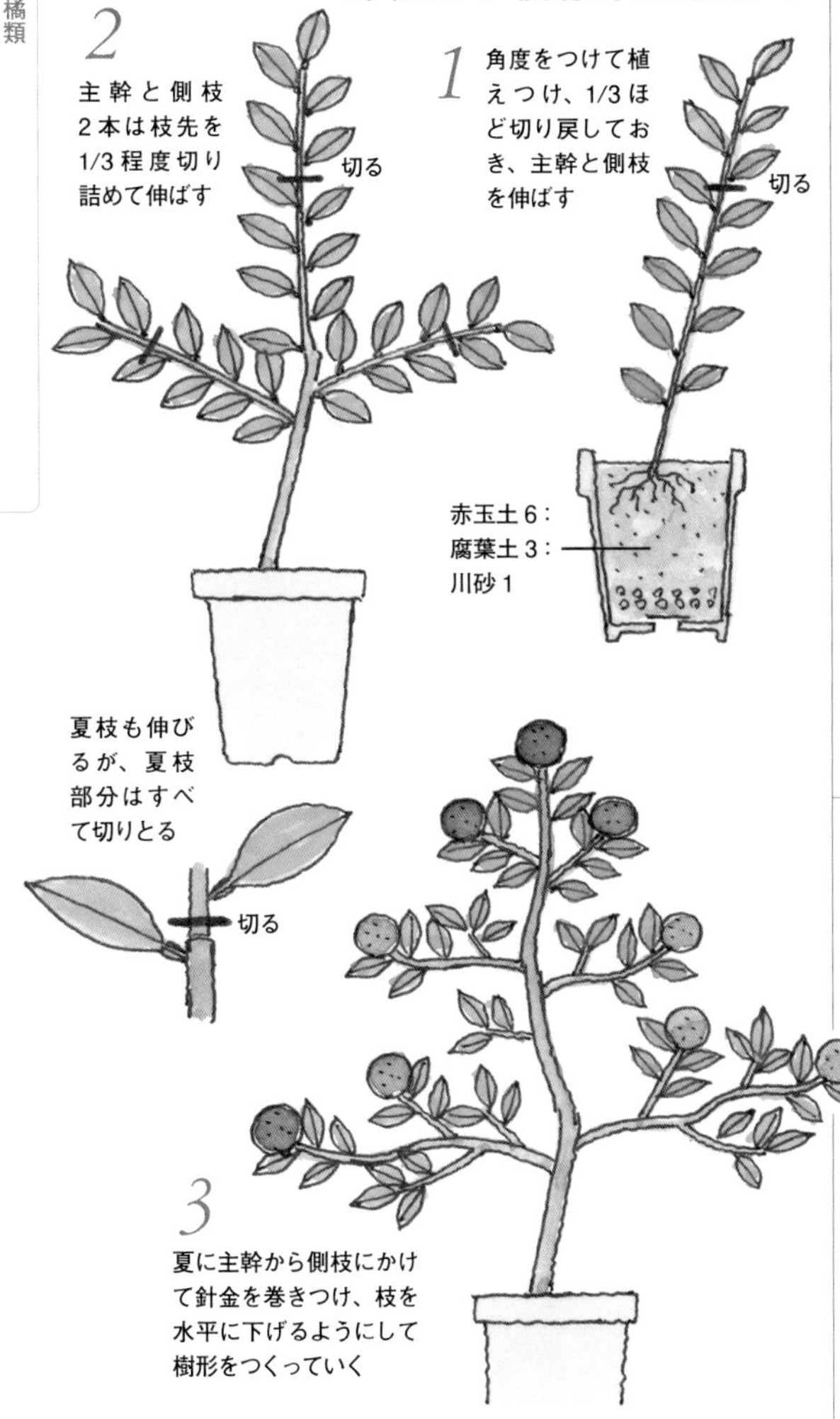
1
角度をつけて植えつけ、1/3ほど切り戻しておき、主幹と側枝を伸ばす
切る
赤玉土6：腐葉土3：川砂1
2
主幹と側枝2本は枝先を1/3程度切り詰めて伸ばす
切る
夏枝も伸びるが、夏枝部分はすべて切りとる
切る
3
夏に主幹から側枝にかけて針金を巻きつけ、枝を水平に下げるようにして樹形をつくっていく

## 庭植えの主幹形仕立て

1
苗木を植えつけ、50～60cmで切り戻し、主幹と側枝2本を伸ばし、ほかの枝を落としていく
切る
2
翌年はもう2本、側枝をふやし、3年目までに側枝4本の樹形をつくる
夏にシュロ縄などで枝を下げる

## 回青現象

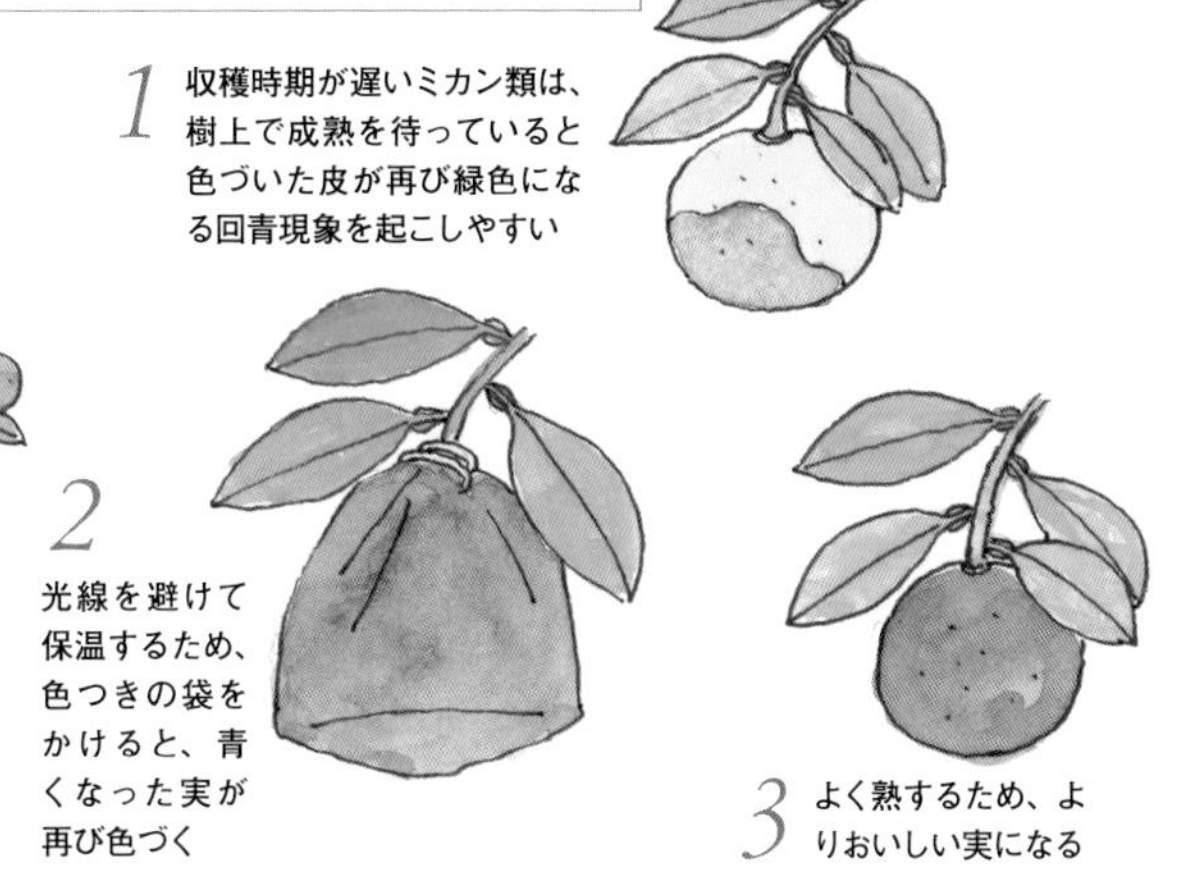
1
収穫時期が遅いミカン類は、樹上で成熟を待っていると色づいた皮が再び緑色になる回青現象を起こしやすい
2
光線を避けて保温するため、色つきの袋をかけると、青くなった実が再び色づく
3
よく熟するため、よりおいしい実になる

を年3回に分けます。

### ○病害虫対策

ウンシュウミカンと同じにします。

## 鉢植えのつくり方

### ○品種と苗選び

柑橘類の苗木は、ほとんどがカラタチ台木の接ぎ木苗です。接ぎ口のなめらかな苗を選びます。収穫が3月下旬になる晩生の津之香なども、鉢植えなら育てやすいでしょう。

### ○植えつけと植えかえ

3月、7号鉢に植えて、植えかえで10号鉢くらいまで鉢を大きくします。

### ○仕立て方と剪定 ○施肥

ウンシュウミカンと同じにします。

### ○収穫のための作業

5月下旬に開花し、完熟果の収穫はイヨカンで1月、清見は3月になります。厳寒期まで樹上に実をつけさせておくので、凍害にあいやすくなります。寒冷地ではマイナス5度をきる前に収穫し、追熟させます。甘みの強い、せとかは2月ごろに収穫しますが、庭植えできるようにつくられた品種です。

### こうして実を楽しむ

イヨカンは年内に収穫し、室内に1～2週間置いて追熟させると、実が甘くなります。清見も追熟させると、甘みが増しておいしく食べられます。

# キンカン

## 金柑

ミカン科　常緑低木

原産地　中国

栽培適地　関東以西

寧波金柑

福州の鉢植え。

**Point**

よく自家受粉し、病害虫にも強いので育てやすい。秋の花は結実させず、株を疲れさせないようにする。

**こんな木**

キンカン属で四季咲き性があり、日本では7月と9月に開花し、晩秋から翌春まで収穫が続く。栄養価が高く、果皮ごと食べられ、果肉より甘い。

**利用法**

花　生食　薬効　加工品　果実酒

**栽培カレンダー**

| 月 | 1 | 2 | 3 | 4 | 5 | 6 | 7 | 8 | 9 | 10 | 11 | 12 |
|---|---|---|---|---|---|---|---|---|---|---|---|---|
| 木の状態 | 収穫 | | | | | 花芽分化 | 開花 | | 開花 | | | 収穫 |
| 庭植えの作業 | | 剪定 | 施肥 | | 植えつけ | | 剪定 | 施肥 | 摘果・施肥 | | | |
| 鉢植えの作業 | | 剪定 | 施肥 | | 植えつけ | | 剪定 | 施肥 | 摘果・施肥 | | | |
| 病害虫 | | | | | | | 薬剤散布 | | | | | 薬剤散布 |

## 庭植えのつくり方

### ○品種と苗選び

耐寒性はウンシュウミカンと同じくらいあり、暑さにも強い果樹です。最もよく栽培される寧波《にんぽう》金柑（明和金柑）は、12gぐらいの球形で、甘く酸味の少ない品種です。苗木のほか、実つきのポット苗も出回ります。

### ○植えつけ

3～4月に、水はけ、水もちがよく、地下水の深い場所に、強い風が当たらないようにして植えつけます。

### ○仕立て方と剪定

樹高1.5mぐらいにおさまり、横にもあまり広がらないので、手をかけなくても自然にまとまります。細い枝が密につくので、込み合った部分を間引き剪定します。

**実のつき方**　ウンシュウミカンと同じです。夏枝や秋枝など、遅くつく実は質が落ちます。

### ○施肥

春に芽出し肥として有機質肥料を施し、7月下旬と9月下旬に緩効性化成肥料を施します。

### ○病害虫対策

発生するのはウンシュウミカンとほぼ同じですが、病害虫には強いほうです。収穫期には鳥に食べられることが多いので、気をつけます。鉢植えで葉が白っぽくなってきたら、根詰まりで水ぎれ状態になっているかもしれないので、植えかえて根を整理します。

Kumquat

## 鉢植えの植えかえ

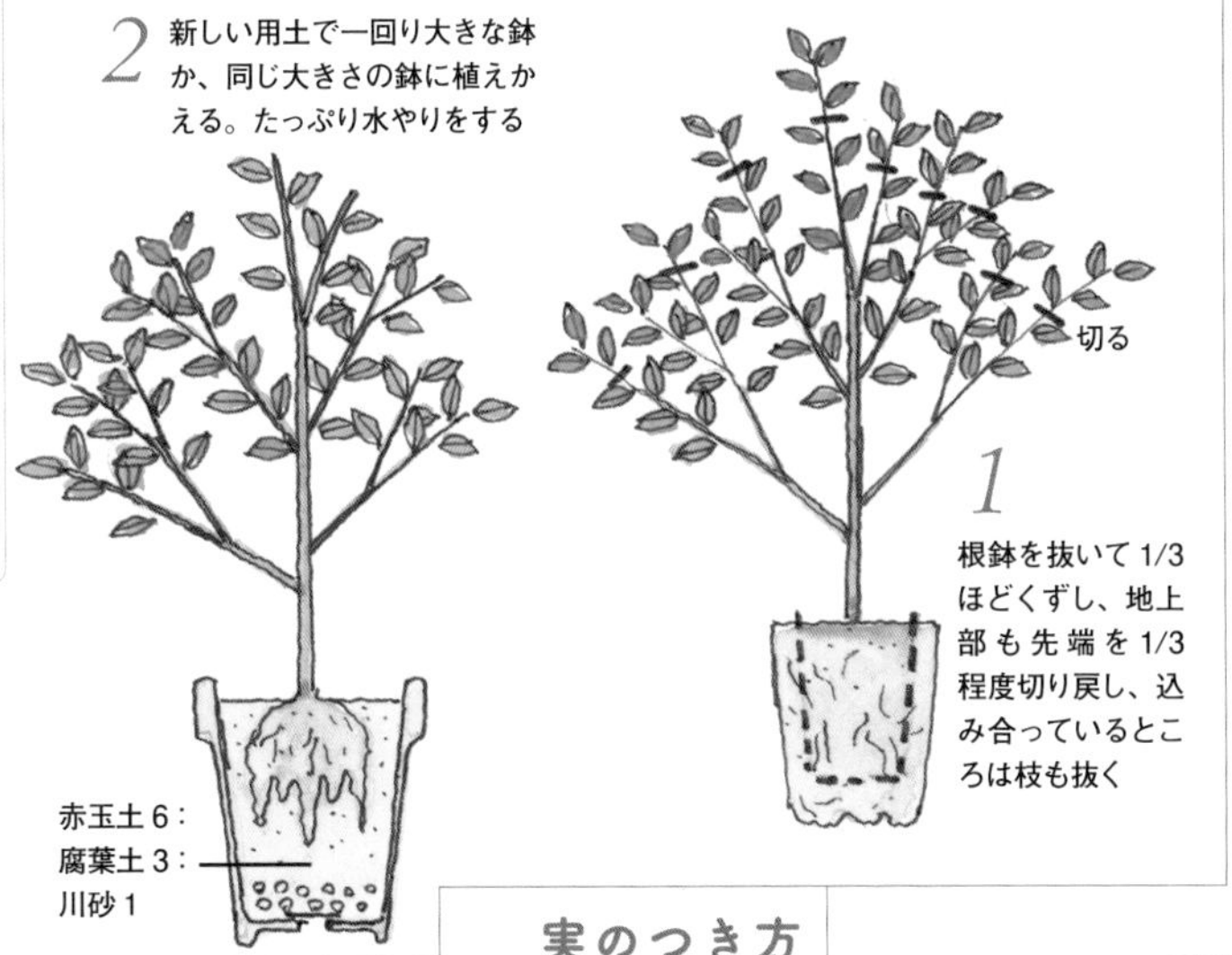
2 新しい用土で一回り大きな鉢か、同じ大きさの鉢に植えかえる。たっぷり水やりをする
赤玉土6：腐葉土3：川砂1
切る
1 根鉢を抜いて1/3ほどくずし、地上部も先端を1/3程度切り戻し、込み合っているところは枝も抜く

## 庭植えの主幹形仕立て

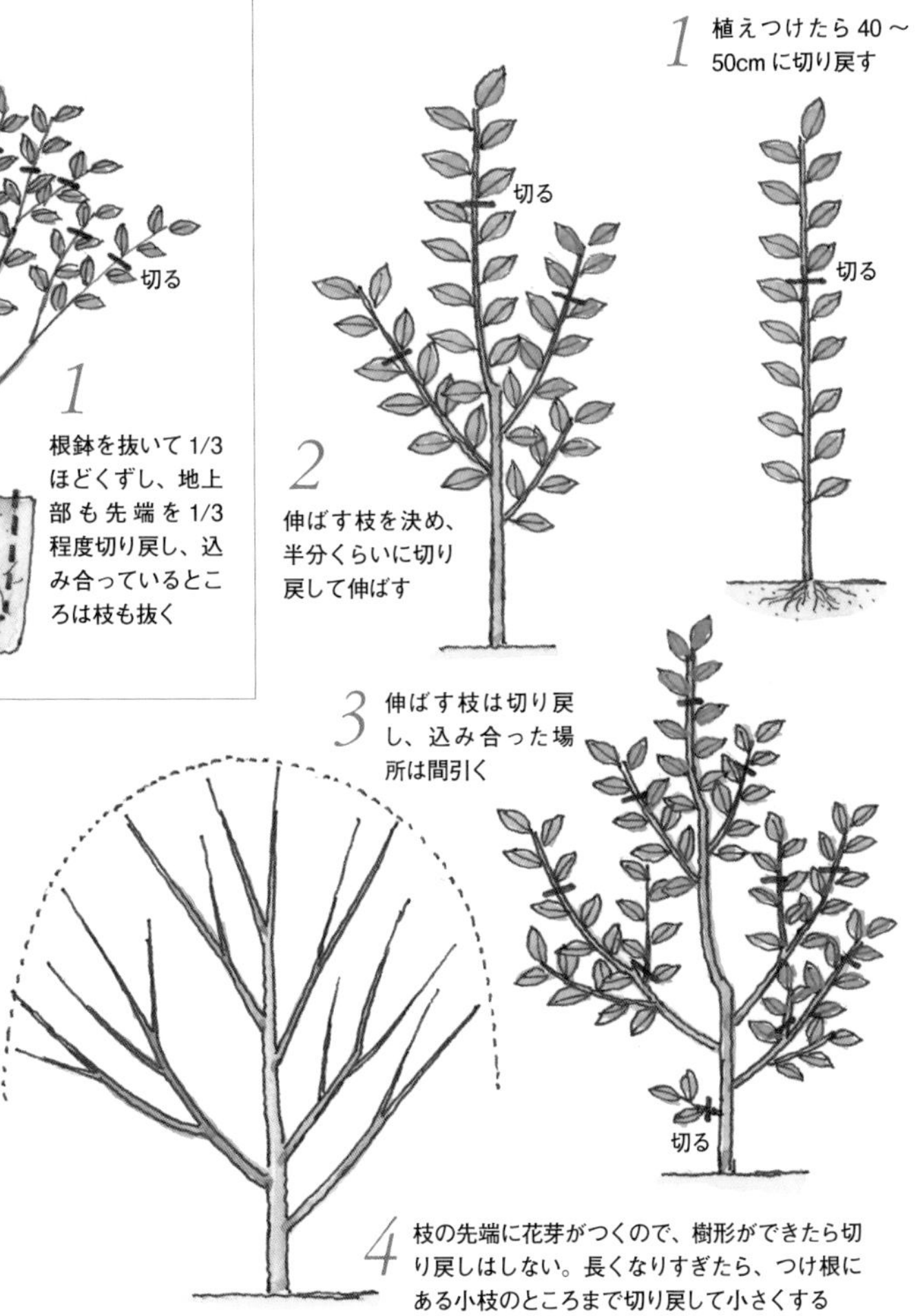
1 植えつけたら40～50cmに切り戻す
切る
切る
2 伸ばす枝を決め、半分くらいに切り戻して伸ばす
3 伸ばす枝は切り戻し、込み合った場所は間引く
切る
4 枝の先端に花芽がつくので、樹形ができたら切り戻しはしない。長くなりすぎたら、つけ根にある小枝のところまで切り戻して小さくする

## 実のつき方

1 充実した新梢の先端付近に花芽分化する
2 翌年、花芽が開花、結実。新梢も伸びる。1カ所にいくつかまとまってつくので、大きな1～2果を残して摘みとる

## 鉢植えのつくり方

### ○品種と苗選び

寧波金柑と長実金柑の交配種で、ほとんどタネのない、ぷちまるがおすすめです。やや長実種で7～8月ごろに開花し、秋から冬に暖かいと実が大きくなるので、防寒しやすい鉢植えが育てやすいでしょう。

### ○植えつけと植えかえ

5～6号鉢に植え、1年おきに根鉢をくずして一回り大きな鉢に植えかえます。

### ○仕立て方と剪定

込み合ったところを間引くと、自然にまとまります。

### ○施肥

春、夏、秋に玉肥を鉢縁に埋めます。夏は春の半分、秋はその半分の量にします。

### ○収穫のための作業

7月に咲く春枝の花を結実させます。夏枝、秋枝の花は木が疲れ、翌年の実つきが悪くなるので早めにとり除きます。よく結実するので、15cmの枝に2～3果、鉢植えでは1株に10果を目安として、1カ所にいくつもついたところから早めに摘果をします。

### こうして実を楽しむ

寧波金柑は12月、ぷちまるは1月から熟し、収穫できます。いずれも黄色く完熟したものは甘く、生食に向きます。

ユズの実。

ハナユ

# ユズ類

柚子

ミカン科　常緑高木

原産地　中国（ユズ）

栽培適地　東北南部以南

耐寒性が高い。実生は収穫まで年数がかかる

ユズの花。

**Point**

ヒュウガナツ以外は自家受粉。ユズはタネをまいても収穫まで10年以上かかるので接ぎ木苗かハナユを植える。

**こんな木**

奈良時代には渡来していた酢ミカン類で、1果は100～130g。晩秋には黄色くなるが、食酢としては緑果が用いられる。ヒュウガナツは生食できる。

栽培カレンダー（ユズ）

| 月 | 1 | 2 | 3 | 4 | 5 | 6 | 7 | 8 | 9 | 10 | 11 | 12 |
|---|---|---|---|---|---|---|---|---|---|---|---|---|
| 木の状態 | | 花芽分化 | | | 開花 | | | 収穫 | | | | |
| 庭植えの作業 | | 植えつけ | 剪定 | | | 剪定 | 摘果 | | 施肥 | | | |
| 鉢植えの作業 | | 剪定 | | 施肥 | 植えつけ | 剪定 | 摘果 | | 施肥 | | | |
| 病害虫 | | | | 薬剤散布 | 薬剤散布 | | | | | | | |

利用法

花

生食

薬効

加工品

果実酒

## 庭植えのつくり方

### ○品種と苗選び

耐寒性が高く、マイナス7度まで耐えます。

**ユズ**　カラタチ台木の接ぎ木苗が出回り、6～7年で収穫できます。早く収穫したいなら実つき苗を求めます。1果は100～130gと大きく、ほかに小実で実つきがよく、3年で収穫できるとげなしの多田錦があります。

**ハナユ**　別名一才ユズ。結実までに時間がかかりません。1果50g。花の香りも魅力です。

**ヒュウガナツ**　宮崎県原産で、ユズとブンタンの交雑種。5～6月に黄色く色づいたら収穫します。1果200g。交雑品種に隔年結果しにくい、はるかがあります。

### ○植えつけ

2～3月、夏の西日が当たらない場所で、水はけ、水もちのよい土に植えます。

### ○仕立て方と剪定

主幹形か半円形に仕立て、樹勢が強いので、根切りや環状剥皮で生長を抑えます。強い枝は実つきが悪いので、切りとるか水平に誘引。

**実のつき方**　新梢の先端付近に花芽分化して開花、結実するほか、そこから伸びた新枝の先端に結実します。春枝と夏枝の先端は切れないので、間引き剪定で枝をすかします。

### ○施肥

実がついた9月中旬に追肥をします。実つきで樹勢が弱まると落葉して、翌年の実つきが悪

Citron

## 庭植えの一文字仕立て

1 とげのある品種は、収穫しやすい一文字仕立てに。主幹を早めに止め、側枝2本をシュロ縄などで左右に誘引して先端を切り戻す

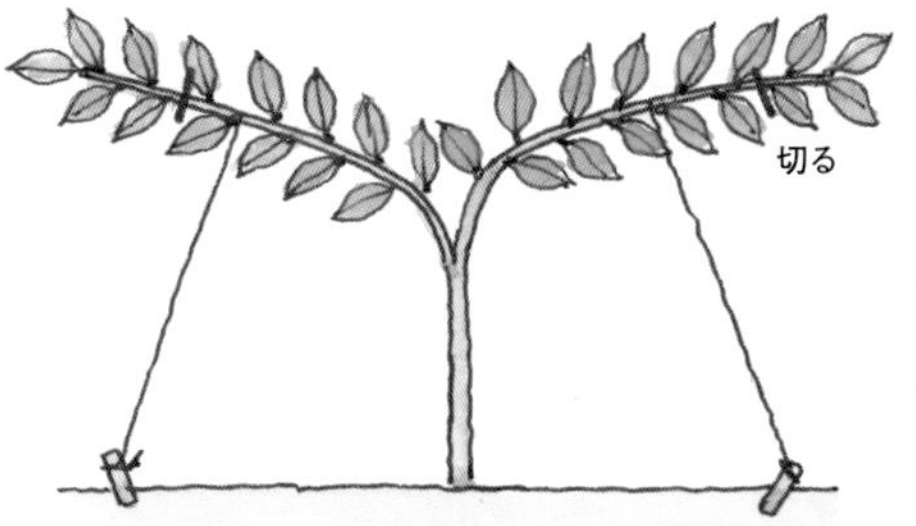


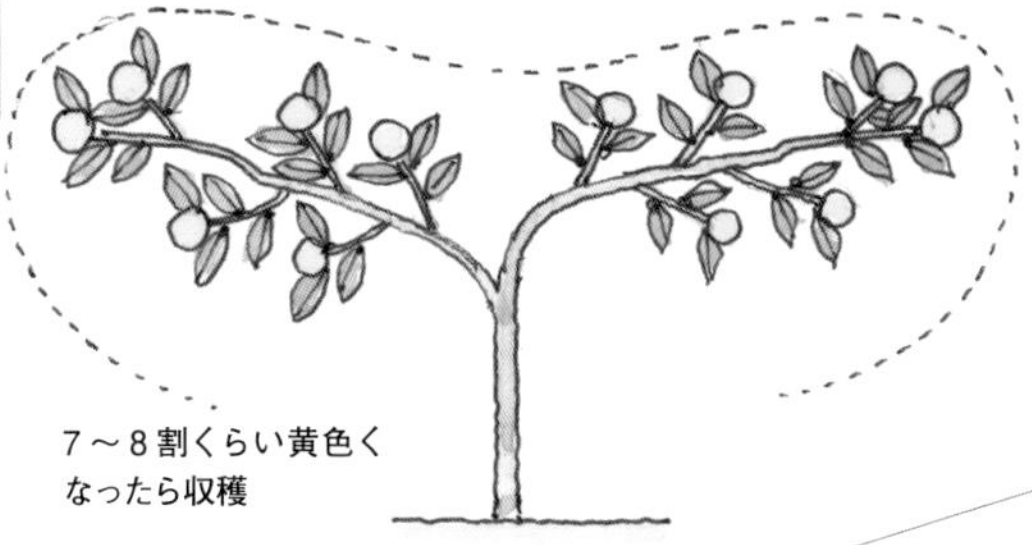

2 切り戻しては短枝を出させる剪定を繰り返す

7〜8割くらい黄色くなったら収穫

## 庭植えの主幹形仕立て

1 植えつけて50〜60cmで切り戻す

2 主幹と側枝2本は新梢部分を1/3程度切り詰め、それ以外はつけ根から切り落とす

3 込み合った部分で間引き剪定をし、伸ばす枝は切り戻してふところに光の入る樹形をつくる

開花、結実は4年目以降にする

## 鉢植えの仕立て方

鉢の倍の高さで切り戻して枝を出させ、枝が伸びたら夏に針金をかけて水平に誘引する

## 実のつき方

1 前年枝の先端付近に、花芽分化が起きる

2 その年の初夏になれば開花、結実する。または新梢を伸ばして先端に開花、結実する

くなったり、落果したりします。

### ○病害虫対策

ウンシュウミカンと同じです。樹勢が弱かったり、実が小さくなったりするのは、ウイルス病の可能性が高いので木を処分します。

## 鉢植えのつくり方

### ○品種と苗選び

低木のハナユなら、鉢植え向きです。

### ○植えつけと植えかえ

3〜4月、気温が十分に高くなってから、6〜7号鉢に植え、根詰まりする前に植えかえ。冬は乾燥させないように注意します。

### ○仕立て方と剪定

枝先を切り詰めて新梢を出し、シュロ縄で誘引して模様木風にします。

### ○収穫のための作業

ハナユは7月下旬以降、利用を兼ねて間引くように摘果します。ユズも自家受粉しますが、筆先で花にふれるとなおよいでしょう。ヒュウガナツは自家不和合性なので、ナツミカン類をそばに植えます。葉8〜10枚で1果、鉢植えは1株3果、ハナユで5〜6果に。

### こうして実を楽しむ

8月下旬以降、鉢植えは7月下旬に、大きな緑果から収穫。ヒュウガナツはリンゴの皮のように、色づいた果皮をむきます。

鉢植えにして、春の花だけを結実させればりっぱな実に

# レモン、ライム

Lemon, Lime

ミカン科　常緑高木

原産地　ヒマラヤ地方（レモン）、インド～アジア南部（ライム）

栽培適地　紀伊半島以西の太平洋岸

シシリアン

タヒチライム

一才レモン

**Point**

自家受粉する虫媒花なので、昆虫の飛来がない場合は人工授粉をする。飛来する場所では幼虫の食害に注意。

**こんな木**

香りがよく、すっぱいので料理や果実酒などに利用される。年間を通して高い温度が必要なので、日本では瀬戸内海地域などで営利生産される。

利用法

- 花
- 生食
- 薬効
- 加工品
- 果実酒

栽培カレンダー

| 月 | 1 | 2 | 3 | 4 | 5 | 6 | 7 | 8 | 9 | 10 | 11 | 12 |
|---|---|---|---|---|---|---|---|---|---|---|---|---|
| 木の状態 | 収穫 | 収穫 | | | 開花（春枝） | 開花（春枝） | | | | | 収穫 | 収穫 |
| 鉢植えの作業 | | | 剪定<br>施肥 | | 針金かけ | 針金かけ | 針金かけ | 摘果 | 施肥 | | | |
| 病害虫 | | | 薬剤散布 | | 薬剤散布 | 薬剤散布 | 薬剤散布 | 薬剤散布 | | | | |

## 鉢植えのつくり方

### ○品種と苗選び

レモンは亜熱帯、ライムは熱帯地域で生育するため、鉢植えのほうが育てやすいでしょう。耐寒性の高い品種を選べば、マイナス3度ぐらいまで耐えるので、暖地では庭植えも可能です。堆肥をたっぷりすき込んで植えます。若木のうちは花が咲いても結実しにくいのですが、5～6年もすると実つきもよくなります。実生でも生育が順調なら3～4年で実がつき始めます。日本では、レモンは耐寒性が高く、実つきのよいリスボンレモン、ライムは四季咲き性で、耐寒性が高くウイルス病に強いタヒチライムの苗木が出回ります。

### ○植えつけと植えかえ

水はけ、水もちのよい用土で8号鉢に植え、日当たりのよい暖かい場所で管理します。表土が乾いたらたっぷりと水やりをし、細根が張るので乾燥と過湿に注意します。水ぎれさせると花が落ちます。結実させるためには、花に水をかけないように水やりをします。

### ○仕立て方と剪定

樹勢が強いので、枝数を制限する間引き剪定をし、針金かけで模様木風にします。

**実のつき方**　充実した新梢に花芽分化し、翌年、そこから出る新梢に開花、結実します。5～7月ぐらいまで、春枝だけでなく夏枝にも開花します。秋枝にも咲くことがあります

## 実のつき方

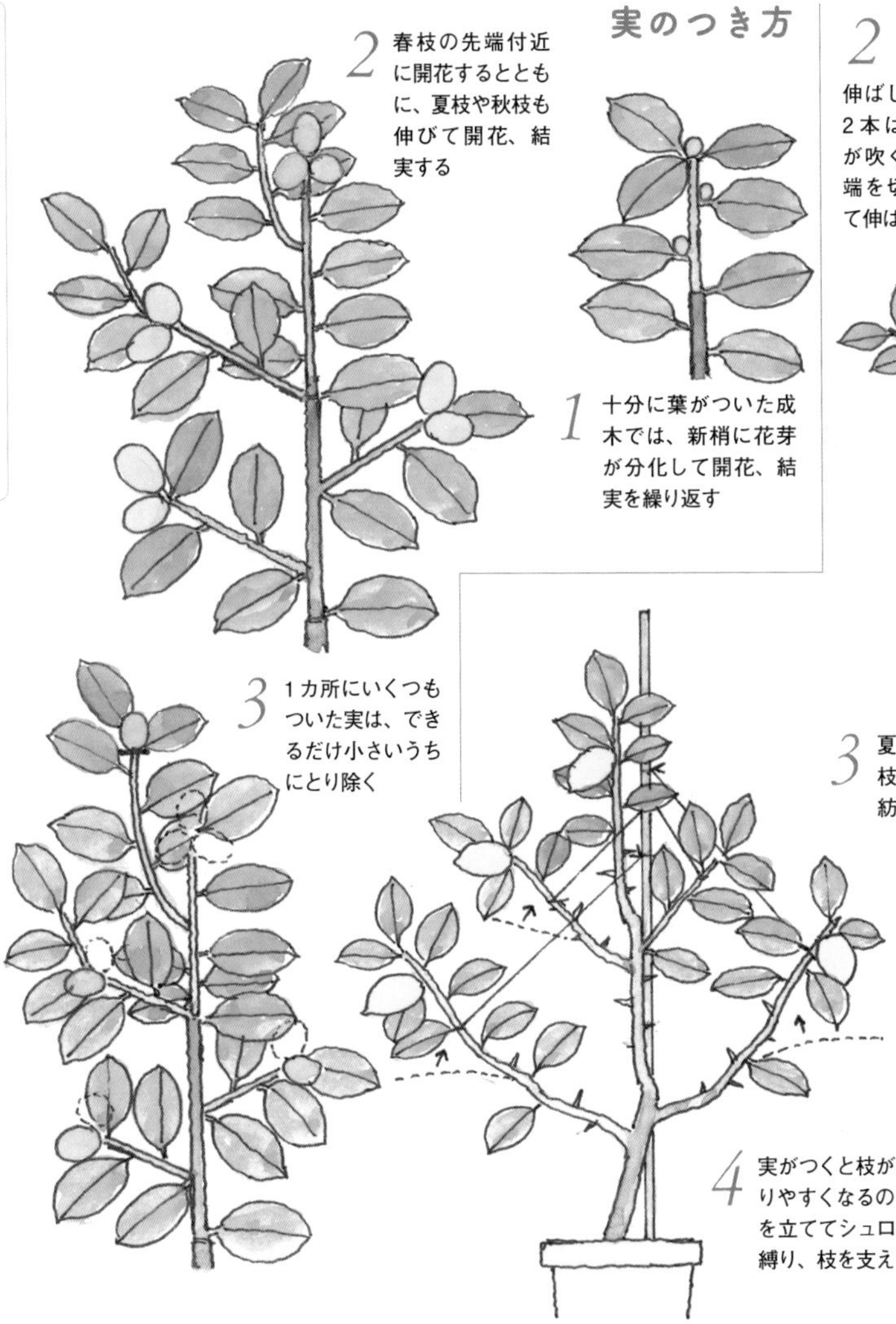
1 十分に葉がついた成木では、新梢に花芽が分化して開花、結実を繰り返す
2 春枝の先端付近に開花するとともに、夏枝や秋枝も伸びて開花、結実する
3 1カ所にいくつもついた実は、できるだけ小さいうちにとり除く
4 実がつくと枝が垂れ下がりやすくなるので、支柱を立ててシュロ縄などで縛り、枝を支える

## 鉢植えの仕立て方

1 8号鉢に角度をつけて植えつけたら、2/3くらいに切り戻す
切る
赤玉土6：腐葉土3：川砂1
2 伸ばした側枝2本は、新芽が吹く前に先端を切り詰めて伸ばす
切る
3 夏に針金をかけて枝を上向きにし、紡錘形をつくる
夏枝は弱いので切り戻し、先端を春枝にしておく

が、よい実にならないので、早めに摘花します。

### 施肥

玉肥を鉢縁に埋め込みます。3月の春肥、収穫後のお礼肥のほか、9月に秋肥を施すと、株が疲れず、実が充実します。

### 病害虫対策

新葉が出るとアオムシ類が食害するので、見つけしだい捕殺します。多雨や風で葉がこすれると、かいよう病が出ます。風が避けられ、雨の当たらない軒下などに鉢を移動します。

### 収穫のための作業

四季咲き性で春、夏、秋に開花のピークがありますが、木が疲れるので、春枝についた花を育てます。しかし、このころの花は不完全花も多いので、結実の様子を見ながら8月ごろに摘果します。目安は葉30枚に1果。ライムは生理落果が多いので、摘果は不要です。

### こうして実を楽しむ

実だけでなく、花や葉にもレモンの香りがするので、結実させない花は室内で観賞するとよいでしょう。レモンは完熟させると香りが薄くなるので、色づき始めたら収穫し、室内に置いて追熟させます。ライムはレモンより落果しやすく、色づくころには特に落ちやすくなります。尻腐れも起きやすいので、収穫前は乾燥ぎみにして早めに収穫し、緑果を利用します。

大きな実の柑橘類でも、鉢植え栽培で収穫ができる

# ナツミカン類

ミカン科　常緑低木

原産地　山口県

栽培適地　関東南部以西

Chinese citron

川野夏橙の鉢植え。

川野夏橙

**Point**

よく自家受粉し、ハッサクなどの授粉樹としても利用される。筆先で受粉を促すとなおよい。秋の施肥が大切。

**こんな木**

酸味が強い日本原産種だが、寒さには弱く、庭植えは東京以西になる。現在、栽培されているのは、ほとんどがアマナツ。実は400～500gと大きい。

**栽培カレンダー**

| 月 | 1 | 2 | 3 | 4 | 5 | 6 | 7 | 8 | 9 | 10 | 11 | 12 |
|---|---|---|---|---|---|---|---|---|---|---|---|---|
| 木の状態 | 花芽分化 | | | 収穫 | 開花 | | | | | | | |
| 庭植えの作業 | | 剪定 | 施肥 | 植えつけ | 人工授粉 | 剪定<br>施肥 | 摘果 | | | 施肥 | | |
| 鉢植えの作業 | | 剪定 | 施肥 | 植えつけ | 人工授粉 | 剪定<br>施肥 | 摘果 | | | 施肥 | | |
| 病害虫 | | | 薬剤散布 | | 薬剤散布 | | | | | | | 薬剤散布 |

**利用法**

- 生食
- 薬効
- 加工品
- 果実酒

## 庭植え・鉢植えのつくり方

### ○品種と苗選び

すっぱく苦みがあり、4～5月に成熟する晩生種なので、冬越しが難しいなら鉢植えに。**アマナツ**　果皮の色づき、酸味の抜けが早く、甘い川野夏橙。マイナス3度以下で凍害が出ます。果皮や果肉の色が濃い紅甘夏も人気。

### ○植えつけ

3月下旬～4月、冬に日当たりがよく、風の強くない暖かい場所を選びます。鉢植えは8号鉢に植え、霜がおりる前に室内にとり込み、実つき後は1年おきに植えかえます。

### ○仕立て方と剪定

主幹形か半円形仕立て。冬に込み合った部分を間引き、収穫後に長い枝を切り詰めます。

**実のつき方**　充実した新梢の先端付近で数芽が花芽分化し、翌年、そこから伸びた枝の先端に開花、結実します。単為結果は少ないのですが、自家受粉をしてよく実をつけます。

### ○施肥

3月、6月、10月の春肥、夏肥、秋肥を施しますが、夏は春や秋の半量とします。

### ○病害虫対策

病害虫には強いほうです。

### ○収穫のための作業

7～9月に摘果をして最終的に葉50～60枚に2～3果とします。立春過ぎに寒いと生理落果しますが、暖地では5月に熟します。

# ポンカン類

ミカン科　常緑低木
原産地　インド
栽培適地　紀伊半島以西

吉田

**Point**
平均20度ぐらいの地域でよく育つ。収穫期が厳寒期にあたり、無霜地帯でないと凍害にあうため鉢植えが適する。

**こんな木**
栽培は比較的容易で、果実はジューシーで甘みが強く、皮もむきやすい。他品種と交配して新品種が多くつくられており、高級品種も多い。

**利用法**
- 生食
- 加工品
- 果実酒

**栽培カレンダー**

| 月 | 1 | 2 | 3 | 4 | 5 | 6 | 7 | 8 | 9 | 10 | 11 | 12 |
|---|---|---|---|---|---|---|---|---|---|---|---|---|
| 木の状態 | 収穫 | 収穫 | 収穫 | 開花 | 開花 | | | | | | | 収穫 |
| 鉢植えの作業 | | 剪定 | 剪定・施肥・植えつけ | 植えつけ | | | | 施肥 | | 施肥 | | |
| 病害虫 | | | | | | 薬剤散布 | 薬剤散布 | 薬剤散布 | 薬剤散布 | | | 薬剤散布 |

## 鉢植えのつくり方

### ○品種と苗選び

**ポンカン**　明治29年に導入されて以来、鹿児島の特産品。1月の終わりに収穫する今津、年内に熟す早生の太田、森田などがあります。

**タンカン**　厚みのある果皮が特徴で、スイートオレンジとポンカンの交配種。奄美大島特産で、4月に開花し、2月に収穫します。

**デコポン**　清見とポンカン中野3号の交配種。単為結果性が強く、収穫は2～3月になります。1月に収穫するはるみ（早生不知火）は隔年結果しやすい品種です。

### ○植えつけと植えかえ

3～4月に6～7号鉢に植えます。日当たりのよい場所で育て、霜がおりる前には室内の明るい窓辺にとり込みます。

### ○仕立て方と剪定

栽培品種は樹勢があまり強くありません。ほうき仕立てや模様木風《もようぎふう》に仕立てれば、それほど剪定の手間はかかりません。

### ○施肥

有機質肥料を春、夏、秋に施します。

### ○病害虫対策

ウンシュウミカンと同じです。

### ○収穫のための作業

しっかり色づいてから収穫したいところですが、寒い地域では早生種を選ぶか、早めに収穫して貯蔵します。

# オレンジ類

ミカン科　常緑低木
原産地　インド東部
栽培適地　関東南部以西

サワーオレンジの鉢植え。

ネーブル

**Point**
ネーブルは単為結果し、隔年結果となりやすい。肥沃な土を好む。できるだけ暖かく、日当たりのよい状態にする。

**こんな木**
甘く香りがよく、皮はむきにくい。夏涼しく冬暖かい、少雨の気候を好む。神奈川県以西なら冬越しに気をつければ、庭植えもできるが鉢植えが無難。

**栽培カレンダー**

| 月 | 1 | 2 | 3 | 4 | 5 | 6 | 7 | 8 | 9 | 10 | 11 | 12 |
|---|---|---|---|---|---|---|---|---|---|---|---|---|
| 木の状態 | 収穫<br>花芽分化 | 収穫<br>花芽分化 | 収穫<br>花芽分化 | | 開花 | | | | | | | 収穫<br>花芽分化 |
| 庭植えの作業 | | 剪定 | 剪定<br>施肥<br>植えつけ | 植えつけ | | 剪定 | 剪定<br>摘果 | 摘果 | | | | |
| 鉢植えの作業 | 施肥 | 剪定<br>施肥 | 剪定<br>植えつけ | 植えつけ | | | 摘果 | 摘果<br>施肥 | | 施肥 | | |
| 病害虫 | | | | | | 薬剤散布 | 薬剤散布 | 薬剤散布 | 薬剤散布 | | | |

**利用法**
生食
加工品
果実酒

## 鉢植えのつくり方

### ○品種と苗選び

世界ではスイートオレンジが柑橘類生産の主流を占めますが、耐寒性が低いので、日本ではネーブルが生産される程度です。バレンシアオレンジもつくられていますが、温暖な潮風の当たる斜面などでは、熟したあとに直射日光に当たって回青現象が起きるため、家庭果樹として育てるのは難しいでしょう。ほかに、すっぱいサワーオレンジ（マートルリーフオレンジ）もあります。

**ネーブル**　明治22年に日本に導入されたワシントンネーブルは、日本で選抜、改良され、白柳、森田、吉田、鈴木などの品種が出回ります。早生オレンジの代表種でタネなし果。1果は200〜250gと大きめです。

### ○植えつけと植えかえ

3月下旬〜4月、気温が安定してからウンシュウミカンと同じ要領で植えつけます。10月下旬に、室内の明るい場所へ移します。できるだけ直射日光に当てるようにします。

### ○仕立て方と剪定　○施肥

### ○病害虫対策

ウンシュウミカンと同じにします。

**こうして実を楽しむ**

早生は12月から収穫でき、室内に置いて追熟させます。3月くらいまで樹上につけて完熟させると甘くなります。果実酒も美味。

Orange

# カボス、スダチ

ミカン科　常緑低木

原産地　来歴不明

栽培適地　関東以西（カボス）、東北南部以西（スダチ）

カボス

スダチ

**Point**

長い枝は切り詰めて短枝を出させる。自家受粉するので、受粉後は雨よけを。寒風に当たると落葉するので注意。

**こんな木**

すっぱい酢ミカン類で、料理に添えられる。耐寒性が高いので、カボスは緑果で関東以西、スダチは黄色く色づき、東北南部以西で庭植えが可能。

**利用法**

- 加工品
- 果実酒

**栽培カレンダー**

| 月 | 1 | 2 | 3 | 4 | 5 | 6 | 7 | 8 | 9 | 10 | 11 | 12 |
|---|---|---|---|---|---|---|---|---|---|---|---|---|
| 木の状態 | 花芽分化 | | | | 開花 | | | | 収穫 | | | |
| 庭植えの作業 | | | 剪定、施肥 | 植えつけ | | | 剪定 | | | | | |
| 鉢植えの作業 | 施肥 | | 剪定 | 植えつけ | | | 剪定 | 施肥 | | 施肥 | | |
| 病害虫 | | | | | | 薬剤散布 | | | | | | 薬剤散布 |

## 庭植え・鉢植えのつくり方

### ○品種と苗選び

**カボス**　ユズの近縁種。大分県の特産。球形で100～150gになります。成木を求めたほうがよいでしょう。大分1号が出回ります。

**スダチ**　徳島県の特産で、1果は30～40g。

### ○植えつけ

3月下旬～4月に明るい日陰で水もち、肥もちのよい深い土層を選びます。水ぎれ厳禁。鉢植えは6～8号鉢にし、実つき後は1年おきに植えかえます。室内では乾燥が激しいので穴あきのビニールをかけるとよいでしょう。

### ○仕立て方と剪定

自然と開張形になるので、間引き剪定で込み合ったところの枝をすかします。鉢植えは自然形かスタンダード仕立てにします。

**実のつき方**　短枝に花芽分化して開花、結実。そこから出る新梢にも開花、結実します。

### ○施肥　○病害虫対策

ウンシュウミカンと同じです。病害虫の発生は少ないほうです。

### ○収穫のための作業

7月になったら利用しながら摘果します。

### こうして実を楽しむ

カボスは風味がよくなる9月中旬から、大きい実を収穫していきます。スダチは10月下旬まで樹上に残しておくと黄色くなります。

# そのほかの柑橘類

ブンタン、ハッサク、グレープフルーツ、セミノール、ダイダイ

ハッサク

ダイダイ

**Point**
自家不和合性の種類は、ナツミカンなどをいっしょに植え、人工授粉をする。耐寒性が低いものは早めに収穫。

**こんな木**
実生から育てると実つきまでに年数がかかるが、接ぎ木苗を求め、生長を抑制すると収穫しやすい。外国原産のものは日本では冬越しが難しいものも。

**利用法**
生食
薬効
加工品
果実酒

**栽培カレンダー（ハッサク）**

| 月 | 1 | 2 | 3 | 4 | 5 | 6 | 7 | 8 | 9 | 10 | 11 | 12 |
|---|---|---|---|---|---|---|---|---|---|---|---|---|
| 木の状態 | 収穫 | 花芽分化 | | | 開花 | | | | | | | 収穫 |
| 庭植えの作業 | | 剪定 | 施肥 | 植えつけ | 人工授粉 | | 摘果 | | | 施肥 | | |
| 鉢植えの作業 | | 剪定 | 施肥 | 植えつけ | 人工授粉 | | 摘果 | | | 施肥 | | |
| 病害虫 | | | 薬剤散布 | | 薬剤散布 | | | | | | | |

## ○種類選び

冬越し対策を十分にして早めに収穫することで、育てられる種類もふえます。

**ブンタン**　マレー半島原産。収穫は2～3月。自家不和合性なので、ハッサクなどを授粉樹として植えます。2kgほどの晩白柚《ばんぺいゆ》、1kg程度の土佐文旦《とさぶんたん》などの品種があります。

**ハッサク**　広島県因島で1860年に発見。12月中旬以降収穫。晩生種で200～350gほどで、出回るのは果皮が橙色の紅八朔《べにはっさく》、早くから甘みが出るスイートスプリングなど。

**グレープフルーツ**　房状に開花して400gの大果になり、自家結実して落果せずにブドウのような実なりが見られます。家庭果樹では耐寒性が低く鉢植えにするので、ブドウのようにはなりません。苦み成分を含み、栄養価が高い健康食品です。ユズ台木の接ぎ木苗を求め、日当たりのよい場所で管理し、春、夏、秋の3回、玉肥を埋め込みます。

**セミノール**　フロリダで、ダンカングレープフルーツとダンシータンゼリンの交配でつくられました。日本では和歌山県の特産で、収穫は3～4月。完熟すると甘みと香りが強いのですが、酸味の抜けるのが遅く栽培は難しいほうで、袋かけで寒さや鳥害を避けます。

**ダイダイ**　酸味と苦みの強いヒマラヤ原産種。耐寒性が高く、1果約250g。香り高く、

## 実のつき方と剪定、摘果

1 充実した前年枝の先端付近に花芽分化する

2 花芽から伸びた春枝の先端に開花、結実。葉芽から伸びた枝からは枝が伸び、翌年に花芽分化する

鉢植えでは葉がない枝のつぼみを摘んでおく

## 庭植えの主幹形仕立て

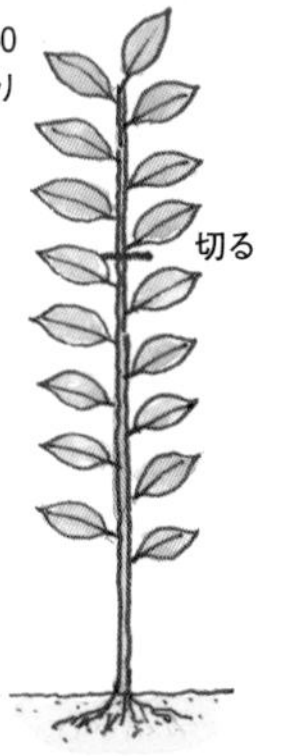


1 植えつけて50～60cmに切り戻しておく

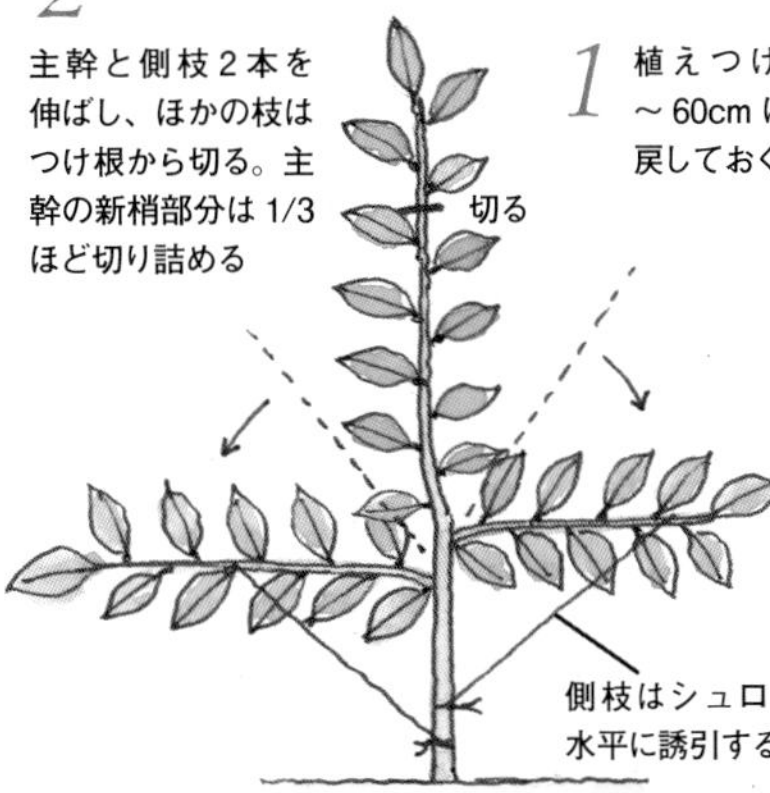


2 主幹と側枝2本を伸ばし、ほかの枝はつけ根から切る。主幹の新梢部分は1/3ほど切り詰める

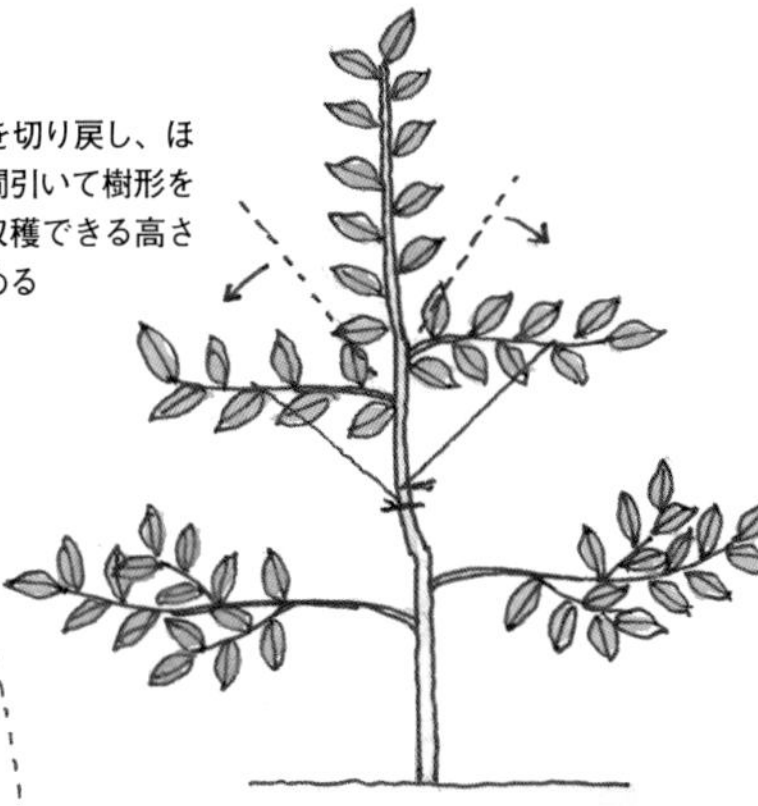

3 伸ばす枝を切り戻し、ほかの枝を間引いて樹形をつくる。収穫できる高さで芯を止める

4 側枝4～6本の樹形をつくり、側枝が伸びすぎたらつけ根近くの枝に更新しながら樹形を保つ

## 鉢植えの模様木風仕立て

赤玉土6：
腐葉土3：
川砂1

8～10号鉢に植えて鉢の倍の高さで切り戻し、側枝は針金をかけて水平に誘引する。新梢部分を1/3くらい切り詰めて伸ばし、間引きながら樹形をつくる

## ハッサクのつくり方

### ○植えつけと植えかえ

3月下旬～4月、寒風を避けて水はけ、水もちのよい場所に植えるか、8～10号鉢に植え、いずれも日当たりのよい場所で管理します。植えかえは1年おきに行います。

### ○仕立て方と剪定

樹勢が強いので間引き剪定で強い枝や込み合った部分の枝数を減らし、小さくします。2月下旬～3月上旬の芽吹き前が剪定適期です。

**実のつき方**　新梢の先端付近に開花、結実するので、先端は切り詰めないようにします。

### ○施肥

春肥を重点的に施し、秋は追肥をします。

### ○病害虫対策

強いほうですが、萎縮病で落果することがあるので、ウイルスフリーの苗を選びます。

### ○収穫のための作業

自家不和合性なので、ナツミカンの花粉で人工授粉をします。7～8月に摘果し、葉60～80枚で1果、鉢植えは1株2～3果に。

### こうして実を楽しむ

寒さにあうと苦みが強まるので、暖地以外ではできるだけ強い霜がおりる前、遅くとも12月末には収穫し、2週間ほど室内に置いてすっぱくなくなるのを待ちます。その後は5度ぐらいの場所で貯蔵すると、2～3月に甘みのある実が食べられます。

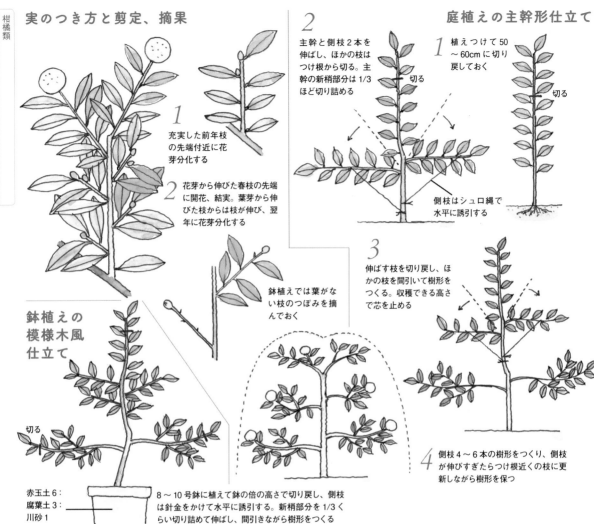

# シンボルツリー果樹を育てよう

庭に1株植えるだけで存在感があり、シンボルツリーとして楽しめる果樹を紹介します。カキやクリなど、日本人に古くからなじみ深い定番種のほか、オリーブやイチジク、ザクロ、ヤマモモなど、庭木としてとり入れてみたい果樹を集めました。もちろん、いずれも鉢で栽培することができ、たとえ庭がなくても収穫が楽しめます。

比較的大きく生長する種類が多いので、まず植えつけスペースの十分な確保が必要です。また、それに合わせて大きくなりすぎないような仕立て方が栽培のポイントになります。どこで、どのような樹形に育てるのか、しっかりイメージして栽培しましょう。

自家受粉する種類が多く、成木になれば、手間をかけなくても実をつけてくれることがほとんどなので、毎年決まった時期に、旬の果実が味わえます。

## INDEX

大木にしないよう収穫後に剪定。1本で十分な収穫

# カキ 柿

カキノキ科　落葉中高木〜高木

原産地　中国　栽培適地　本州以南

甲州百目

前川次郎

次郎

**Point**

単為結果でタネなし果ができるが、普通は人工授粉で結実させ、摘果をすることで実の数を制限し、甘くする。

**こんな木**

中国原産で古くから日本で栽培される。耐寒性はあるが、寒冷地では渋ガキ、暖地なら甘ガキがよく、地元の品種を選ぶと育てやすい。

**利用法**

生食　薬効　加工品　果実酒

**栽培カレンダー**

| 月 | 1 | 2 | 3 | 4 | 5 | 6 | 7 | 8 | 9 | 10 | 11 | 12 |
|---|---|---|---|---|---|---|---|---|---|---|---|---|
| 木の状態 | | | | | 開花 | | 花芽分化 | 花芽分化 | 収穫 | 収穫 | 収穫 | |
| 庭植えの作業 | 剪定・施肥 | 剪定・施肥 | 剪定 | 植えつけ | 摘蕾 | | 摘果 | | | | | |
| 鉢植えの作業 | 剪定・施肥 | 剪定・施肥 | 剪定 | 植えつけ | 摘蕾・施肥 | | 摘果 | 施肥 | | | | |
| 病害虫 | | | | | | 薬剤散布 | | | | | | |

Persimmon

## 庭植えのつくり方

### ○品種と苗選び

そのまま生食できる完全甘ガキ、タネが多いと甘い不完全甘ガキ、タネの周りだけ甘くなる不完全渋ガキ、タネがあっても渋い完全渋ガキがあります。雌雄同株ですが、富有や次郎にはほとんど雄花がつきません。結実させるためには雄花の咲く品種をそばに植えます。苗木は実生でつくられた共台の接ぎ木苗で、地域の特産品種も育てやすいでしょう。

### ○植えつけ

日当たりと水はけ、通気性のよい場所を好み、土の過湿を嫌います。入手した苗木は太根を切ってすぐに植え、接ぎ口の部分を地表すれすれに出し、遅霜の害にあわないようマルチングをしておきます。夏に乾燥が続くようなら水やりをします。

### ○仕立て方と剪定

主幹形や杯状仕立てにします。新梢を$\frac{1}{3}$ほど切り詰めながら、樹形をつくっていきます。

樹形ができたあとは、不要枝のほか、徒長枝を中心に、つけ根から切り落とす間引き剪定をします。隔年結果を防ぐには1〜3月上旬までに、弱った前年の結果枝をとり、花芽のついた枝を切り詰める剪定をします。

**実のつき方**　春の彼岸ごろから芽吹き、7月中旬から8月ごろ、伸びの少ない充実した新

富有

四ツ溝

禅寺丸

梢の、頂芽とその下の数芽が花芽分化します。翌年、そこに伸びた枝のつけ根に雌花と雄花が開花、結実します。雄花は前年枝に出る小枝にもよくつきます。

### ○施肥

寒肥として1～2月に、溝を掘って緩効性化成肥料を埋めます。多肥にすると花芽がつきにくくなるので注意します。

### ○病害虫対策

富有や次郎で実とヘタの間に裂けめができるのは、ヘタ隙《す》きという生理障害で、秋の長雨などが原因です。10月ごろに黒い筋が入るのも生理障害のひとつで、病気ではありません。

病害虫では収穫直前に落果し、ヘタだけを残すヘタムシの幼虫による食害に気をつけます。カキクダアザミウマやカメムシは、実が大きくなるにつれ、食害の跡が目立ってきます。オルトラン水和剤などを散布して防除しますが、粗皮削りをするのも効果があります。高温期のうどんこ病や低温期の落葉病、炭そ病は、落葉して栄養不十分になるので、トップジンM水和剤を予防散布します。

## 鉢植えのつくり方

### ○品種と苗選び

鉢植え用の品種はありませんが、盆栽などにされるロウアガキは食用になりません。鉢植えは隔年結果になりやすいので、2鉢育て

## 実のつき方

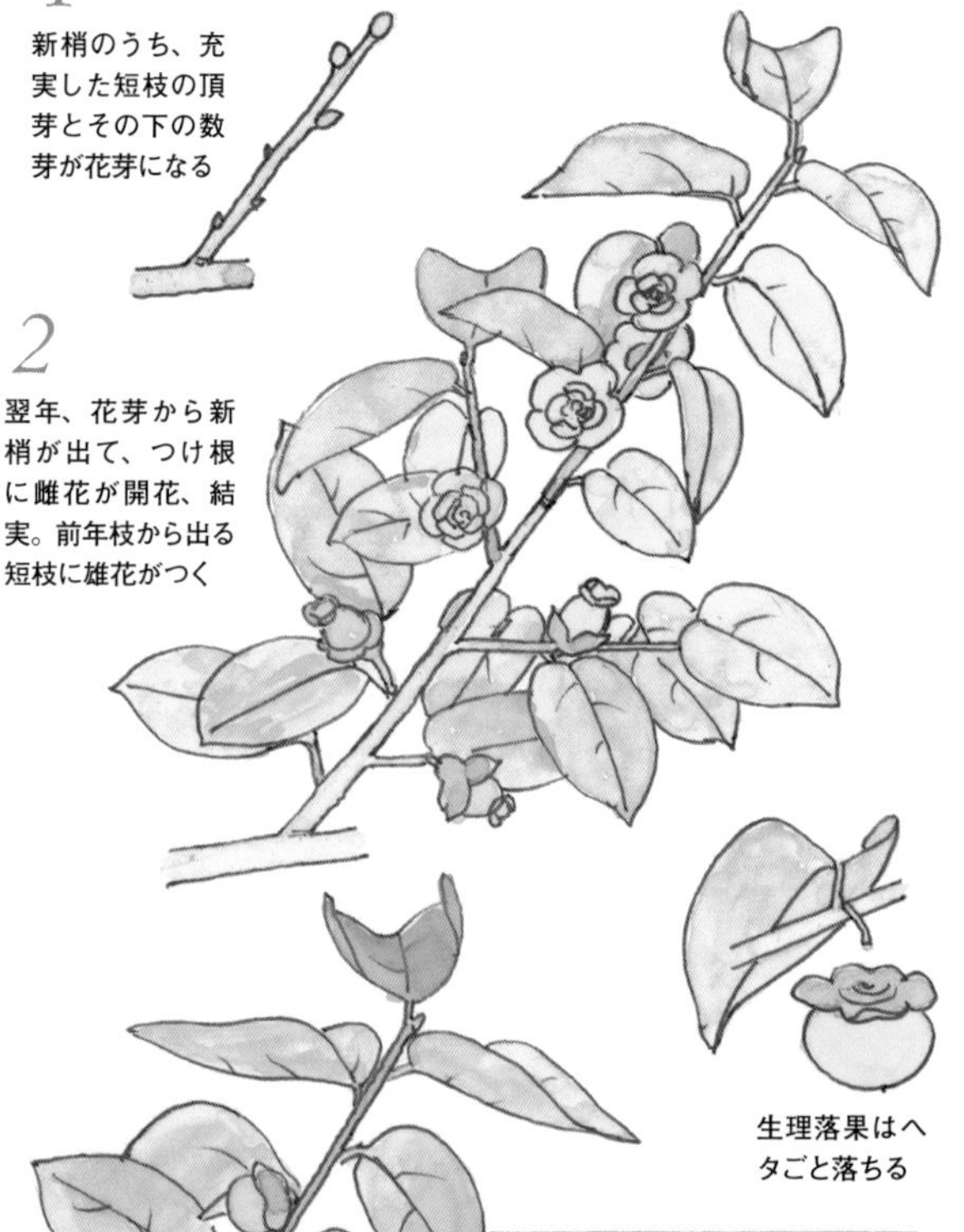

1
新梢のうち、充実した短枝の頂芽とその下の数芽が花芽になる
2
翌年、花芽から新梢が出て、つけ根に雌花が開花、結実。前年枝から出る短枝に雄花がつく
3
実つきの多い枝はあまり伸びず、翌年は実つきがよくない
生理落果はヘタごと落ちる

ヘタムシの害ではヘタが残る。

## 庭植えの主幹形仕立て

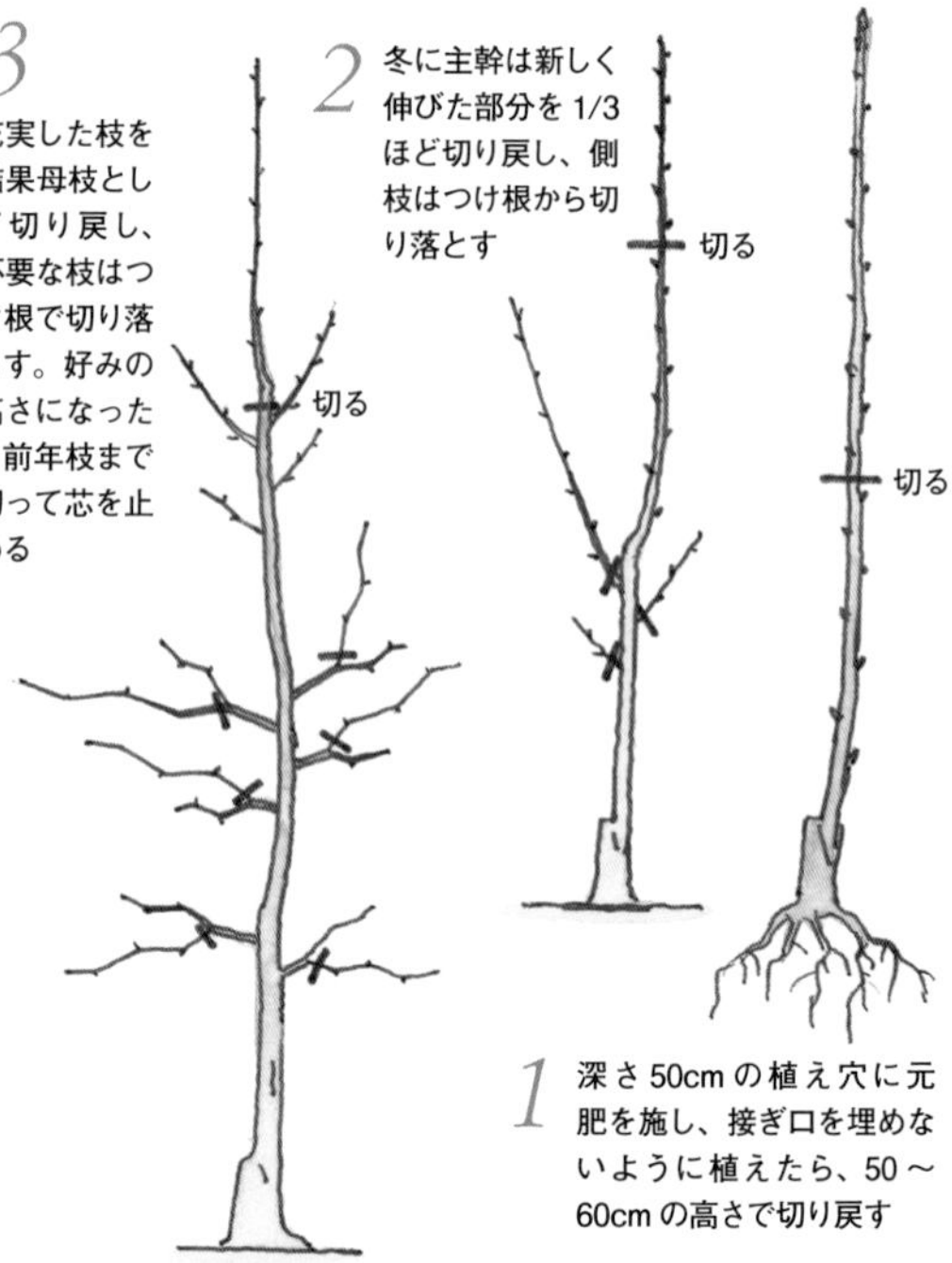
1
深さ50cmの植え穴に元肥を施し、接ぎ口を埋めないように植えたら、50～60cmの高さで切り戻す
2
冬に主幹は新しく伸びた部分を1/3ほど切り戻し、側枝はつけ根から切り落とす
切る
3
充実した枝を結果母枝として切り戻し、不要な枝はつけ根で切り落とす。好みの高さになったら前年枝まで切って芯を止める
切る
切る

### カキの品種

| 種類 | 甘渋 | 雄花 | 食べ方 |
|---|---|---|---|
| 富有 | 甘 | なし | 生（寒冷地では渋柿） |
| 次郎 | 甘 | なし | |
| 伊豆 | 甘 | なし | |
| 新秋 | 甘 | なし | |
| 禅寺丸 | 不甘 | あり | 生（タネができると甘柿） |
| 西村早生 | 不甘 | あり | |
| 平核無 | 不渋 | なし | 渋抜き |
| 四ツ溝 | 渋 | なし | 干しガキ、渋抜き、湯抜き |
| 横綱西条 | 渋 | なし | |

このほか雄花の花粉がとれる品種に、御所、筆柿、赤柿、正月、夫婦柿などがある。

て交互に実をつけさせる方法がよいでしょう。

### 植えつけと植えかえ

入手した苗木は仮植えし、3月に6～7号以上の深鉢に植えつけて、鉢の倍の高さで切り戻しておきます。植えつけ直後は乾かさないように、表土にマルチングをしておきます。春から夏にかけて、鉢土の表面が乾き始めたらたっぷり水やりをしますが、過湿にしないことが大切です。また、最初は木の生長と充実を促し、収穫は3～4年後からにします。

結実してからは、収穫した年に植えかえを行います。植えかえた翌年は、樹勢の回復を図って実をつけさせないようにします。翌々年から2年ごとに、結実、収穫したら植えかえ、これを繰り返します。

### 仕立て方と剪定

鉢の高さの2.5～3倍ぐらいで芯を止め、模《も》様《よう》木《ぎ》風《ふう》に仕立てます。

### 施肥

1～2月の寒肥、開花前の5月上旬、収穫前の8月下旬と計3回、玉肥を4～5個鉢縁に埋め込みます。

### 収穫のための作業

雄花のない品種を育てるときは、花粉をたくさん出す授粉樹をそばに植えるか、鉢植えで用意します。接ぎ木をする手もあります。雄花が咲いたら1～2日の間に雄花をこすり

## 鉢植えの模様木風仕立て

1 仮植えしておいた苗木は、太根を切って角度をつけて植える。鉢の倍くらいの高さで切り戻す

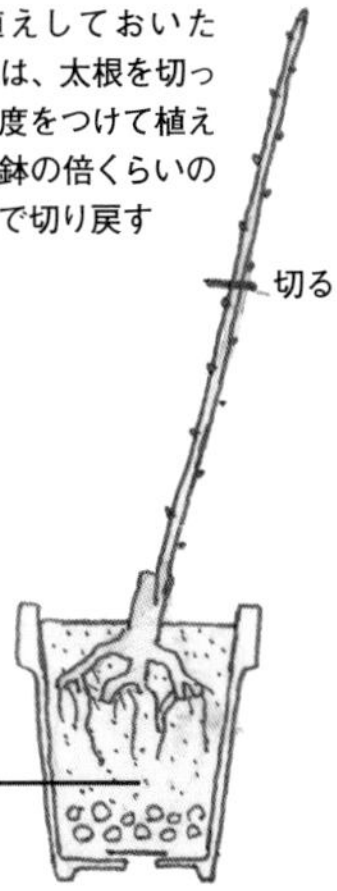


赤玉土6：腐葉土3：川砂1

2 春枝と梅雨以降に伸びた夏枝の間ぐらいで切り戻し、側枝も切り戻して伸ばしていく

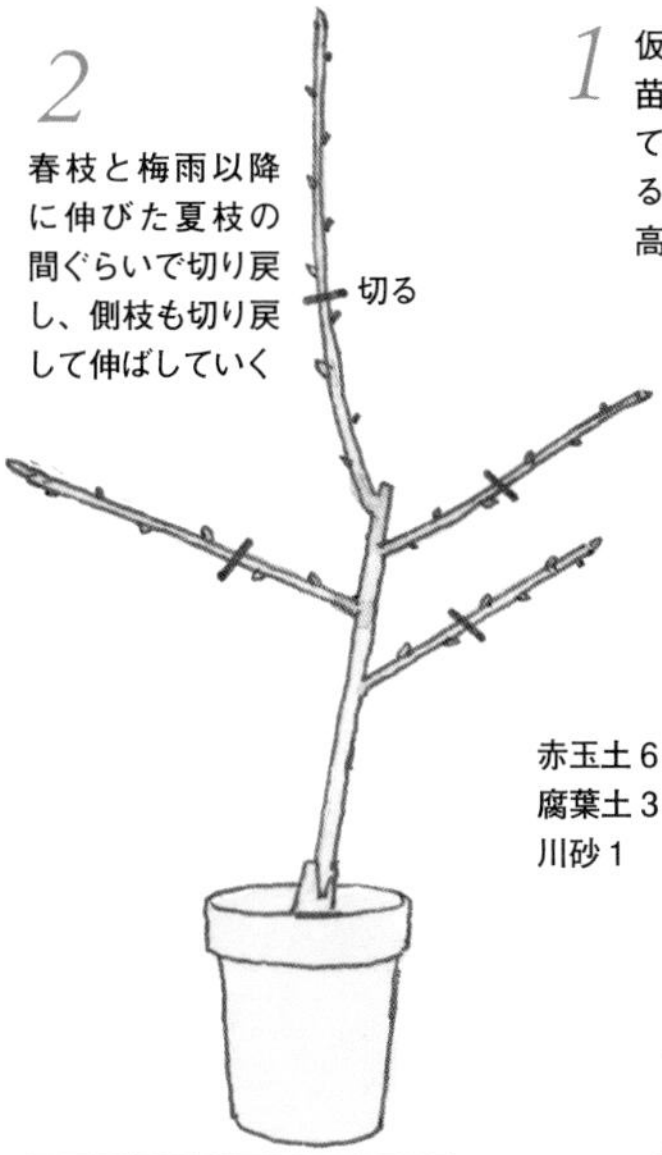


3 梅雨時期、新梢がやわらかいうちに針金をかけて樹形をつくる。立ち枝などの不要枝は切る

### 渋抜きの方法

焼酎などにヘタを浸してから軽くふきとり、ビニール袋に入れて空気を抜き、密閉する。室内に1～2週間置くと渋が抜ける

## 樹形づくり

1 4年生の苗木'東京御所'。芯にする枝は先端を軽く切り詰め、芯として伸ばしていく

2 つけ根から出ている太い側枝を切り落とす

3 ひこばえは台芽なので、養分をとられないよう早めに切りとる

4 伸ばす枝は細くとがった葉芽の上を切る。樹形をつくっている間は花芽は落としてよい

つけるか、筆などで花粉をとって雌しべの柱頭に受粉させます。

剪定で調整しても、単為結果性のあるカキは実がつきすぎて隔年結果が起こりやすいので、摘蕾と摘果をします。摘蕾は1枝に雌花3個を目安に、弱いつぼみをかきとっておきます。5月下旬には結実していない実は生理落果し、6月下旬からも再び生理落果が起こります。

生理落果は単為結果したタネなし果で、ヘタごと落ちるため、ヘタムシの害と区別できます。その後に残った実を1枝に1個になるよう摘果をします。鉢植えなら1株2～5個ぐらいが適当でしょう。残す実は病害虫に侵されていないヘタの大きな実にします。

### こうして実を楽しむ

品種の色がよく出たら、ハサミで果梗から切りとります。太秋など品種によっては熟してくると、条紋と呼ばれる黒い筋が入るものがあります。見た目が悪いと市場では敬遠されますが、この部分が甘く熟した証拠となります。

渋抜きの方法としては、ヘタを焼酎など25度以上のアルコールにつけてから、しずくをとってビニール袋に入れ、空気を抜いて20度以上の室内に1～2週間置きます。ヘタが茶色くなったのを目安に味見をして、渋の抜けぐあいを確かめます。

タネは赤玉土などにまいて覆土し、たっぷり水やりをしておくと、よく発芽します。

# クリ

栗

ブナ科　落葉中高木

原産地　日本、中国、地中海沿岸地方

栽培適地　全国

国見

銀寄

クリの花。

**Point**

2品種以上を植え、人工授粉をする。日当たりのよい新梢の枝先に雌花が咲くので、切り詰めず不要枝を間引く。

**こんな木**

クリタマバチなどの虫害に強く、質のよい接ぎ穂を共台の実生台木に、50ほどの高さで高接ぎした苗木が出回る。剪定で小さく維持する。

**利用法**

- 生食
- 薬効
- 加工品

**栽培カレンダー**

| 月 | 1 | 2 | 3 | 4 | 5 | 6 | 7 | 8 | 9 | 10 | 11 | 12 |
|---|---|---|---|---|---|---|---|---|---|---|---|---|
| 木の状態 | | | 花芽分化 | | | 開花 | | | 収穫 | | | |
| 庭植えの作業 | 施肥<br>剪定 | | 植えつけ | | | 人工授粉 | | | | 施肥 | | 植えつけ |
| 鉢植えの作業 | 剪定 | | 施肥<br>植えつけ | | | 人工授粉 | | | | 施肥 | | |
| 病害虫 | | | | | | | | | | 薬剤散布 | | |

## 庭植えのつくり方

### ○品種と苗選び

大粒になる丹沢、筑波、銀寄の日本グリのほか、中国グリとの自然交雑種、利平もあります。自家不和合性が強いので、2品種以上を植えるようにします。

### ○植えつけ

水はけと通気性のよい有機質に富んだ土を、よく耕してから植えます。日当たりのよいことも重要です。入手したらすぐに植えつけ、接ぎ口から50～60㎝で切り戻します。

### ○仕立て方と剪定

主幹形仕立てにして、収穫できるようになったら、日当たりがよくなるよう不要枝を間引きます。落葉期には、伸びた新梢を切り戻して短枝を出させます。

**実のつき方**　結果母枝の先端付近から出た新梢で、4月の終わりごろ日当たりのよい先端付近に雌花の花芽が分化します。その後も枝は伸び、実がつくころにはつけ根近くに見えます。雄花はその前年の夏に分化しています。

### ○施肥

1～2月に溝を掘って施肥。秋にはお礼肥として窒素とカリ分を補います。

### ○病害虫対策

幹や枝につくクリタマバチ、カミキリムシ、コウモリガ、葉のクスサンは薬剤散布、クリミガとクリシギゾウムシは収穫後に燻蒸しま

Chestnut

## 実のつき方と鉢植えの模様木風仕立て

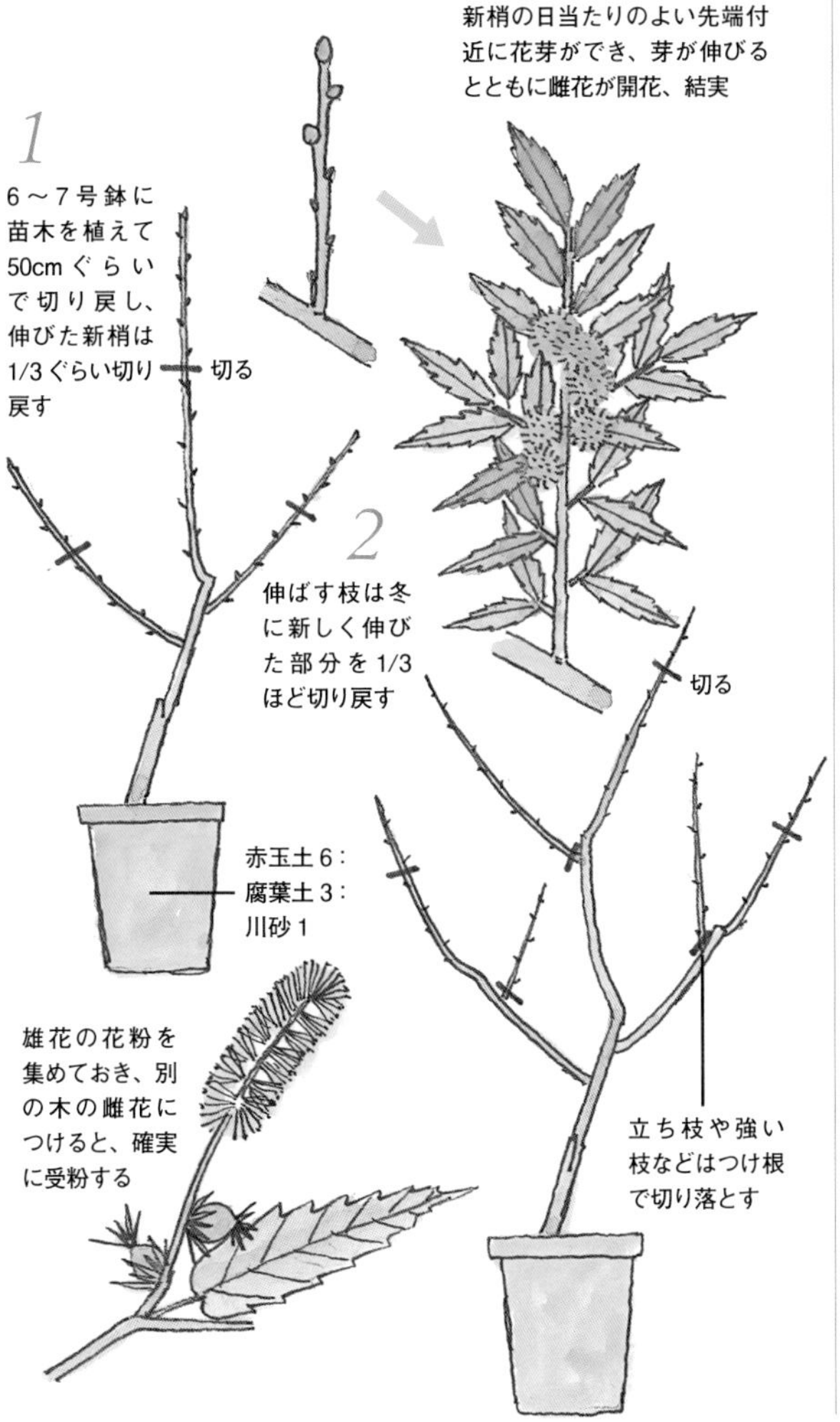
1
6～7号鉢に苗木を植えて50cmぐらいで切り戻し、伸びた新梢は1/3ぐらい切り戻す
切る
赤玉土6：腐葉土3：川砂1
新梢の日当たりのよい先端付近に花芽ができ、芽が伸びるとともに雌花が開花、結実
2
伸ばす枝は冬に新しく伸びた部分を1/3ほど切り戻す
切る
立ち枝や強い枝などはつけ根で切り落とす
雄花の花粉を集めておき、別の木の雌花につけると、確実に受粉する

## 庭植えの主幹形仕立て

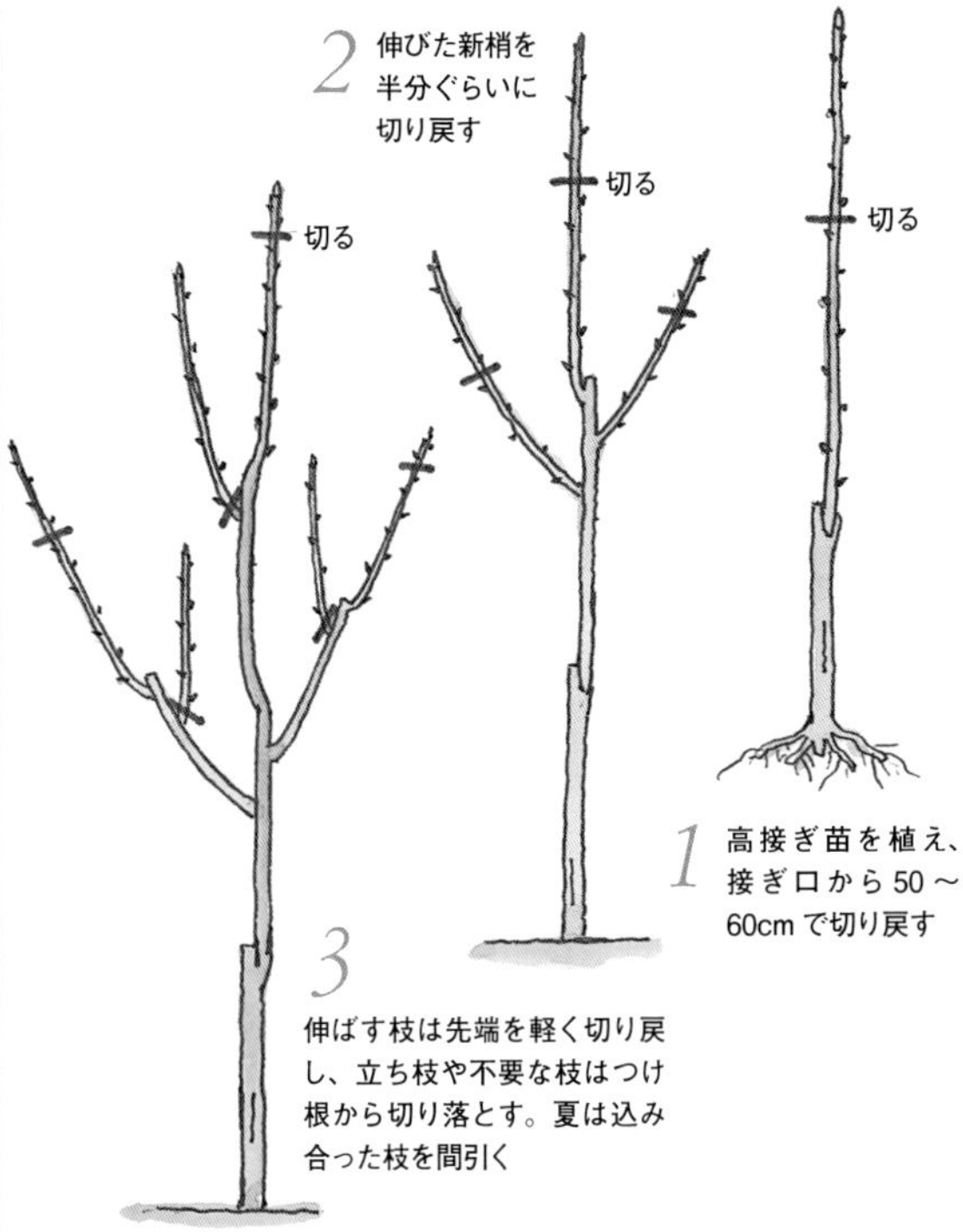
1
高接ぎ苗を植え、接ぎ口から50～60cmで切り戻す
切る
2
伸びた新梢を半分ぐらいに切り戻す
切る
3
伸ばす枝は先端を軽く切り戻し、立ち枝や不要な枝はつけ根から切り落とす。夏は込み合った枝を間引く
切る

家庭果樹向きの品種

| 品種名 | 性質 | 特徴 |
|---|---|---|
| 石鎚 | 最晩生種 | 実つき、実なりがよく、耐虫性あり。加工にもよい |
| 銀寄 | 晩生種 | 落果しやすい。耐虫性あり |
| 利平 | 中生種 | 樹勢が強く、生育旺盛。甘みもある |
| 国見 | 早生種 | 大粒。耐虫性あり |

す。7月にネスジキノカワガ、8月にモモノゴマダラメイガの害で落果することがあります。早生種に多いので、晩生種にするか、殺虫剤を散布します。

## 鉢植えのつくり方

### ○植えつけと植えかえ

仮植えしておいた苗木は、3月に大きめの深鉢に植えつけ、2～3年に1回植えかえます。表土が乾いたらたっぷり水やりし、水ぎれに注意。冬は軒下へ移します。

### ○仕立て方と剪定

模様木風《もようぎふう》に仕立て、摘果で実つきは1枝に2個に抑えます。

### ○施肥

植えつけ1カ月後以降、毎年春と秋に玉肥3～4個を鉢縁に埋め込みます。

### ○収穫のための作業

互いに花粉を雌しべにくっつけると、2品種とも収穫できます。梅雨時期に日照や水不足、肥料ぎれをすると生理落果が起こり、8月の終わりには受精しなかった実も落ちます。最終的に1枝1果になるように摘果します。

### こうして実を楽しむ

**実やイガが落ちたところを収穫します。実を水中につけたりして、中に入った害虫を追い出してから、冷凍するか湿った砂の中に入れて貯蔵します。**

# オリーブ

モクセイ科　常緑小高木

原産地　西アジアからアフリカ

栽培適地　関東以西の太平洋岸

オリーブの鉢植え。

マンザニロ

ネバディロ・ブランコ

**Point**

自家受粉しないので、花粉の多い品種をそばに植え、人工授粉をする。鉢植えは開花中、雨の当たらない場所へ。

**こんな木**

地中海沿岸を中心とした西アジアからアフリカ原産。樹齢千年でも実がつく。耐寒性が強く、関東以西では葉色の明るい庭木として人気がある。

**利用法**
薬効
加工品

栽培カレンダー

| 月 | 1 | 2 | 3 | 4 | 5 | 6 | 7 | 8 | 9 | 10 | 11 | 12 |
|---|---|---|---|---|---|---|---|---|---|---|---|---|
| 木の状態 | | | | | | 開花 | | | | 収穫 | | |
| 庭植えの作業 | | | 施肥 | 植えつけ | | | | | 施肥 | 植えつけ | | |
| | | | 剪定 | | 人工授粉 | | 施肥 | 摘果 | | | | |
| 鉢植えの作業 | | | 施肥 | 植えつけ | | | | | 施肥 | | | |
| | | | 剪定 | | 人工授粉 | | 施肥 | 摘果 | | | | |
| 病害虫 | | | | | | | | | | | 薬剤散布 | |

## 庭植えのつくり方

### ○品種と苗選び

育てやすくオイルにも加工用にも向くミッション、加工用で自家不和合性の品種マンザニロ、授粉樹になる庭木用、オイル用のネバディロ・ブランコなどが栽培されます。

### ○植えつけ

日当たり、水はけ、通気性のよい土であることが条件で、土質は選びませんが、水もちのよい肥沃な土なら、質がよく実つきもよくなります。4～5月か9月から10月上旬に、苦土石灰をたっぷりすき込んでおいた場所に、植え穴を深く掘って植えつけます。支柱を立て、たっぷり水やりをしてからマルチングをします。開花期間中は雨に当てないよう注意。

### ○仕立て方と剪定

込み合ったところを間引き剪定し、3～4年に1回は、芽吹き前に太枝を切り戻して新梢を出させます。風に弱いので、早めに芯止めをして樹高を抑えます。

**実のつき方**　前年枝の葉腋に分化した芽のうち、結果枝の中間部分や実のつかなかった枝の芽が春までに花芽となり、開花、結実。

### ○施肥

芽吹き前に年間の半量を、残りは開花後と秋のお礼肥として、計3回の追肥をします。

### ○病害虫対策

オリーブゾウムシは、おがくずのようなふ

## 庭植えの主幹形仕立て

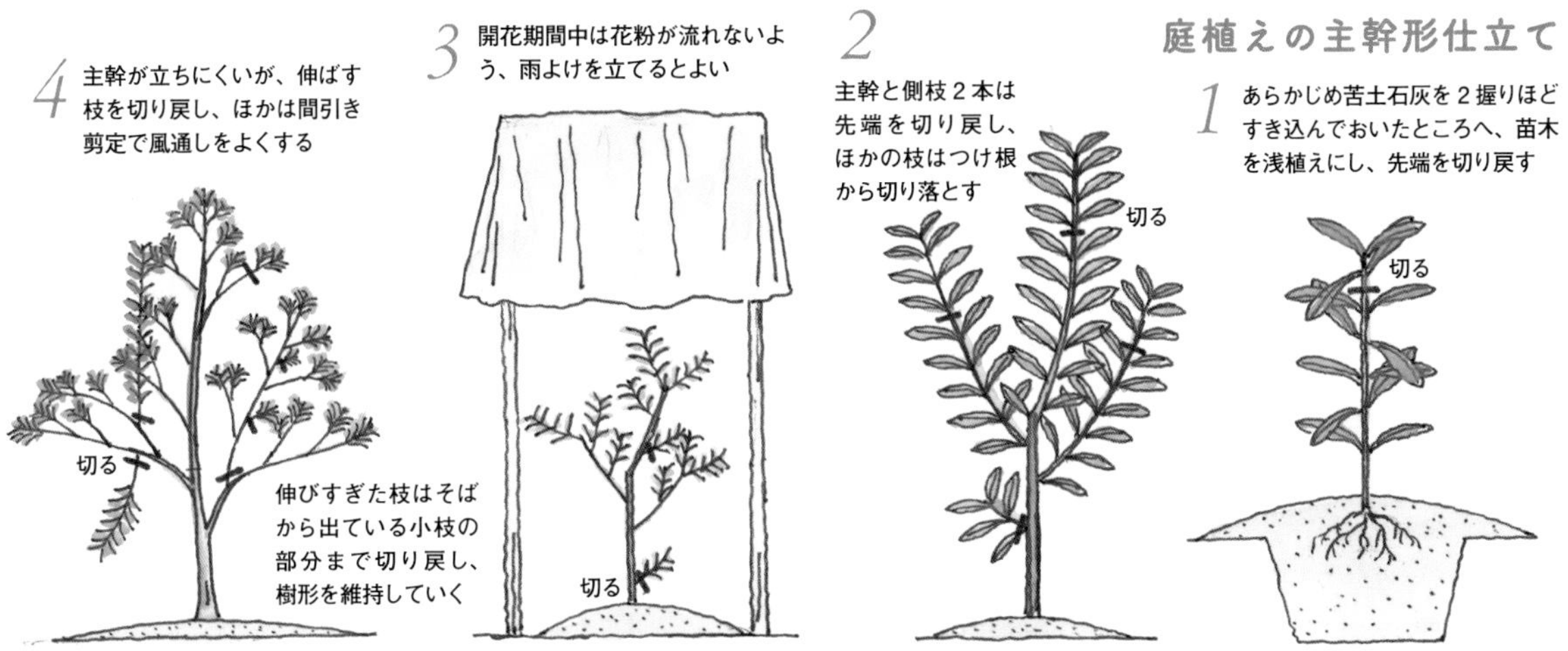
1 あらかじめ苦土石灰を2握りほどすき込んでおいたところへ、苗木を浅植えにし、先端を切り戻す
切る
2 主幹と側枝2本は先端を切り戻し、ほかの枝はつけ根から切り落とす
切る
3 開花期間中は花粉が流れないよう、雨よけを立てるとよい
切る
4 主幹が立ちにくいが、伸ばす枝を切り戻し、ほかは間引き剪定で風通しをよくする
切る
伸びすぎた枝はそばから出ている小枝の部分まで切り戻し、樹形を維持していく

## 実のつき方

1 実のつかなかった芽が春までに花芽分化する
2 開花、結実したら葉7～10枚に1果に摘果する
切る

## 鉢植えの自然形仕立て

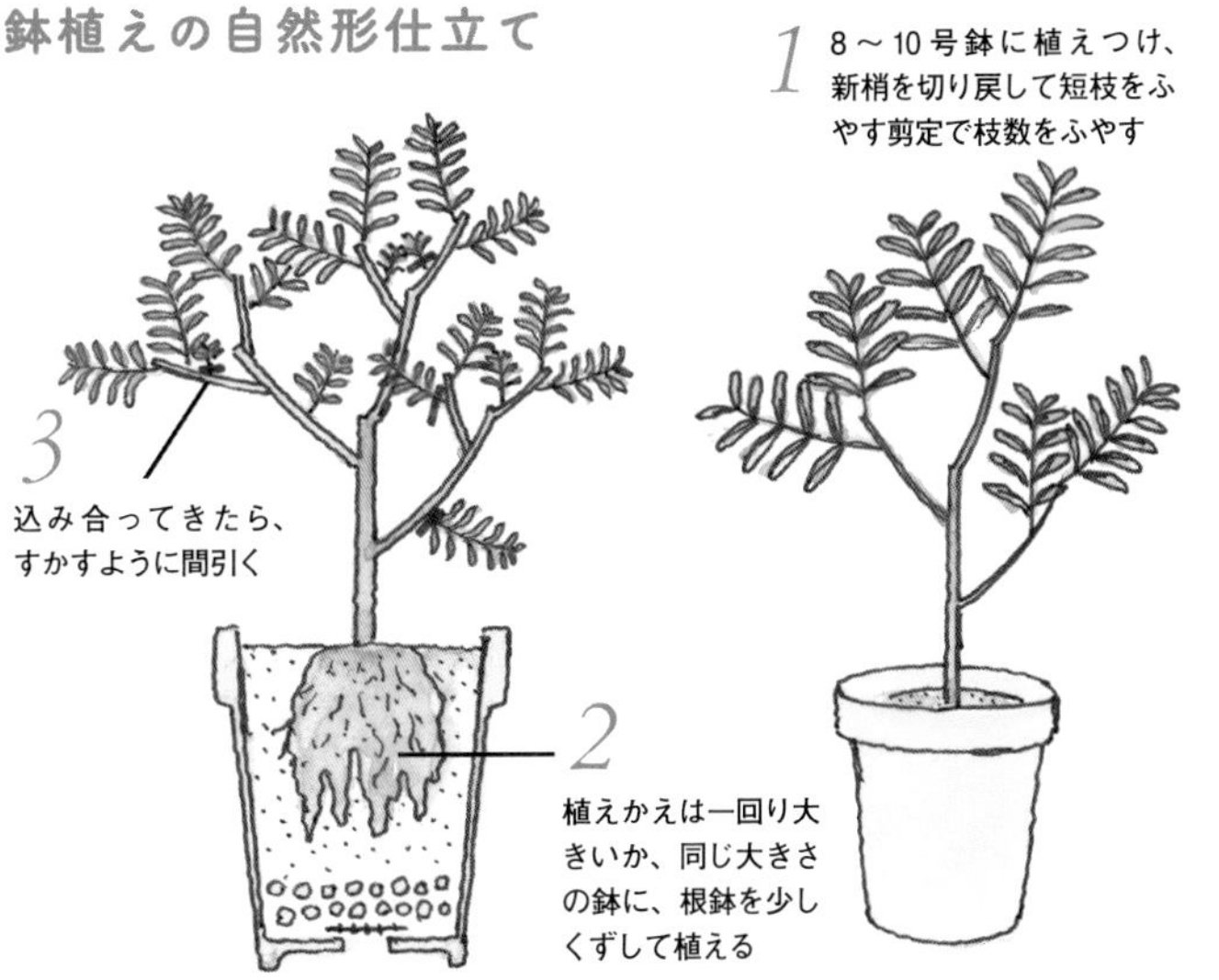
1 8～10号鉢に植えつけ、新梢を切り戻して短枝をふやす剪定で枝数をふやす
2 植えかえは一回り大きいか、同じ大きさの鉢に、根鉢を少しくずして植える
3 込み合ってきたら、すかすように間引く

んを見つけしだい、侵入穴をさがしてスミチオン乳剤を散布。炭そ病は、落葉期に高濃度の石灰硫黄合剤を散布して発生を抑えます。

## 鉢植えのつくり方

### ○品種と苗選び

大きめの鉢植えの苗木が出回ります。

### ○植えつけと植えかえ

10号程度の素焼き鉢に、支柱を立てて植えつけます。水ぎれには強く過湿に弱いので、鉢土が乾いてからたっぷりと水やりをします。

### ○仕立て方と剪定

間引き剪定で、枝が込み合わないような自然形にします。

### ○施肥

庭植え同様、年3回施します。

### ○収穫のための作業

実つきがよい年の翌年に実がつかなくなる隔年結果になりやすいので、葉7～10枚に1果となるよう、早めに弱い実を摘みとります。

### こうして実を楽しむ

緑色の実が黒色に熟したら、実をさわらずに果梗部からつまんで収穫します。カセイソーダの2%水溶液に一晩つけ、空気にふれないように水が透明になるまで流水で洗います。塩水に10日ほどつけてピクルスに。塩水は2%ぐらいから少しずつ濃くします。食べるときは、塩抜きをします。

シナノクルミ

晩春

オニグルミ

# クルミ
## 胡桃

クルミ科　落葉高木

原産地　ヨーロッパ東部～アジア、南北アメリカ

別名　ウォールナッツ

栽培適地　北海道南部以南

*Point*

自家受粉するが、1本で雄花と雌花の開花期が異なる。開花期を組み合わせて混植すると、効率よく収穫できる。

こんな木

全国の山間にオニグルミ、ヒメグルミなどの自生種が見られるが、栽培するのはシナノクルミの品種が多い。大木にしないよう注意。

栽培カレンダー

| 月 | 1 | 2 | 3 | 4 | 5 | 6 | 7 | 8 | 9 | 10 | 11 | 12 |
|---|---|---|---|---|---|---|---|---|---|---|---|---|
| 木の状態 | | | | | 開花 | 花芽分化 | | | 収穫 | | | |
| 庭植えの作業 | | 剪定 | 植えつけ | | 人工授粉 | | | | | | | |
| 鉢植えの作業 | | 剪定<br>施肥 | 植えつけ | | 人工授粉 | | | 施肥 | | | | |
| 病害虫 | | | | | | | 薬剤散布 | | | | 薬剤散布 | |

利用法

生食

薬効

## 庭植えのつくり方

### ○品種と苗選び

テウチグルミ（カシグルミ）は実生苗か接ぎ木苗です。テウチグルミとペルシャグルミの交配種、シナノクルミの品種（清香、要鈴など）は接ぎ木苗になります。

### ○植えつけ

冷涼で雨の少ない気候を好み、夏の高温多湿は苦手です。3月までに入手し、水はけ、水もち、通気性のよい肥沃な土に植えます。土質は選びませんが、根が深く張るので、植え穴は深めに掘ります。水やりは不要です。

### ○仕立て方と剪定

3～4本の主枝をつくり、日当たりが悪くならないように不要枝や徒長枝を間引き剪定します。樹勢が強く大木になるので、強剪定をすると、ますます強い枝が出てきてしまいます。先端を軽く切り詰めて結果母枝を出させるようにします。

**実のつき方**　充実した新梢の先端に花芽が分化し、翌年の春にそこから伸びた新梢の頂芽から雌花が立ち上がり、前年枝の葉腋からは雄花が垂れ下がります。日当たりのよい場所にある充実した前年枝は、花芽がついている可能性が高いので切らないように注意します。

### ○施肥

植えつける際に堆肥をたっぷり入れておけば、ほとんど必要ありません。

## 庭植えの自然形仕立て

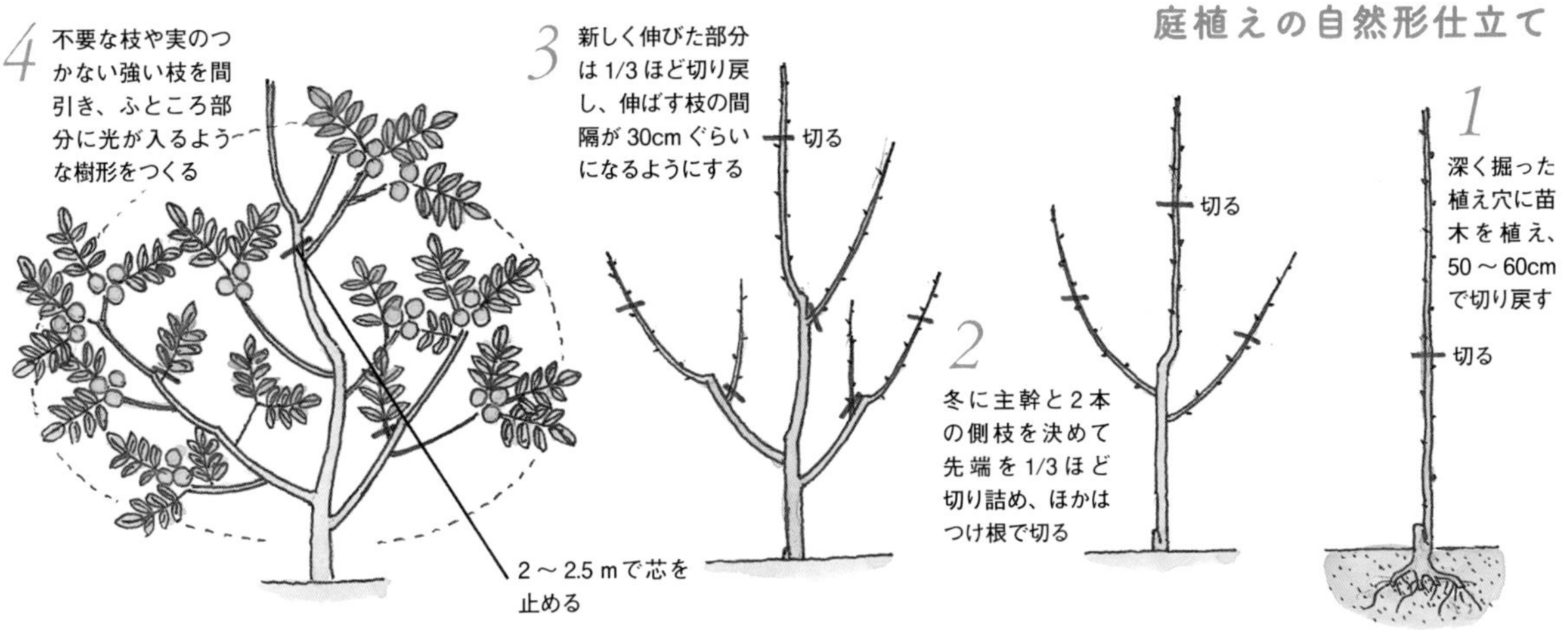
1
深く掘った植え穴に苗木を植え、50～60cmで切り戻す
切る
2
冬に主幹と2本の側枝を決めて先端を1/3ほど切り詰め、ほかはつけ根で切る
切る
3
新しく伸びた部分は1/3ほど切り戻し、伸ばす枝の間隔が30cmぐらいになるようにする
切る
4
不要な枝や実のつかない強い枝を間引き、ふところ部分に光が入るような樹形をつくる
2～2.5mで芯を止める

## 鉢植えの仕立て方

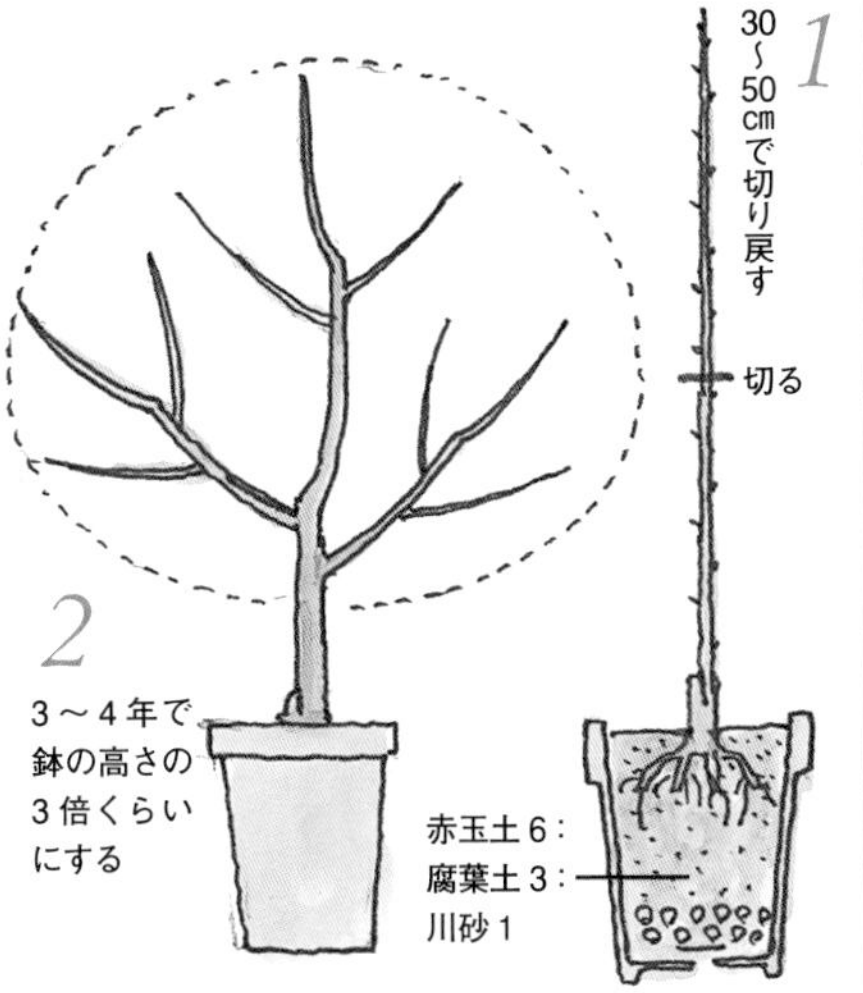
1
30～50cmで切り戻す
切る
赤玉土6：
腐葉土3：
川砂1
2
3～4年で鉢の高さの3倍くらいにする

## 雄花と雌花

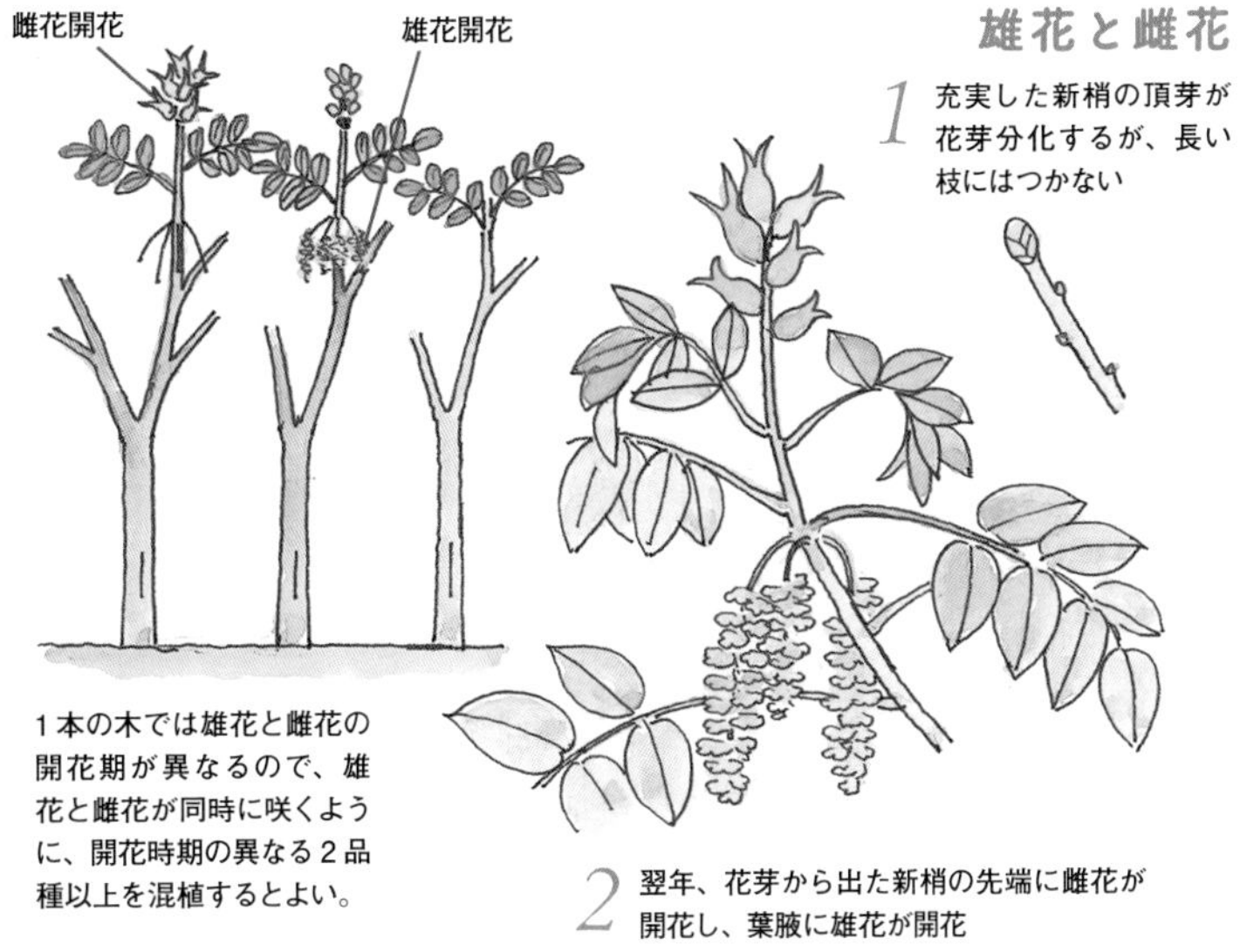
雌花開花
雄花開花
1本の木では雄花と雌花の開花期が異なるので、雄花と雌花が同時に咲くように、開花時期の異なる2品種以上を混植するとよい。
1
充実した新梢の頂芽が花芽分化するが、長い枝にはつかない
2
翌年、花芽から出た新梢の先端に雌花が開花し、葉腋に雄花が開花

### 病害虫対策

病害虫は少ないほうです。冬に、高濃度の石灰硫黄合剤を散布しておけばなおよいでしょう。コウモリガは、侵入穴に針金を差し込んで捕殺します。

## 鉢植えのつくり方

### 植えつけと植えかえ

3月、根がよく張るので、大きめの深鉢に植えます。乾燥を好むので水やりは回数を控えめにしますが、夏や冬の乾燥時には水ぎれさせないようにします。また、7度以下の低温に1500時間以上あわないと生長が思わしくありません。冬は霜が当たらないよう、日当たりのよい軒下に置きます。

### 仕立て方と剪定

30～50㎝で切り戻し、主幹形に仕立てます。

### 施肥

2月と8月下旬に玉肥を施します。

### 収穫のための作業

2品種以上を混植すると、よく結実します。

### こうして実を楽しむ

青い皮が割れてくると、自然と落ちてくるのでこれを拾って水洗いします。長い竹ざおなどで落としてもかまいません。黒くなった皮は素手ではさわらないようにします。乾かして外皮をとるか、水に数日つけて中の核をとり出し、中身を食べます。

樹形ができれば、毎年同じ剪定で収穫量も確実に

# イチジク 無花果

クワ科　落葉中高木
原産地　西アジア
栽培適地　東北以南

たわわに実ったイチジク。

アイーダ

桝井ドーフィン

**Point**
新梢を多く出させる剪定で、実をつけさせる。オイリング処理をすると、収穫時期を7～10日ほど早められる。

**こんな木**
西アジア原産で、夏に乾燥する温暖な気候を好む。生育旺盛だが、水ぎれには弱い。実が傷ついたり、枯れたりするので強風は避ける。

**利用法**
生食
薬効
加工品
果実酒

**栽培カレンダー**

| 月 | 1 | 2 | 3 | 4 | 5 | 6 | 7 | 8 | 9 | 10 | 11 | 12 |
|---|---|---|---|---|---|---|---|---|---|---|---|---|
| 木の状態 | | | | | | | | | 収穫 | | | |
| 庭植えの作業 | | 剪定 | 施肥 | 植えつけ | 剪定 | 摘果 | | 摘果 | | | | |
| 鉢植えの作業 | | 剪定 | 施肥 | 植えつけ | 剪定 | 摘果 | | 摘果 | | | | |
| 病害虫 | | | 薬剤散布 | | | 薬剤散布 | | | | | | |

## 庭植えのつくり方

### ○品種と苗選び

日本では夏秋果兼用種で大実の桝井ドーフィン、樹勢の強い蓬莱柿《ほうらいし》、低木に仕立てられるブラウンターキー、秋果専用種で甘みの強いネグロラルゴのほか、セレストやホワイトゼノアなどがあります。苗木は挿し木苗が多く、入手後は3月まで仮植えします。

### ○植えつけ

マイナス9度以下になる地域では栽培が難しく、雨の少ない暖地でよく育ちます。植えつけ場所はあらかじめ苦土石灰で中和しておき、水はけがよすぎると水ぎれを起こすので、水もちのよい土を高畝にして植えます。3月中に植えつけ、1/3ほど切り戻して新梢を伸ばし、植えつけた年は実をすべてとって株の充実を図ります。真夏の乾燥期には、水ぎれしないよう水やりをします。

### ○仕立て方と剪定

左右に2本伸ばす一文字仕立てや、4本で杯状仕立てにして支柱を立てます。2～3月に前年枝を2芽残して切り戻します。

**実のつき方**　春に伸びる新梢の、つけ根から2～3節以降に花芽分化して結実します。結果母枝の先端付近には、すでに花芽分化した芽があり、夏果となります。温度があれば休みなく花芽分化、生長が行われます。

### ○施肥

シンボルツリー
**イチジク** Fig

## 実のつき方

春枝の2節目以降に花芽分化して結実（秋果）
結果母枝（前年枝）の先端にも花芽分化し結実する（夏果）


## 杯状仕立てと一文字仕立て、鉢植え

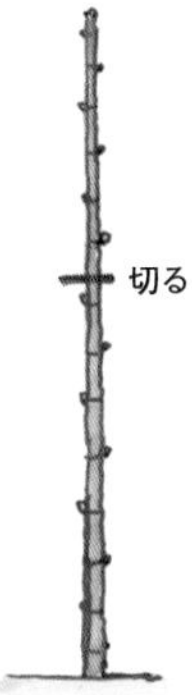

1 植えつけたら切り戻して新梢を伸ばす。イチジクは枝を芽と芽の中間で切る
切る


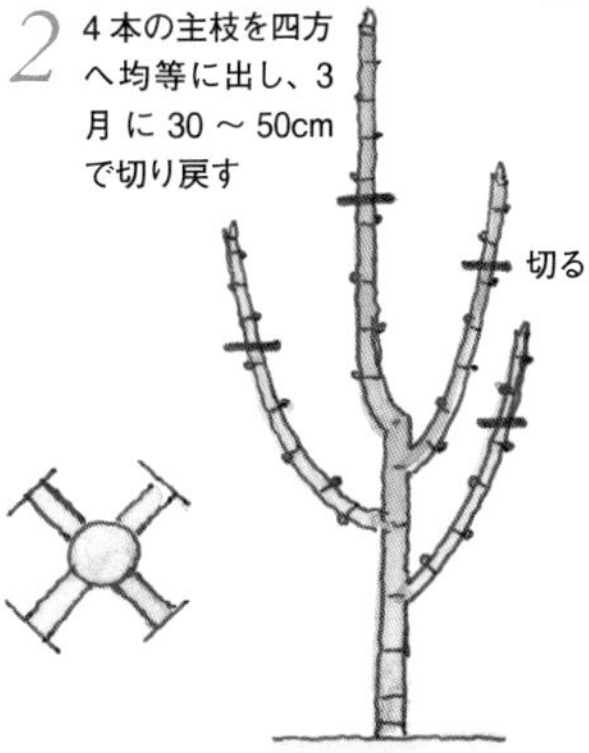

2 4本の主枝を四方へ均等に出し、3月に30～50cmで切り戻す
切る


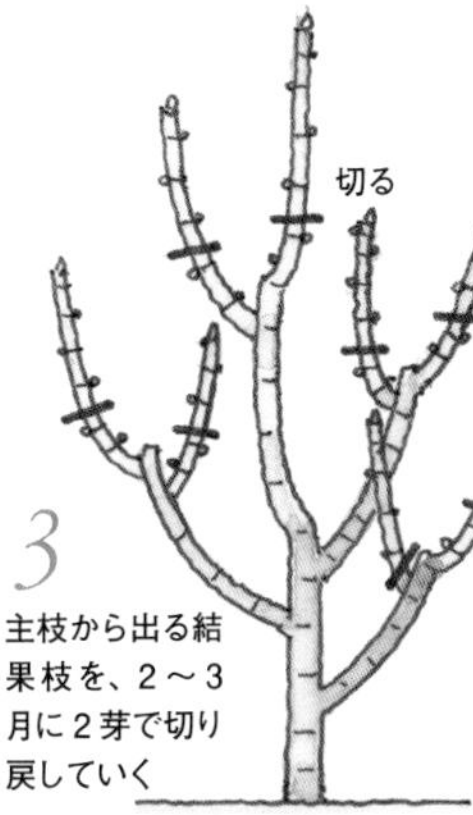

切る
3 主枝から出る結果枝を、2～3月に2芽で切り戻していく


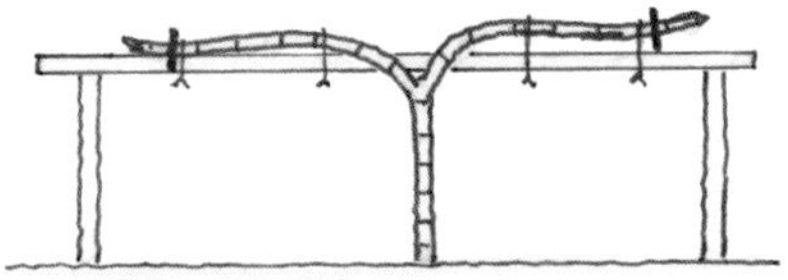

1 主枝を2本にして左右に誘引すると一文字仕立てになる。先端を切り戻して短果枝を出させる


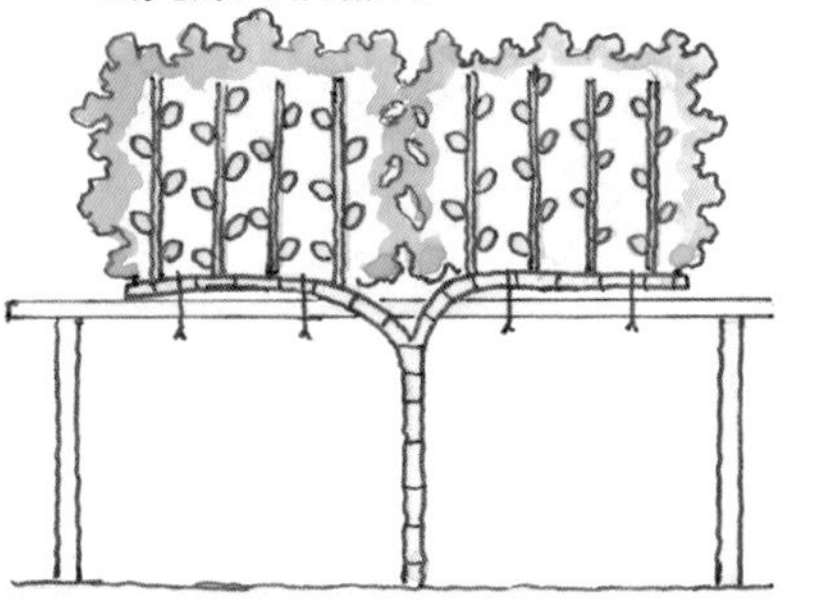

2 結果枝を8～10本ぐらいにし、同様に、毎年2芽を残して切り詰める


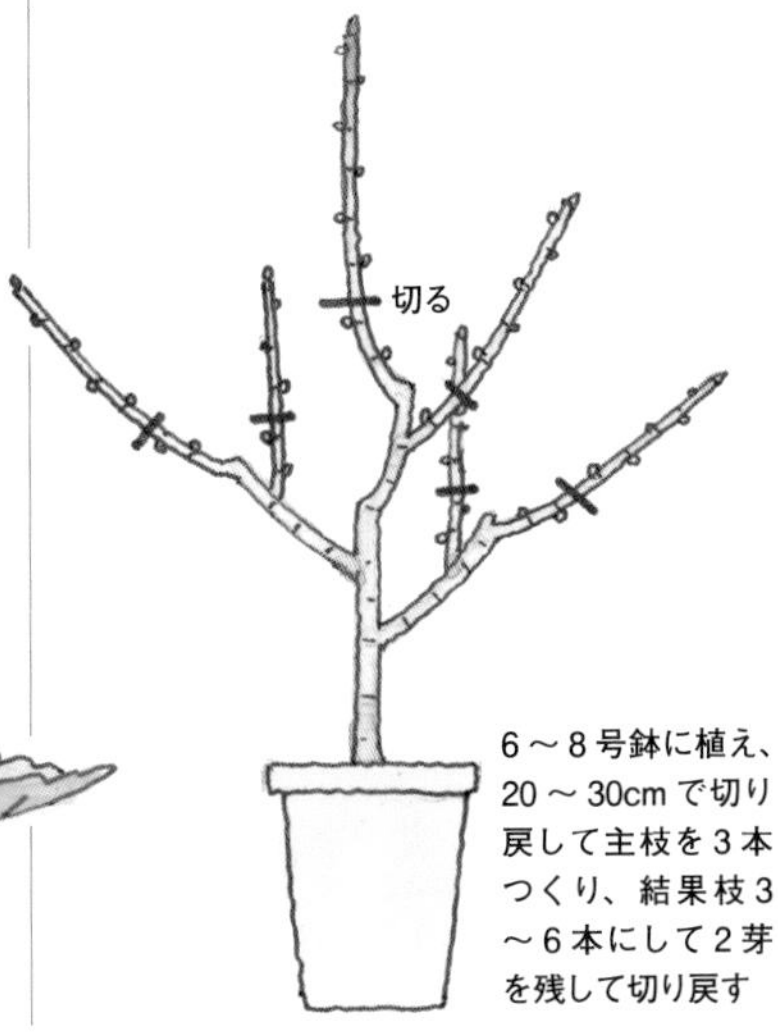

切る
6～8号鉢に植え、20～30cmで切り戻して主枝を3本つくり、結果枝3～6本にして2芽を残して切り戻す


## オイリング

成熟を7～10日早める方法。果皮が黄緑色になってきたら、植物油を1～2滴たらす

目の部分にストローやスポイトを使って実の中にたらすと、5～6日で収穫できる


お礼肥として緩効性化成肥料を施します。

### 病害虫対策

梅雨時期に白いかびの疫病、秋の長雨で黒かび病が広がります。被害葉は早めにとり除きます。おがくずのようなカミキリムシのふんが落ちていたら、被害枝を切り落とします。

## 鉢植えのつくり方

### 植えつけと植えかえ

室内で冬越しさせ、3月、6～8号鉢に植えます。高さ20～30㎝で切り戻し、日当たりのよい場所に置きます。植えつけ後は冬も軒下に置き、室内にはとり込みません。樹勢が強いので、毎年か1年おきに植えかえます。表土が乾いたらたっぷりと水やりをします。

### 仕立て方と剪定

結果枝は3～6本にします。

### 施肥

3月に玉肥を3～4個、鉢縁に埋めます。

### 収穫のための作業

1枝に8～10果、鉢植えなら1～2果になるよう、できるだけ早めに摘果をします。夏果は早めにかきとっておきます。夏に水ぎれさせると、裂果するので水やりが大切です。

### こうして実を楽しむ

8月の終わり以降、実が裂けてきたものから収穫します。そのまま食べるほか、コンポートやジャム、果実酒にできます。

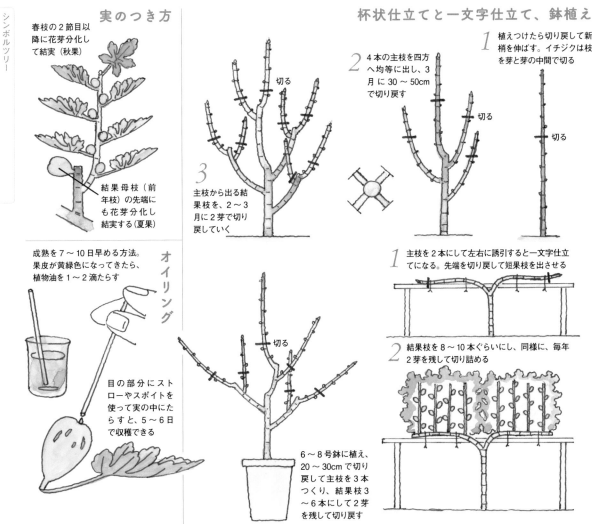

花も実も樹形も美しい、庭木となる果樹の代表種

# ザクロ

柘榴

ザクロ科　落葉高木

原産地　インド、中近東

栽培適地　関東以西

Pomegranate

ヒメザクロの鉢植え。

ザクロの実。

オオミザクロの花。

**Point**

甘い実の品種を選ぶのがよい。開花中は雨に当てないようにして、摘果で実つきを制限し、質をよくする。

**こんな木**

乾燥や寒さによく耐えるが、移植は難しいので植え場所をよく考えたい。庭木として花を観賞する八重咲き種は、結実しないので注意。

栽培カレンダー

| 月 | 1 | 2 | 3 | 4 | 5 | 6 | 7 | 8 | 9 | 10 | 11 | 12 |
|---|---|---|---|---|---|---|---|---|---|---|---|---|
| 木の状態 | | | | | | 開花 | 開花 | | 収穫 | 収穫 | | |
| 庭植えの作業 | 植えつけ・剪定 | 植えつけ・剪定 | 植えつけ・剪定 | | | 人工授粉 | 人工授粉 | | | 施肥 | | 植えつけ |
| 鉢植えの作業 | 剪定 | 剪定 | 植えつけ・剪定・施肥 | | | 人工授粉 | 人工授粉 | | | | | |
| 病害虫 | | | | | | | | | | | | |

利用法

- 花
- 生食
- 薬効
- 加工品
- 果実酒

## 庭植えのつくり方

### ○品種と苗選び

オオミリュウ系で、花色や甘さなどで品種を選びます。実の大きなアメリカザクロなどもあります。枝がよく出ている元気な苗を求めますが、庭づくりには若木の根巻き物を植えれば、早いうちから主木になります。

### ○植えつけ

落葉期の12～3月ぐらいに日当たりのよい場所で、水はけ、水もちのよい土に植えつけてたっぷり水やりをします。その後は、特に水やりの必要はありません。水はけが悪い場所では、土を盛り上げるようにして高植えにします。苗木はいったん50～60cmに切り戻し、ひこばえなど余分な枝も落とします。

### ○仕立て方と剪定

2mぐらいになるまでは落葉期に新梢を半分に切り戻し、不要枝を切り落として樹形をつくっていきます。小枝がたくさん出るので、込み合わないように剪定をします。

### ○施肥

何回も収穫を重ねてきた木には、収穫後、お礼肥として乾燥鶏ふんや油かすなどの有機質肥料か緩効性化成肥料を施します。多肥になると実のつかない立ち枝がふえます。

### ○病害虫対策

日当たりが悪いとうどんこ病が出たりしますが、比較的、病害虫の発生が少ない木です。

## 人工授粉

1
充実した短枝に花芽ができ、翌年に新梢を出して開花、結実する
2
雨よけをし、花の中に筆先を入れて回すようにして受粉させる

## 庭植えの主幹形仕立て

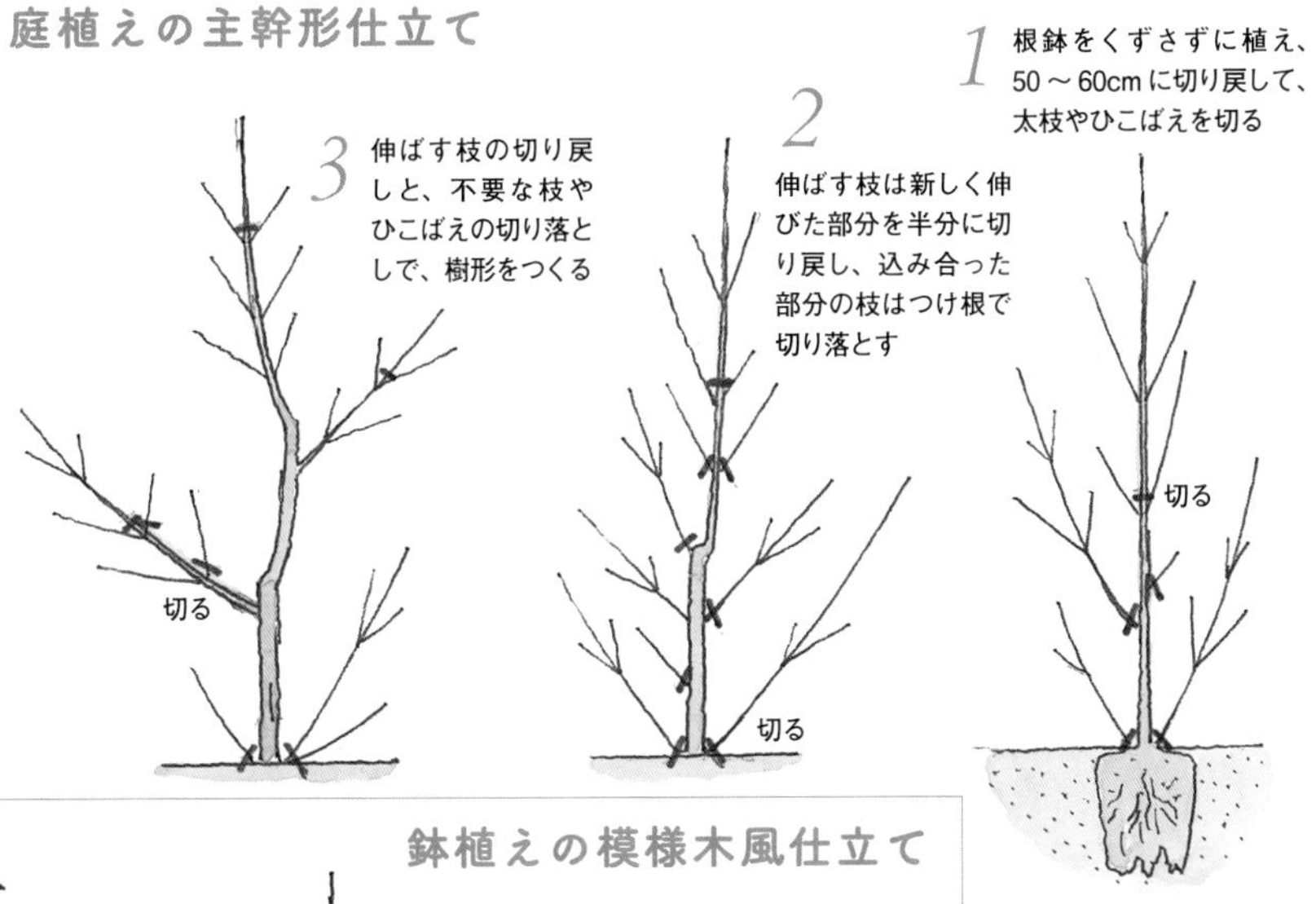
1
根鉢をくずさずに植え、50〜60cmに切り戻して、太枝やひこばえを切る
切る
2
伸ばす枝は新しく伸びた部分を半分に切り戻し、込み合った部分の枝はつけ根で切り落とす
切る
3
伸ばす枝の切り戻しと、不要な枝やひこばえの切り落としで、樹形をつくる
切る

## 鉢植えの模様木風仕立て

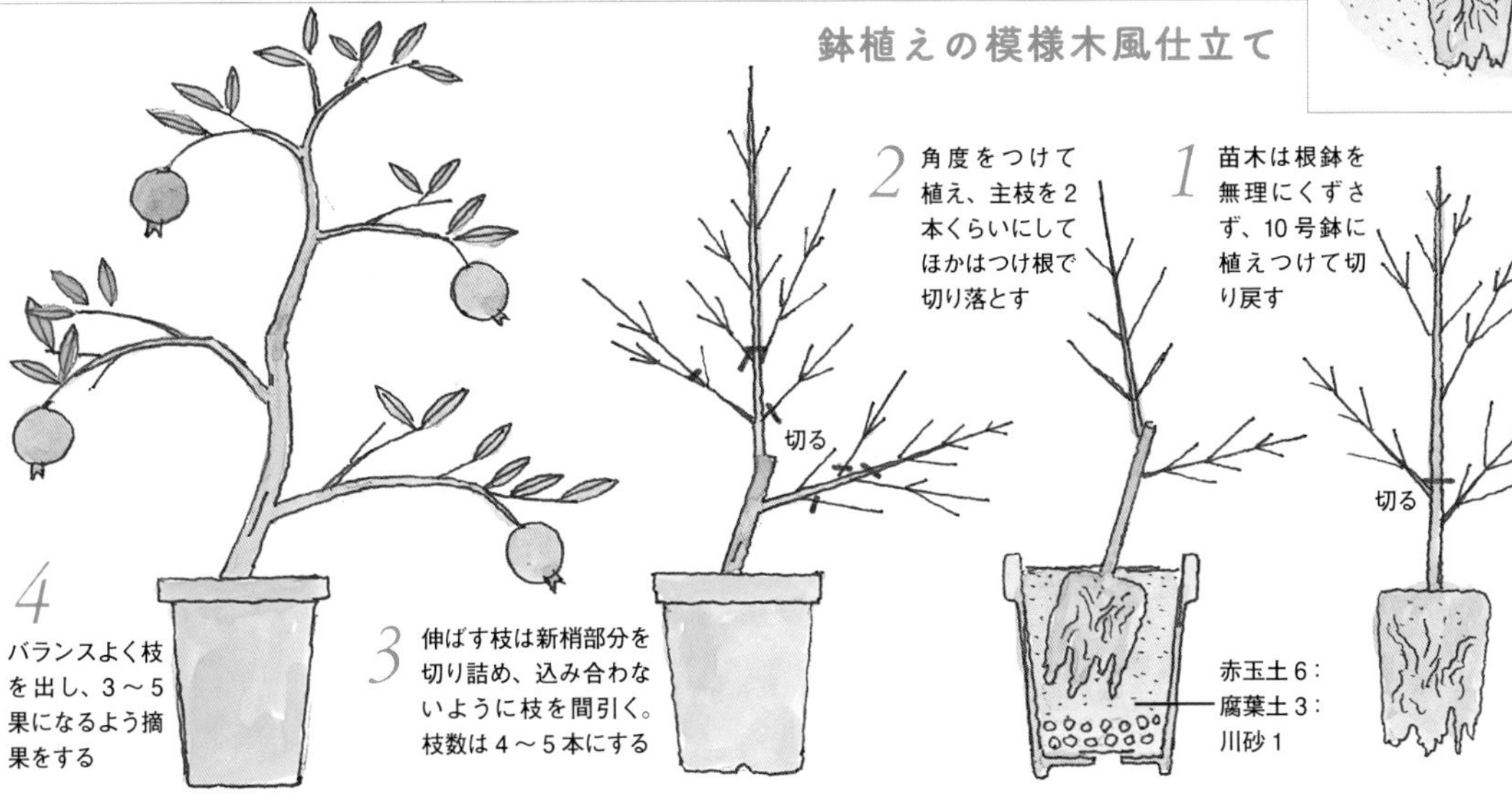
1
苗木は根鉢を無理にくずさず、10号鉢に植えつけて切り戻す
切る
赤玉土6：
腐葉土3：
川砂1
2
角度をつけて植え、主枝を2本くらいにしてほかはつけ根で切り落とす
切る
3
伸ばす枝は新梢部分を切り詰め、込み合わないように枝を間引く。枝数は4〜5本にする
4
バランスよく枝を出し、3〜5果になるよう摘果をする

## 鉢植えのつくり方

### ○品種と苗選び

一才ザクロなら早く収穫できます。

### ○植えつけと植えかえ

寒さを避け、芽吹き前の3月が最適です。植えつけ後は、鉢土が乾いたら水やりを行い、長く水ぎれさせないようにします。直根と太根が多く細根が少ないので、根を傷つけないように気をつけて毎年、植えかえます。

### ○仕立て方と剪定

樹形づくりに必要な枝を残すように剪定すれば、盆栽のように仕立てることもできます。

### ○施肥

植えかえ後、玉肥を鉢縁に施します。

### ○収穫のための作業

充実した短枝に花芽ができ、翌年に芽を伸ばして開花します。花は雨に当てないよう、鉢植えは水やりにも気をつけて軒下にとり込みます。自家受粉するので、乾いた筆先を花の中で回すようにすればより確実です。隔年結果しやすいので、実が小さいうちに1カ所1果、10号鉢なら3〜5果に摘果します。

### こうして実を楽しむ

果皮が黄赤色になり、先端が破れかかったら、手でもぎとります。真っ赤に熟した中の粒はそのまま食べるほか、果実酒やジャムなどに加工しても食べられます。

# ヤマモモ

## 山桃

ヤマモモ科　常緑高木

原産地　日本、中国

栽培適地　関東南部以西

ヤマモモの実。

赤団子

**Point**

鉢植えは1枝に2果を目安に早めに摘果し、株全体で10果くらいにすると、隔年結果にならず、毎年収穫できる。

**こんな木**

関東南部以西に自生する。隔年結果が多く、収穫量が大きく変わる。根に窒素を固定する働きのある放射状菌がつくので、やせ地でもよく育つ。

**利用法**

- 生食
- 加工品
- 果実酒

**栽培カレンダー**

| 月 | 1 | 2 | 3 | 4 | 5 | 6 | 7 | 8 | 9 | 10 | 11 | 12 |
|---|---|---|---|---|---|---|---|---|---|---|---|---|
| 木の状態 | | | | 開花 | | 収穫 | 花芽分化 | | | | | |
| 庭植えの作業 | | 剪定 | 植えつけ | 人工授粉 | 剪定 | | | | | | | |
| 鉢植えの作業 | | 剪定 | 植えつけ／施肥 | 人工授粉 | 摘果 | | 針金かけ | | | | | |
| 病害虫 | | | | 薬剤散布 | | | | | | | | |

### 庭植えのつくり方

#### ○品種と苗選び

隔年結果になりにくく日もちのよい大果の瑞光が代表種で、ほかに酸味の少ない最大果の森口、森口の選抜品種で酸味の少ない秀光などがあります。いずれもポット苗で売られており、雌木品種なので、確実に受粉させたいときは雄木もあわせて入手します。

#### ○植えつけ

暖地性の果樹なので、3～4月に気温が上がってから、日当たりと水はけのよい場所を選び、根鉢をくずさず植えつけます。上部を切り戻し、水やりをしてマルチングをします。

#### ○仕立て方と剪定

樹勢が強く高木になるので、2.5mぐらいで高さを抑え、枝を横に広げる開心自然形にします。新梢を剪定すると花芽を落としてしまうので、芽吹き前に込み合った部分で、不要枝や徒長枝などをつけ根から切り落とす間引き剪定をします。

**実のつき方**　新梢の先端付近にある腋芽に花芽分化し、翌年に開花、結実します。

#### ○施肥

植えつけ時の堆肥や元肥で十分です。窒素肥料は控えめにします。

#### ○病害虫対策

ヤマモモハマキは葉を巻いて中にひそみ、葉を食い尽くします。葉ごと捕殺します。こぶ

## 庭植えの開心自然形仕立て

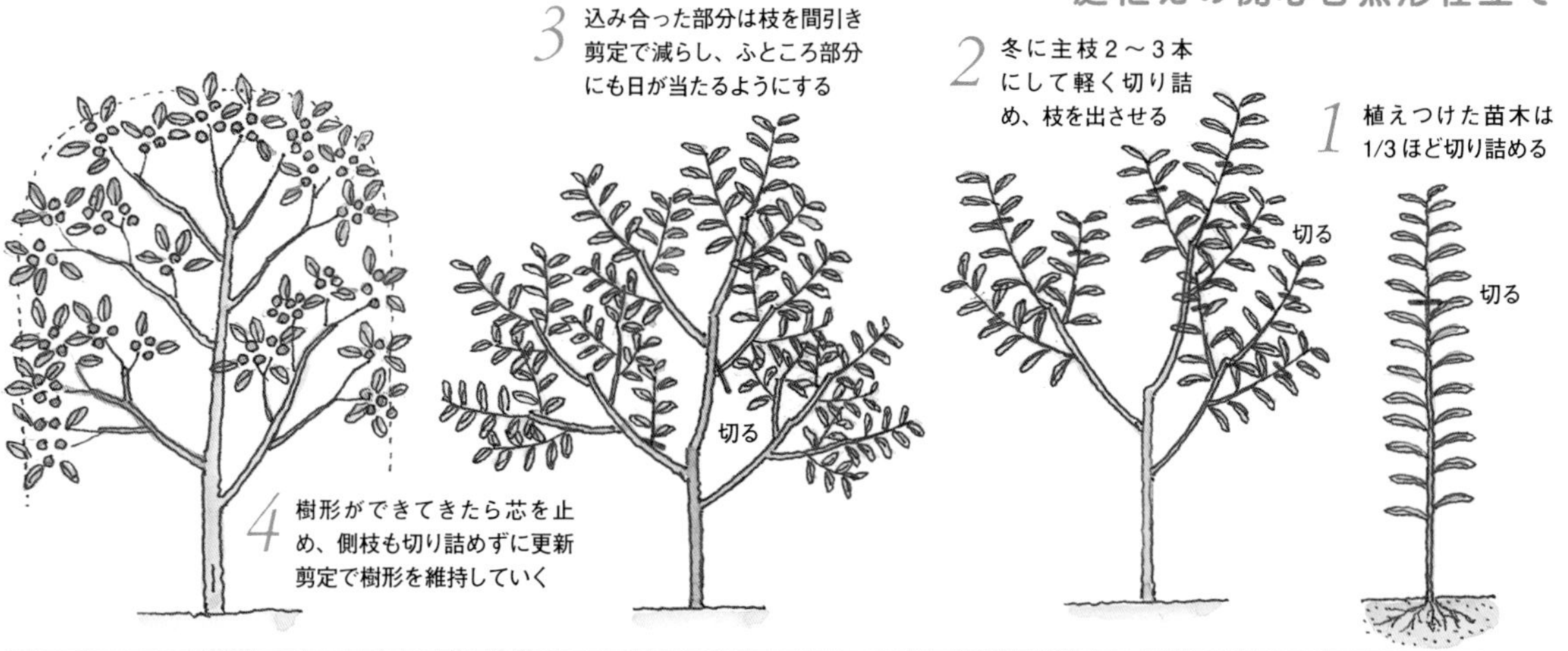
1 植えつけた苗木は1/3ほど切り詰める
切る
2 冬に主枝2～3本にして軽く切り詰め、枝を出させる
切る
3 込み合った部分は枝を間引き剪定で減らし、ふところ部分にも日が当たるようにする
切る
4 樹形ができてきたら芯を止め、側枝も切り詰めずに更新剪定で樹形を維持していく

## 鉢植えの植えつけ

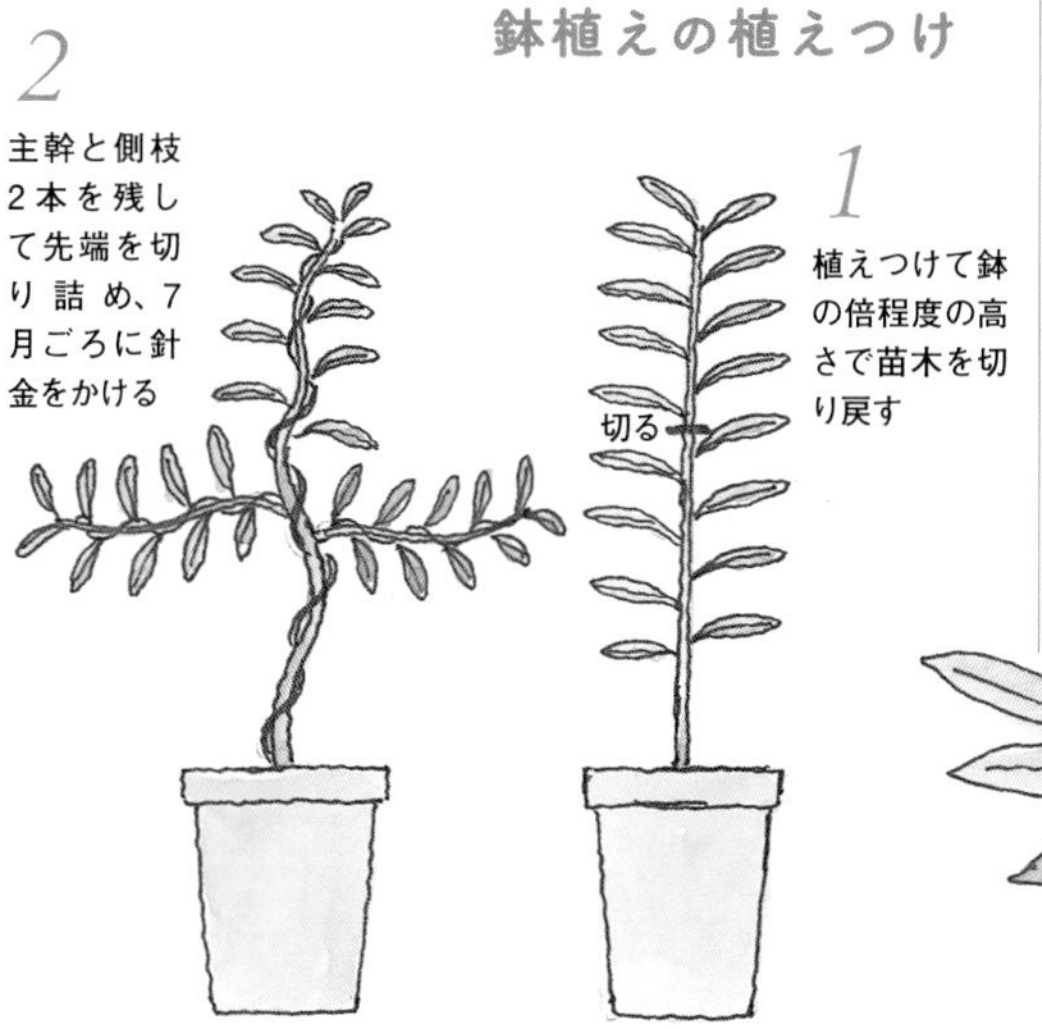
1 植えつけて鉢の倍程度の高さで苗木を切り戻す
切る
2 主幹と側枝2本を残して先端を切り詰め、7月ごろに針金をかける

## 実のつき方

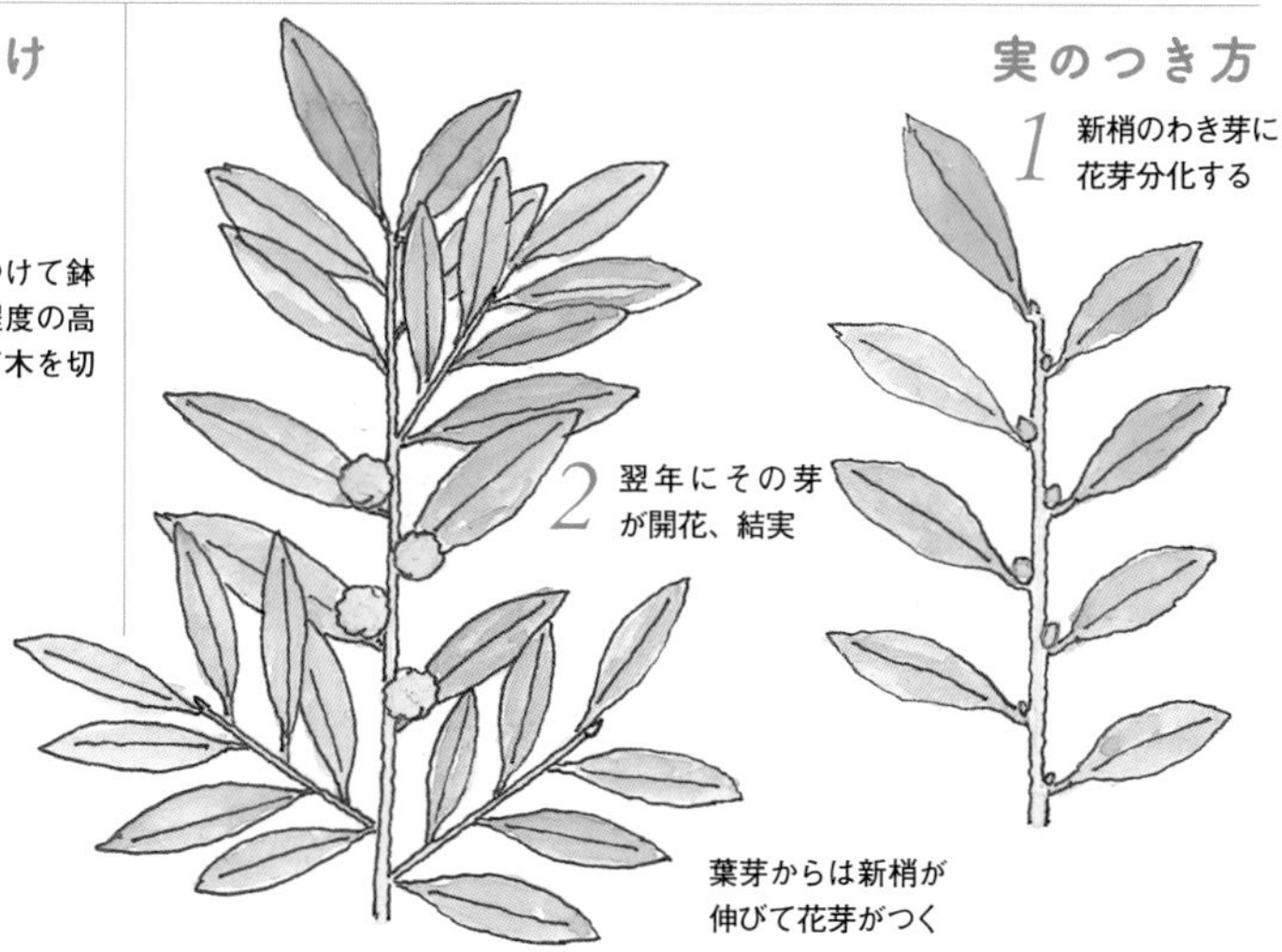
1 新梢のわき芽に花芽分化する
2 翌年にその芽が開花、結実
葉芽からは新梢が伸びて花芽がつく

ができて枝が枯れるこぶ病は、こぶを見つけしだい枝を焼却処分にします。

## 鉢植えのつくり方

### ○植えつけと植えかえ

水はけのよい用土で植え、鉢の倍程度の高さで切り戻します。表土が乾いたらたっぷり水やりをして水ぎれさせないようにし、生育旺盛なので、毎年、春に植えかえます。

### ○仕立て方と剪定

新梢に針金をかけたりして枝を広げ、先端を切り戻して樹形をつくります。

### ○施肥

植えつけ1カ月後と翌年からは3月に、玉肥3個を鉢縁に埋め込みます。

### ○収穫のための作業

雄木をそばに植えておき、開花期に雨よけをすると受粉します。放任すると隔年結果になりますが、実数がたいへん多いので、庭植えで摘果は無理です。実つきのよい年（表年）に、実のついた枝ごと切り落とす方法で減らし、株の消耗をできるだけ抑えます。

### こうして実を楽しむ

実色が暗赤色になって落ちるので、すぐに拾い集めます。ネットを敷いておいて木を揺すり、実を落としてもよいでしょう。水につけて汚れを落としてから食べます。保存は冷凍で。ジャムや果実酒もできます。

# ナツメ

棗

クロウメモドキ科　落葉低木

原産地　ヨーロッパ南部〜西アジア、アジア東部

栽培適地　全国

鉢植えの一才ナツメ。

ナツメの実。

ナツメの花。

**Point**

自家受粉するが、開花中は雨よけをするほうがよい。人工授粉をするとなおよい。芯を立てかえて小さくする。

**こんな木**

漢方薬の大棗として昔から広く利用されている。樹勢がたいへん強く、大木になりよく分枝する。木に負担を与えると実つきがよくなる。

栽培カレンダー

| 月 | 1 | 2 | 3 | 4 | 5 | 6 | 7 | 8 | 9 | 10 | 11 | 12 |
|---|---|---|---|---|---|---|---|---|---|---|---|---|
| 木の状態 | | | | | | 開花 | | | 収穫 | | | |
| 庭植えの作業 | | 植えつけ | 剪定 | | | 人工授粉 | 摘果 | | | | | |
| 鉢植えの作業 | | 剪定 | 施肥 | 植えつけ | | 人工授粉 | 摘果 | | | | | |
| 病害虫 | | | | | | 薬剤散布 | | | | | | |

利用法

生食

薬効

加工品

果実酒

## 庭植えのつくり方

### ○品種と苗選び

自生種のナツメは小実ですが、韓国原産の無等など、品種改良の盛んな韓国や中国の品種は大果でおいしいものが多くあります。

### ○植えつけ

中国北部の乾燥地原産の種類が渡来してきました。暑さ寒さに強く、生育も旺盛です。2〜3月に日当たり、水はけのよい場所へ植えつけます。冬はマルチングをして霜よけをするほうが安心できます。

### ○仕立て方と剪定

枝が立ち上がるので、側枝を出して主幹形仕立てにします。樹高が高くなりすぎたときは、そばにある枝に芯を立てかえます。枝がよく伸びるので、込み合った部分では不要枝や徒長枝などを間引いて、樹冠の内部にもよく日が当たるようにします。芯の立てかえなどの切り戻しの剪定作業は落葉期に行います。

**実のつき方**　充実した新梢で開花、結実します。若木のうちは生長が盛んで、実つきがあまりよくありません。実数が減らないよう、新梢を残し、古枝を間引きます。

### ○施肥

元肥ぐらいで、ほとんど必要ありません。

### ○病害虫対策

実に穴があいていたら、ナツメコガの食害です。被害果は早めにとり除きます。

Jujube

## 庭植えの主幹形仕立て

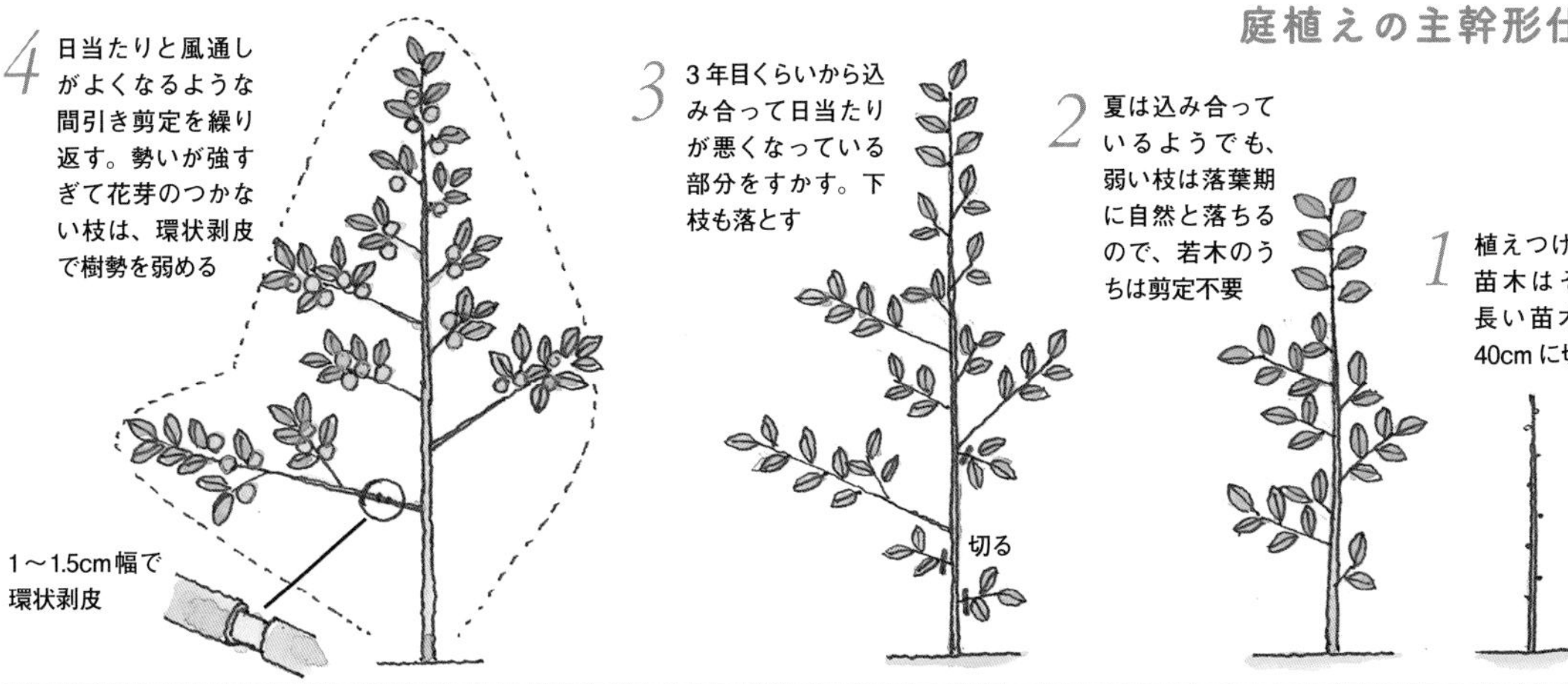


1 植えつけたら短い苗木はそのまま、長い苗木は30～40cmに切り戻す

2 夏は込み合っているようでも、弱い枝は落葉期に自然と落ちるので、若木のうちは剪定不要

3 3年目くらいから込み合って日当たりが悪くなっている部分をすかす。下枝も落とす

4 日当たりと風通しがよくなるような間引き剪定を繰り返す。勢いが強すぎて花芽のつかない枝は、環状剥皮で樹勢を弱める

## 鉢植えの主幹形仕立て

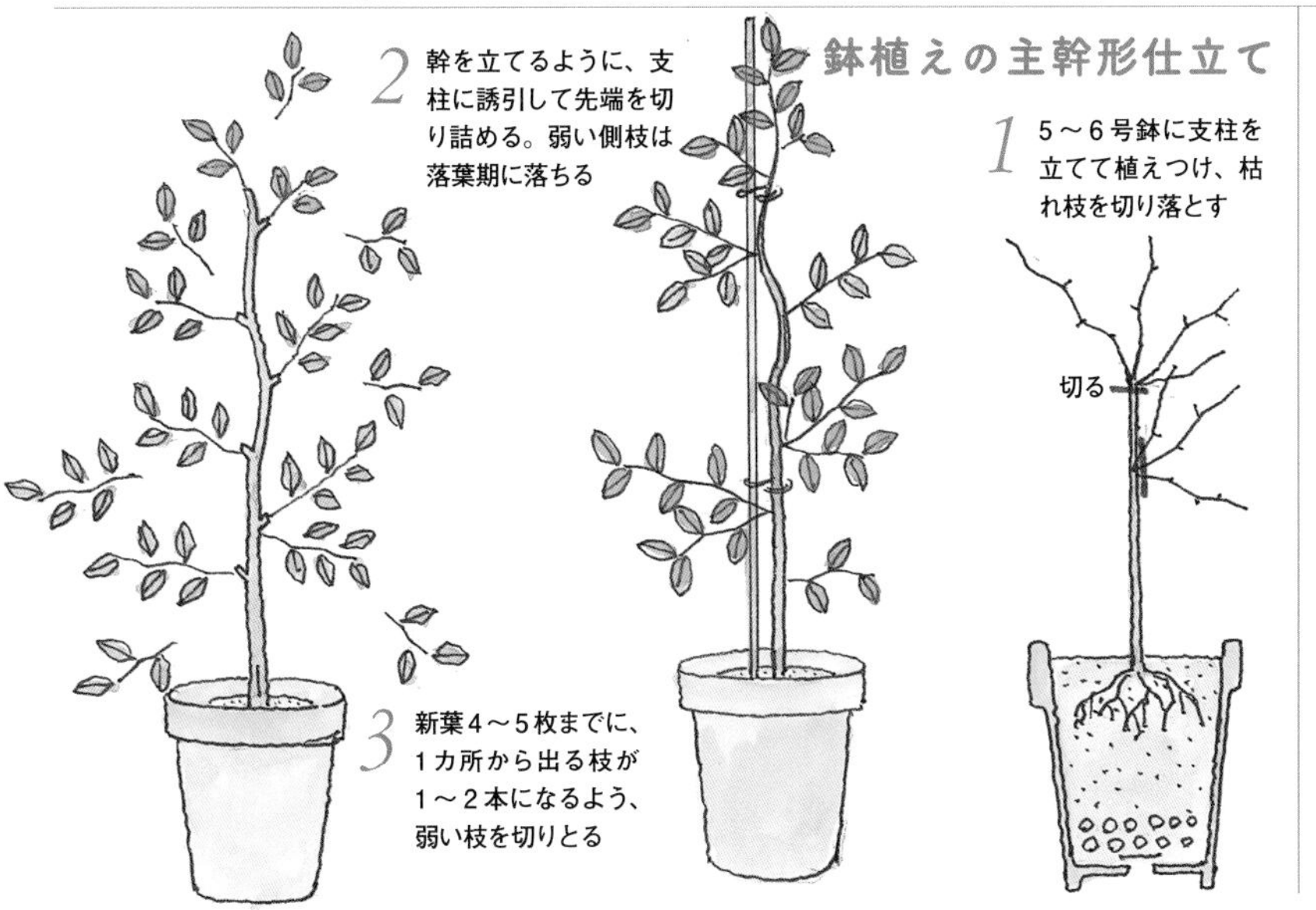


1 5～6号鉢に支柱を立てて植えつけ、枯れ枝を切り落とす

2 幹を立てるように、支柱に誘引して先端を切り詰める。弱い側枝は落葉期に落ちる

3 新葉4～5枚までに、1カ所から出る枝が1～2本になるよう、弱い枝を切りとる

## 実のつき方

1 充実した新梢の頂芽とその下の数芽が花芽になる

2 翌年、花芽から新梢を伸ばし、開花、結実するので、鉢植えは1鉢30～40果に摘果する

## 鉢植えのつくり方

### 品種と苗選び

ポット苗で出回るので、落葉期に植えつけ、毎年植えかえます。

### 植えつけと植えかえ

3月に植えつけ、乾燥ぎみに管理します。冬は室内にとり込んだほうがよいでしょう。

### 仕立て方と剪定

実がつきすぎると、ひとつひとつが充実しないので、1本の新梢につき3～4果になるよう、早めに摘果します。

### 施肥

株が弱っていなければ、特に必要ありません。元気がない場合にのみ、玉肥を鉢縁に埋め込みます。

### 収穫のための作業

自家受粉しますが、開花したら筆先で花先をさわるようにして、花粉が雌しべに確実につくようにすると、結実がよくなります。

樹勢が強いために、生長期間中は実つきが悪くなります。接ぎ木苗を求めるか、樹勢をそぐために環状剥皮などをすると、小さい木でも収穫ができます。

### こうして実を楽しむ

実が黒褐色に色づき、少しやわらかくなってきたものから、手で摘んで収穫します。生食のほか、砂糖で煮詰め、ドライフルーツにしてもおいしく食べられます。

ビックリグミの鉢植え。

ナツグミ

ナワシログミ

# グミ

茱萸

グミ科　落葉・常緑大低木〜中高木

原産地　日本、中国ほか

栽培適地　本州以西

自生種も多く育てやすい。ワイルドなベリーの味

Silverberry

**Point**

実のおいしいビックリグミは、花がたくさんついても結実しないので、ジベレリン処理で単為結果させる。

**こんな木**

小さくまとまり、野性味のある家庭栽培向きの果樹。各地に特徴のある自生種があるが、家庭果樹にはナツグミがよい。鳥に食べられやすい。

栽培カレンダー（ナツグミ）

| 月 | 1 | 2 | 3 | 4 | 5 | 6 | 7 | 8 | 9 | 10 | 11 | 12 |
|---|---|---|---|---|---|---|---|---|---|---|---|---|
| 木の状態 | | | | 開花 | | 収穫 | | | | | | |
| 庭植えの作業 | 施肥 | 植えつけ | 剪定 | | 人工授粉 | | | | | | | |
| 鉢植えの作業 | | 剪定 | 植えつけ、施肥 | | 人工授粉 | | | | | | | |
| 病害虫 | | | | 薬剤散布 | | | | | | | | |

利用法
- 花
- 生食
- 薬効
- 加工品
- 果実酒

## 庭植えのつくり方

### ○品種と苗選び

野生種には、常緑のナワシログミ、ツルグミ、マルバグミと、落葉グミなどがあります。常緑のグミは秋に開花し、春から夏に収穫できます。落葉のグミは春に開花して初夏に収穫するナツグミと、秋に収穫する小粒で酸味の強いアキグミがあります。果樹としてはナツグミ、特に大実のビックリグミ（ダイオウグミの一種）がよく出回ります。

### ○植えつけ

日当たりと水はけのよい場所でよく生長し、特に土質は選びません。植えつけ後にたっぷり水やりをしたら、あとは不要です。

### ○仕立て方と剪定

立ち性種は1本の主幹を立てる主幹形仕立てにしますが、ナワシログミやツルグミのようなつる性種はフェンスやトレリスに絡ませて仕立てます。樹形ができてからは花芽を確認しながら、込み合った枝や徒長枝などの不要枝を間引き剪定します。

株をふやしたいときは6月に緑枝挿しをするか、春先に休眠枝挿しをします。

**実のつき方**　新梢のうち充実した短枝に花芽分化し、1〜2月にはふくらんだ花芽が確認できます。

### ○施肥

元肥だけでも育ちますが、新梢の数や伸び

## 実のつき方

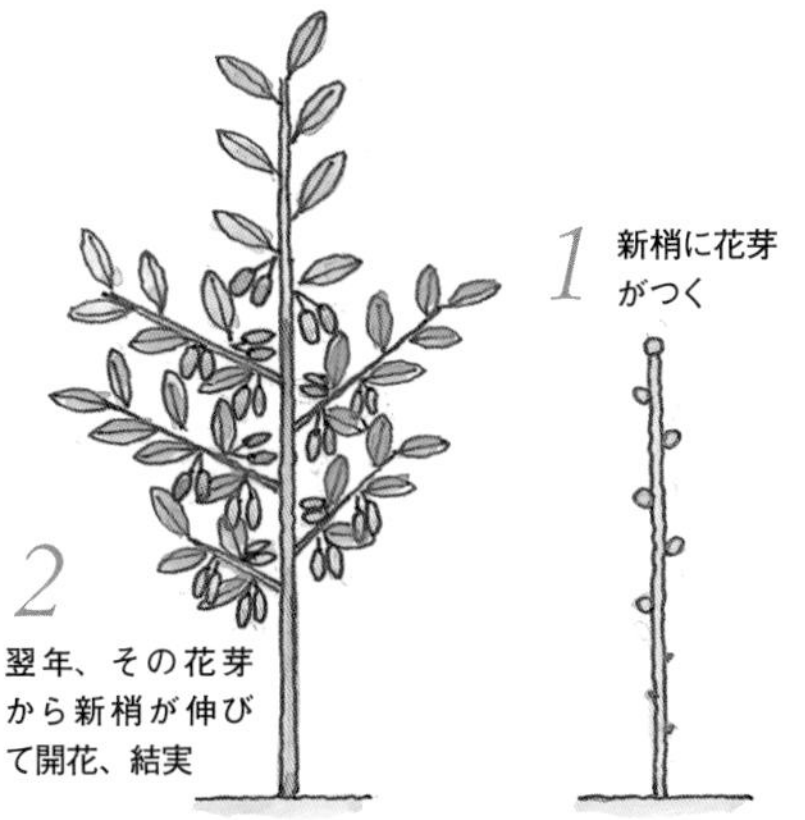
1 新梢に花芽がつく
2 翌年、その花芽から新梢が伸びて開花、結実

## 庭植えの主幹形仕立て

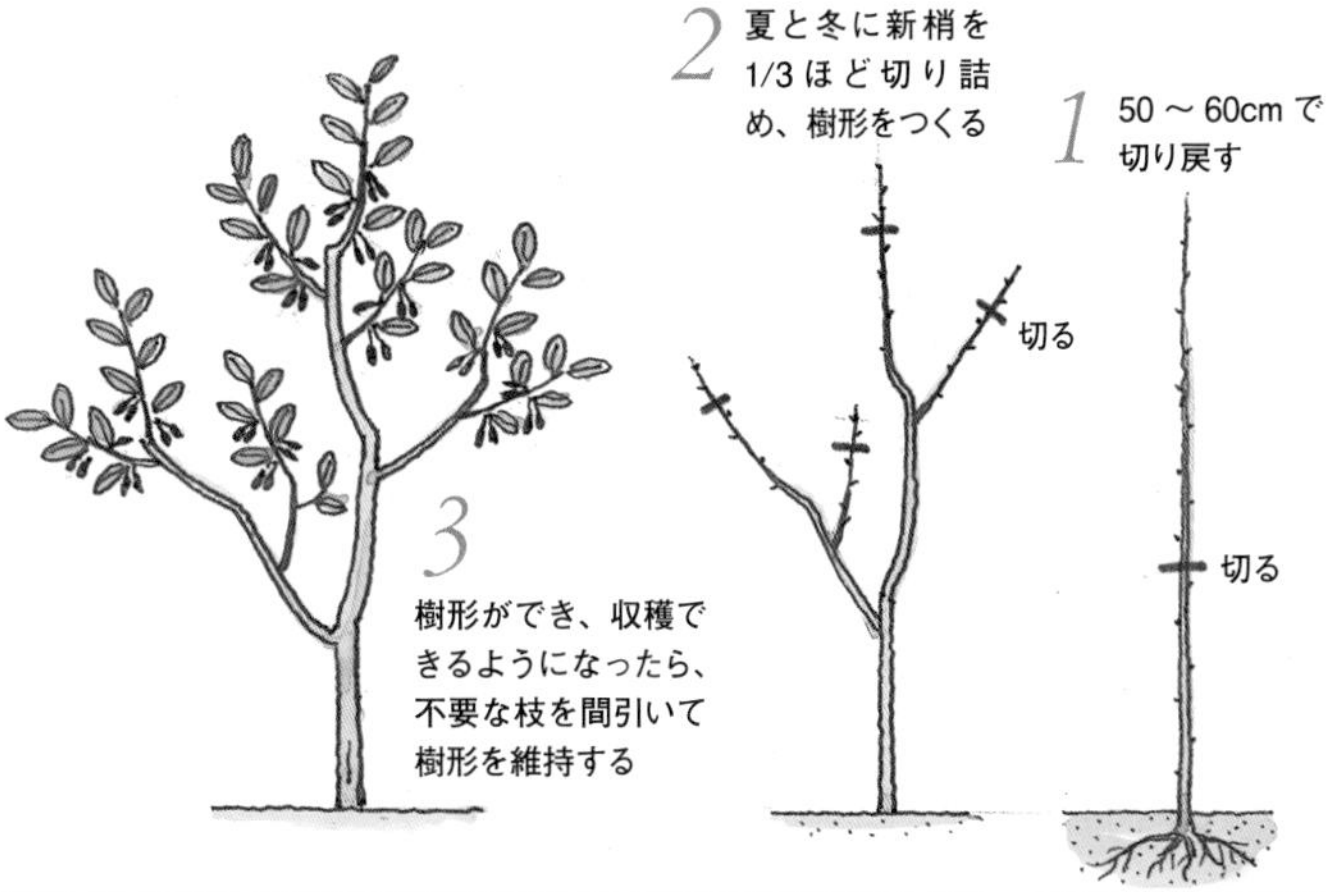
1 50～60cmで切り戻す
切る
2 夏と冬に新梢を1/3ほど切り詰め、樹形をつくる
切る
3 樹形ができ、収穫できるようになったら、不要な枝を間引いて樹形を維持する

## 鉢植えの模様木風仕立て

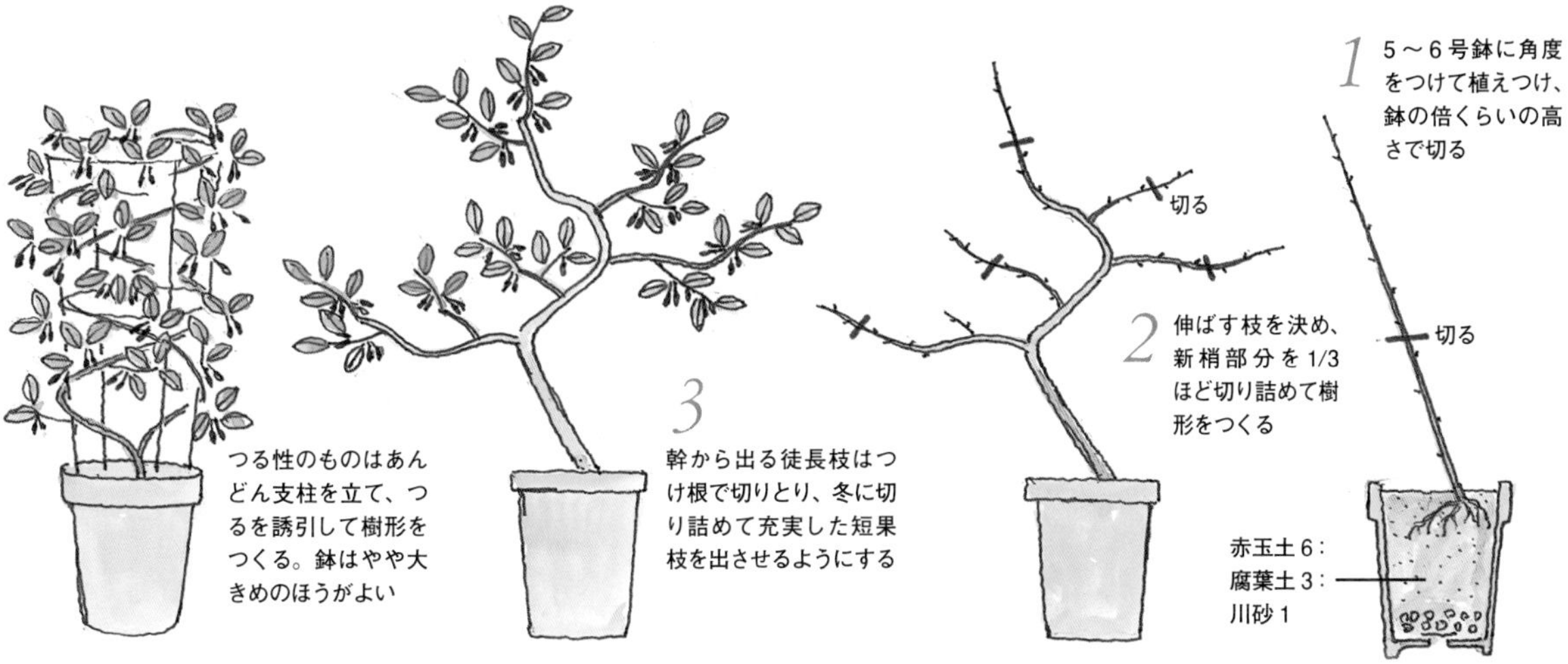
1 5～6号鉢に角度をつけて植えつけ、鉢の倍くらいの高さで切る
切る
赤玉土6：
腐葉土3：
川砂1
2 伸ばす枝を決め、新梢部分を1/3ほど切り詰めて樹形をつくる
切る
3 幹から出る徒長枝はつけ根で切りとり、冬に切り詰めて充実した短果枝を出させるようにする
つる性のものはあんどん支柱を立て、つるを誘引して樹形をつくる。鉢はやや大きめのほうがよい

を見て、樹勢が弱いようなら、1～2月に寒肥を施します。

### ○病害虫対策

新梢につくアブラムシを防除します。

## 鉢植えのつくり方

### ○品種と苗選び

いずれも鉢植えができます。

### ○植えつけと植えかえ

3月、5～6号鉢に植え、表土が乾いたら、たっぷり水やりをします。根詰まりする前に、厳寒期を除く落葉期に植えかえます。

### ○仕立て方と剪定

立ち性種は主幹を決めて模様木風《もようぎふう》に、つる性種はあんどん仕立てにします。

### ○施肥

3～4月ごろに玉肥を施します。

### ○収穫のための作業

ビックリグミは自分の花粉では受精しない自家不結実性なので、ジベレリン処理をします。満開時と2週間後に、1万倍液を花や葉にしっかりと散布します。摘蕾や摘果の必要はありません。

### こうして実を楽しむ

すっぱい野生の味がします。赤く熟した完熟の実になるのを待って収穫すると、渋みもなくおいしい実が食べられます。生食するほか、果実酒にもできます。

# トロピカルフルーツを育てよう

色彩が鮮やかで、形状がユニーク、種類によって味わいもさまざまなトロピカルフルーツ。花が美しい種類や、果実の彩りがきれいな種類などは庭やベランダのアクセントとしても利用できます。また、健康食品として注目されている種類もあります。

トロピカルフルーツは、亜熱帯や熱帯地域が原産地の果樹です。パイナップルやパパイヤ、アボカドなど、日本の食卓になじみ深いものから、フェイジョアやグアバ、アセロラ、ポポーなど、比較的珍しい種類まで、家庭果樹として栽培を楽しむことができます。

平均気温が高い地域や、温室などでの栽培が適しています。それ以外では鉢植えにして、冬場は室内にとり込むなどの工夫が必要です。樹形を美しく整えれば、冬季は室内のインテリアグリーンとしても演出できます。

# INDEX

# アボカド

ついまいてみたくなる大きなタネ。水栽培でも発芽

クスノキ科　常緑中高木

原産地　中央アメリカ

栽培適地　関東南部以西

Avocado

アボカドの実。

アボカドの鉢植え。

**Point**

生長が速く、実生でも、4～5年で結実。午前中に受粉するAタイプとその逆のBタイプがあり、両種を混植する。

**こんな木**

中央アメリカ原産で、メキシコが主要産地。森のバターともいう。メキシコ系はマイナス6度まで耐え、ウンシュウミカンが育つ場所で栽培可能。

**栽培カレンダー**

| 月 | 1 | 2 | 3 | 4 | 5 | 6 | 7 | 8 | 9 | 10 | 11 | 12 |
|---|---|---|---|---|---|---|---|---|---|---|---|---|
| 木の状態 | | 収穫 | | | | 開花 | | | | | 花芽分化 | 収穫 |
| 庭植えの作業 | | | 施肥 | 植えつけ | 人工授粉 | | 施肥 | | | 施肥 | | |
| 鉢植えの作業 | | | 施肥 | 植えつけ | 人工授粉 | | | | | 施肥 | | |
| 病害虫 | | | | | | | | | | | | |

**利用法**

- 生食
- 加工品
- 果実酒

## 庭植えのつくり方

### ○品種と苗選び

苗木として出回るのはメキシコ原産のメキシコラを台木にした接ぎ木苗が多く、Aタイプならメキシコラかジャルナ、Bタイプでは西洋ナシ形のフェルテやベーコン、ズタノなどがあり、両方から1種以上植えます。

### ○植えつけ

日当たりがよく冬に暖かい場所を選びます。根が深く張るので、水はけがよく地下水が深い砂質土で、酸性土を好みます。とりまきをしたら、4～5月ごろ植えつけます。

### ○仕立て方と剪定

品種によって、立ち性のものと横張り性のものがあります。摘芯で側枝をふやし、徒長させないように気をつけ、樹勢が強いので生長後は、枝葉が込み合わないように間引き剪定をして、樹冠内部に光が入るようにします。スペースがあれば杯状仕立てにします。

**花のタイプ**　午前中に受粉適期となって午後に花が閉じ、翌日の午後に花粉が出て花が終わるAタイプと、開花した日の午後に受粉適期となっていったん閉じ、翌日の午前中に花粉が出て花が終わるBタイプがあります。

**実のつき方**　11月に花芽分化が始まり、ゴールデンウイークのころから花が咲きます。枝の先端部分に花が無数に咲きますが、生理落果が多く、結実するのはほんのわずかです。

## タネまき

*1* 実を半分に割って中のタネをとり出し、よく油分を洗い流す

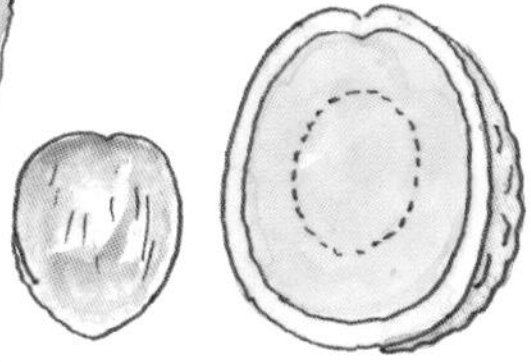

*2* とがったほうを上にして半分以上、土に埋めてたっぷり水やりをする。寒いと2カ月くらいかかるが、暖かければ2週間くらいで発芽する

*3* タネが2つに割れて発根、発芽してよく伸びる。途中で下葉が落ちるがそのまま栽培を続ければよい

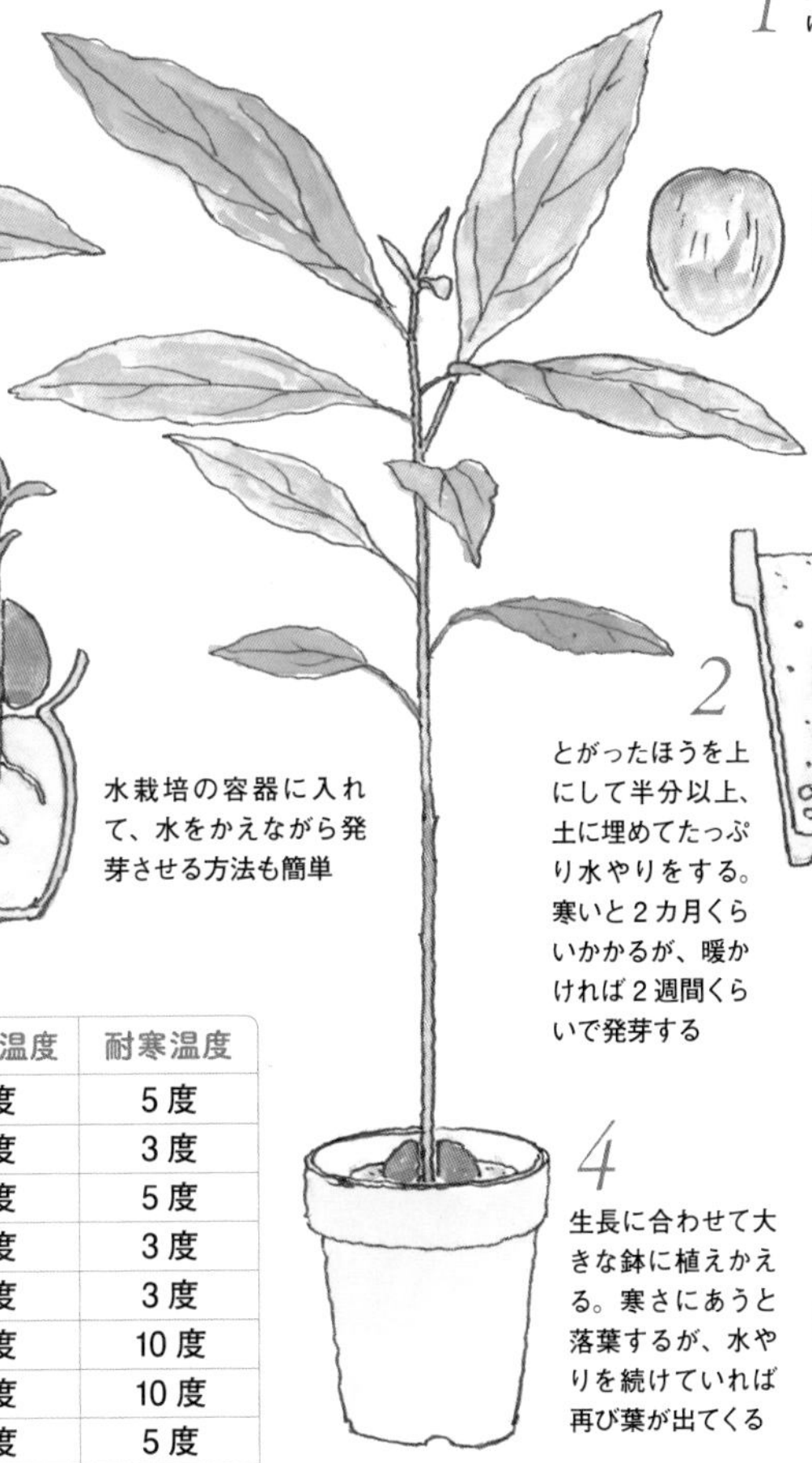

*4* 生長に合わせて大きな鉢に植えかえる。寒さにあうと落葉するが、水やりを続けていれば再び葉が出てくる

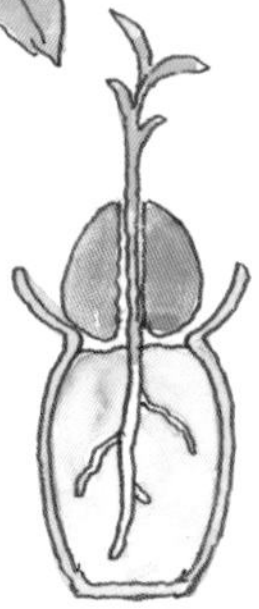

水栽培の容器に入れて、水をかえながら発芽させる方法も簡単

*5* 植えかえは同じか、一回り大きな鉢にする。葉5～6枚で摘芯して枝数をふやすとよい

### 生育適温と耐寒性

| 果樹名 | 生育適温 | 冬越し温度 | 耐寒温度 |
|---|---|---|---|
| アセロラ | 25～30度 | 15度 | 5度 |
| アボカド | 25～30度 | 10度 | 3度 |
| グアバ | 25～30度 | 10度 | 5度 |
| パイナップル | 25～27度 | 10度 | 3度 |
| パッションフルーツ | 25～30度 | 10度 | 3度 |
| パパイヤ | 25～30度 | 15度 | 10度 |
| チェリモヤ | 28～35度 | 15度 | 10度 |
| スターフルーツ | 25～30度 | 10度 | 5度 |
| マンゴー | 28～35度 | 15度 | 5度 |
| レイシ | 25～30度 | 15度 | 5度 |

### ○施肥

葉が弱らないように、春、夏と秋に緩効性化成肥料を追肥します。

### ○病害虫対策

ハマキムシの食害やカイガラムシ、炭そ病の発生に気をつけます。

## 鉢植えのつくり方

### ○植えつけと植えかえ

深鉢に水はけのよい用土を入れ、日当たりのよい場所で管理します。表土が乾いたらたっぷりと水やりし、特に夏に水ぎれさせると実が肥大しないので気をつけます。

### ○仕立て方と剪定

ふところまで日がよく当たるように、間引き剪定をします。

### ○施肥

3月、10月に玉肥を施します。

### ○収穫のための作業

互いに人工授粉で結実を促します。冬に3度以下にならないようにします。

### こうして実を楽しむ

夏に実が大きくなりますが、収穫は年末から翌春にかけて、果皮が黒くなってから手でもいで収穫します。皮に傷がつくと早く傷むので、ていねいにとります。室内に2週間ほど置くと成熟します。冷蔵庫の野菜室で1カ月くらいなら保存できます。

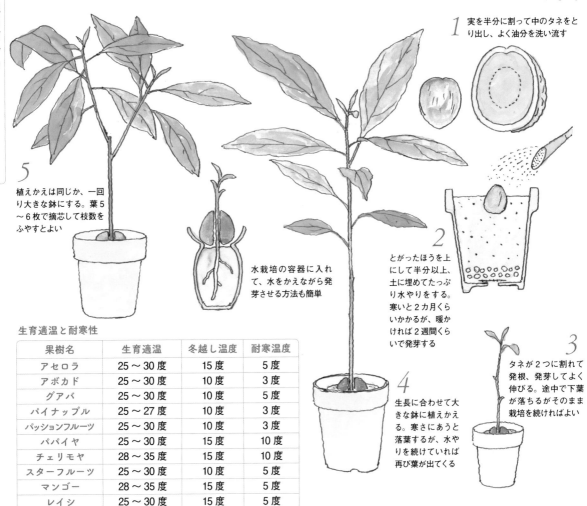

# フェイジョア

花はよく目立つが、実は緑色でパイナップルの香り

Feijoa

フトモモ科　常緑大低木　別名 パイナップルグアバ

原産地 南アメリカ　栽培適地 関東中部以西

マンモスの鉢植え。

クーリッジ

フェイジョアの花。

**Point**

自家受粉する品種も、梅雨時期で虫による受粉が少ないため、2品種以上を植えて受粉を促すほうがよい。

**こんな木**

南アメリカ原産だが、ウンシュウミカンより耐寒性がある。甘い香りのジューシーな実をスプーンですくって食べる。花もサラダなどで食べられる。

利用法

花

生食

栽培カレンダー

| 月 | 1 | 2 | 3 | 4 | 5 | 6 | 7 | 8 | 9 | 10 | 11 | 12 |
|---|---|---|---|---|---|---|---|---|---|---|---|---|
| 木の状態 | | | | | | 開花 | | | | | 収穫 | |
| 庭植えの作業 | | 剪定<br>施肥 | 植えつけ | | | 人工授粉 | 剪定 | 摘果 | | | | |
| 鉢植えの作業 | | 剪定 | 施肥 | 植えつけ | | 人工授粉 | 剪定 | 摘果 | 施肥 | | | |
| 病害虫 | | | | | | | | | | | | 薬剤散布 |

## 庭植えのつくり方

### ○品種と苗選び

大果の品種で自家受粉するクーリッジ、アポロ、人工授粉が必要なトライアンフ、マンモスなどがよく出回ります。自家受粉しない品種は2品種以上を植えるか、1本に他品種を高接ぎします。

### ○植えつけ

寒風が当たらず、日当たりのよい場所で水はけのよい肥沃な土なら、土質は選びません。ピートモスや腐葉土をすき込んで耕しておくとよいでしょう。3～4月に植えつけたら乾燥防止と霜よけとして、マルチングをしておきます。乾燥が続くときは水やりをします。

### ○仕立て方と剪定

主幹形仕立てにします。分枝性があり、株元からよく枝が出てくるので、側枝を広げ、間引き剪定で樹形を維持します。新梢の先端には花芽があって切り戻せないので、伸びた結果枝を更新していきます。

**実のつき方**　新梢の先端付近に花芽分化し、翌年、そこから伸びた枝のつけ根付近に開花、結実します。

### ○施肥

2月に溝を掘って緩効性化成肥料を施します。

### ○病害虫対策

発生は少なく、カイガラムシが見られるぐらいなので、かきとって駆除します。

## 庭植えの仕立て方

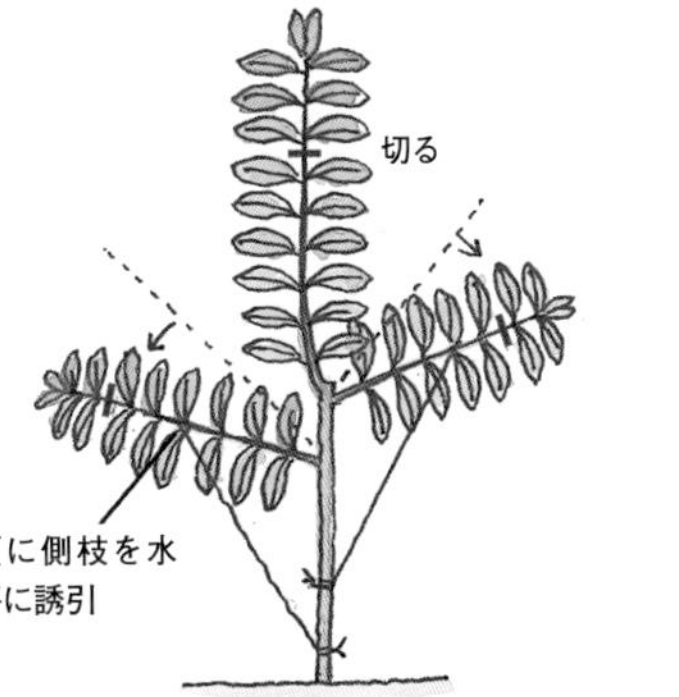
切る
夏に側枝を水平に誘引

1 植えつけて 50 ～ 60cm で切り戻し、主幹と側枝２本くらいにし、新梢部分を 1/3 ほど切り戻す

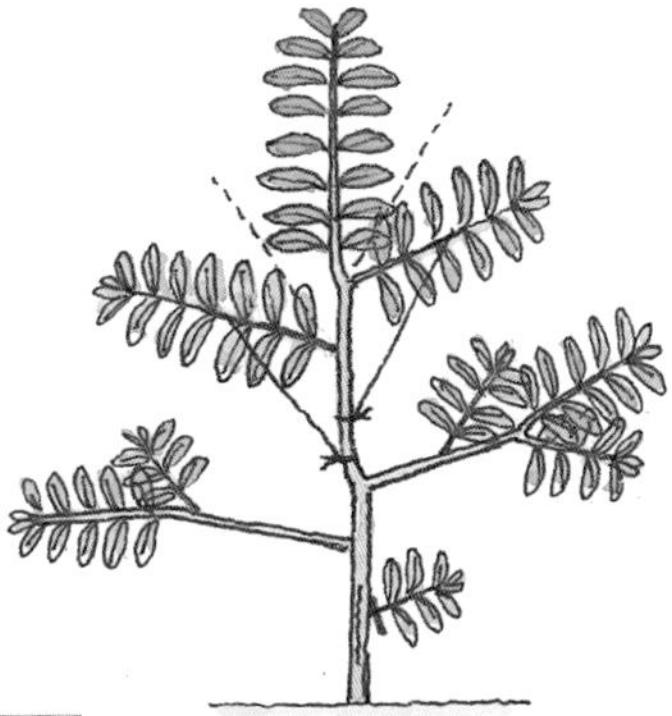

2 生長に従い、側枝の数をふやして切り戻し、誘引を繰り返す。ほかの枝はつけ根から切る

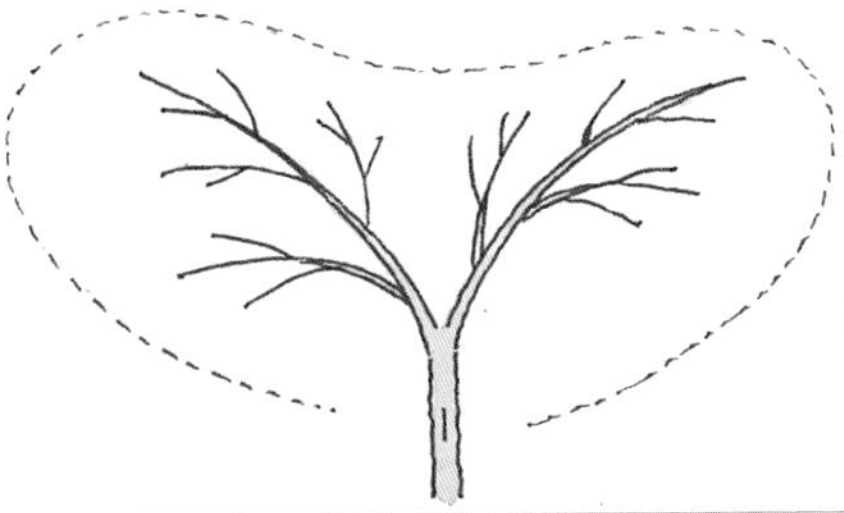

3 樹姿ができたら切り戻しで伸ばすのはやめ、間引き剪定で長い枝を短いものに更新して半円形を維持する

## 鉢植えの仕立て方

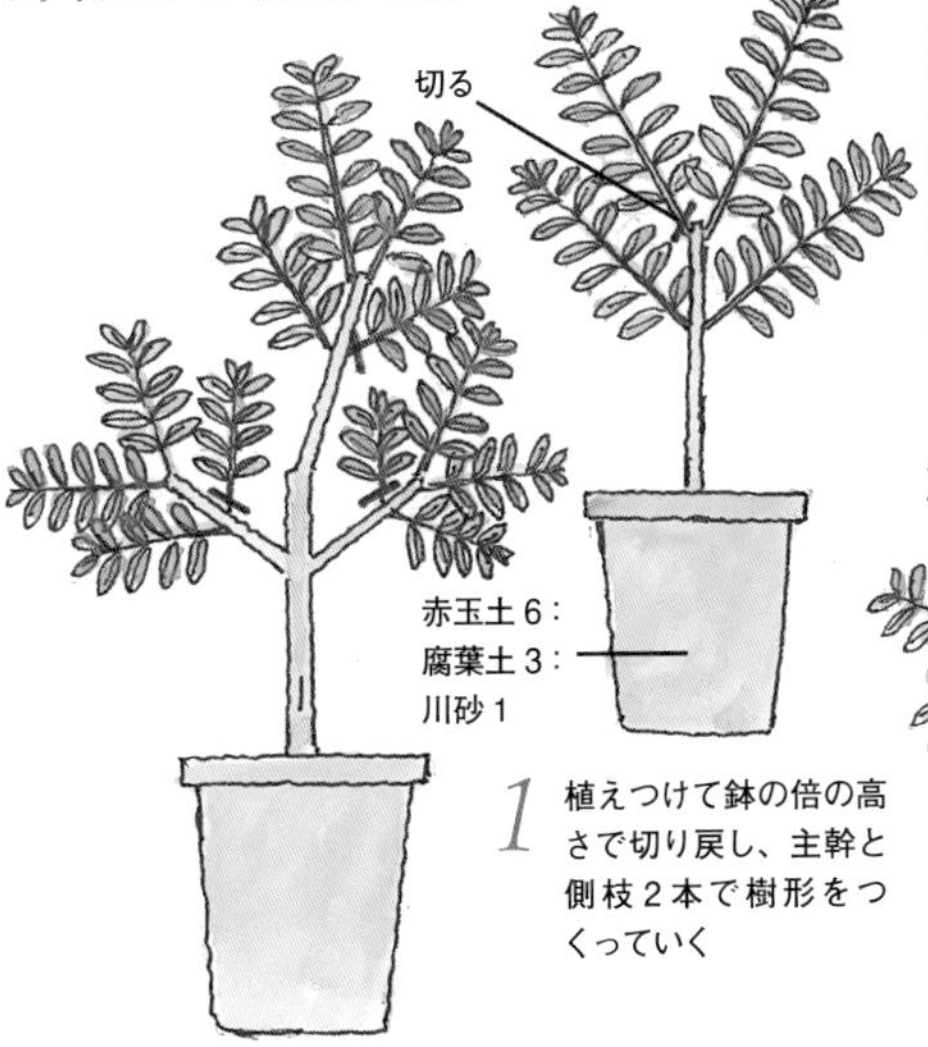
切る
赤玉土 6：
腐葉土 3：
川砂 1

1 植えつけて鉢の倍の高さで切り戻し、主幹と側枝２本で樹形をつくっていく

2 梅雨時期に針金かけで側枝を水平に誘引し、込み合った部分の枝を抜いて樹形をつくる

## 実のつき方

1 充実した新梢の先端付近に花芽が分化する

2 翌年、花芽から伸びた新梢のつけ根に近いほうに開花、結実

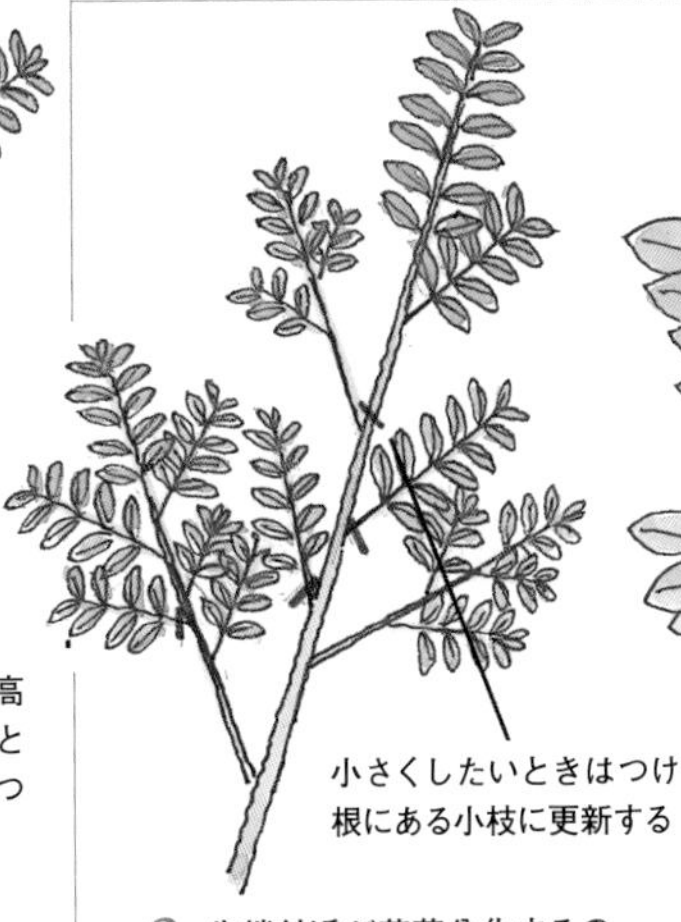
小さくしたいときはつけ根にある小枝に更新する

3 先端付近が花芽分化するので、切り戻さずに間引く

## 鉢植えのつくり方

### ○植えつけと植えかえ

もともと熱帯性の果樹なので、暖かくなってから根をいじらないように気をつけ、6～7号鉢以上の大きめの鉢に、水はけのよい用土で植えます。できれば冬は室内にとり込みます。収穫できるようになったら、2～3年に一度、根鉢をくずさず植えかえます。表土が乾いたらたっぷり水やりをし、受粉後は水ぎれで落果しないよう、夏の乾燥期は毎朝与えます。

### ○仕立て方と剪定

針金やひもをかけて模様木風《もようぎふう》にします。折れやすいので徐々に曲げます。樹冠内部の小枝には大実がつきやすいので残しておきます。

### ○施肥

春と秋に玉肥を3～5個、施します。

### ○収穫のための作業

開花が梅雨時期にあたるので雨よけをし、花弁がそり返っていない若い花に、別品種の花をこすりつける人工授粉をします。大きい実ができたら、その先にできたつぼみはとっておきます。7月下旬～8月には込み合った部分で、小さい実をとり除きます。

### こうして実を楽しむ

自然に実が落ちるころ、落ちた実やもぎとった実をビニール袋の中に入れ、室温で2週間ほど追熟させます。

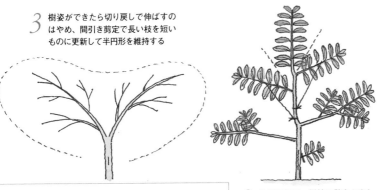

フェンスにはわせ、暑い夏の日陰づくりに利用したい

# パッションフルーツ

トケイソウ科　常緑つる性多年草　別名　クダモノトケイソウ

原産地　ブラジル　栽培適地　九州南部以南

パッションフルーツの鉢植え。

パッションフルーツの花。

実とタネ。

**Point**
自家受粉もするが、2品種以上をいっしょに育てるか、花を筆先でふれて受粉を促す。肥料はリン酸分を補充。

**こんな木**
ブラジル原産。トケイソウの実も食べられるが、果樹としてはクダモノトケイソウを栽培する。日当たりのよいことを第一条件に栽培場所を決める。

栽培カレンダー

| 月 | 1 | 2 | 3 | 4 | 5 | 6 | 7 | 8 | 9 | 10 | 11 | 12 |
|---|---|---|---|---|---|---|---|---|---|---|---|---|
| 木の状態 | | | | | 開花 | | 収穫 | 収穫 | | | | |
| 庭植えの作業 | | 施肥 | | | | | | 施肥 | 剪定 | 剪定 | | |
| 鉢植えの作業 | | | | | 施肥 | 施肥 | 施肥 | 施肥、タネまき | 施肥、剪定 | 剪定 | | |
| 病害虫 | | | | | | | | | | | | |

利用法
花
生食
加工品
果実酒

## 庭植えのつくり方

### ○品種と苗選び

実が紫色っぽいものと黄色っぽいものがあり、ポット苗が出回ります。両種を1株ずつ育てると、受粉しやすくなります。観賞用のトケイソウも実がつきます。

### ○植えつけ

タネはよく水洗いをしてから、とりまきします。本葉が出たら水はけ、日当たりのよい場所に植えつけます。挿し木でもふやすことができます。

### ○仕立て方と剪定

日当たりがよい場所で水はけのよい土に植え、フェンスや棚につるをはわせます。冬は霜よけが必要です。ただし、寒さで落葉しても、根が傷んでいなければ春には新芽が出てくるので、マルチングをして春を待ちます。日当たりがよいと実つきがよくなり、つぼみができてからも、できるだけ直射日光をつぼみに当てるように誘引します。

**実のつき方**　収穫後に伸びたつるに花芽が分化。翌年そこから新芽が伸び、5～24芽で開花、結実します。

### ○施肥

多肥を好むので2月、8月に緩効性化成肥料を施します。それでも葉色が悪いときは、液肥も追肥します。

### ○病害虫対策

Passion fruit

## 鉢植えのあんどん仕立て

1 苗木を水はけのよい用土に植えつけ、あんどん支柱を立てておく

2 支柱の外側に巻きつけるようにして、つるを誘引。切り戻したあとに伸びた新梢に花芽がつくので、収穫後は切り戻して、誘引を繰り返す

## 庭植えの棚仕立てとフェンス仕立て

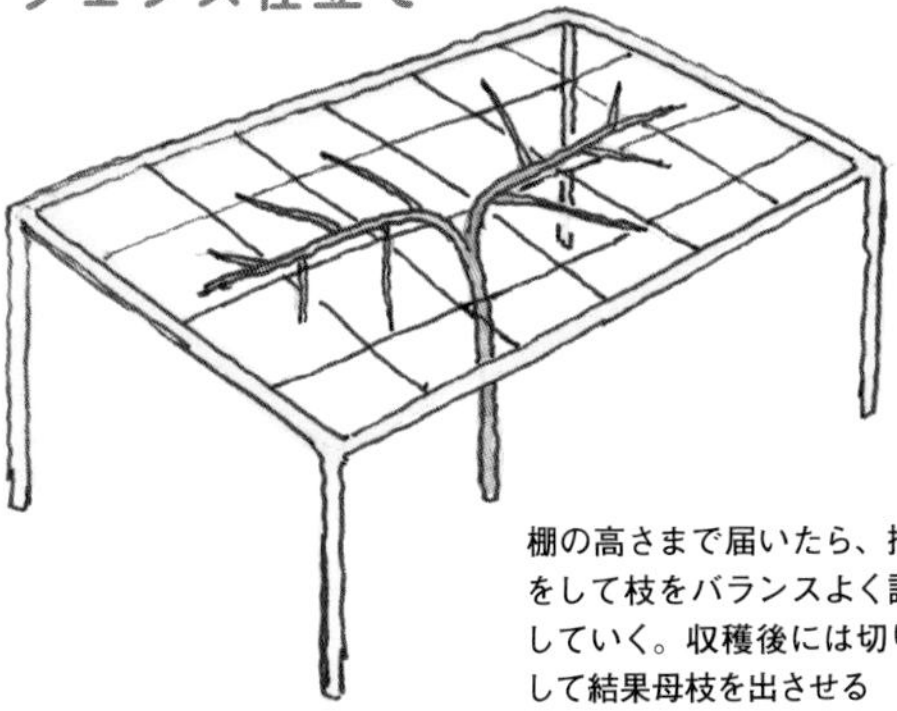

棚の高さまで届いたら、摘芯をして枝をバランスよく誘引していく。収穫後には切り戻して結果母枝を出させる

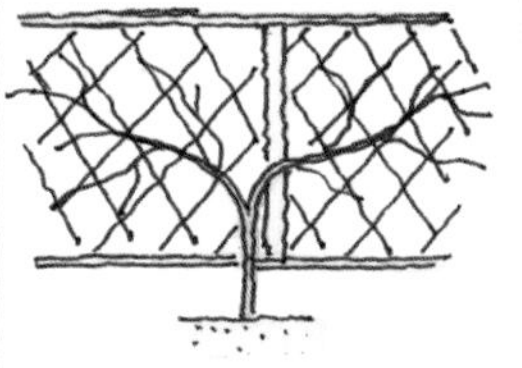

フェンスなどに誘引していけば、日陰をつくるのにも役立つ

## 挿し木

1 3～6月に緑枝挿しができる。2節に切った挿し穂は下葉をとり、大きな葉は半分に切る

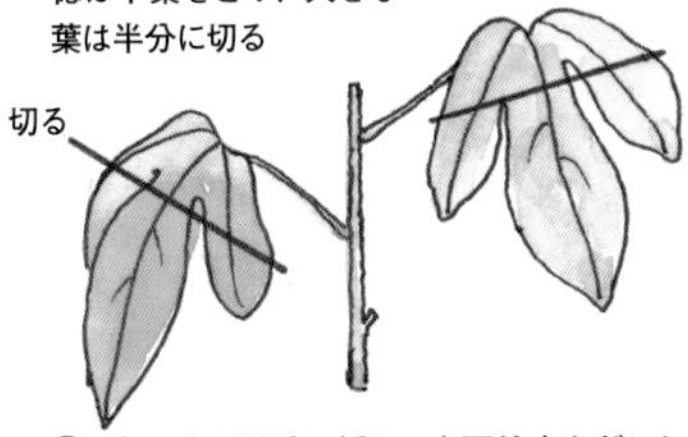


2 赤玉土か川砂に挿し、底面給水などにして1カ月ほど乾かさないようにして発根させる

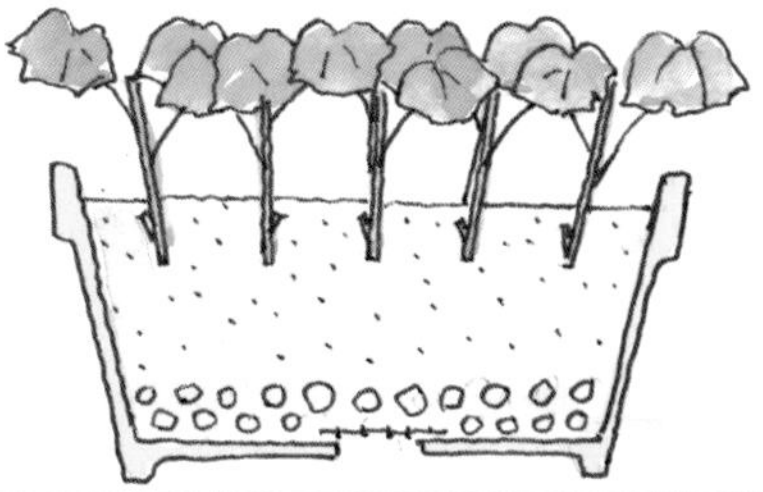

## 庭植えの方法

1 苗を植えつけたら、支柱を立てて、仕立てる大きさになるまで誘引する

2 生長が速いので、仕立てる大きさに合わせて摘芯をする

ほとんど心配いりません。

## 鉢植えのつくり方

### ○植えつけと植えかえ

水はけのよい用土に、浅植えにします。植えつけ時にあんどん支柱を立て、つるを誘引します。水やりは表土が乾いたらたっぷりと行います。冬は室内にとり込み、日当たりのよい窓辺に置いて5度以上を保ちます。根詰まりするとつるが伸びなくなってしまうので、そうなる前に植えかえますが、株の寿命が7年くらいなので、あらかじめ実生や挿し木で株を更新しておきます。

### ○仕立て方と剪定

あんどん仕立てにして、つるを伸ばします。

### ○施肥

温度の高い間は緩効性化成肥料と、葉色を見て液肥を月2回ほど施します。

### ○収穫のための作業

虫媒花なので、昆虫が飛んでこない場所で育てているときは、開花した花を筆でふれるようにして受粉を促します。開花後は雨にあわせないことも大切です。

### こうして実を楽しむ

皮にしわが寄ったら熟しすぎです。開花から50日ぐらいを目安に、その前に収穫します。中身をスプーンなどですくって食べましょう。

大きな葉をたくさん出させることで、おいしい実に

# パイナップル

パイナップル科　常緑多年草

原産地　南アメリカ

栽培適地　九州南部以南

フィリパイナップル

パイナップルの実。

ミニパイナップル

**Point**

開花、結実は１株につき１回だけなので、生長途中に出てくる子株をかきとってふやす。茎を太く育てるとよい。

**こんな木**

南アメリカ原産。沖縄では営利生産されているが、家庭果樹としては鉢植え栽培になる。実の上部を切りとって挿すクラウン挿しが育てやすい。

**利用法**

- 生食
- 加工品
- 果実酒

**栽培カレンダー**

| 月 | 1 | 2 | 3 | 4 | 5 | 6 | 7 | 8 | 9 | 10 | 11 | 12 |
|---|---|---|---|---|---|---|---|---|---|---|---|---|
| 木の状態 | | | | 開花 | 開花 | | | 収穫 | 収穫 | | | |
| 鉢植えの作業 | | 植えつけ | 植えつけ | 植えつけ | 植えつけ | | 植えつけ | 植えつけ | 植えつけ | | | |
| | | | | 施肥 | 施肥 | 施肥 | 施肥 | 施肥 | 施肥 | 施肥 | | |
| 病害虫 | | | | 薬剤散布 | 薬剤散布 | 薬剤散布 | 薬剤散布 | 薬剤散布 | | | | |

## 鉢植えのつくり方

### ○品種と苗選び

キューガーデンでつくられた、スムースカイエンと呼ばれるとげなしの品種群が栽培されます。斑入り葉種などが何種類か出回っており、ミニパイナップルは切り花用としてつくられています。一年中、気温が25度くらいで雨の多い地域が栽培に適します。沖縄では庭植えもできますが、それ以外の地域では鉢植えにします。

### ○植えつけと植えかえ

クラウン（上部の葉の部分）を使った、挿し芽が育てやすいでしょう。下葉をとって乾燥させ、水はけのよい肥沃な酸性土に挿します。１カ月ほどで根づくので、日当たりのよい場所に鉢を移します。ほかに、果肉についているタネをとりまきする方法もあります。年間を通して高温下で育ち、10度以下になると休眠します。乾燥に強い性質ですが、生長期の水ぎれに注意。水ぎれすると花つきが悪くなり、実の生長も悪くなります。雑草があっても水分をとられてしまうので、マルチングをして乾燥と雑草が生えるのを抑えるとよいでしょう。観葉植物のほかのアナナス類のような、葉に水をためる水やりはしません。

**実のつき方**　葉が70～80枚になると、短日条件下で花芽が分化します。

### ○仕立て方と剪定

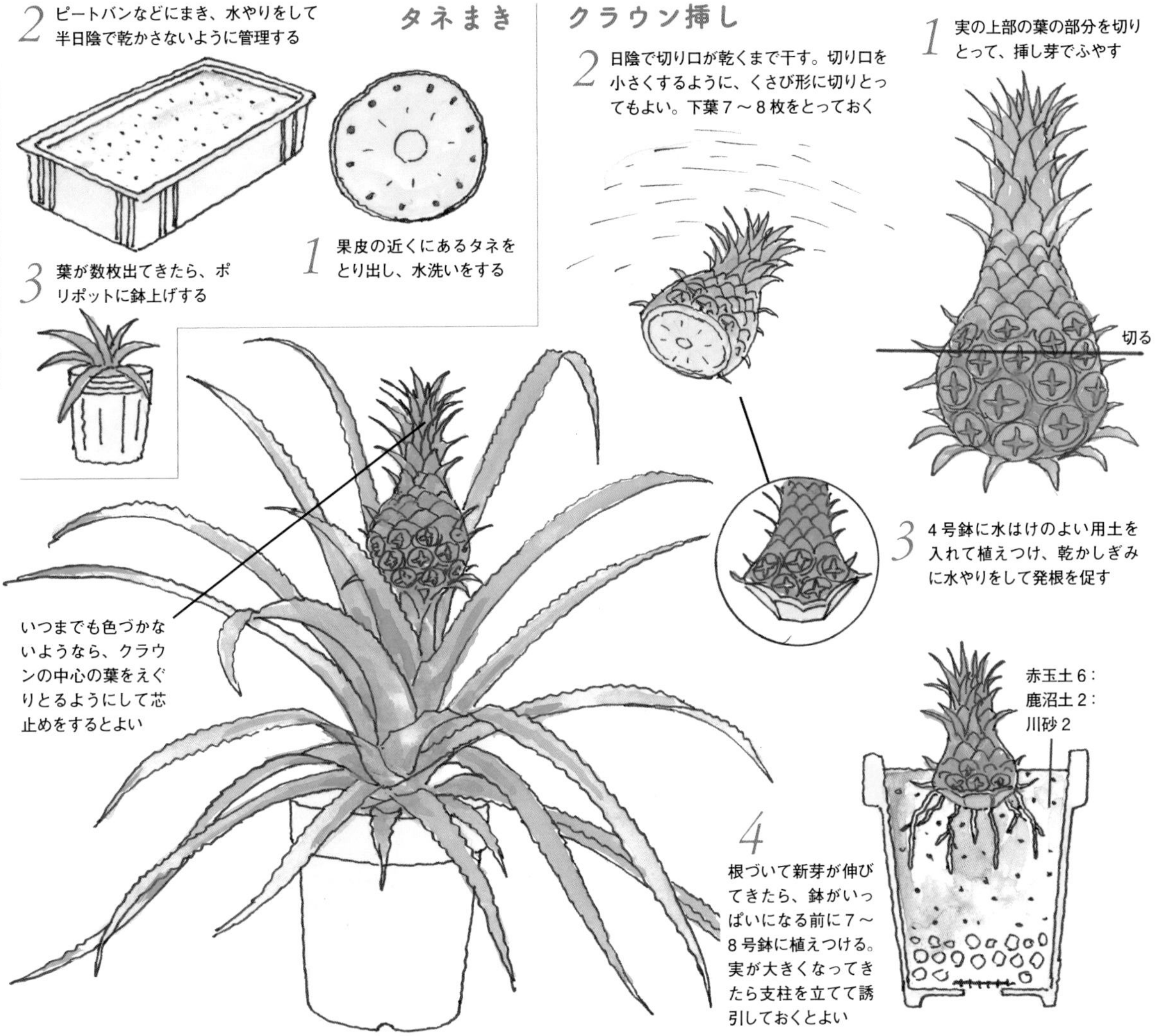
タネまき
1 果皮の近くにあるタネをとり出し、水洗いをする
2 ピートバンなどにまき、水やりをして半日陰で乾かさないように管理する
3 葉が数枚出てきたら、ポリポットに鉢上げする
クラウン挿し
1 実の上部の葉の部分を切りとって、挿し芽でふやす
切る
2 日陰で切り口が乾くまで干す。切り口を小さくするように、くさび形に切りとってもよい。下葉7～8枚をとっておく
3 4号鉢に水はけのよい用土を入れて植えつけ、乾かしぎみに水やりをして発根を促す
赤玉土6：
鹿沼土2：
川砂2
4 根づいて新芽が伸びてきたら、鉢がいっぱいになる前に7～8号鉢に植えつける。実が大きくなってきたら支柱を立てて誘引しておくとよい
いつまでも色づかないようなら、クラウンの中心の葉をえぐりとるようにして芯止めをするとよい

とう立ちして開花したあと、単為結果で実が肥大します。結実したら、支柱を立てて折れないようにしましょう。実が熟してくるにつれ、葉の間から子株（吸芽・きゅうが）や、実のつけ根にも子株（頴芽・えいが）が出てくるので、これをかきとって別の鉢に植えつけると、株がふやせます。

### ○施肥

春から秋の生長期に月1回追肥。特に窒素とカリ分が必要なので、液肥を葉面散布します。

### ○病害虫対策

ハダニを葉水で除去。コナカイガラムシは萎《い》凋病《ちょうびょう》を、ネギアザミウマが黄斑病を媒介するので、早めに駆除します。また、水はけが悪いと根腐れを起こします。

### ○収穫のための作業

冬は昼夜の温度差が10度以上にならないように、夜間は室内の窓ぎわから暖かい場所に移します。

### こうして実を楽しむ

とう立ちしてから5カ月くらいで成熟します。実の半分以上が橙黄色に色づいてくると、香りも漂ってきます。そのころに切りとって収穫。12度以下の低温にあうと、果肉が茶色くなってしまいます。収穫して食したあとはクラウンをとり、また植えつけましょう。

# パパイヤ

パパイヤ科　常緑小高木

原産地　中央アメリカ

栽培適地　九州南部以南

パパイヤの実。

パパイヤの鉢植えと実。

パパイヤの発芽。

**Point**

雌花、雄花、両性花が咲くが、開花するまではわからないので、最初は複数本育てるほうがよい。

**こんな木**

中央アメリカ原産で25度が生育適温。高温多雨を好み、日本では鉢植えで育てる。未熟果を野菜として食する地域もある。パパイン酵素をもつ。

**利用法**

生食

加工品

果実酒

栽培カレンダー

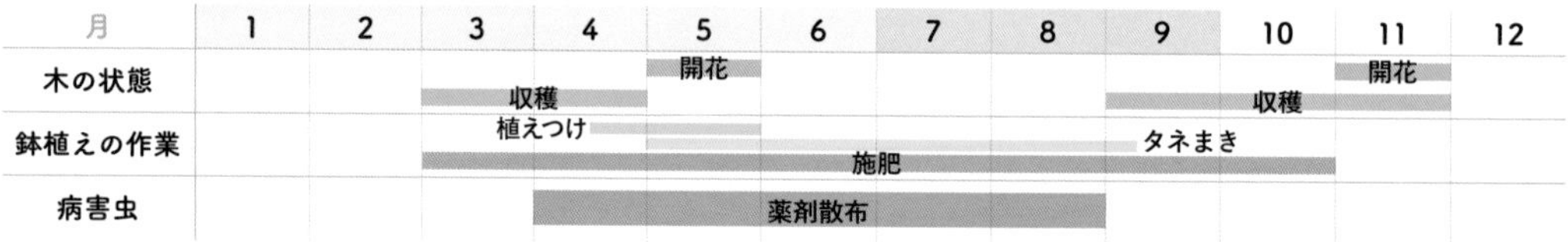
月
1
2
3
4
5
6
7
8
9
10
11
12
木の状態
開花
収穫
開花
収穫
鉢植えの作業
植えつけ
タネまき
施肥
病害虫
薬剤散布

## 鉢植えのつくり方

### ○品種と苗選び

雌雄異株、雌雄同株が安定せず、自然交雑の多い果樹です。日本で栽培されるのは、ハワイで育成されたものがほとんどで、実生苗でも植えつけた年か翌年くらいから結実が見られます。完全両性木（ソロ）なら1本でも受粉しますが、1m以上の大株にならないと実がつきにくいようです。

### ○植えつけと植えかえ

タネは薄い皮を完全にとり除いてからまきます。本葉が数枚出たら、水もちのよい肥沃な弱酸性土を使い、水はけと通気性をよくした鉢植えにします。過湿状態になると根腐れを起こし、水ぎれにも弱いので、表土が乾いてからたっぷり水やりをします。水ぎれになると花つき、実つきも悪くなります。乾燥期にはマルチングをするのもよいでしょう。

平均最低気温が16度ないと生長せず、13度以下になると休眠状態になります。高温とたっぷりの直射日光を好むので、暖かい時期はできるだけ屋外に置き、10月に入ったら室内の明るい窓辺に移すようにします。生長に合わせて少しずつ大きな鉢に植えかえ、株の寿命が短いので、3年くらい収穫したら、実生で株を更新します。

### ○仕立て方と剪定

分枝性はほとんどなく、大きなヤツデ状の

トロピカルフルーツ

# パパイヤ Papaya

## タネまき

1 実の中にあるタネをとり出し、よく水洗いしてゼリー状の表皮をとり除き、中身をとり出す

2 平鉢にまいて軽く覆土をし、乾かさないように管理する

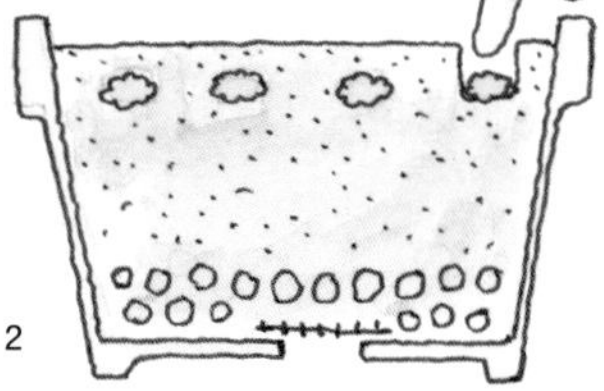

3 発芽するまで新聞紙をかぶせるなどして乾燥を抑える。2週間ほどで発芽が見られたら、すぐにとる

4 本葉が出てきたら3号ポットに鉢上げ。植えつけ適期まで温度を下げないように注意して育てる

5 生長に合わせて鉢を大きくしていく。根鉢の底を少しくずし、傷んだ根などを整理して一回り大きな鉢に植えかえる

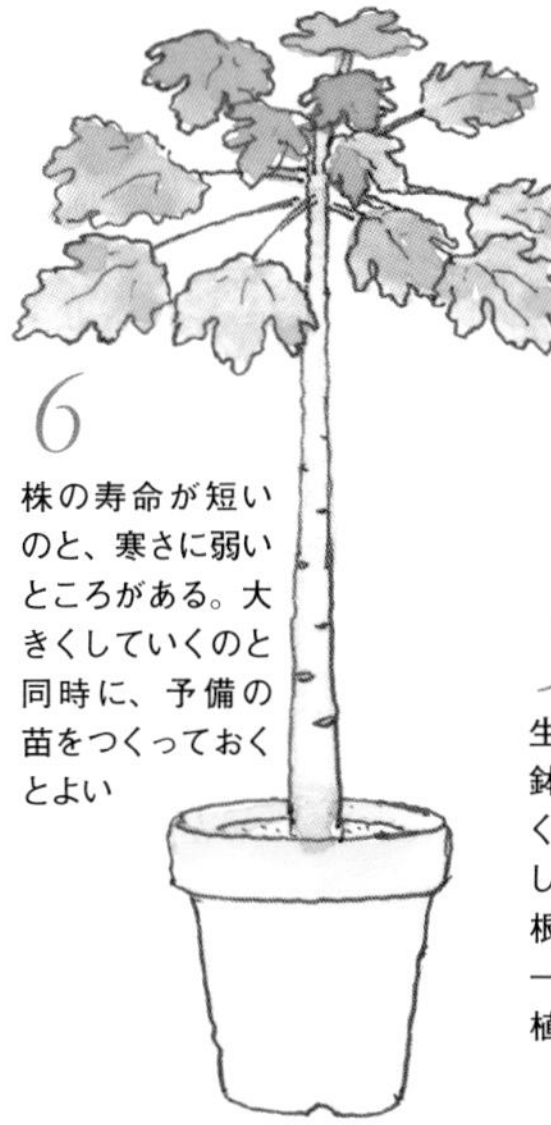

6 株の寿命が短いのと、寒さに弱いところがある。大きくしていくのと同時に、予備の苗をつくっておくとよい

## 雌花と雄花

雄花のつぼみは花茎が細長く、複数つく

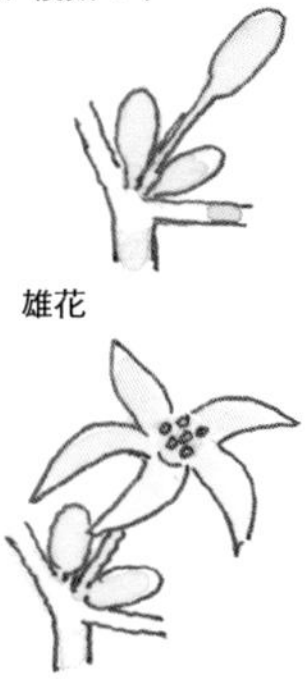

雄花

雌花のつぼみは大きな紡錘形で、受粉すると緑色が濃くなる

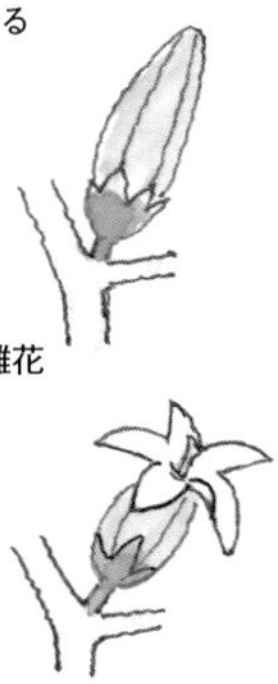

雌花

葉が落ちては幹が伸びていきます。花芽は葉のつけ根にできて開花、結実します。花は雌花、雄花、両性花があり、気温によって出てくる花が変わります。剪定をしなくても新梢が伸びて実がつくので、スタンダード仕立てのようになります。

**実のつき方** 若木のうちは生長だけで、花芽分化が起こりません。高温では雄花が多くなります。雌花に結実すると球形、両性花ではやや細長い実になります。

### ○施肥

生育旺盛で生長と結実が常に同時に行われており、養分が不足すると実の質が悪化し、ひょろひょろとしてしまいます。有機質肥料をたっぷり施し、高温期には微量要素を含んだ緩効性化成肥料を追肥します。

### ○病害虫対策

モザイク病を媒介するアブラムシの駆除が大切です。ハダニ類は葉水で駆除します。

### ○収穫のための作業

雌花が開いたら、雄花をこすりつけて受粉させます。1鉢に2～3果ついたら、つぼみも花もとって養分が分散しないようにします。

### こうして実を楽しむ

開花から4～6カ月たって黄色くなったら収穫し、室温に置いて追熟させます。15度以下では追熟が進みません。

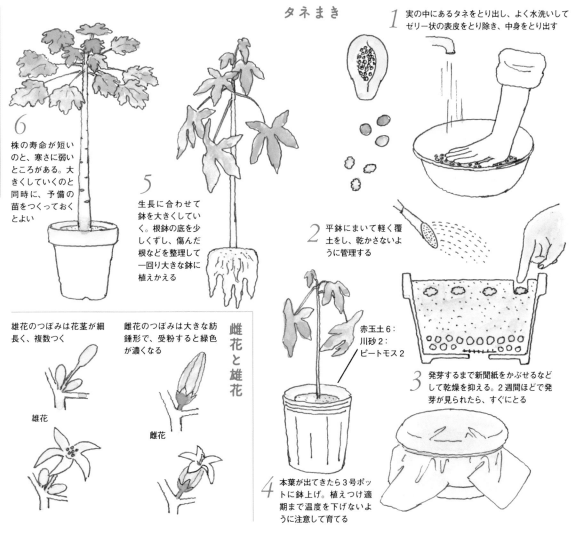

# アセロラ

キントラノオ科　常緑低木

原産地　中央〜南アメリカ

別名　バルバドスチェリー、ウエストインディアンチェリー

栽培適地　紀伊半島以西の太平洋岸

アセロラの実。

アセロラの鉢植え。

アセロラの花。

**Point**

5度以下になると休眠するので、鉢植えにして10〜3月は室内で管理。日本では5月と9月に収穫する。

**こんな木**

中央〜南アメリカ原産で生育適温は25〜30度。温度があればいつでも開花、結実する。ビタミン類の含有量が豊富な健康食品として人気。

**利用法**

- 花
- 生食
- 加工品
- 果実酒

**栽培カレンダー**

| 月 | 1 | 2 | 3 | 4 | 5 | 6 | 7 | 8 | 9 | 10 | 11 | 12 |
|---|---|---|---|---|---|---|---|---|---|---|---|---|
| 木の状態 | | | 開花 | 開花 | 開花 | 開花 | | | | | | |
| | | | | | 収穫 | | | | 収穫 | | | |
| 鉢植えの作業 | | 剪定 | ジベレリン処理 | ジベレリン処理 | 植えつけ | 植えつけ | | | | | | |
| | | | 施肥 | | | | | | | 施肥 | | |
| 病害虫 | | | 薬剤散布 | 薬剤散布 | | 薬剤散布 | | | | | | |

## 鉢植えのつくり方

### ○品種と苗選び

フロリダスイートなどの甘味系とバーモントなどの酸味系の品種がありますが、特に区別されることなく、丸葉系や長葉系として挿し木苗が出回っています。実生苗でも3〜5年ぐらいで実がつくようになります。

### ○植えつけと植えかえ

5〜6月に8号鉢に、水はけのよい用土をつくって植えつけます。表土が乾いたらたっぷり水を与えます。15度以上になったら屋外の直射日光下で育てます。ただし、夏は西日を避け、乾燥が激しいようならマルチングをします。水やりが多すぎると、生長ばかりして花つきが悪くなるので、ある程度生長して樹形ができたら、水やり過多にならないように気をつけます。

10月になったら室内にとり込み、暖かい部屋の明るい窓辺に置きます。室内は乾燥が激しいので、水ぎれさせないように水やりに注意します。

### ○仕立て方と剪定

幼木のうちは生長が旺盛で、枝も勢いよく伸びます。伸ばす枝を決めて切り詰め、ほかの枝はつけ根から切って込み合わないようにします。ひこばえは早めにとり除きます。収穫するようになってからは、間引き剪定のほか、開花前に花芽のない枝を切り詰めます。

## 挿し木の方法

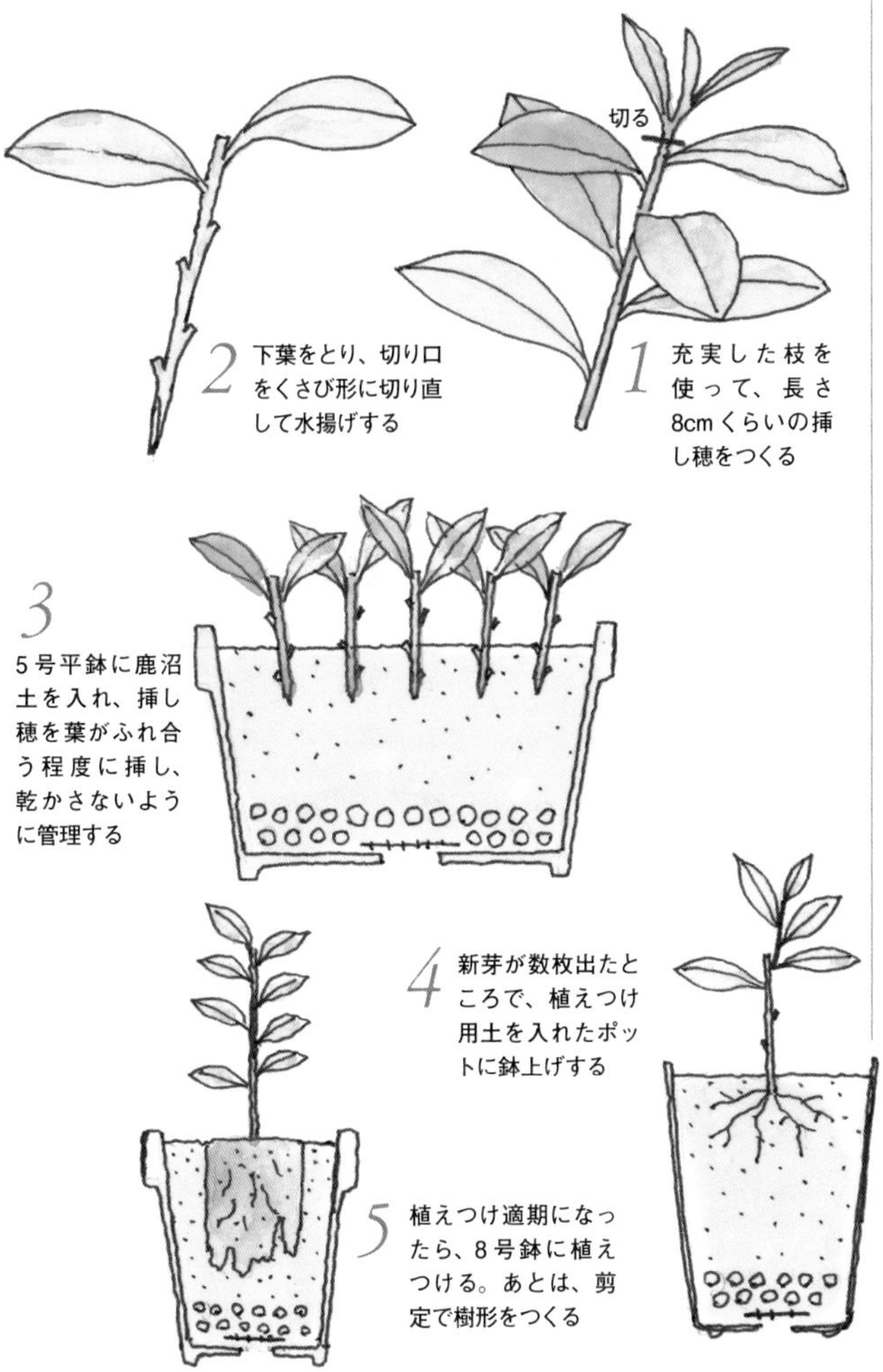
切る
1 充実した枝を使って、長さ8cmくらいの挿し穂をつくる
2 下葉をとり、切り口をくさび形に切り直して水揚げする
3 5号平鉢に鹿沼土を入れ、挿し穂を葉がふれ合う程度に挿し、乾かさないように管理する
4 新芽が数枚出たところで、植えつけ用土を入れたポットに鉢上げする
5 植えつけ適期になったら、8号鉢に植えつける。あとは、剪定で樹形をつくる

## 鉢植えの主幹形仕立て

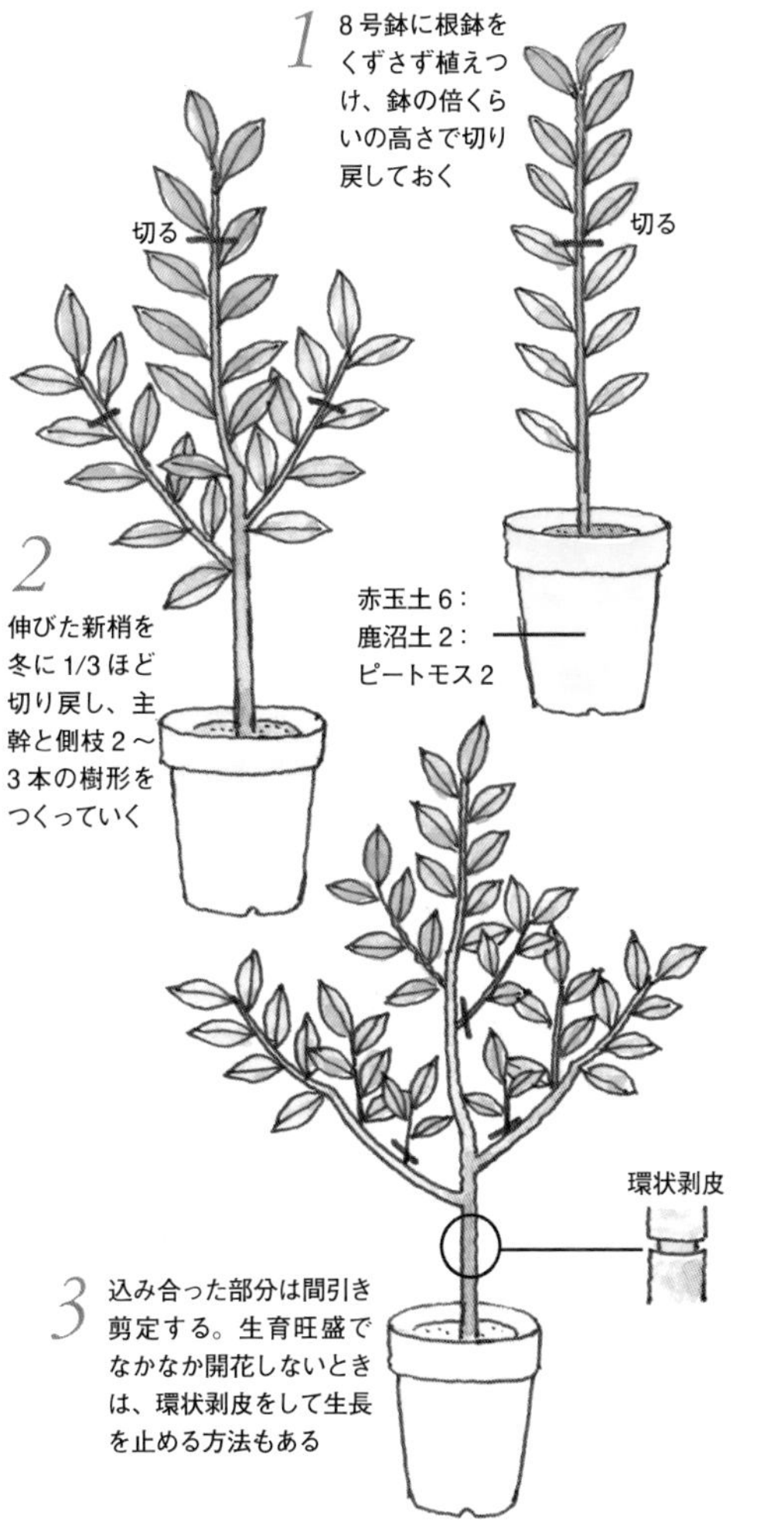
1 8号鉢に根鉢をくずさず植えつけ、鉢の倍くらいの高さで切り戻しておく
切る
赤玉土6：
鹿沼土2：
ピートモス2
切る
2 伸びた新梢を冬に1/3ほど切り戻し、主幹と側枝2～3本の樹形をつくっていく
環状剥皮
3 込み合った部分は間引き剪定する。生育旺盛でなかなか開花しないときは、環状剥皮をして生長を止める方法もある

**実のつき方** 新梢に花芽ができ、そこから出た枝に開花、結実します。温度さえあれば年に4～5回は開花、結実を繰り返しますが、株が弱るので、年2回くらい結実させるようにします。

### ○施肥

植えつけ時と毎年3月、10月に玉肥を鉢縁に埋め込みます。収穫後にはお礼肥を施しておきます。

### ○病害虫対策

新芽から実つきの時期まで、アブラムシが発生しやすいので、よく観察して見つけしだい早めに駆除します。

### ○収穫のための作業

自家結実性がありますが、虫媒花なので、ハチなどが飛来しにくい場所では、ジベレリン処理をします。満開時にジベレリン1万倍液をつくり、スプレー散布するか、綿棒などにつけて雌しべにくっつけます。30度以上の高温下では実つきが悪くなります。

### こうして実を楽しむ

つぼみが開花してから熟すまで1カ月くらいです。赤みが強くなったら収穫しますが、生食すると酸っぱいことが多いので、ジュースなどに加工します。レモンの30倍近いビタミンCを含むので、できるだけ新鮮な状態で食べます。保存するときは冷凍しましょう。

# グアバ

庭植えでは寒さで落葉することもあるが、樹姿がよい

フトモモ科　常緑小高木
別名　バンジロウ、バンザクロ
原産地　熱帯アメリカ
栽培適地　四国、九州、沖縄

イエローストロベリーグアバの鉢植え。

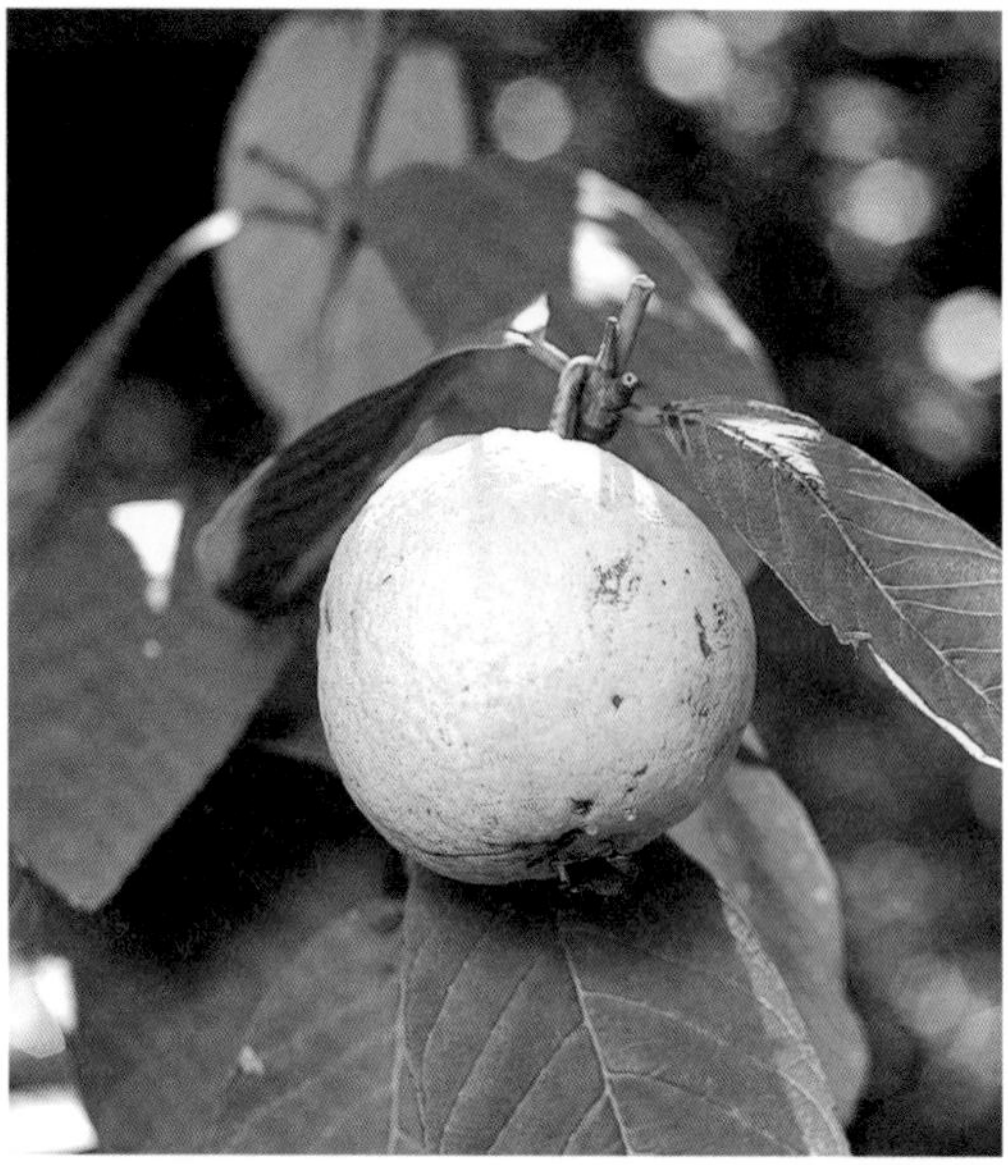
グアバの実。

**Point**
樹勢が強く、新梢の葉腋に2～3花が咲き、結実する。ストロベリーグアバは前年枝の先端の新梢にも花がつく。

**こんな木**
南アメリカ原産のグアバ、ブラジル原産のストロベリーグアバなどがある。幹肌がなめらかで美しく、観賞樹としても植えられる。ビタミンCが豊富。

利用法
生食
薬効
加工品

栽培カレンダー

| 月 | 1 | 2 | 3 | 4 | 5 | 6 | 7 | 8 | 9 | 10 | 11 | 12 |
|---|---|---|---|---|---|---|---|---|---|---|---|---|
| 木の状態 | | | | 開花 | 開花 | | | | 収穫 | 収穫 | 収穫 | |
| 鉢植えの作業 | 剪定 | 剪定 | | 植えつけ | 植えつけ | | | | | | | |
| | | | | | 摘果 | 摘果 | | | | | | |
| | | | | | 植えかえ | 植えかえ | 植えかえ | 植えかえ | 植えかえ | | | |
| | | | | 施肥 | 施肥 | 施肥 | 施肥 | 施肥 | 施肥 | 施肥 | | |
| 病害虫 | | | | | | | | | | | | |

## 鉢植えのつくり方

### ○品種と苗選び

品種によって実が西洋ナシ形や球形など変わりますが、出回るときはグアバ、ストロベリーグアバ、実の黄色いイエローストロベリーグアバ以上の差別化はされません。実生や挿し木、接ぎ木のポット苗が出回りますが、タネをまいて育てるのも難しくありません。やや耐寒性が高く、実の小ぶりなストロベリーグアバは、実だけでなく花や葉もイチゴの香りがします。

### ○植えつけと植えかえ

タネをまくとよく発芽し、まいてから4～5年で収穫できるようになります。4～5月になったら、水はけと通気性のよい弱酸性土に植えつけ、日当たりのよい場所で管理します。高温多湿状態でよく育つので、水やりは表土が乾いたらたっぷり行いますが、過湿状態にならないように注意します。冬は耐寒性を高めるためにやや控えめに。寒さにあうと落葉してしまい、養分が不足します。根詰まりする前に5～9月の間に植えかえます。

なお、四国、九州、沖縄の5度以下にならない地域なら、庭植えでも冬越しできます。

### ○仕立て方と剪定

苗木の先端をいったん切り戻し、主枝を出させます。よく分枝するので、結果枝を3～4本くらいにして、勢いの強すぎる立ち枝や

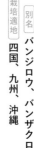

## 鉢植えの仕立て方

1 苗木を植えつけたら50cmくらいで切り戻し、枝をつくっていく。枝数は3～4本くらいにする

2 伸ばす枝を決めたら、新梢部分を1/3くらい冬に切り詰めておき、新しい枝を出させるようにして枝を充実させる。込み合った部分は間引く

## タネまき

1 ピートバンや平鉢などにタネをばらまきし、乾かさないように管理して発芽させる。暖かければ1週間ほどで発芽する

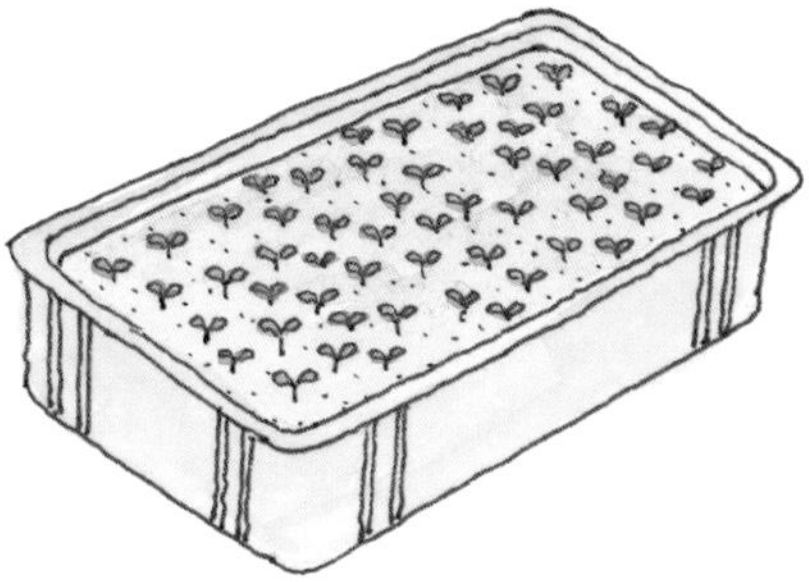

2 本葉が数枚出たところで、水はけのよい用土で3～4号ポットに鉢上げする

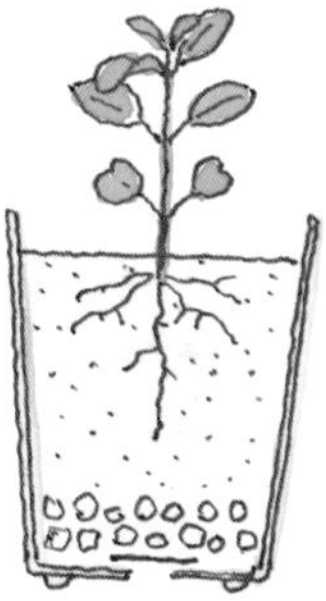

3 植えつけ適期になったら、5～6号鉢に植えつける。生長に合わせて、一回りずつ大きな鉢に植えかえて生長を促す

## 実のつき方

1 新梢の葉腋に花芽分化し、開花、結実するので、収穫後に切り戻して新梢を出させる

2 1カ所に複数の実がついたときは、葉12～15枚で1果、1鉢で3果となるように摘果

3 赤や黄色など、品種の色がついてきたら切りとり収穫

弱い枝はつけ根から切りとり、枝が込み合わないように間引きます。切りとった前年枝を使うと、挿し木ができます。実がついたら葉を10枚ほどつけて切り詰めると、実つきがよくなります。

**実のつき方** 新梢の2～4節目の葉腋に2～3個ずつ開花、結実します。

### ○施肥

温度の高い時期は緩効性化成肥料を月1回、施します。高温期は液肥でもかまいません。

### ○病害虫対策

特に心配はいりません。

### ○収穫のための作業

1カ所にいくつか実がついたところは摘果し、葉12～15枚で1果、1鉢で3果ぐらいにします。風に当たったり揺らしたりすると実が落ちるので、実がついたあとの鉢の移動には気をつけます。

### こうして実を楽しむ

熟すと果皮がグアバは黄色く、ストロベリーグアバは赤くなる種類が多く、香りも高くなります。果肉の色は品種により異なり、赤、ピンク、白、黄色とさまざまです。皮ごと食べられます。ジャムやジュースにしてもおいしく、グアバジュースは沖縄の名物です。葉にはポリフェノールが多く含まれており、苦みはありますが、ドライにすればお茶としていただけます。

# ポポー

バンレイシ科　落葉高木　別名 アケビガキ

原産地 北アメリカ　栽培適地 関東以西

ポポーの実。

ポポーの花。

**Point**

耐寒性は高い。雌しべが先に熟してしまう品種もあるので、2品種以上を植えるか、人工授粉をするとよい。

**こんな木**

北アメリカ原産。実は別名のようにアケビ、カキに似ており、中身はタネが大きいもののクリーム状にやわらかく甘いので、森のアイスクリームとも。

**栽培カレンダー**

| 月 | 1 | 2 | 3 | 4 | 5 | 6 | 7 | 8 | 9 | 10 | 11 | 12 |
|---|---|---|---|---|---|---|---|---|---|---|---|---|
| 木の状態 | | | | 開花 | 開花 | | | | | 収穫 | | |
| 庭植えの作業 | | 植えつけ | 植えつけ | 人工授粉 | 人工授粉・施肥 | | 摘果 | | 施肥 | | | |
| 鉢植えの作業 | | 植えつけ | 植えつけ | 人工授粉 | 人工授粉・施肥 | | 摘果 | | 施肥 | | | |
| 病害虫 | | | | | | | | | | | | |

**利用法**

生食

## 庭植えのつくり方

### ○品種と苗選び

開花期の近い2品種以上を選んで植えます。早生のウィルソンやタイトゥー、実の大きなウェルズ、NC1など、いくつかの品種のポット苗が出回ります。

### ○植えつけ

バンレイシ科なのでトロピカルフルーツとされますが、温帯性果樹で耐寒性が高いため、関東以西で庭植えができます。実生もよく発芽しますが、収穫できるまでに6〜7年かかるので、早く確実に収穫したいときは苗木を入手します。直根が深く伸びて大木となるため、日当たりのよいところで地下水が深く、水はけのよい肥沃な場所に植えつけます。作業は落葉期に行います。乾燥を嫌うので、高温乾燥期にはマルチングをしておきます。

### ○仕立て方と剪定

新梢を半分に切り戻して自然形をつくります。枝が立ち上がりやすいので、樹形ができてからは込み合った場所で、強い枝を間引き剪定をして自然形にします。開花後、展葉するので、落葉期に結実した先に2芽くらい残して切り戻しておきます。

**実のつき方**　新梢の中間部分から花柄を伸ばし、紅紫色の花を下向きにつけます。

### ○施肥

開花後と実が熟し始める9月ごろに、有機

## 鉢植えの仕立て方

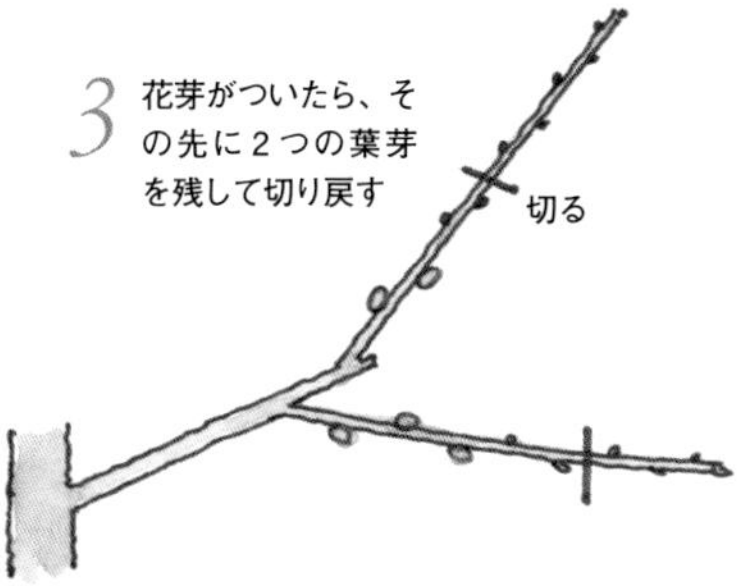


3 花芽がついたら、その先に2つの葉芽を残して切り戻す

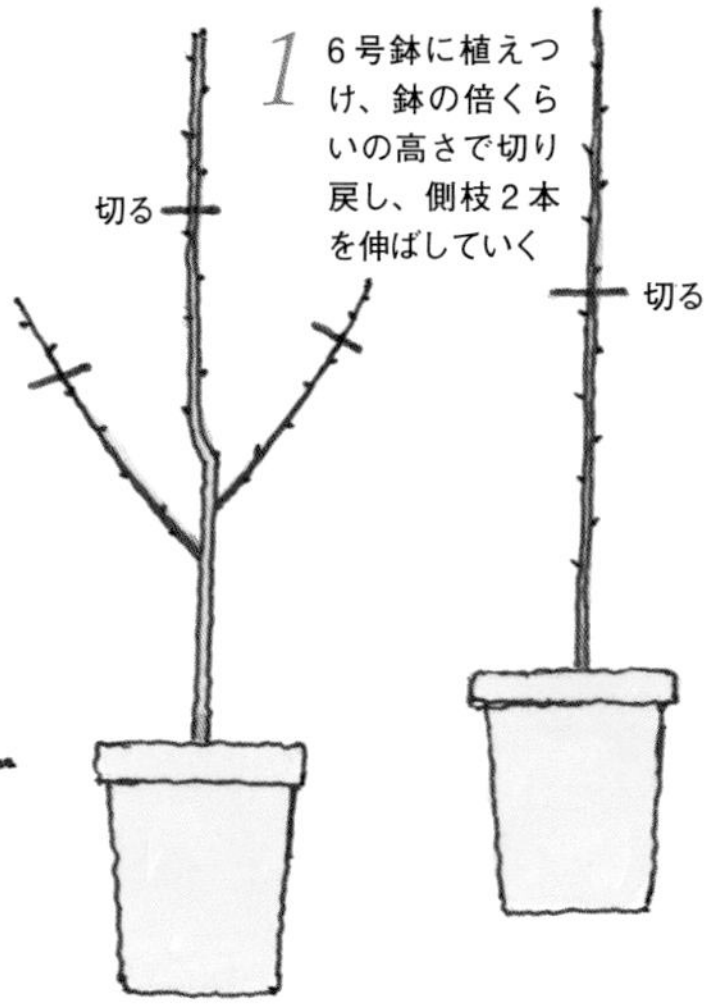


1 6号鉢に植えつけ、鉢の倍くらいの高さで切り戻し、側枝2本を伸ばしていく

2 冬に新梢の先端を切り詰めて枝を伸ばし、生長に合わせて鉢上げして10号鉢まで大きくする

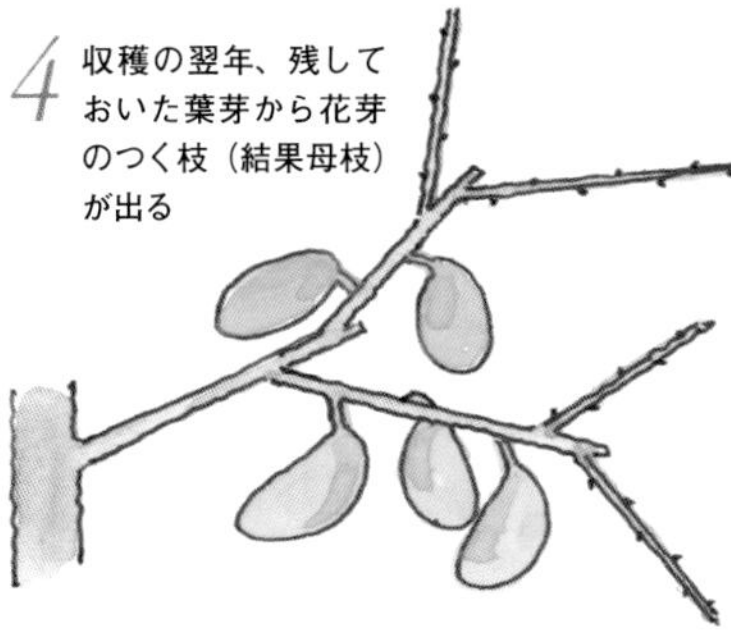

4 収穫の翌年、残しておいた葉芽から花芽のつく枝（結果母枝）が出る

6 1カ所にいくつも実がついたときは、ひとつを残して実の生長を促すほうがよい

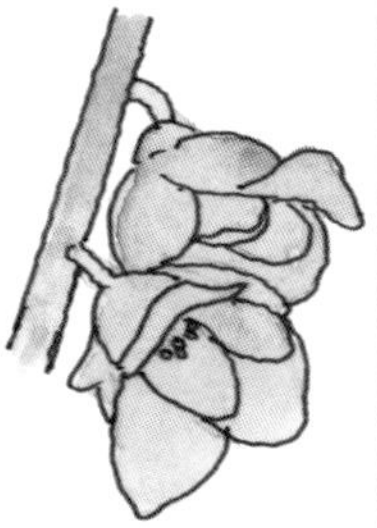

5 最初は薄黄緑色の花が徐々にチョコレート色に近くなるまで色づく

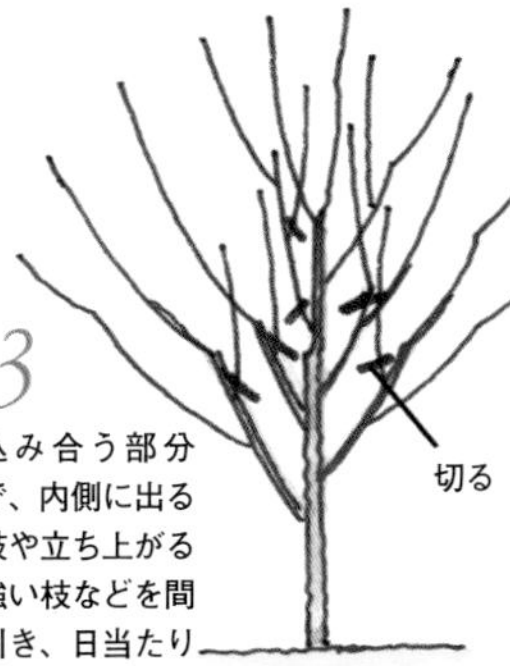


3 込み合う部分で、内側に出る枝や立ち上がる強い枝などを間引き、日当たりがよくなるようにする

## 庭植えの植えつけ

1 収穫を確実にしたいなら、実生よりも早く収穫できるので、苗木を求めて植えつけるほうがよい

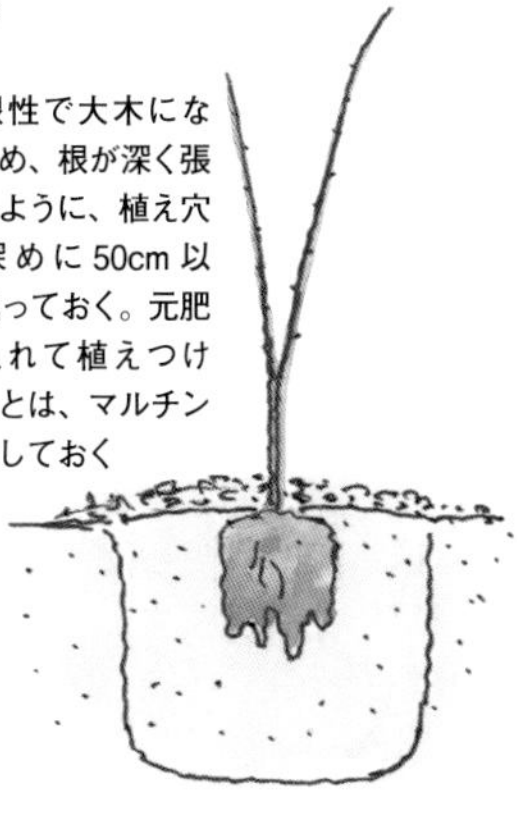

2 直根性で大木になるため、根が深く張れるように、植え穴は深めに50cm以上掘っておく。元肥を入れて植えつけたあとは、マルチングをしておく

質肥料を施します。

### ○病害虫対策

特に心配はいりません。

## 鉢植えのつくり方

### ○植えつけと植えかえ

水はけのよい用土に植えます。直根性なので、植えかえ時には細根を傷めないように気をつけます。

### ○仕立て方と剪定

立ち枝を落とし、枝が広がるように剪定。

### ○施肥

庭植えと同じく、玉肥を埋め込みます。

### ○収穫のための作業

雄しべの花粉を集めておき、あとから咲く花の雌しべにくっつけると、確実に受粉します。結実が多すぎた場合は、7月ごろ、1カ所に1果を残し、葉10枚に1果を目安として摘果をします。

### こうして実を楽しむ

熟して落果が始まるころに収穫します。室内で追熟させると実が黄色から徐々に黒くなってきますが、そのころが最もやわらかく、バニラに似た香り、甘みも強くなります。ねっとりとした果肉に大きなタネが入り込んでいるので、切り分けるより二つ割りにして、スプーンなどですくって食べるほうがよいでしょう。

# そのほかのトロピカルフルーツ

マンゴー、チェリモヤ、ドラゴンフルーツ、ババコウ、スターフルーツ、レイシ、レンブ

チェリモヤ

ドラゴンフルーツ

マンゴー

栽培カレンダー（マンゴー）

| 月 | 1 | 2 | 3 | 4 | 5 | 6 | 7 | 8 | 9 | 10 | 11 | 12 |
|---|---|---|---|---|---|---|---|---|---|---|---|---|
| 木の状態 | 花芽分化 | 開花 | | | | 収穫 | | | | | 花芽分化 | |
| 鉢植えの作業 | 施肥 | | | 剪定 | | タネまき | | 植えつけ | 剪定<br>施肥 | | | |
| 病害虫 | | | | | | | | | | | | |

利用法
- 生食
- 薬効
- 加工品
- 果実酒

## 鉢植えのつくり方

### マンゴー

ウルシ科。インド東北部原産。出回るのは接ぎ木苗ですが、実生でも5～6年で結実が見られます。緑色、黄色、赤色系統の実があり、24～30度でよく育ちますが、花芽分化には20度以下になることが必要です。両性花と雄花が咲き、昆虫によって受粉します。花がついてからは、日当たりがよく高温乾燥状態でよく生長します。水はけのよい酸性土を用い、深く根が張れるように深鉢で栽培します。肥料が多いと生長するばかりで花が咲かないので、開花前とお礼肥だけにします。花後1カ月くらいで色づいたら収穫、収穫後はその枝を切り戻して新梢を出させます。

### チェリモヤ

バンレイシ科。ペルー、エクアドル原産。アイスクリームの木ともいわれる、甘い実を生食します。冬に落葉し、5～8月に開花するので花粉をとっておき、雌しべが熟したら花粉をつけて結実させます。早めに収穫して室内で追熟させます。マイナス3度に耐えます。

### ドラゴンフルーツ

サボテン科。別名ピタヤ。中央～南アメリカ原産。白肉種は自家受粉しますが、赤肉種にはほかの花粉が必要なものもあります。病害虫の心配がいらず、クジャクサボテンの栽培要領で、挿し木や実生ができます。あんどん仕立てで、

レイシ

ババコウ

ミズレンブ

スターフルーツ

鉢植えにすると育てやすいでしょう。

### ババコウ

パパイヤ科。アンデス山脈の高地原産。無霜で夏に冷涼な気候を好みます。水はけのよい肥沃な土を好み、単為結果性で1.5kgにもなる大果がつきます。落果する前に収穫し、室内で追熟させて黄色くなったら食べます。

### スターフルーツ

カタバミ科。和名はゴレンシ。東南アジア原産。断面が星形になる実を皮ごと生食するか、ジャムにします。生育適温は20～30度ですが、霜に一度くらいあっても枯れません。多湿を好みますが、梅雨時期の過湿は注意。風で実が落果しないよう、植え場所を考慮します。

### レイシ

ムクロジ科。別名ライチ。中国南部原産。生育適温は高いのですが、20度以下の低温に3カ月あうと花芽が分化します。日当たりのよい場所でたっぷり水やりをして育てます。5月に雄花の花粉を雌花につけると結実します。花は前年枝の先端につくので、収穫した枝は切り戻して新梢を出させます。

### レンブ

フトモモ科。別名ローズアップル。東南アジア原産。リンゴの香りがする、みずみずしい果肉を生食します。生育適温は25～30度で、霜がおりない地域なら庭植えが可能です。水もちのよい土を好み、庭植えにも水やりが必要です。

column1

# 果樹と野菜の違いについて

果物として出回る果実と、野菜の違いはどこにあるのでしょう。農林水産省によれば、野菜とは食用になる草本性の植物で、加工の程度が低いまま副食物として利用されるもの。一方、果実は果樹として分類され、永年作物などの木本類とされています。つまり、野菜は原則として草本（草）で、果実は原則として木本（樹木）となります。

たとえば、メロンやスイカは一般的にフルーツとして扱われていますが、いずれもウリ科の仲間で１年で収穫が終わり、翌年はまた苗から植えつけを始めるので、野菜（果菜類）に分類されます。また、イチゴは多年生の植物ですが、収穫を終えると毎年株を更新することから、甘い実をつけるフルーツでも野菜に分類されます。ちなみに、このメロンやスイカ、イチゴなどは「果実的野菜」とも呼ばれます。

いずれにしても、野菜と果樹が決定的に異なるのは、野菜は１年（または数年）で株の一生が終わるのに対し、果樹は長年にわたって同じ木に花を咲かせ、毎年実をつけ収穫できることです。

果樹を育てる楽しみは、長期間、植物と向かい合って継続的に栽培・管理を行うことです。何年か先の樹形を思い描きながら、小さな苗木を世話していきます。それだけに、野菜の栽培より苦労することもありますが、手間をかけたぶんだけ、果実がりっぱに実り、収穫を迎えたときの喜びはひとしおです。

できるだけ早く収穫を楽しみたいなら、実つきの苗木を購入して、鉢栽培でコンパクトに育てるとよいでしょう。ただし、株の大きさに対して実が多くついている場合、その翌年に実がつかないこともあります（隔年結果）。特に鉢栽培では、樹勢と結実させる果実のバランスを考えて摘果することが大切になります。

管理の方法や世話のタイミングを毎年修正しながら、あせらずじっくりと果樹を育てる姿勢が大切です。果樹と向かい合って、自分なりの適切な栽培スタイルを見つけ出すことができれば、果樹栽培がよりいっそう楽しくなることでしょう。

# 収穫後のおいしい利用法

果樹栽培を始めて数年は、それほど収穫量は多くありません。
収穫した果実は、生食でフレッシュな味わいを満喫しましょう。
その後、果樹が成木になると、
すぐに食べきれないほど、たくさん収穫できるようになることも。
さまざまな利用法を知ると、さらに果樹栽培が楽しくなります。

## 収穫後のおいしい利用法

# ジャムをつくろう

### ブルーベリージャム

とれたての果実のほかに、冷凍したものも利用できる。砂糖は果実の分量に対して約30%加えて煮詰めるとよい。鍋を弱火にかけ、アクをていねいにすくいとり、とろみが出てきたら完成。パンにはサワークリームと合わせてもおいしい。

### グーズベリージャム

右は完熟果を使ったジャム。左が若い緑色の果実を原料にしたジャムで、酸味が強くなる。完熟果と未熟果を混ぜてつくるとおいしくなる。

### ラズベリージャム

ブルーベリーだけではなく、ほかのベリー類でも同じようにジャムがつくれる。ラズベリージャムは色合いが美しく、ほどよい酸味が特徴。

## なんでもジャムになる

果実をたくさん収穫できたときには、ジャムにしておくと保存がきくので、とても便利です。生食とは違った味わいになり、パンに塗ったり、紅茶に落としたり、お菓子づくりに利用したり、楽しみ方の幅が広がります。

リンゴやナシ、アンズ、ウメ、サクランボ、オレンジ、ブルーベリー、キウイなど、ほとんどといってよいくらいの果物は、ジャムにすることが可能です。

ジャムのつくり方は人によって微妙に異なりますが、基本的には次のとおりです。

大きな果実は丸洗いしてタネをとり除き、包丁でこまかく刻むか、ミキサーにかけてつぶします。ブルーベリーなどの小さい果実はそのままでもかまいません。そこに砂糖を混ぜて煮詰めます。煮詰める時間は、果肉や砂糖の量によって異なりますが、あまり長く煮詰めないようにしましょう。変色したり、風味が薄れないうちに火を止め、よく冷ましたら、煮沸消毒したビンに入れて冷蔵庫で保存します。だいたい6カ月から1年くらいは保存がききます。

# ナツミカン マーマレードの つくり方

1 ナツミカン（1個）はよく水洗いしたあと、横2つに切ってスクイーザー（しぼり器）で汁をしぼる。

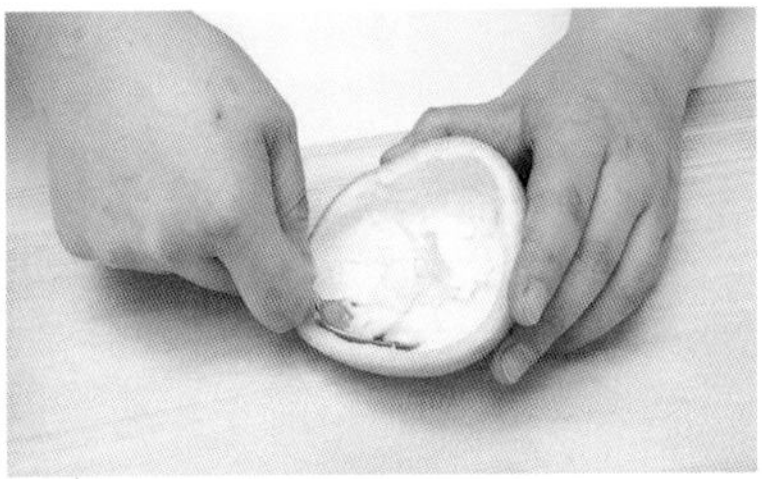

2 皮の内側に残った袋と、白い部分の筋を、スプーンなどを使って、軽くそぎとる。

3 横2つに切った皮をさらに二つ割りにしたあと、よく切れる包丁を使ってできるだけ薄くカットする。

4 大きなボウルに水を張り、手でもむようにしながら皮をよく洗い、アクと苦みを抜く。

5 ざるの上に水洗いした、こまかく刻んだナツミカンの皮を移し、よく水けをきっておく。

6 鍋にナツミカンの皮と汁、レモン汁適量、水3カップを入れ、3時間おいてペクチンをとけ出させる。

7 鍋を弱火にかけ、20～30分くらい煮て、砂糖（量や好みは保存期間によってかげんする）を加える。

8 アクをとりながら、さらに20分ぐらい煮る。しゃもじなどでよくかき混ぜ、とろみが出るくらいで火を止める。

# フレッシュジュースをつくろう

## ブルーベリージュース

【材料】（2人分）
ブルーベリー……200～300ｇ
砂糖……大さじ1　氷……2～3個

軽く水洗いしたブルーベリーをミキサーに入れる。冷凍でも可。

▼

氷2～3個をミキサーの中に入れる。

▼

砂糖を加える。ブルーベリーの甘さにより砂糖の量はかげんする。

▼

氷のガリガリする音がなくなるまでミキサーをかけ、音がなくなったら完成。

## 栄養豊富な味わいを

果実は摘みたてをそのまま生でいただくのが、いちばんのぜいたく。自分で育てたからこそ、新鮮なおいしさが味わえますが、たくさん収穫できて食べきれない場合は、冷凍しておけば1年間くらいは保存がききます。フリージングのまま食べてもおいしいのですが、ちょっと加工してジュースにすると、色合いが美しい、濃厚でさわやかな風味が堪能できます。

冷凍したベリー類などはフレッシュジュースにうってつけ。子どもから大人までおいしく味わえるドリンクになります。また、豊富な栄養成分もそのまま摂取することができ、果実の心地よい酸味がのどをうるおしてくれます。

果実に砂糖と氷を入れてミキサーにかけるだけででき上がり。ミキサーは全体が均一に混ざる程度で止めると、果実の食感が残り、濃厚な味わいが楽しめます。

好みによってヨーグルトを入れてヨーグルトシェイクにしたり、牛乳を入れてマイルドな味わいにしたり、さまざまなアレンジも可能です。

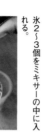

## ブルーベリー
## ヨーグルトシェイク

【材料】（2人分）
ブルーベリー……100 g（冷凍でも可）
ヨーグルト……200 g
砂糖……30 g　氷……2～3 個
【作り方】
1　洗ったブルーベリーをミキサーに入れる。
2　ヨーグルトと砂糖と氷を入れ、ミキサーをかける。攪拌された中身が均一に混ざり、紫がかったピンク色になったら止める。

## ラズベリーミルク

【材料】（4人分）
ラズベリー……200 g（冷凍でも可）
牛乳……500cc　砂糖……60 g
【作り方】
1　ラズベリーをミキサーに入れる。（ラズベリーは水けを嫌うので洗わず、ざるに入れて振り、小さなゴミを払う）
2　牛乳、砂糖を入れ、ミキサーをかける。攪拌された中身が混ざり合い、きれいなピンク色になったら止める。

# 果実酒をつくろう

彩り豊かな果実酒のバリエーション。香りや味の個性もそれぞれに異なる。

## 熟成させる果実の風味

季節の香りや味をお酒に封じ込め、いつでも好きなときに味わえるのが果実酒の醍醐味。さまざまなバリエーションが楽しめ、自分で収穫した手づくりの果実なら、添加物の心配もなく、安心して味わえます。

漬け込む果実は、新鮮で傷んでいないものを選びます。傷があるとお酒が濁り、雑味が出ます。甘みが強くて生食できるものより、渋くて酸味の強いもののほうが、よいお酒に仕上がります。

シンプルなだけに材料のよさがお酒の味を左右します。酸味の足りない果実ならレモンを加えると味にコクが出ます。時期が合えば青ウメを加えてもよいでしょう。

アルコールは果実の風味や色を生かしたいので、一般的には無色透明でクセのない35度のホワイトリカーが利用されます。このほか、ウオッカやジン、ラム、ウイスキー、泡盛などでもつくることができます。

砂糖は入れなくてもかまいませんが、糖分には甘みをつけるだけでなく、果実のエキスを引き出す役割や、お酒の熟成を助ける働きもあります。純度の高い大粒のロック状の氷砂糖は、果実のエキス分の抽出に合わせて少しずつとけるのでおすすめです。そのほか、蜂蜜や白ザラメ、グラニュー糖なども使いますが、いずれの場合も控えめにして、甘みが足りなければ、あとで味わう際に加えて調節しましょう。

熟成の期間は、漬ける果実の種類や状態によって異なり、果実を中に長く入れておくと、余分な香りや成分が出てきてかえって風味をそこなうことがあります。また、やわらかい果実は長く入れておくと色が濁りやすくなります。密閉された容器に入れて、冷暗所で静かにねかせて熟成を待ちます。

材料のエキスがアルコールに浸出し、好みの味になったら、中身を引き上げましょう。まずは、アルコール臭が抜けた時点が熟成の第一歩です。だいたいは3カ月程度で仕上がり、このころから飲めるようになります。

## カリン酒

黄熟した果実を2～3日、風通しのよい場所で乾燥させ、表面に蜜がにじんだら輪切りにしてタネごと漬け込む。熟成は1年以上。果実は引き上げなくてよい。

## キンカン酒

洗って水けをきり、ヘタをとったら針で刺し傷をつけて漬け込む。2カ月たったら果実を引き上げてそのまま熟成させる。とり出した実は砂糖煮などに利用。

## オトメリンゴ酒

熟した果実を丸ごと、皮をむいたレモンの輪切りを加えて漬ける。レモンは1～2カ月後に、オトメリンゴは6カ月後に引き上げる。熟成には3カ月以上必要。

## プルーン酒

よく引き締まった果実を選び、丸ごと漬け込む。ほぼ1カ月程度で飲めるようになるが、熟成には3カ月以上かかる。果実は引き上げなくてよい。

## サクランボ酒

熟した果実を洗って水けをふきとり、皮をむいて二つ割りしたレモンを加えて漬ける。1カ月後にレモン、6カ月後にサクランボを引き上げる。3カ月以上熟成させる。

## ビワ酒

熟した果実を洗って水けをふき、ヘタをとる。皮をむいて二つ割りしたレモンを加えて漬け込む。1カ月後にレモン、1年後にビワをとり出す。熟成は3カ月以上。

# ウメ酒をつくろう

梅干しにするなら黄色く熟したものを収穫するが、ウメ酒用にはクエン酸が豊富に含まれた青い未熟果を利用する。傷をつけないよう、ていねいに摘みとるとよい。

## 青い実を利用する

生では食べられない青ウメも、砂糖を加えてホワイトリカーに漬け込んで熟成させると、こはく色に輝くおいしいドリンクになります。ウメ酒ははじめての人でも失敗なくつくることができます。

ウメは黄色く熟し始めると、酸味が減ってしまいます。ウメ特有の酸味を利用したいので、熟す前の青くてかたく、果肉が厚い大粒のウメが適しています。傷のない果実を選ぶことも大切です。傷がついていると、漬けている途中でウメ酒が濁ることがあるので注意しましょう。

砂糖は昔ながらの大粒の氷砂糖を使用します。砂糖が早くとけてしまうと、ウメの成分が出にくくなってしまいます。成分を十分に引き出すためにも、その浸出に合わせてゆっくりととける大粒の氷砂糖をベストです。お酒はウメの風味を生かすために、クセのない35度のホワイトリカーが最も適しています。このほか、ブランデーやウイスキーなど、アルコール度数の高いお酒でもつくれます。

つくり方は、粒のそろった大きめの青ウメをこすり合わせるようにして洗い、ひとつずつていねいに水けをふきとります。密閉できる広口のビンに、青ウメと氷砂糖を交互に入れ、ホワイトリカーを静かに注いでしっかりとふたを閉め、冷暗所で保存します。

ウメの果実は、漬け込んで1年たったらとり出します。3カ月後から飲めますが、1年くらい熟成させるとコクが出ておいしくなります。とり出した実は、ジャムに利用したり、グラニュー糖をまぶしたグラッセなどにしたりして、活用できます。

青ウメには疲労を回復させるクエン酸が豊富に含まれています。食前酒、またはナイトキャップに1日1杯ぐらい、毎日適量を継続して飲んでいると、疲労が改善されやすくなります。これは、アルコールにウメの成分がとけ込み、体に吸収されやすくなっているからです。

# ウメ酒のつくり方

【材料】
青ウメ……1～1.5kg
氷砂糖……500～800 g（好みで調節）
35度のホワイトリカー……1.8ℓ

1 傷のない、粒のそろった大きめの青ウメを選ぶ。実を傷つけないように、ていねいにこすって洗うと、表面の産毛がとれて成分が浸出しやすくなる。

2 洗った青ウメをざるに上げて、水けをきっておき、乾いた清潔なふきんでひとつずつ水分をふきとる。ヘタのくぼみの中までていねいに。

3 竹ぐしやようじで、ヘタをとり除く。ヤニや汚れもいっしょに除き、ヘタに水分が残っているようなら、もう一度ふきとっておく。

4 広口のビンを用意し、青ウメを容器の底に入れ、氷砂糖を青ウメの上に散らす。再びウメと氷砂糖を交互に層をつくるようにして入れる。

5 青ウメと氷砂糖を入れたら、ホワイトリカーを静かに注ぎ、しっかりとふたをする。

6 ビンは冷暗所で保存する。3カ月後から飲めるが、1年くらい熟成させるとコクが出る。1年後にウメをとり出し、そのままお茶受けにしたり、ジャムやゼリーに加工するとよい。

# 収穫後のおいしい利用法

# スイーツをつくろう

## ブルーベリーのマフィン

ブルーベリーの食感と風味が、アクセントになっているマフィン。マフィンの生地をつくったら、型の半分まで生地を入れ、表面に果実を散らし、オーブンで焼いてでき上がり。

## マルベリーのマーブルケーキ

プレザーブ状のジャムを使ったマーブルケーキ。生地の半量にマルベリーを入れて混ぜ合わせ、パウンド型にマルベリーの入った生地と残りの生地を交互に入れ、軽く混ぜて、オーブンで焼き上げる。

## とれたて果実のクッキング

果実が一度にたくさんとれたら、お菓子づくりや料理にも利用してみましょう。特に果実が小さいベリー類は、お菓子づくりに重宝し、味わいや彩りのアクセントになります。ベリー類をピューレにしてケーキの生地として利用したり、粒のままマフィンやクッキーなどにも利用できます。また、ラズベリーなどは酸味を生かして、サラダのドレッシングにしたり、肉料理や魚料理のソースとしても使えます。

ここではブルーベリーとマルベリー、ラズベリーのお菓子づくりを紹介します。

ブルーベリーのマフィンでは生の果実を利用して、マフィンの生地の中と表面に散らしています。マルベリーのマーブルケーキでは、マルベリーでプレザーブ状のジャム（果実の形が残っているジャム）をつくり、ケーキの生地にざっくりと混ぜ合わせ焼き上げています。

ラズベリーのブリュレは、甘酸っぱい果実の風味を引き立てた濃厚な味わいで、子どもから大人までおいしくいただけるデザートです。

# ラズベリーブリュレのつくり方

【材料】（３個分）
ラズベリー……20 ～ 24 粒
生クリーム……300cc
牛乳……150cc　砂糖……90 g
卵黄……３個
ラム酒……大さじ２
グラニュー糖……適量

砂糖と牛乳を鍋に入れ煮とかし、生クリーム１００ccを入れる。

鍋を冷まし、卵黄と残りの生クリーム、ラム酒を合わせ、ストレーナーでこす。

ラズベリーを型に入れ、混ぜ合わせた材料を注ぐ。

オーブンの鉄板に熱湯を張り、１５０℃のオーブンで40～50分蒸し焼きにする。

表面にグラニュー糖をかけ、バーナーでこげめをつければでき上がり。

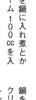

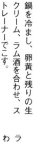

column2

# 病害虫防除の薬剤について

果樹づくりを始めると、どうしても避けられないのが病気や虫の被害。家庭での栽培ではなるべく薬剤を使わずに育てたいものですが、しっかりとした予防と管理のうえで病害虫が発生した場合は、薬剤をじょうずに利用して対処しましょう。

現在、わが国で販売されている農薬は、すべて『農薬取締法』の登録制度のもとに製造・販売されています。植物の病害虫に有効で、使う人に害が及ばず、作物や環境に対する安全性が確認されているので、必要以上におそれる心配はありません。

安全性の基準はとても厳密に決められています。ある物質を一定以上摂取すると悪い影響があらわれる量を「毒性量」といいますが、人間が一生の間、毎日摂取しても何ら問題ない値として「1日摂取許容量（ADI）」が設定されています。実際、私たちが食品から口に入る農薬の量はこのADI値の1％以下だといわれてます。

薬剤の使用に際しては、使用上の注意を守ることが大切です。薬剤のラベルに記載されている「適用病害虫と使用方法」を必ず確認しましょう。野菜や果樹など食べる植物では、適用作物の欄に記載されている作物以外で使用してはいけません。また、使用量や使用時期と使用回数（果樹ではその薬剤の成分が1年間に散布できる回数）も守って利用します。

適用病害虫は適用作物が優先します。実際は効果があるのに登録がない病害虫でも作物が登録されていれば、時期や回数を厳守して使用してもかまいません。

農薬登録は作物ごとに効果試験や作物残留データの提出が義務づけられています。ミカンやリンゴなど、広く栽培されている果樹類は登録をとった農薬が数多くありますが、たとえばレモンやキンカン、ブルーベリーなど生産量の少ない果樹は登録農薬が少ないのが現状です。そのためグループ名で登録されているものがあります。「かんきつ」という登録では、ミカンのほかにキンカン、ユズ、レモンなどすべての柑橘類に使用できます。「ベリー類」という記載があれば、ブルーベリーやラズベリー、スグリなど、「小粒核果類」ではスモモやアンズ、ウメに使用できます。さらにすべての果樹に使用できる「果樹類」という適用作物名もあります。

植物も生きている以上、病害虫の発生はある程度避けられませんが、やはり手間をかけて育てるほど、被害は少なくなります。193 ～ 195ページを参考にして、できるだけ病害虫が発生しない環境づくりを心がけましょう。特に忘れがちなのが苗木選びです。ニホンナシの黒斑病と黒星病耐病性品種、クリのクリタマバチ抵抗性品種、ブドウのフィロキセラ抵抗性台木など、遺伝的に病気が発生しやすい性質をもった果樹では、抵抗性の高い性質を選抜した苗木を入手することが、病害虫対策の第一歩になります。

# よりよい収穫をめざす栽培法

果樹を庭やベランダにとり入れて栽培を楽しむなら、
やっぱりおいしくてりっぱな果実を収穫したい。
そのためには、苗木選びから植えつけ、施肥、剪定など、基本となる
作業がいろいろあります。
ちょっとしたコツを覚えれば、収穫量アップも間違いなし！

# よい苗木を選ぶ

## 苗木を入手する前に

### ●育てたい果樹を決める

果樹栽培は、育てたい果樹がどんな木なのかを知ることから始まります。

果樹のほとんどは落葉樹ですが、柑橘類、ビワなどの常緑樹、さらにアセロラ、グアバなどのトロピカルフルーツもあります。高木になるもの、つる性のもの、高い温度を必要とするものなど、種類によってさまざまな特性があります。

特に庭植えの場合は、一度植えると簡単に移植できませんから、植え場所に応じて適切な種類を選ぶことが大切です。日当たり、風通し、水はけ、さらに栽培場所の広さなどの環境条件と果樹の性質が合っているか、あらかじめよく調べておきましょう。

### ●1本で実がつく木、つかない木

果樹はほかの植物と違って、1本植えれば実をつけるものと、1本だけ植えたのでは実をつけないものとがあります。

1本で実をつける自家結実性の果樹、受粉しなくても実を結ぶ単為結果性の果樹もありますが、果樹の大半は同品種の花粉では実がつきにくい性質（自家不結実性）をもっています。それぞれの性質をよく確かめておかないと、いつまでたっても実がつかないということになりかねません。

2本以上植える必要があるものは、他品種で開花時期の合うものを混植し、また、品種間の相性がよいものを選びます。

### ●種類によって購入時期が異なる

果樹は種類によって、購入の適期が異なります。植えつけ適期にはたくさんの品種が出回り、苗木の状態もよいので、失敗も少なくなります。

常緑果樹は一般に寒さに弱いので、春に購入して植えつけ、寒さが来る前に環境に慣らしておきます。

落葉果樹は晩秋の落葉した状態で植えつけ、春の芽吹きに備えます。夏には秋の植えつけに合わせて通信販売の予約が始まりますから、早めに計画を立てましょう。

ポット苗は一年中出回っていますが、秋に植えると翌春から順調に生育します。

## よい苗木の選び方

### ●信用のある店を選ぶ

一年草や宿根草などと違い、家庭果樹はタネではなく、苗木を入手して育てるのが普通です。よい苗木を入手するには、なによりも信用のある園芸店や果樹苗専門店を選ぶことが大切です。苗木の品種名を明示していないような店は避けましょう。ほしい品種が決まっている場合は種苗会社の通信販売が確実に入手できますし、店で購入する場合は目で見て選べる利点があります。

### ●よい苗木を見分けるポイント

よい苗木のいちばんのポイントは、「ごぼう根」と呼ばれる太い根ではなく、こまかい根が幹の近くにたくさん出て根張りがよいことです。もちろん、根に白い菌糸がついていたり、こぶのようにふくれていたり、虫がついているような苗木は避けます。

根にコモが巻かれていたり、ポット植えで根の状態をチェックできないような場合は、次の点に注意します。

・幹が太く、枝も品種特有の太さがある。

・ほどよい節間で充実した芽や葉がつく。

・接ぎ木苗は、つぎ口が目立たない。

・挿し木苗は、幹がぐらぐらせず、色のよい新葉が出ている。

## よい苗木、悪い苗木

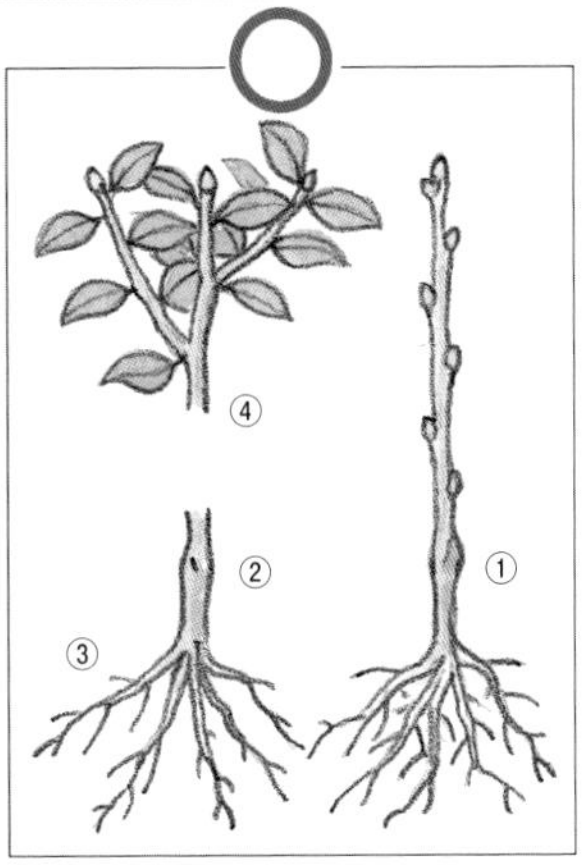
○
①
②
③
④

①切り接ぎのつぎ口が盛り上がっている
②割り接ぎのつぎ口が目立たない
③幹の近くに細根がたくさん出ている
④品種本来の大きさで芽や葉が充実

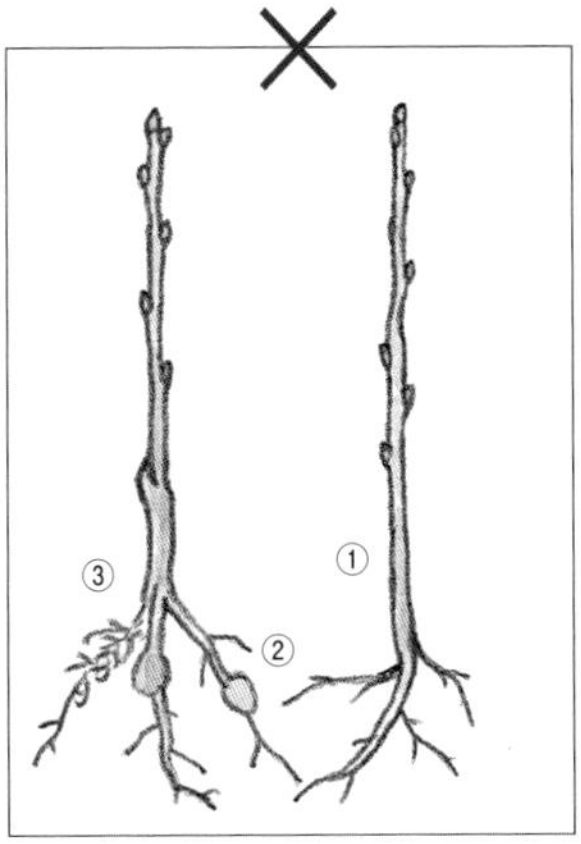
×
①
②
③

①根が少ない、太根しかない
②根にこぶ状のもの、玉状のものがある
③白い糸のような細根がかたまっている

## 主な果樹の大きさ

| | 落葉果樹 | 常緑果樹 | トロピカルフルーツ |
|---|---|---|---|
| 中・高木性 | カキ、ウメ、モモ、クリ、リンゴ、サクランボ | ビワ、ユズ、レモン | パパイヤ、レイシ |
| 低木性 | ベリー類、スグリ | キンカン、スダチ、ハナユ | |
| つる性 | アケビ、キウイ、ブドウ | ムベ | パッションフルーツ |

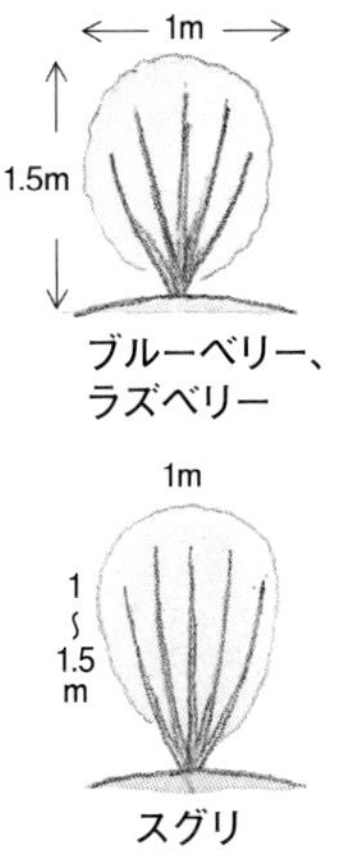
1m
1.5m
ブルーベリー、ラズベリー
1m
1～1.5m
スグリ

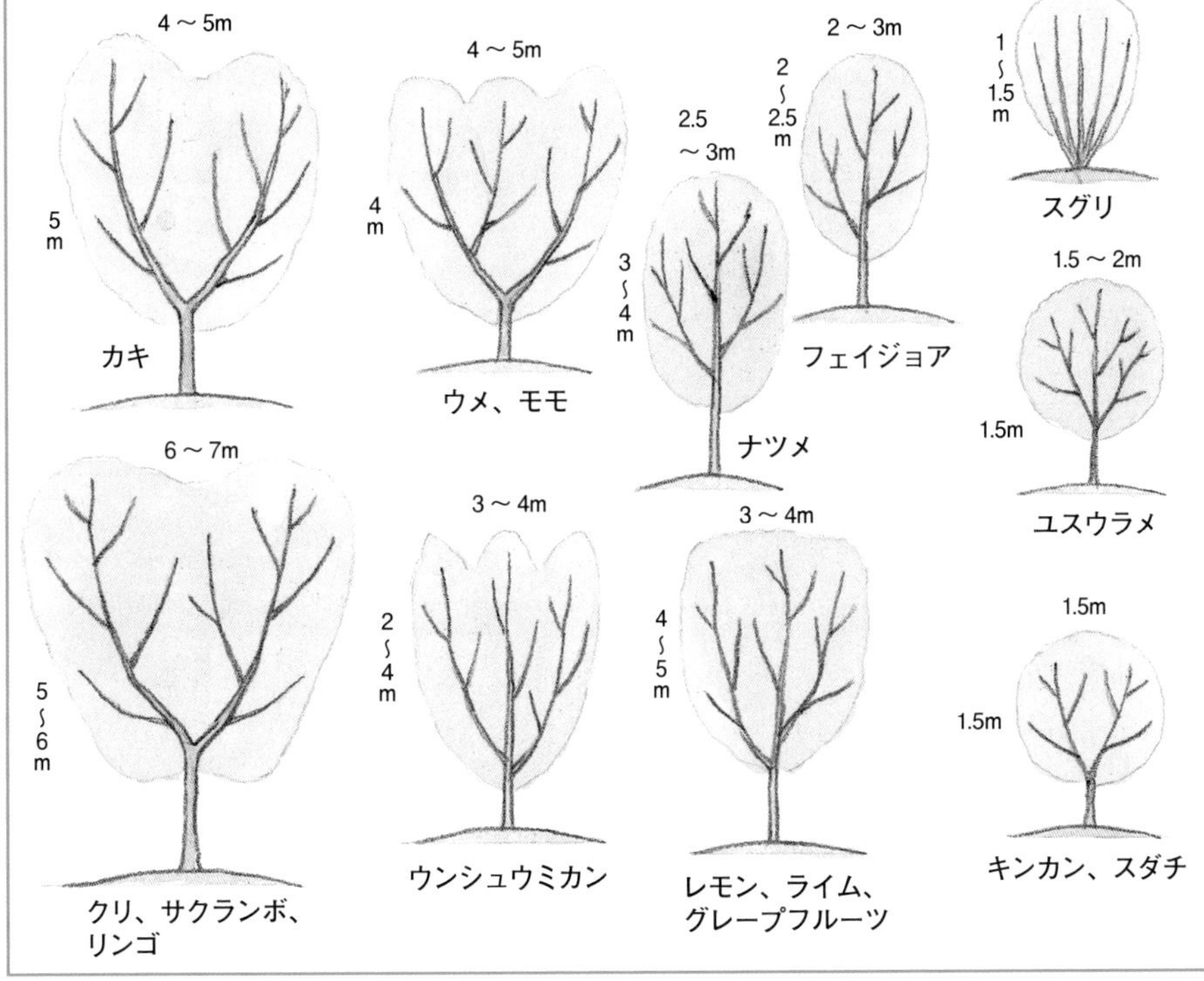
4～5m
5m
カキ
4～5m
4m
ウメ、モモ
2.5～3m
3～4m
ナツメ
2～3m
2～2.5m
フェイジョア
1.5～2m
1.5m
ユスウラメ
6～7m
5～6m
クリ、サクランボ、リンゴ
3～4m
2～4m
ウンシュウミカン
3～4m
4～5m
レモン、ライム、グレープフルーツ
1.5m
1.5m
キンカン、スダチ

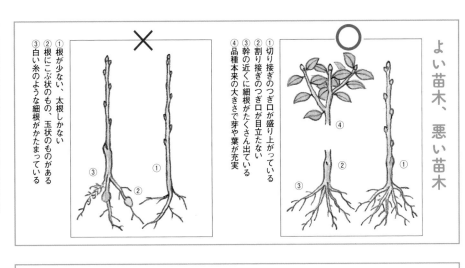

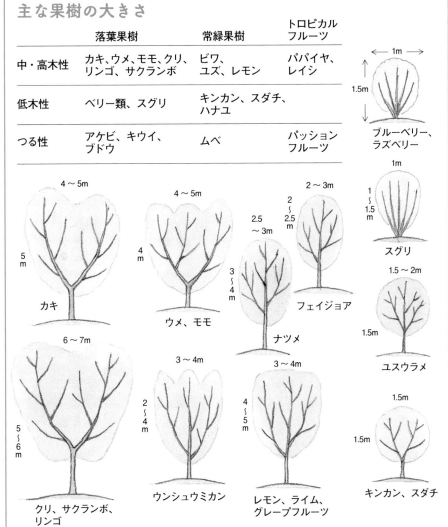

# 庭に植えつける

## 植えつけに適した場所

### ●水はけのよい〝深い土地〟

庭植えの第一条件は、水はけがよく、果樹が十分に根を張ることのできる深い土地であることです。地下水があっても、1m以上深い場所なら問題ありません。

丘を削った造成地のように肥料分のないやせている土地でも、深く掘り返すことができれば適地といえるでしょう。

家庭では木を果樹園のように大きくする必要はないので、50cm程度の深さまで簡単に掘れる場所であれば十分です。

水田を埋め立てたような湿った土地では、かたい地盤ができていることが多いので、庭の周囲に深さ50cm、幅20cmの排水溝を掘って土を乾かします。一度に整地するのはたいへんなので、1年目は植えつけ場所だけにし、数年かけて庭全体の水はけをよくしましょう。

いくら土が肥沃でも、水はけが悪く、地表近くに水がたまっているような浅い土地は、根が深く張れないので果樹栽培には向きません。ただ、こうした水はけの悪い土地でも、30cmくらい盛り土して根が張れる状態にしてやれば、果樹を植える適地となります。

### ●庭の土壌改良

土がかたく、肥料分の少ない土地では、簡単な土壌改良法があります。できれば、植えつけの1週間以上前に土づくりを行いましょう。

庭を50cmくらいまで掘り返し、市販の腐葉土、ピートモス、バーク堆肥、苦土石灰などを混ぜ込みます。これらの材料は肥料分を補うとともに、掘り返した土をやわらかく、水はけと水もちのよい状態に保ちます。

### ●日当たりのよさが味を左右する

おいしい果実を収穫するためには、なんといっても日当たりのよい場所を選ぶことが大切です。たっぷりと光線に当たった果実は色鮮やかで、味も濃厚で甘みも強くなります。

ただ、市街地では十分な日当たりが得られる場所も限られるかもしれません。春から秋の生長期に、半日くらい日が当たれば果樹栽培は可能です。西日よりは午前中の日が当たる場所が適します。

日当たりがよくない場所では、日陰にも耐えられる柑橘類を選ぶなど、果樹の種類を考えて栽培しましょう。

一般に、常緑果樹は日照の影響が少なく、寒さに弱いという性質があります。一方、落葉果樹は日陰では生育が悪くなり、夏の強い西日に葉やけするものの、冬の寒さには強い性質があります。

### ●風通しよく、健康に育てる

果樹の栽培環境では、日当たりとともに風通しも見逃せない条件です。

風通しが悪いと病害虫が発生しやすくなり、果樹の生育にさまざまな障害をきたします。果実の収穫も乏しくなります。

また、夏の強い日ざしは果樹が大の苦手と

するところ。人間でも、風通しのよい場所にいれば、多少の暑さも苦になりません。果樹も同じです。

住宅が立て込んだ市街地では、できれば庭でいちばん風通しのよい場所を選んで果樹を植えつけましょう。

リンゴの木と草花を組み合わせた庭。

リンゴを垣根仕立てにして楽しむ。

## 水はけの悪いところでの植えつけ

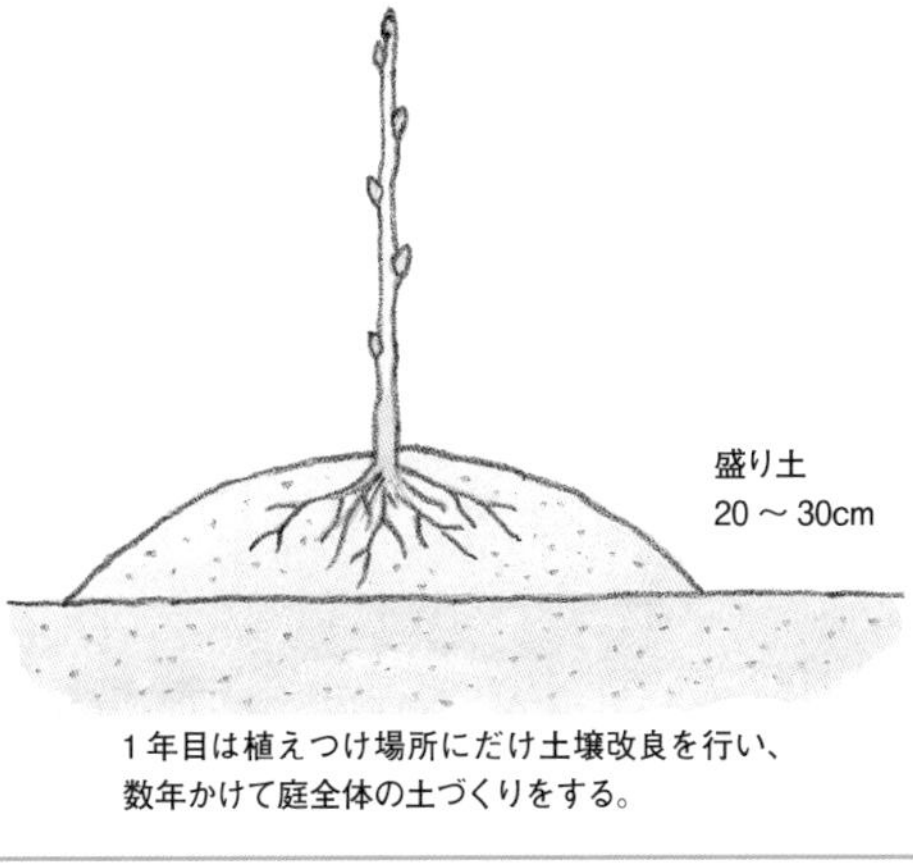


1年目は植えつけ場所にだけ土壌改良を行い、
数年かけて庭全体の土づくりをする。

# 庭植えの方法

## ●植えつけの適期

落葉果樹は11月下旬～3月までに植えつけます。落葉状態ならいつでも植えつけられますが、関東以西の暖地では12月中旬までに植えると、寒さが来る前に発根し、春のスタートが早まって良好な生育を示します。

寒地では寒さの去った3月に植えたほうが順調に根づきます。

春に出回る常緑果樹も、3月下旬～4月に植えつけます。

ポット苗のブルーベリーやラズベリーなどの小果類は9月に植えつけができ、年内に発根して活着します。

苗木は植えつけ時期に合わせて市販されますが、新品種などの入手しにくい苗木は、8～9月ごろに通信販売などで注文・購入するのが確実です。

### 仮植え

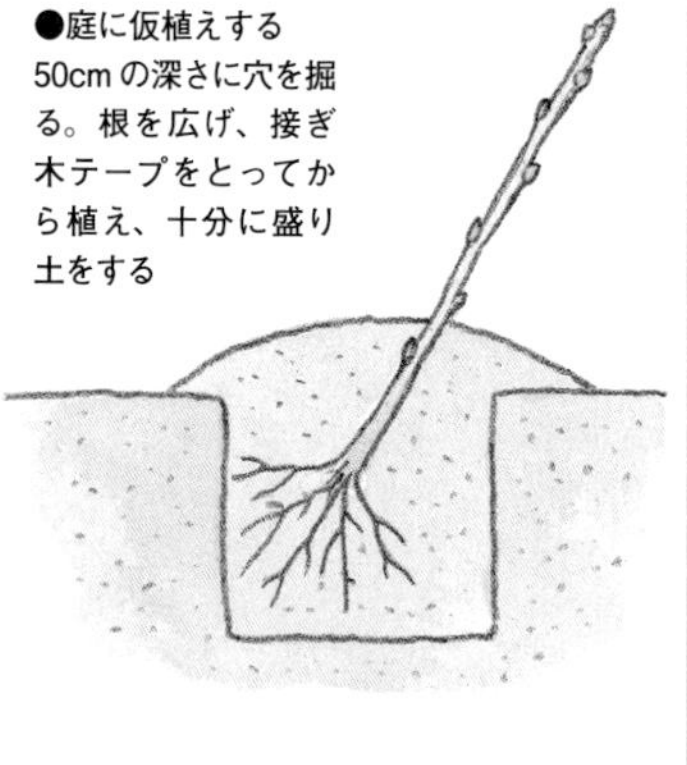

●庭に仮植えする
50cmの深さに穴を掘る。根を広げ、接ぎ木テープをとってから植え、十分に盛り土をする

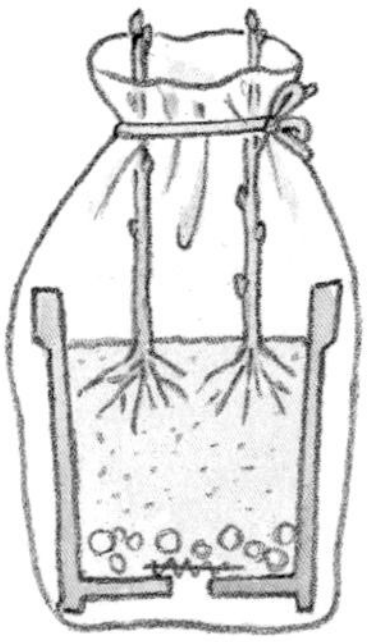

●鉢に仮植えする
菊鉢や10号鉢程度の大きな鉢に庭土や水ごけ、おがくずなどを入れ、接ぎ木テープをとった苗木を植える。または、素焼き鉢に植えて、全体をビニール袋で包む。鉢土が乾いたら水やりをする

## ●植えつけの手順と注意点

入手した苗木は包みをとき、さっと土をとり、バケツの水に半日ほど根をつけておきます。

植えつけ場所に直径50㎝、深さ50㎝程度の植え穴を掘ります。掘り上げた土の半分に、腐葉土、バーク堆肥、鶏ふんなどをよく混ぜ合わせ、穴に戻し、間土を入れます。

苗木は太めの根の先や折れた根をハサミで切り直し、根をよく広げて穴の中央にすえ残りの土をかけ、苗木の周囲に水鉢をつくって十分に水やりし、根と土をよくなじませます。水が引いたら土をすべて戻します。数時間後、根元を踏み固めるようにして土を落ち着かせ、苗木を安定させます。次に、苗木を所定の高さで剪定します。落葉果樹なら1／3ほど切り落として50～70㎝の高さにします。常緑果樹は最初から丈が低いものが売られているので、伸びすぎた枝を切り詰める程度にします。

浅根性の果樹は、支柱を立てて苗木の安定を図ります。

また、晩秋や気温の不安定な春に植えつけたときは、株元にワラや段ボールを敷くか、土を盛って乾燥を抑えます。

## ●仮植えの方法

落葉中に出回る落葉果樹は、冬眠状態なので水やりしても変化がありません。鉢植えの場合、庭植えより乾燥しやすいため、すぐに鉢に植えつけると失敗する確率が高くなります。そこで、春まで乾燥を防ぐための仮植えを行います。

苗木は包みをといて根を伸ばし、庭に仮植えする場合は、50㎝ほどの深さに掘って植え、厚めに盛り土をしておきます。

鉢に仮植えする場合は、菊鉢や10号程度の大きく深い鉢に、庭土、水ごけ、おがくずなどを使って植え込みます。鉢は温度の低い室内に置き、鉢土が乾いてきたら水やりします。

## 庭植えの植えつけ

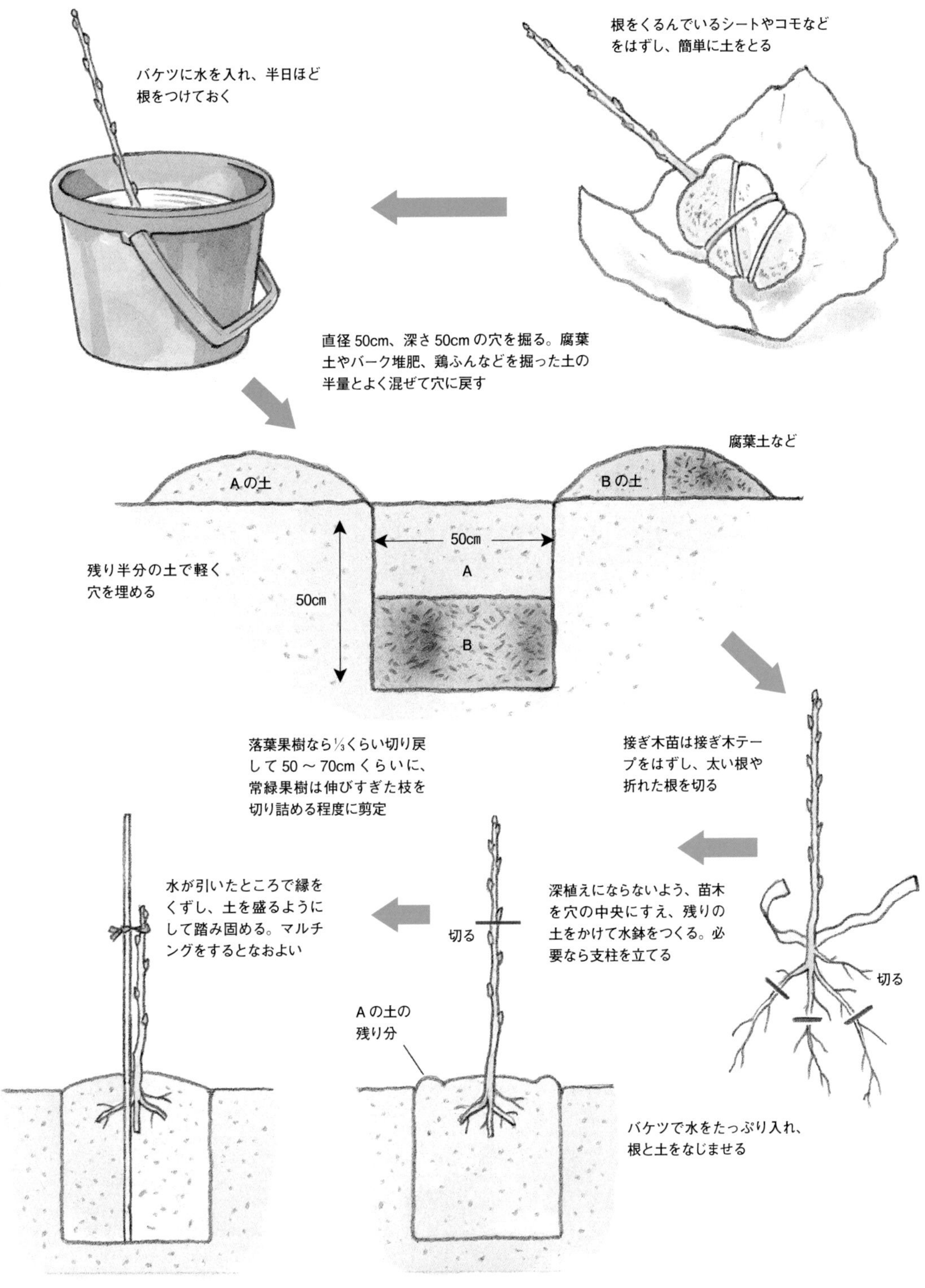
根をくるんでいるシートやコモなどをはずし、簡単に土をとる
バケツに水を入れ、半日ほど根をつけておく
直径 50cm、深さ 50cm の穴を掘る。腐葉土やバーク堆肥、鶏ふんなどを掘った土の半量とよく混ぜて穴に戻す
腐葉土など
A の土
B の土
50cm
50cm
A
B
残り半分の土で軽く穴を埋める
接ぎ木苗は接ぎ木テープをはずし、太い根や折れた根を切る
切る
落葉果樹なら1/3くらい切り戻して 50 ~ 70cm くらいに、常緑果樹は伸びすぎた枝を切り詰める程度に剪定
深植えにならないよう、苗木を穴の中央にすえ、残りの土をかけて水鉢をつくる。必要なら支柱を立てる
切る
A の土の残り分
バケツで水をたっぷり入れ、根と土をなじませる
水が引いたところで縁をくずし、土を盛るようにして踏み固める。マルチングをするとなおよい

# リンゴの植えつけ方 落葉果樹

1 ビニールポットに植えられた接ぎ木苗が多い。自家不結実性なので品種がわかるもの、矮性台木のものを選ぶ。

2 日当たりがよく、水はけのよい場所を選び、スコップをさし込むようにして植え穴を掘る。石やゴミはとり除く。

3 少なくとも苗木の根鉢がすっかり埋まるくらいの植え穴を掘る。だいたい深さ、直径とも50cmくらい掘ればよい。

4 掘り上げた土の半分にピートモスを混ぜる。混ぜた土を最初に埋め戻し、そのあとに混ぜていない土をのせる。

5 植えつけ場所をあけるように、土を周りにかき出すようにして周囲に土手をつくる。根鉢が埋まる深さでよい。

6 接ぎ木苗はつぎ口に接ぎ木テープが巻かれている。生長すると木が太ってくい込んでしまうのでとる。

7 やや浅植えになるように苗木を支えながら土を寄せる。周りの土手もつくり直して手やコテで固めておく。

8 土手で囲んだ水鉢ができているので、ここに水を流し込む。水がいったんたまるくらい、たっぷり入れることが大切。

9 水が引いたら、土手をくずしてつぎ口が埋まらないように、苗木の周りに土をかける。軽く足で踏み固めて苗木をしっかり固定する。

10 支柱を立て、高さ60cmくらいで切り戻す。切り戻した下の芽を主幹として育てていくので、芽の少し上を切る。

11 苗木と支柱を麻ひもなどで8の字に結びつけておく。きつく縛ると木が太れないので、少し余裕をもたせておく。

12 敷きワラなどでもよいが、手軽なのが段ボールのマルチング。中心までハサミで切り込みを入れて、四隅に土をかけて押さえる。

# いろいろな仕立て方

## 庭植えの樹形づくり

**●家庭果樹は「実のなる庭木」**

家庭果樹はあくまでも庭木の一部であり、「実のなる庭木」ですから、マツやモッコクなどの庭木と同居し、庭全体と調和しなければなりません。果実の賞味とともに、樹形の美しさも求められます。

家庭向きの樹形は、ほどよい大きさで美しく、毎年実をつける樹形といえます。

**●庭植えの樹形のいろいろ**

**主幹形仕立て**…円錐形仕立て、ピラミッド仕立てともいう。1本の幹の周囲から枝が出て、実がつき、場所をとらない。

**杯状仕立て**…主枝を杯状に整枝したもので、樹冠の内部までよく日が当たる。

**半円形仕立て**…扁円形仕立て。円を半分に切った形を元に主枝を左右に出し、小判形に仕立てる。

**U字形仕立て**…主枝2本を立ててU字形に仕立てる。4本主枝もある。

**垣根仕立て**…垣根に沿って主枝を1～2段左右に伸ばして整枝する。

**棒仕立て**…太めの柱やポールに主幹を巻きつけて仕立てる。

**棚仕立て**…日よけを兼ねた棚の上などに整枝する。オールバック仕立てや一文字仕立てがある。

**株立ち仕立て**…自然に株立ち状になる種類を仕立てる。

### 果樹に合う仕立て方

| 果樹名＼仕立て方 | 主幹形 | 杯状・半円形 | U字形 | 株立ち | 棒 | 垣根 | 棚 |
|---|---|---|---|---|---|---|---|
| アケビ | ● | | ● | | ● | ● | ● |
| アセロラ | ● | | | | | | |
| アンズ | ● | | | | | | |
| イチジク | | ● | | | | | ● |
| イヨカン | ● | | | | | | |
| ウメ | ● | | | | | | |
| ウンシュウミカン | ● | | | | | | |
| オリーブ | ● | | | | | | |
| オレンジ類 | ● | ● | | | | | |
| カキ | ● | | | | | | |
| カボス、スダチ | ● | ● | | | | | |
| カリン | ● | | | | | | |
| キウイ | | | | | | ● | ● |
| キンカン | ● | | | | | ● | |
| クコ | ● | ● | | | ● | | |
| グミ | ● | | | | | ● | |
| クランベリー | ● | | | ● | | | |
| クリ | ● | | | | | | |
| クルミ | ● | | | | | | |
| グレープフルーツ | ● | | | | | | |
| サクランボ（オウトウ） | ● | | | | | | |
| ザクロ | ● | | | | | | |
| サルナシ | | | | | ● | ● | ● |
| ジューンベリー | | | | ● | | | |
| スグリ | | | | ● | | | |
| スモモ（プラム） | | | | | | ● | ● |
| セミノール | ● | | | | | | |
| ダイダイ | ● | | | | | | |
| ナシ | | | ● | | | ● | ● |
| ナツミカン類 | ● | ● | | | | | |
| ナツメ | ● | | | | | | |
| ニワウメ | | | | ● | | | |
| パッションフルーツ | | | | | ● | ● | ● |
| ハナユ | ● | ● | | | | | |
| ヒメリンゴ | ● | | | | | | |
| ビワ | | ● | | | | | |
| フェイジョア | ● | | | | | | |
| フサスグリ | | | | ● | | | |
| ブッシュカン | ● | | | | | | |
| ブドウ | | | ● | | ● | ● | ● |
| ブラックベリー | ● | | ● | ● | ● | ● | ● |
| ブルーベリー | | | | ● | | | |
| プルーン | ● | | ● | | | ● | ● |
| ブンタン、ハッサク | ● | ● | | | | | |
| ポポー | ● | | | | | | |
| マルベリー | ● | ● | ● | | | | ● |
| マルメロ | ● | | ● | | | | |
| ムベ | | | | | ● | ● | ● |
| モモ | ● | ● | | | | | |
| ヤマモモ | ● | | | | | | |
| ユスラウメ | ● | ● | | | | | |
| ユズ類 | ● | ● | | | | | |
| ラズベリー | | | | ● | | | |
| リンゴ | ● | | ● | | | ● | ● |

# 庭植えの樹形のいろいろ

## ●垣根仕立て

壁やフェンスに沿って垂直面に枝を広げる。水平に張った針金などに主枝を左右に何本か誘引する仕立てをエスパリエという

ダイヤモンド仕立て（パルメット仕立て）＝左右斜めに枝を出す

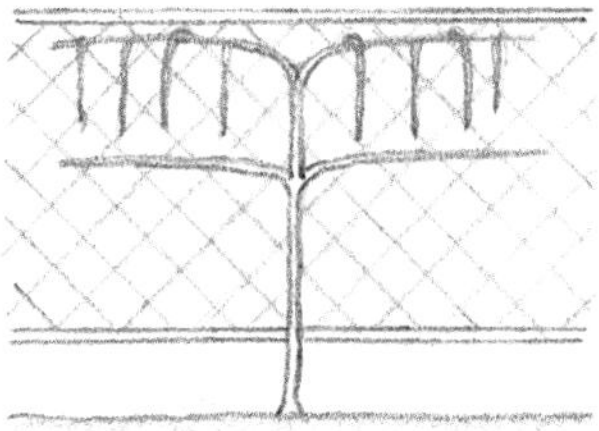

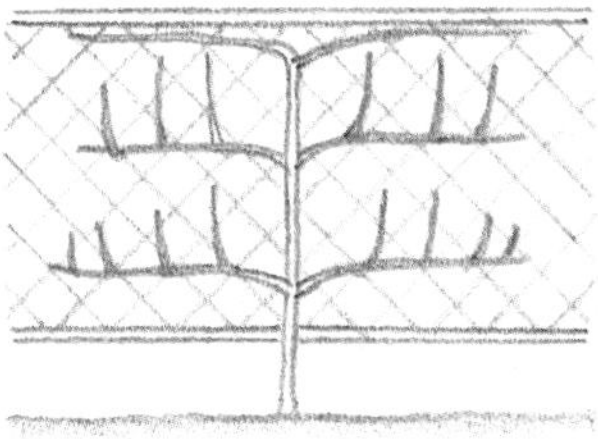

ホリゾンタル仕立て（一文字仕立て）＝左右に１～２段、水平に伸ばす

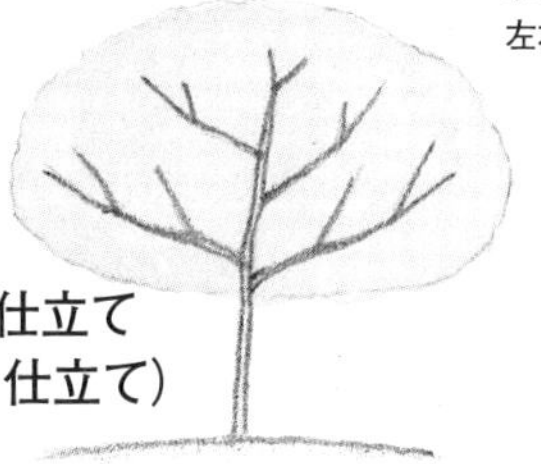

## ●杯状仕立て（ファン仕立て）

主枝３本くらいを杯状にし、そこから小枝を出させる。枝の内部まで日が入りやすいが、スペースが必要

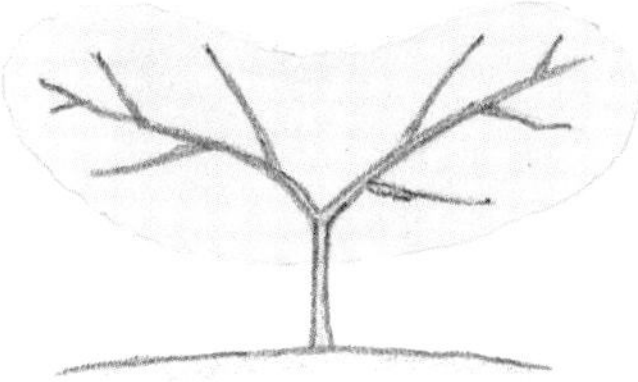

## ●半円形仕立て（ステップオーバー）

おわん形にする。主枝を左右に出して小判形にすると、狭くてもつくれる

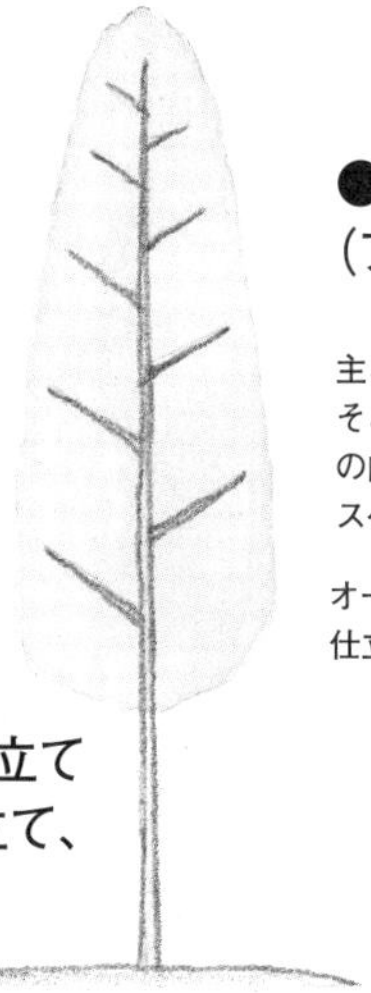

## ●主幹形仕立て（円錐形仕立て、ピラミッド仕立て）

1本の主幹から実のなる枝が出る。小柄につくりやすいので、ほかの庭木のじゃまにならない。下部の日当たりと風通しが悪くなりやすいので注意

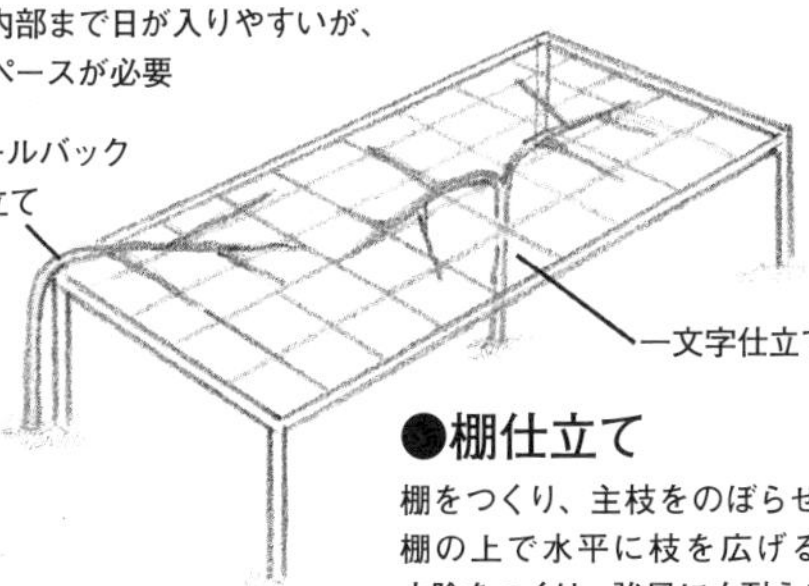


## ●棚仕立て

棚をつくり、主枝をのぼらせ、棚の上で水平に枝を広げる。木陰をつくり、強風にも耐える

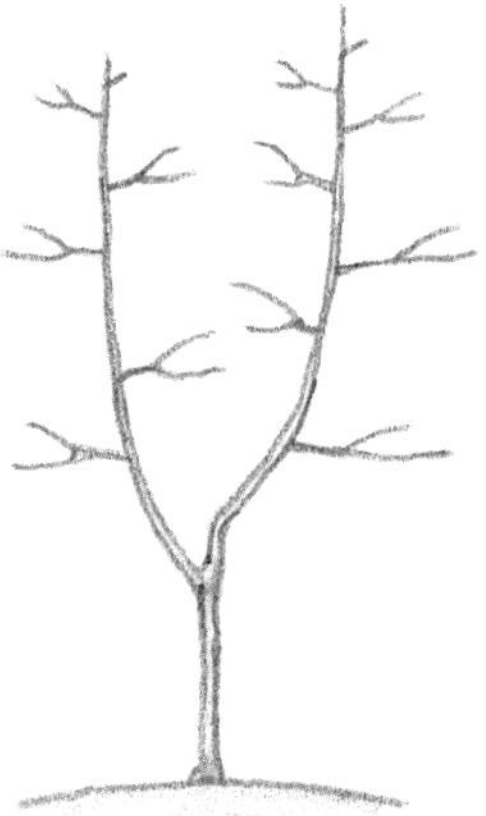

## ●U字形仕立て（コルドン仕立て）

複幹仕立てのひとつで、各枝を再びU字形にしてW字形にもできる

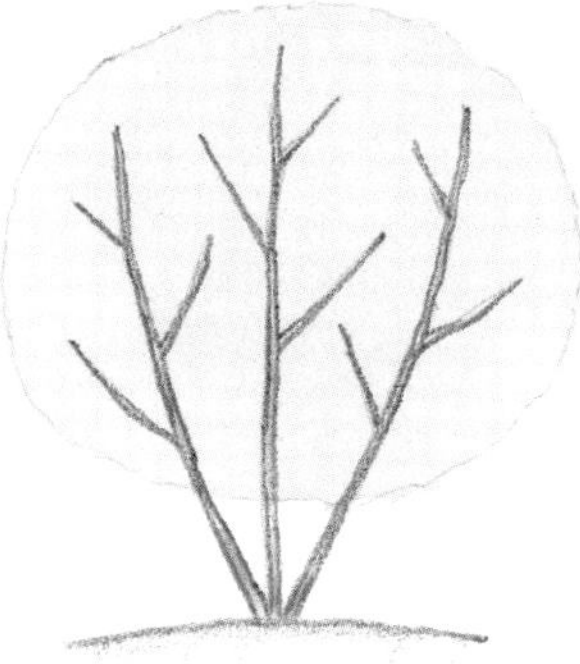

## ●株立ち仕立て

株状（1カ所から何本か枝を伸ばす）の種類に向く

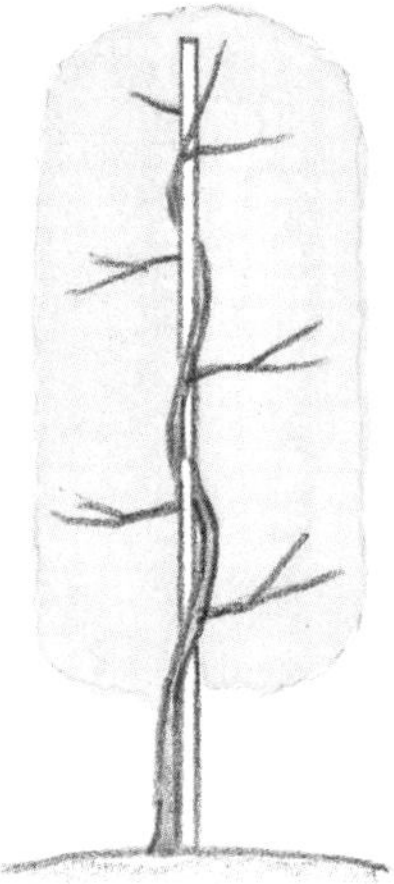

## ●棒仕立て（ポール仕立て）

太い棒などに主枝を巻きつける

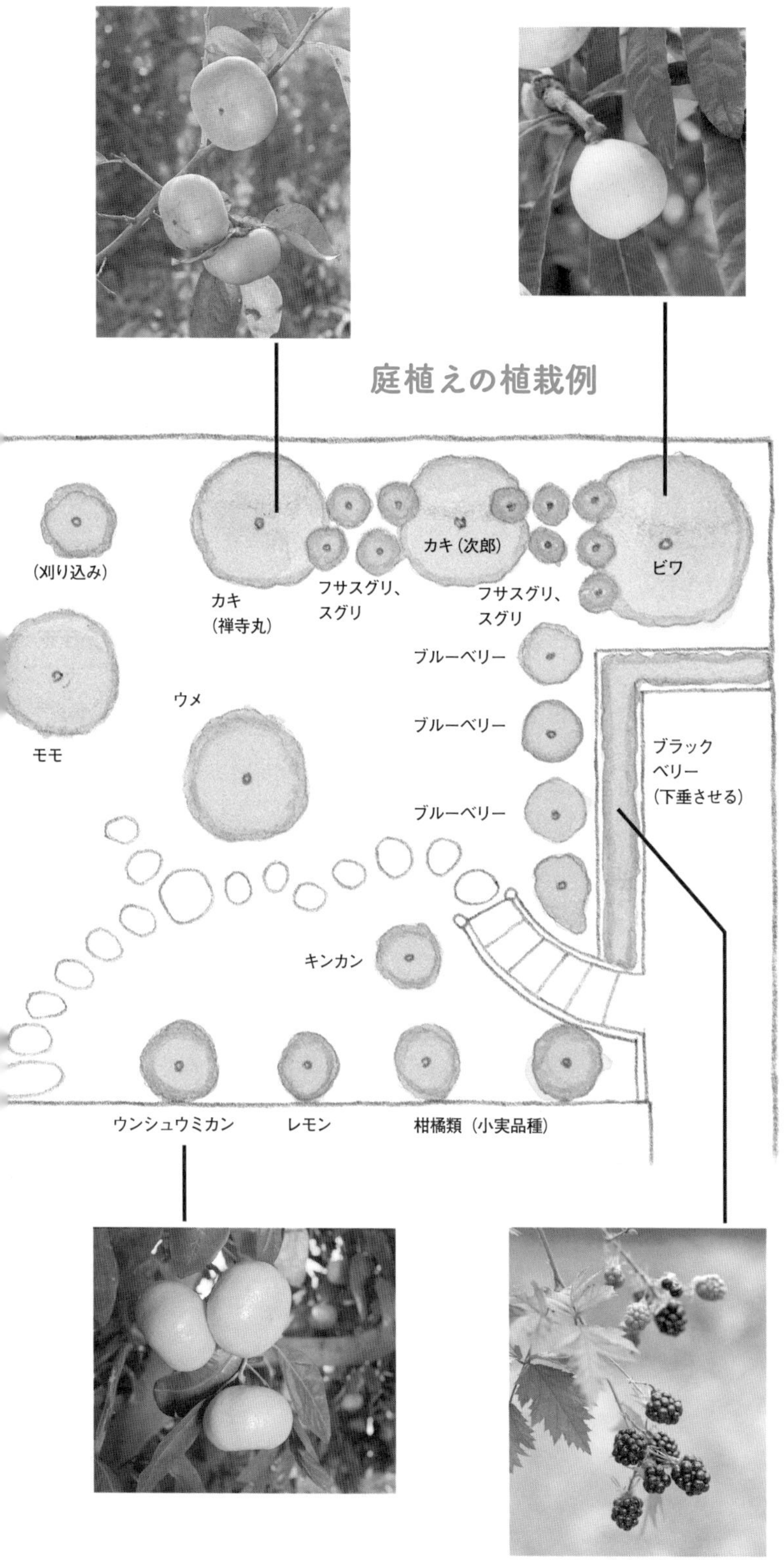
庭植えの植栽例
（刈り込み）
カキ
（禅寺丸）
フサスグリ、
スグリ
カキ（次郎）
フサスグリ、
スグリ
ビワ
ブルーベリー
ブルーベリー
ブルーベリー
ウメ
モモ
ブラック
ベリー
（下垂させる）
キンカン
ウンシュウミカン
レモン
柑橘類（小実品種）

# いろいろなガーデニング例

## ●果樹の美しさや特性を生かす

果樹は単に実をつけるだけでなく、一般の庭木と同様に美しい樹形に仕立てることができます。ヨーロッパの庭園にはダイヤモンドやU字形に美しく整枝された（人工樹形という）リンゴやナシが庭園の主役となって花をつけ、実をつけているくらいです。

また、庭が狭いからと果樹栽培をあきらめるのは、もったいないことです。主幹形仕立てや棒仕立て（ポール仕立て）にすれば、場所をとりません。

イングリッシュガーデンでよく使われている果樹のエスパリエは、狭い庭に特におすすめです。エスパリエは壁面やフェンスに沿って立体的に仕立てる方法です。支柱を立てて水平に張った針金などに、主幹や枝を誘引してとめていきます。果樹を狭いスペースで育てることができるほか、風通しがよくなるので実の質もよくなるという効果も見逃せません。矮性のリンゴや柑橘類などには特におすすめです。

## ●主木を中心に、立体的に植える

果樹は、庭の環境条件とほかの庭木とのバランスを考えて植えます。種類に合った場所で、それぞれの特性を生かし、立体的に配植することが大切です。

主木として植えるなら、フォーカルポイント（視線を集める目標物）となる立ち木性の落葉果樹が向きます。カキ、ウメ、モモ、アンズ、ナシなどです。

副木は小さめの常緑果樹にします。早生のウンシュウミカン、ハナユ、スダチなど。根締めや縁取りには、日陰にも耐えられるベリー類やスグリ類が向きます。

隣家との境界にはU字形仕立てのナシ、リンゴなど。垣根やフェンスにはつる性のキウイやブドウ、オールバック仕立てのスモモやナシなど。小さな柑橘類のキンカンなどで生け垣をつくることもできます。

## ●ガーデニングの注意点

ガーデニングの楽しみもますます多様化していますが、果樹を庭植えにする場合は、前述したように、簡単には移植できないということを常に念頭に置かなければなりません。見た目や好みだけで果樹選びをしても、生育環境に合わなければ花が咲かず、実もつきません。あくまでも基本は、生育に適した環境づくりです。

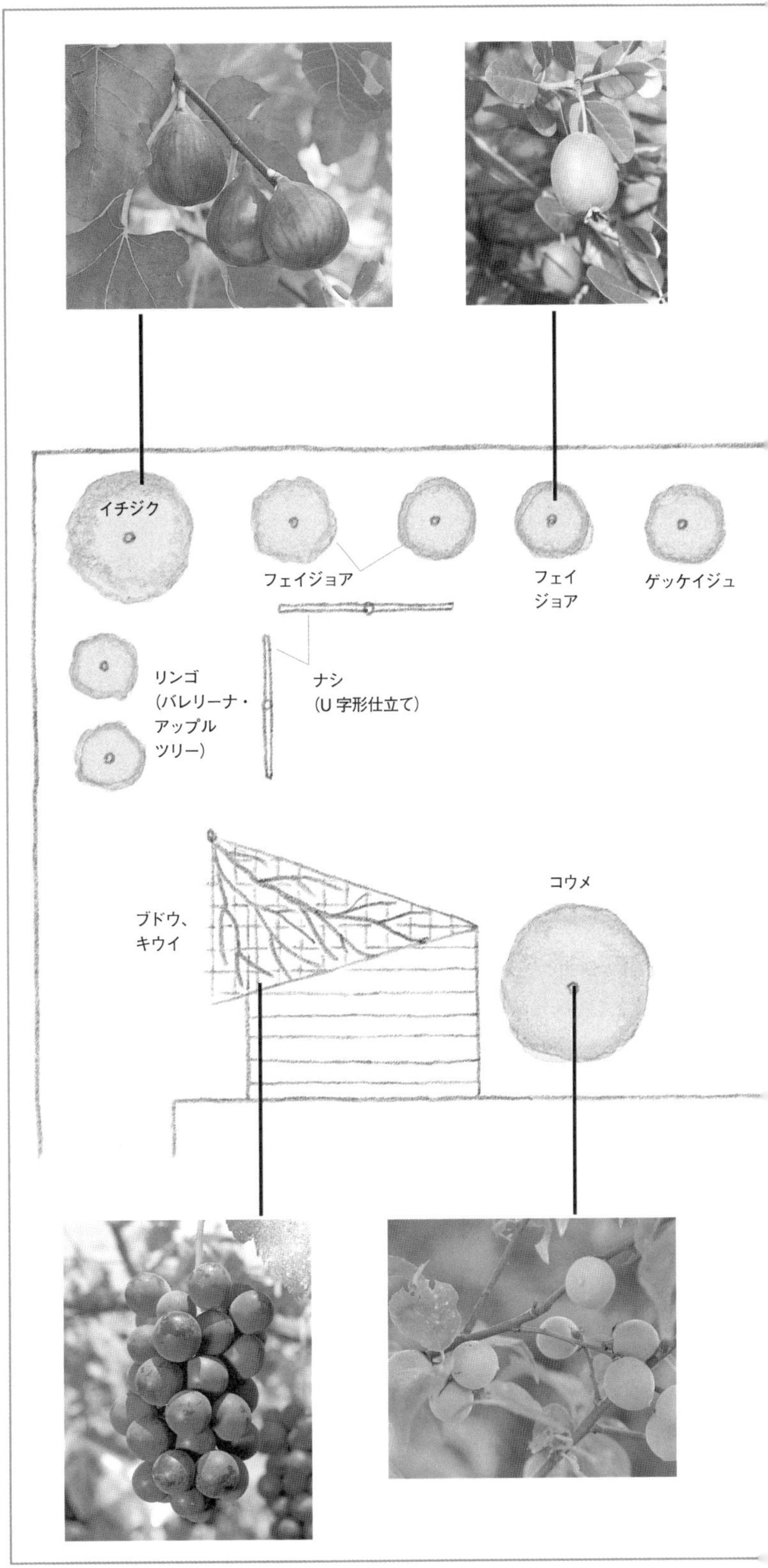
イチジク
フェイジョア
フェイ
ジョア
ゲッケイジュ
リンゴ
（バレリーナ・
アップル
ツリー）
ナシ
（U字形仕立て）
ブドウ、
キウイ
コウメ

ネオマスカットの鉢植え。

# 鉢植えの樹形づくり

## ●鉢植えは観賞を第一に

鉢植えは、樹齢は若くても早くから矮化、成木化して、庭植えよりも小柄で早くから実がつきます。

ただし、鉢植えの場合は限られた土でつくるため、果実の収穫量をふやすには限度があります。室内へのとり込みもできるという長所を生かし、観賞を目的とした小さく美しい樹形づくりを目ざしましょう。

フサスグリ、イワタバコの苔玉植え。

鉢が大きいほど木は大きくなり、小さく育てれば盆栽のように小さくできます。大きく育てれば実も多くつきますが、鉢土の量や鉢の移動、管理などを考えると、小果類で5～6号鉢、大果類で7～8号鉢、大きくても10号鉢程度が妥当です。

また、果樹の高さは鉢の3倍くらいにします。あらかじめ矮化処理を施し、小さな木で早いうちから実をつけさせるようにすることもできます。

モモ「照手水蜜」の鉢植え。

## ●鉢植えの樹形のいろいろ

**模様木風《もようぎふう》仕立て**…盆栽の模様木に準じて、主幹の模様や枝配りの美しさなどを観賞する。多くの種類に応用できる樹形のひとつ。

**ほうき仕立て**…竹ぼうきをさかさに立てたような樹形で、枝が細く、枝数が多い種類に向く。

**スタンダード仕立て**…かさ形の電気スタンドに似た樹形で、小果類を仕立てると美しい。

## 鉢植えの植栽例

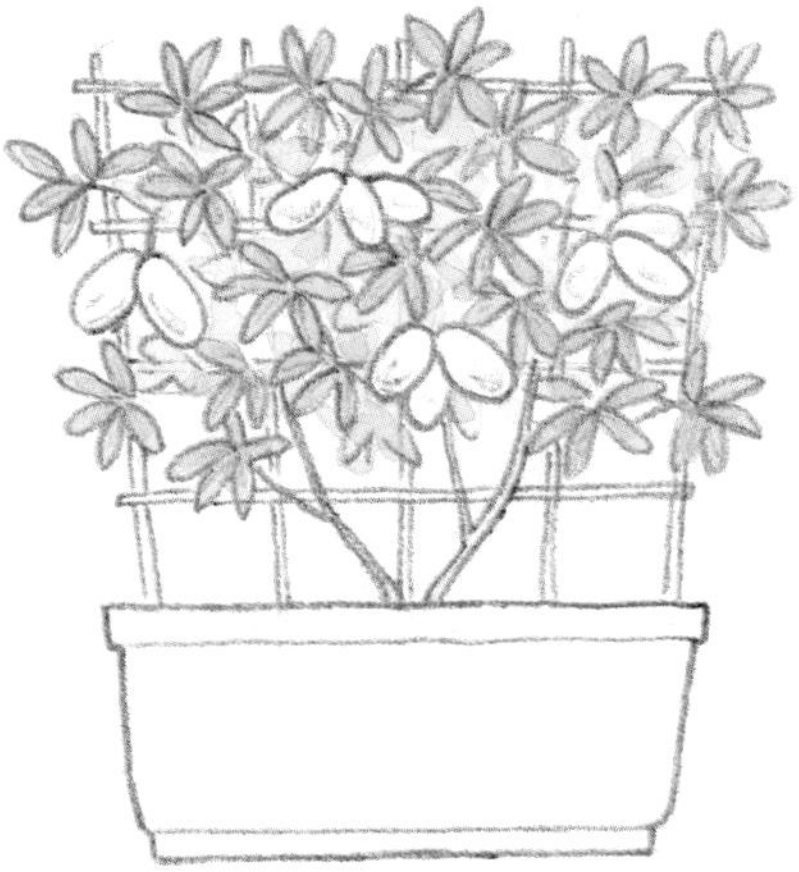

### ●プランター植え

アケビのスクリーン仕立て。ベリー類などのつるものを利用するとよい

### ●コンテナ植え

丸いたる形のポットの中心にキンカンなどの果樹を植え、下にラベンダーやアイビーなどを植える

### ●株立ち仕立て

株状の種類はそのまま株立ちで育てるが、鉢からはみ出すようなら周りを支柱で囲む

### ●模様木風《もようぎふう》仕立て

主幹の曲がりぐあい、枝の出方なども観賞できるよう、盆栽の要領でつくる。植えつけの際、斜めに傾けるとよい

### ●スタンダード仕立て

主幹を１本伸ばし、先端から枝を出させて、かさのようにする

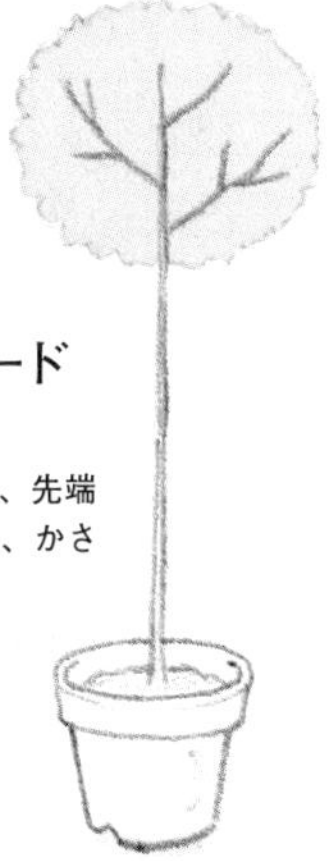

ブドウ‘デラウェア’の鉢植え。

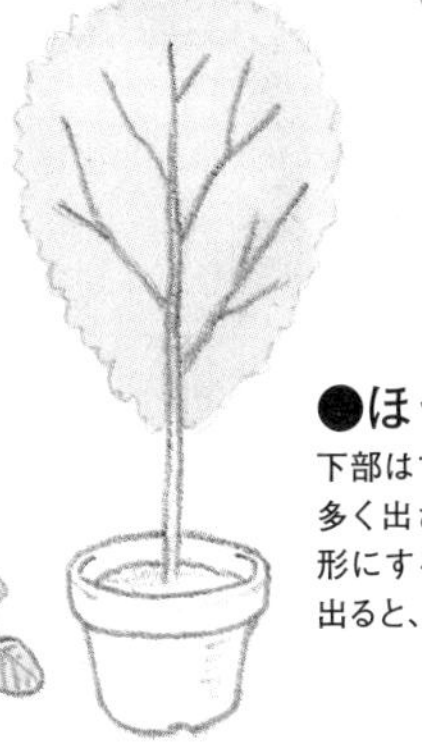

### ●ほうき仕立て

下部はすっきり、上部に枝を多く出させてほうきのような形にする。細い枝がたくさん出ると、ほうきらしくなる

### ●あんどん仕立て

つるものをあんどん支柱に巻きつけ、上部につるをまとめる

**株立ち仕立て**…株立ち状になる種類では、自然に樹形ができ上がる。

**あんどん仕立て**…つる性の種類に適した樹形。鉢に合わせてあんどん支柱を立て、つるを巻きつける。

## ●古くなった果樹は盆栽風に

鉢に植えつけて3～4回植えかえたころには、ウメ、カキ、カリン、リンゴ、ナシ、ベリー類などは幹肌が荒れて風格が出て、盆栽のような味わいになります。浅鉢に植えかえて、盆栽風に仕立て直してみてはどうでしょうか。

最近は実つきの盆栽の人気も高まり、数多くの種類が仕立てられています。盆栽の展示会でもひときわ人目をひいています。盆栽風に仕立てる場合は、浅鉢に植えられるように根（特に底根）を短く切り詰め、地上部も幹のおもしろさを生かすように、余分な枝を切り落とすのがコツです。もちろん、いきなり浅鉢に植えられるように根を深切りするのは危険ですから、2～3回に分けて少しずつ浅鉢に移しかえるようにします。

盆栽仕立ての場合、果実の収穫よりも木姿の観賞が第一目的になるのはしかたありません。木の大きさに合わせて花やつぼみを間引き、常に適正な実つきを心がけましょう。

フサスグリの鉢植え。

ウンシュウミカンの鉢植え。

モモ'ボナンザピーチ'の鉢植え。

カキ'富有'の鉢植え。

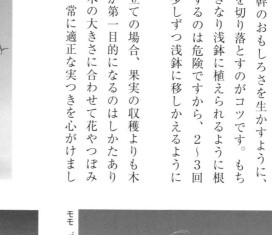

# いろいろなコンテナ例

## ●寄せ植えでつくる小さな果樹園

果樹は1本で実がつくものもありますが、他品種のものと2本以上混植しないと、実をつけないものが少なくありません。このような種類は、実をつけようとすると鉢数が多くなってしまいます。いっそのこといっしょに植えて、小さな果樹園を楽しんでみてはいかがでしょう。トレリスやラティスなどを使えば、立体感も演出できます。

ブルーベリーなどは大型のプランターに2～3品種寄せて植えると、にぎやかで、実つきもよくなります。ベリー類は株元にアイビーなどの葉ものやパンジーなどを合わせやすく、実の大きさも多彩なので、コンテナガーデンの人気果樹になっています。また、パッションフルーツなどのトロピカルフルーツも、プランターに立てたトレリスに絡ませ、ほかの熱帯草花を添えてやると、トロピカルな雰囲気が楽しめます。

そのほか、鉢植えとしてポピュラーなイチジク、オリーブ、豆ガキ、ザクロ、ヒメリンゴ、キンカンやハナユなど小さな柑橘類も、寄せ植えに使いやすい種類です。株元に季節の草花をあしらえば、鉢植えからより観賞価値の高いコンテナガーデンに変わります。

ブラックベリーのコンテナ植え。

オリーブの株元にビオラなどの小花を植える。

スグリと赤キャベツ、チマサンチュの寄せ植え。

# 剪定の仕方

## 剪定時期と切り方

### ●剪定は冬に重点的に行う

果樹は放任するとどんどん大きくなり、樹形が乱れ、ほかの庭木や建物との調和をくずします。樹形を美しく維持するためには、毎年の剪定が欠かせません。また、枝数を調整し、枝を充実させて実をつけやすくするためにも、剪定は大切な作業です。

落葉果樹の剪定は、12～2月の冬季に重点的に行います。果樹が休眠している間に剪定し、春からの生長に備えます。特に枝の切り口から養水分が流失しやすいキウイやブドウなどは1月中に行います。寒さに弱い柑橘類などの常緑果樹は、芽吹き直前の2月下旬～3月下旬に行います。また、冬の間に花が咲き実がついているビワなどは9月に行います。

生長期の春や夏は、枝先を整える程度の剪定をします。芽かき、摘芯、新しい枝の間引きや誘引もこの時期に行います。

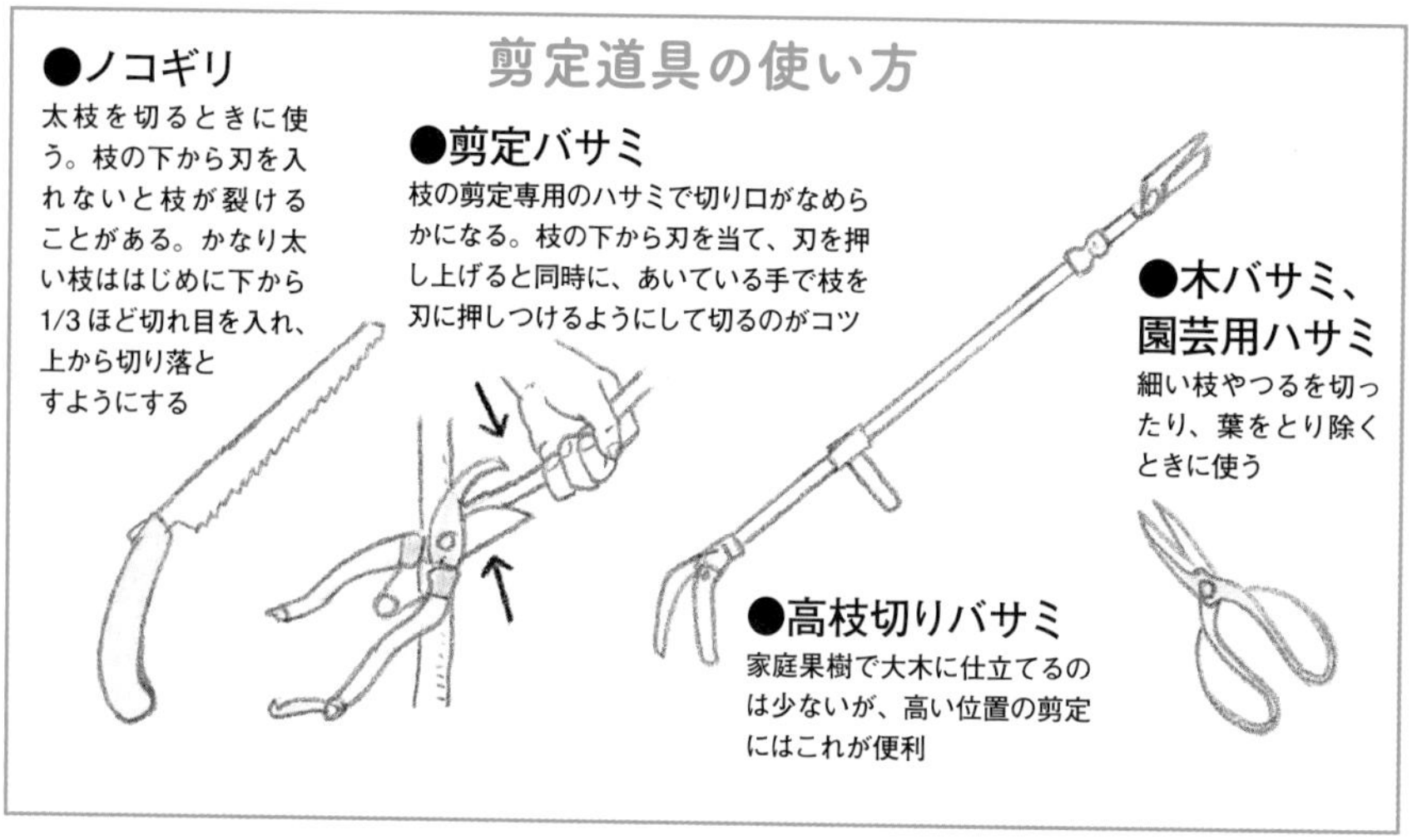
剪定道具の使い方
●ノコギリ
太枝を切るときに使う。枝の下から刃を入れないと枝が裂けることがある。かなり太い枝ははじめに下から1/3ほど切れ目を入れ、上から切り落とすようにする
●剪定バサミ
枝の剪定専用のハサミで切り口がなめらかになる。枝の下から刃を当て、刃を押し上げると同時に、あいている手で枝を刃に押しつけるようにして切るのがコツ
●木バサミ、園芸用ハサミ
細い枝やつるを切ったり、葉をとり除くときに使う
●高枝切りバサミ
家庭果樹で大木に仕立てるのは少ないが、高い位置の剪定にはこれが便利

### ●剪定バサミは必需品

細い枝葉は木バサミや園芸用ハサミでも切れますが、果樹の剪定作業には剪定バサミが最も適しています。直径1cmくらいまでの枝なら楽に切れ、切り口もなめらかです。枝の下から刃を当て、刃を押し上げると同時に、あいている手で枝を刃に押しつけるようにして切るのがコツです。剪定バサミで切れない太枝は、ノコギリで切ります。枝が裂けないよう、必ず枝の下から刃を入れます。かなり太い枝は、はじめに下から1/3ほど切れ目を入れ、上から切り落とすようにします。

そのほか、高い位置の剪定には高枝切りバサミが便利です。

### ●残す芽のすぐ上で切るのが基本

枝を剪定する際、多くの種類では芽のすぐ上で水平か45度の角度で切り、切り口が完全にふさがるようにします。芽の上で長

く余して切ると、芽はいったん横に伸びてから上向くので曲がりのついた枝になってしまいます。太い枝を切る場合も同様で、枝分かれしたつけ根のところで切ります。

また、枝が内側に出て込み合うのを避けるため、外芽（中心向きでないほうの芽）の上で切ることも大切です。

なお、枝の木質部がやわらかく大きなブドウ、キウイ、イチジクなどは、芽のすぐ上で切ると切り口が乾燥し、先端の芽の伸びが悪くなってしまうので、芽と芽の中間で切るようにします。

## 枝の切り戻し

①4年生のカキ‘東京御所’で、樹形をつくる剪定をする。実をつけさせる枝を選ぶ

②伸ばしたい方向についている芽の少し上を切る。木バサミでもよいが、普通は剪定バサミで切る

③切り口の下の芽が伸びる。花芽がついたときは、花芽の先に葉芽を残すことを忘れずに

## 枝の切り方

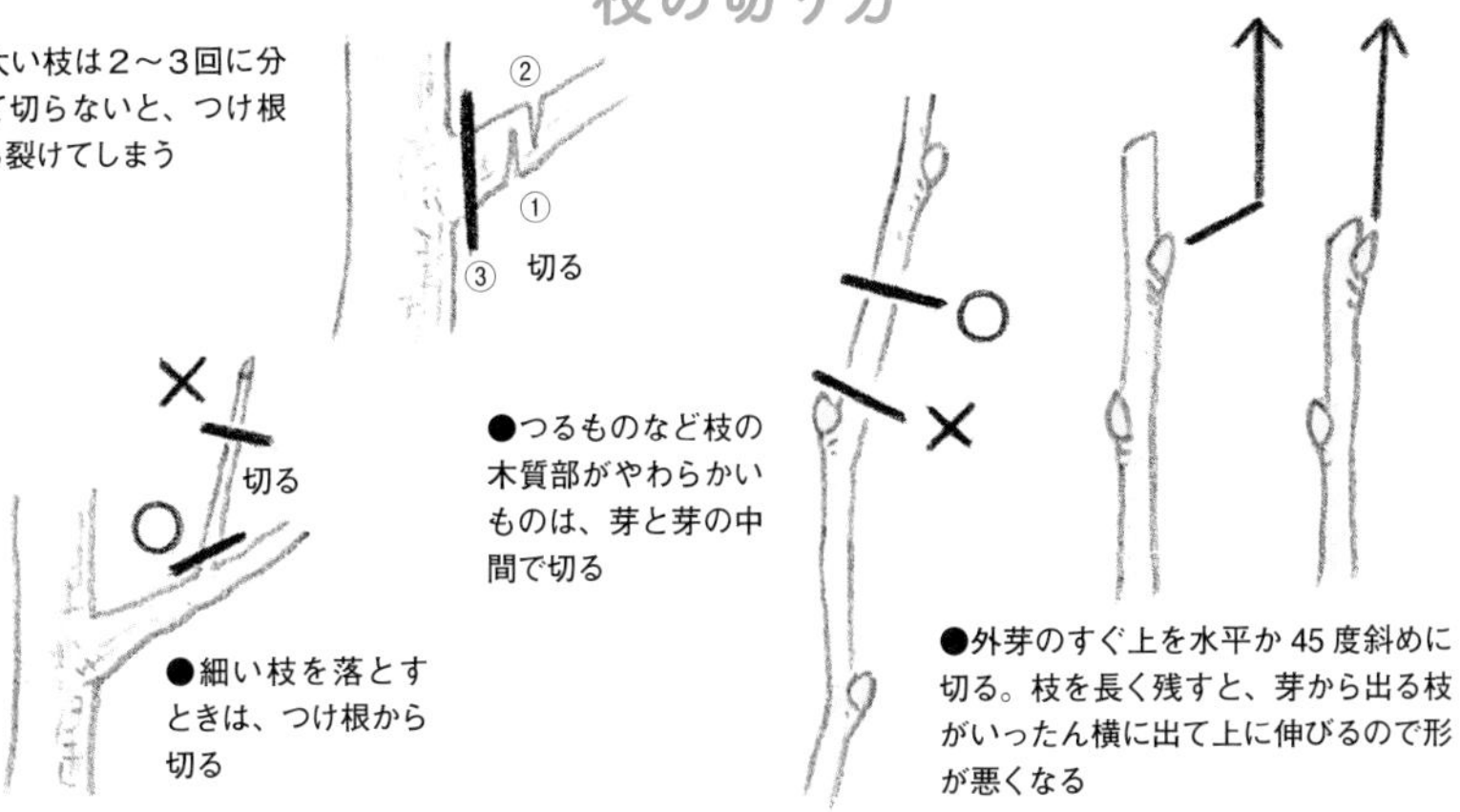

●太い枝は２～３回に分けて切らないと、つけ根から裂けてしまう

●細い枝を落とすときは、つけ根から切る

●つるものなど枝の木質部がやわらかいものは、芽と芽の中間で切る

●外芽のすぐ上を水平か 45 度斜めに切る。枝を長く残すと、芽から出る枝がいったん横に出て上に伸びるので形が悪くなる

### ●切り口は癒合剤を塗って保護する

細い枝では必要ありませんが、太い枝の切り口には癒合剤を塗り、傷の回復を促します。切り口をそのまま放置すると何年も癒合せず、枝枯れや腐れ込みの原因になります。

## 太い枝の切り落とし

①太枝はノコギリで切る。不要枝は残した部分から枝が伸びないよう、つけ根ぎりぎりで切る

②これくらいぎりぎりで切ると、切り口がふさがったときの幹肌もきれいになる

③切り口が大きいと、菌が入って腐敗することもあるので、癒合剤を塗っておく

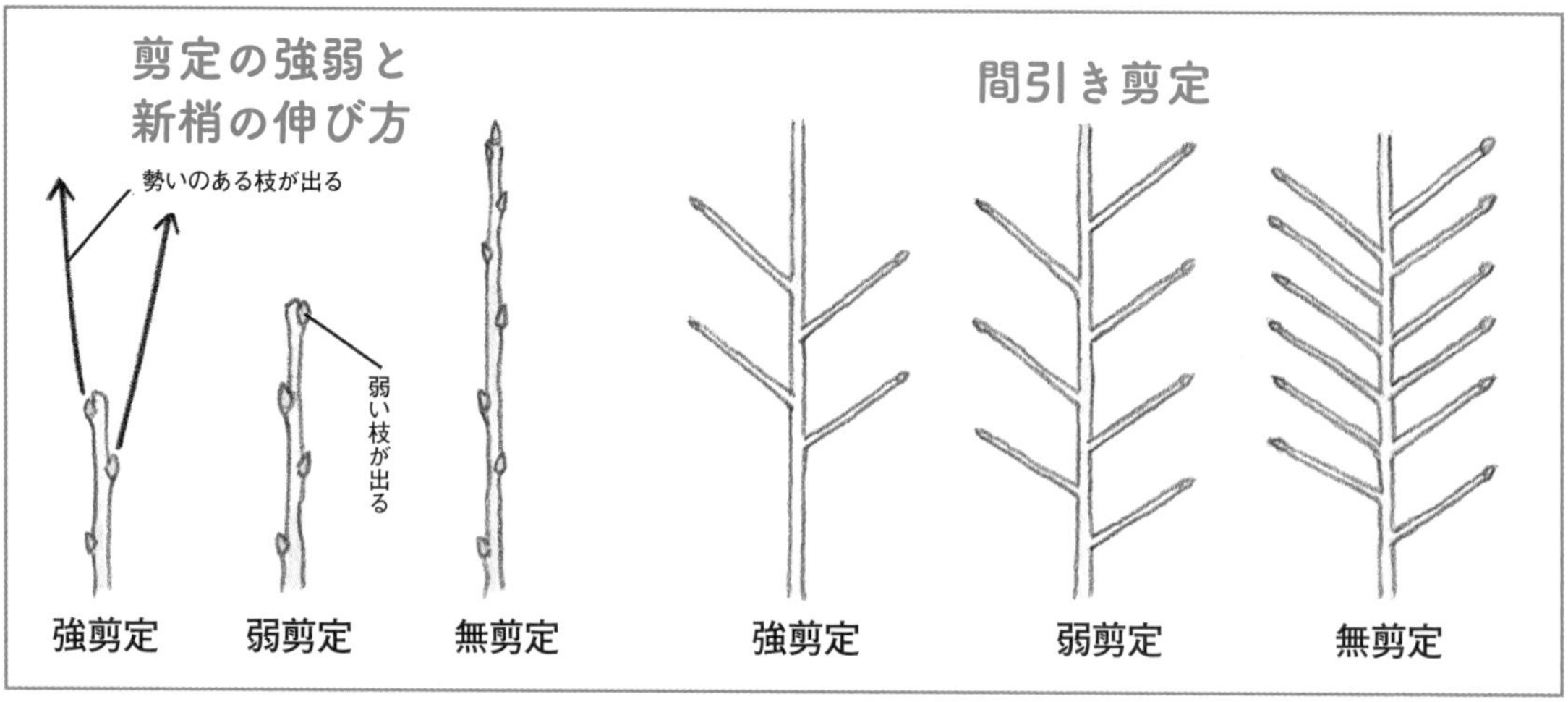
剪定の強弱と
新梢の伸び方
勢いのある枝が出る
弱い枝が出る
強剪定
弱剪定
無剪定
間引き剪定
強剪定
弱剪定
無剪定

# 弱剪定と強剪定

## ●剪定の強弱をじょうずに調整する

たくさんの枝を切ったり、枝を短くして大量に剪定した場合を、強剪定といいます。逆に、あまり枝数を減らさず、長さもあまり変えない剪定が弱剪定です。

果樹は強剪定されると、減った枝を補おうとするため、新しい枝が盛んに生長し、花や実はつけなくなります。一方、弱剪定をすると、枝はすでに十分に生長しているのでそれほど伸ばす必要もなく、短く新しい枝が出て花が咲き、実がつきます。

果樹の剪定では、この2つの方法をじょうずに調整することによって、木の大きさを整え、よく実をつけさせることができます。強剪定で充実した樹形をつくり、完成後は間引き剪定と弱剪定で花芽をつけさせるのが、剪定の基本的な考え方です。

# 切り詰め剪定と間引き剪定

## ●枝によって伸び方の違いがある

切り詰め剪定は、枝のつけ根から数芽残して切り、枝の長さを抑える剪定です。切り戻し剪定、切り返し剪定ともいいます。苗木を植えつけてから開花、結実するようになるまでは、主となる幹や枝を切り戻し、込み合った枝を適度に間引きながら樹形を整えていきます。2月ごろに行う切り詰め剪定は、普通は樹形づくりを行う3～5年間、前年枝が対象になります。

枝を切り詰める際は、枝によって残した芽の伸び方に違いがあることを知らなければなりません。

直上枝や斜向枝は、先端の芽ほど長く伸び、つけ根付近の芽から出た枝はあまり伸びません。水平枝は先端からつけ根まで、どの芽から出た枝もほぼ同じくらい伸びます。下垂枝は、つけ根近くの芽から出る枝ほど長く伸び、先端付近の芽から出た枝はあまり伸びません。

## ●間引き剪定で樹形を維持し、実の充実を図る

苗木を植えつけて数年後には、木が成熟して花が咲き、実がつくようになります。また、樹形もほぼ仕上がってきます。このような段階になったら、間引き剪定が大切な作業になります。

間引き剪定は、枝をつけ根から切り落とし、枝数を減らす剪定です。枝がふえすぎて日当たりや風通しが悪くなることを防ぐため、また、実の数を減らすことで収穫する実の質を高めるために行います。

## 剪定のいろいろと枝の伸び方

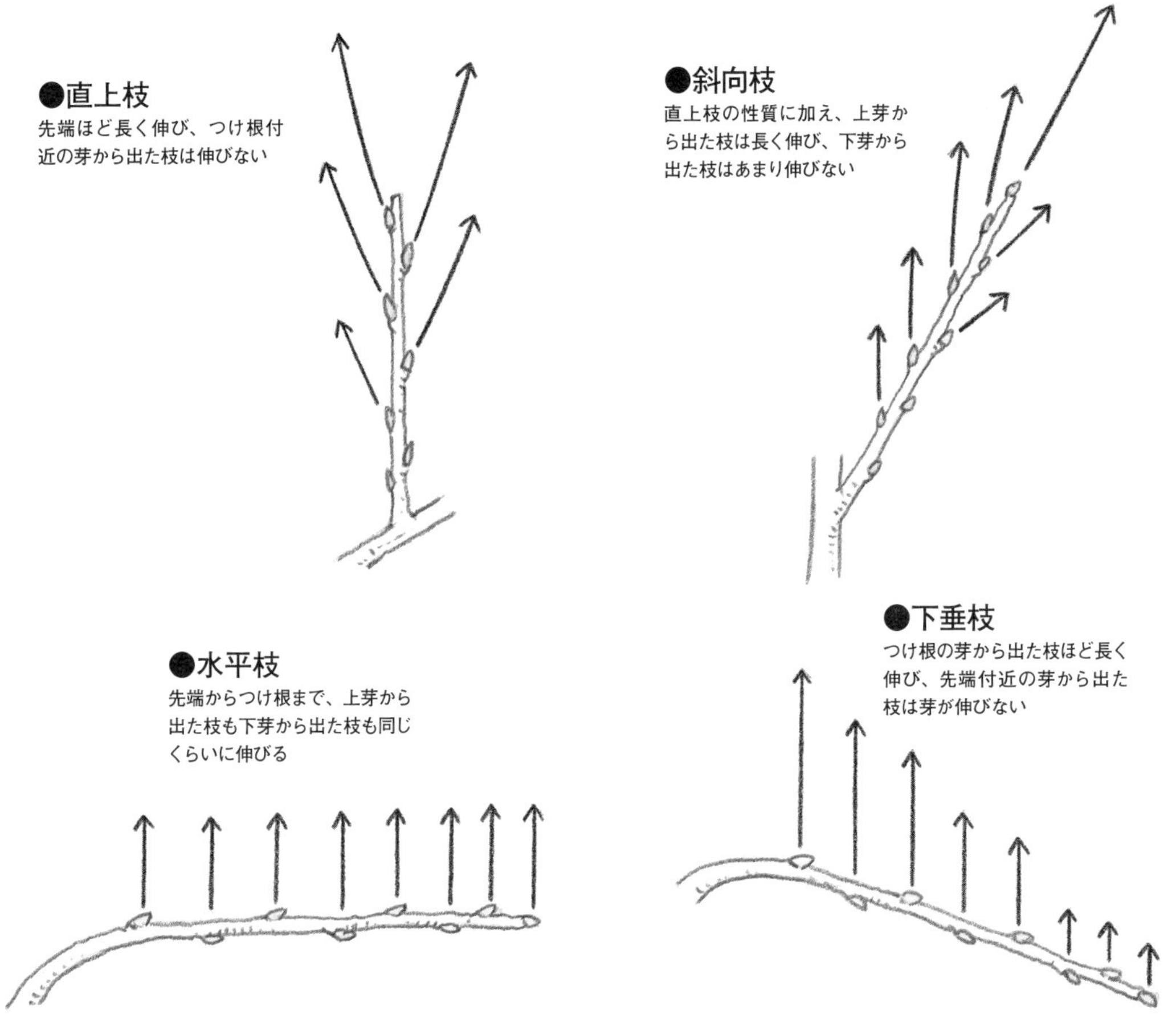
●直上枝
先端ほど長く伸び、つけ根付
近の芽から出た枝は伸びない
●斜向枝
直上枝の性質に加え、上芽か
ら出た枝は長く伸び、下芽から
出た枝はあまり伸びない
●水平枝
先端からつけ根まで、上芽から
出た枝も下芽から出た枝も同じ
くらいに伸びる
●下垂枝
つけ根の芽から出た枝ほど長く
伸び、先端付近の芽から出た
枝は芽が伸びない

## 間引き剪定

①ウメは枝がたくさん出て花もよくつく。枝が込み合わないよう、立ち枝などを切り落とす

②途中まで切るのではなく、枝のつけ根で切る。枝が均等に残るようにするのがコツ

※徒長枝は切り落とさずに、途中まで切り戻して短枝を出させることもある

### ●実つきをよくする剪定

果樹では、花芽をつけて花を咲かせ、実をつける性質を、結果習性といいます。花芽がつく位置を知らないと、花芽を切り落としてしまい、実がつきません。

結果習性は大別すると、新梢に実をつけるものと、前年枝に実をつけるものとがあります。そして、実をつける枝を結果枝といいます。結果習性は果樹の種類によって異なるので、くわしくはそれぞれの栽培のページを参照してください。

一般に、果樹は花芽が短枝（短く充実した枝）につく種類が多いものです。細く長く伸びた徒長枝には、ほとんど花芽はつきません。

花芽の数が多すぎる場合を除いては、短枝を残すような剪定を心がけましょう。自然に実つきがよくなります。

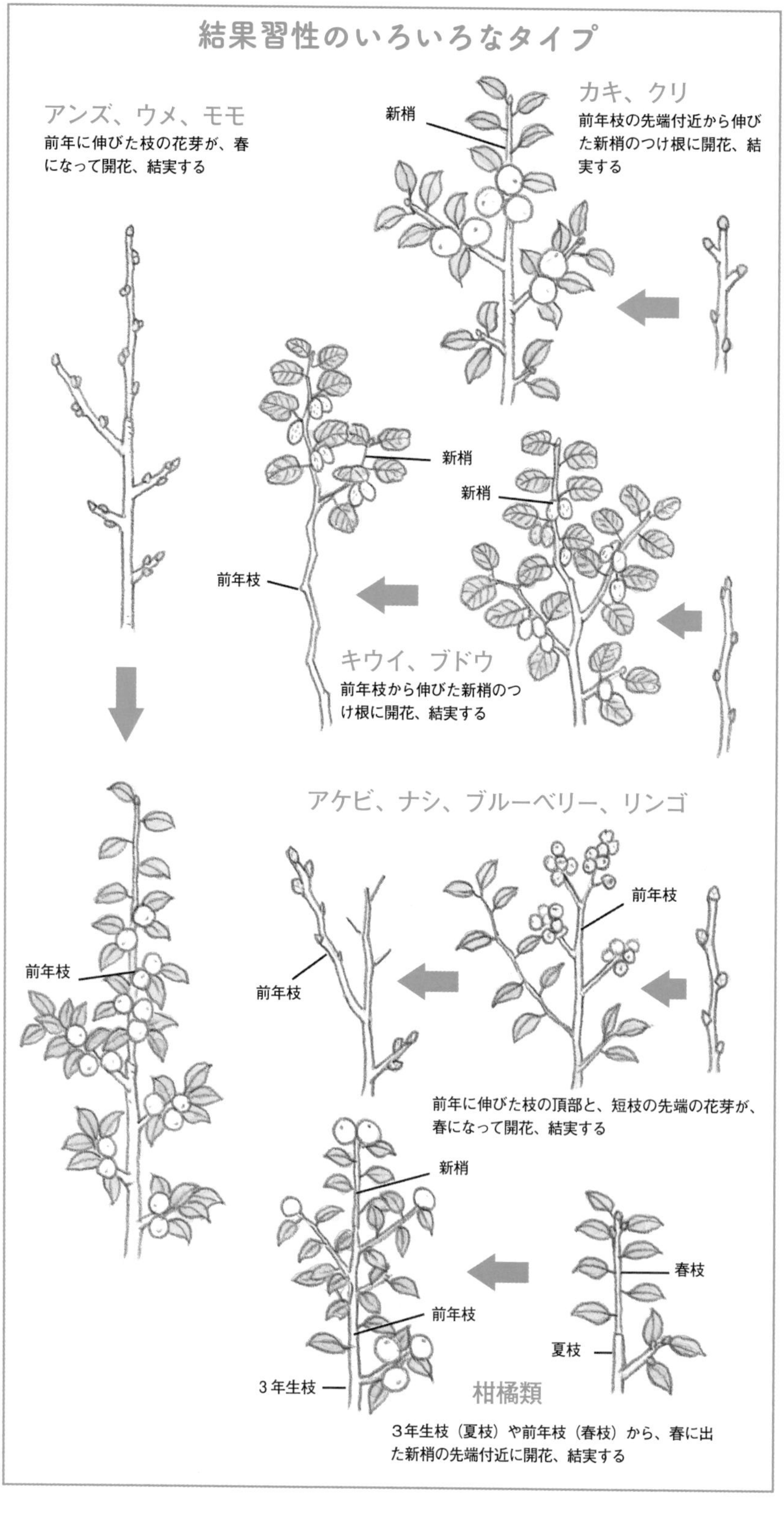

結果習性のいろいろなタイプ
アンズ、ウメ、モモ
前年に伸びた枝の花芽が、春になって開花、結実する
前年枝
カキ、クリ
前年枝の先端付近から伸びた新梢のつけ根に開花、結実する
新梢
キウイ、ブドウ
前年枝から伸びた新梢のつけ根に開花、結実する
新梢
新梢
前年枝
アケビ、ナシ、ブルーベリー、リンゴ
前年枝
前年枝
前年に伸びた枝の頂部と、短枝の先端の花芽が、春になって開花、結実する
柑橘類
新梢
前年枝
3年生枝
春枝
夏枝
3年生枝（夏枝）や前年枝（春枝）から、春に出た新梢の先端付近に開花、結実する

## 不要枝の剪定と残す枝

※●が残す枝

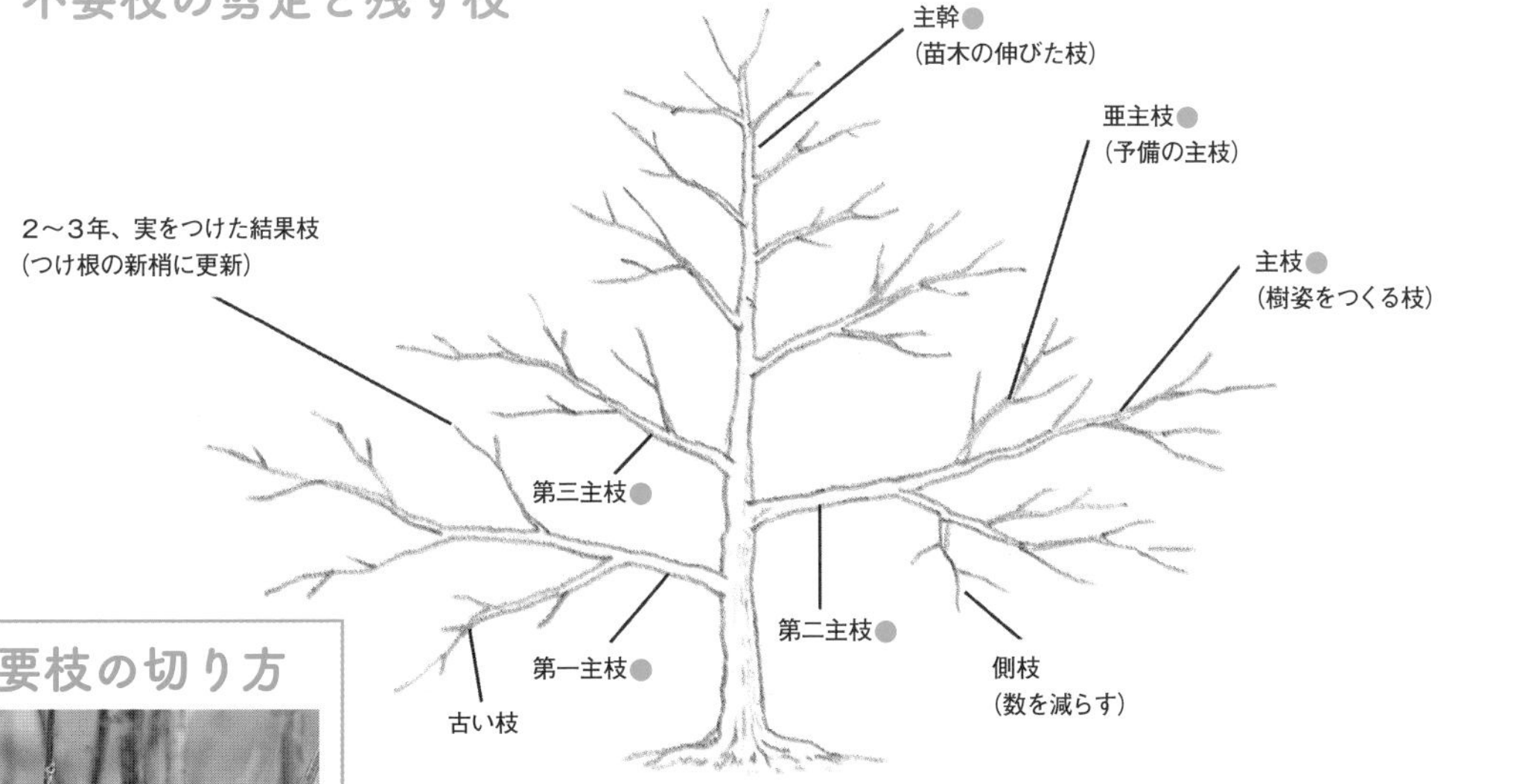
主幹●
（苗木の伸びた枝）
亜主枝●
（予備の主枝）
2～3年、実をつけた結果枝
（つけ根の新梢に更新）
主枝●
（樹姿をつくる枝）
第三主枝●
第二主枝●
第一主枝●
側枝
（数を減らす）
古い枝

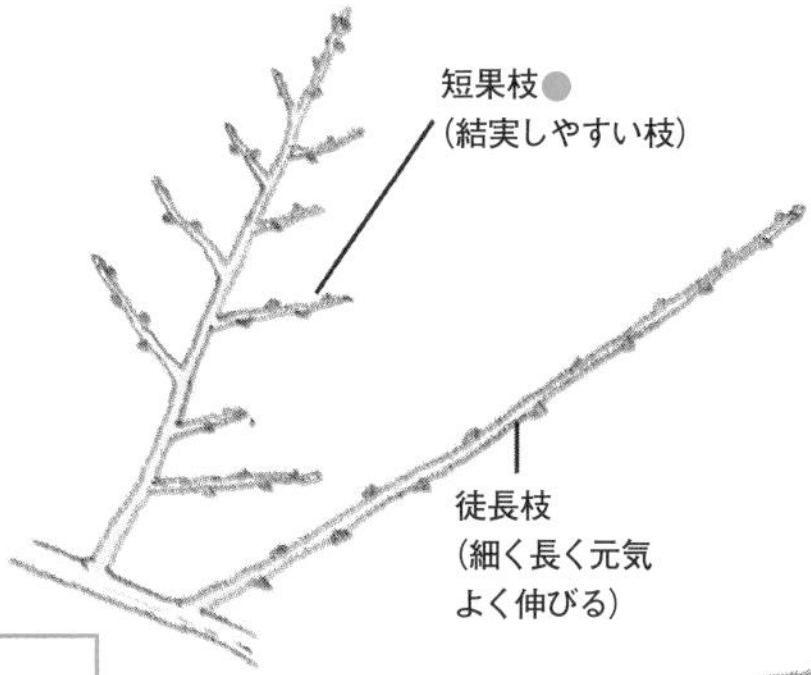
短果枝●
（結実しやすい枝）
徒長枝
（細く長く元気
よく伸びる）

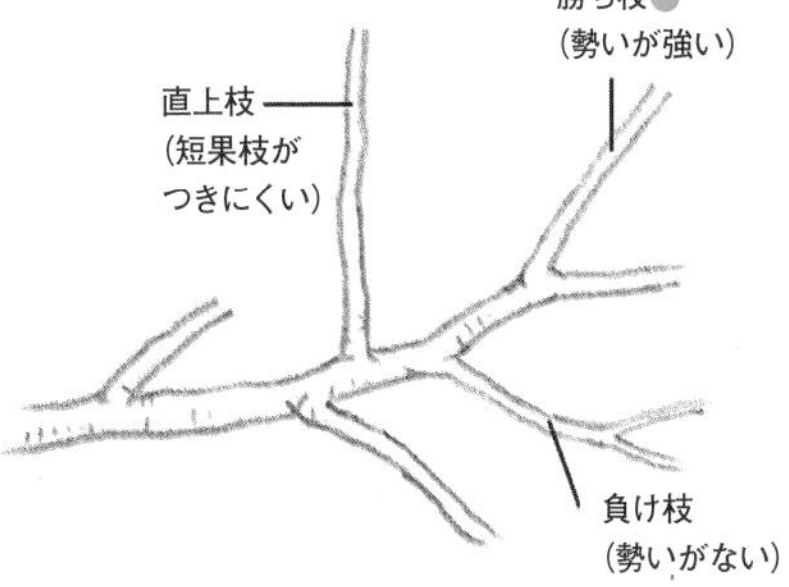
勝ち枝●
（勢いが強い）
直上枝
（短果枝が
つきにくい）
負け枝
（勢いがない）

## 不要枝の切り方

枝の多い株立ち種などは、こまかい枝を1本ずつ切るより、太い枝をつけ根で切るほうが早い。

勢いのよいひこばえは、更新する以外は、養分を奪ってしまうので早めにつけ根で切る。

枝数が多いときは古い枝を切りとる。色の違いで見分け、緑色の新しい枝を残すようにする。

### ●不要な枝をとり除く剪定

枝が込みすぎてきたときは、花芽のつかない枝、ほかの枝の生長を妨げる枝など、不要な枝を選んで間引き剪定します。

樹形を想定しつつ、主幹、主枝を決めていきますが、枝の生長の変化に合わせて変えていく心構えも必要です。

樹冠の内部に伸びる枝は、日当たり、風通しを悪くするので、普通はつけ根から切り落とします。勢いが強すぎる直上枝、下方に出て勢いがない負け枝も、花芽がつきにくいので切ります。

また、実を2～3年つけた枝は、枝先ばかりに実が集中しやすくなるので、枝元近くに新しい枝が出てきたら思いきって切り、結果枝の更新を行います。

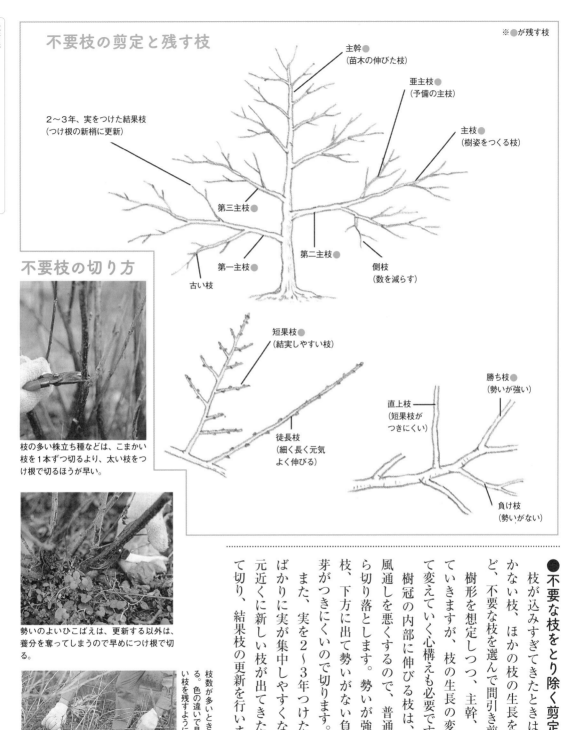

# 施肥

## 施肥時期

### ●施肥は9月下旬～10月上旬に

果樹が健全に育って実をつけるには、施肥は大切な作業です。しかし、肥料を多く与えればよいというものではなく、時期を選んで与えてこそ効果が上がります。家庭果樹は、肥料はむしろ控えめにして、果実本来の味わいを引き出しましょう。

果樹が葉を出し、花を咲かせ、実をつけるための栄養分は、前年に根から吸収され、幹や枝、芽などに蓄えられます。この栄養分を蓄えるのは、枝の伸びが止まる9月下旬～10月上旬です。したがって、庭植え、鉢植えとも、この時期に肥料を与えるのが最適です。やむをえず遅くなった場合は、庭植えでは1～2月、鉢植えでは3月とします。

鉢植えでは、花後のお礼肥と、枝の伸びが止まって実がふくらみ始めたころに、速効性の肥料を追肥として施します。

また、植えつけて間もない苗木で、枝葉を伸長させて樹形づくりを優先させる段階では、4～5月に追肥を与えます。

## 肥料の種類と特徴

### ●有機質肥料と無機質肥料

**有機質肥料**…自然素材からつくられた肥料で、効きめがじわじわと長く続くのが特徴です。主として元肥として用います。種類には、油かす、魚粉、骨粉、牛ふん、鶏ふんなどがあります。鉢植え用に使いやすい玉肥にしたものも市販されています。

**無機質肥料**…肥料の三大栄養素といわれる窒素、リン酸、カリをはじめ、微量要素を単独や混合してつくった化学肥料や化成肥料です。一般に肥効が高く速効性があります。コーティングで緩効性にしたものもあります。

無機質肥料は、根が肥料やけしないように薄めてから、追肥として使うのが基本です。有機質肥料の不足する成分を選んで、必要なときの補助として用いることもできて便利です。

### ●三大栄養素の働き

肥料の三大栄養素は、N・P・Kで表示されます。

Nは窒素。有機質肥料では油かすに多く含まれます。枝葉の生長を促しますが、施しすぎると花や実がつかなくなります。

Pはリン酸。開花、結実を促進するので、果樹には特に大切な成分です。有機質肥料では骨粉に多く含まれます。

Kはカリ。根や枝葉を強くして、病害虫への抵抗力を増す働きがあります。

## 庭植えの施肥

### ●肥料は溝か穴に埋める

若木には枝葉の伸長を促す窒素、古木には実肥ともいわれるリン酸分を多く与えます。

庭木の施肥は、根にじかに肥料が当たらないようにするのが基本です。

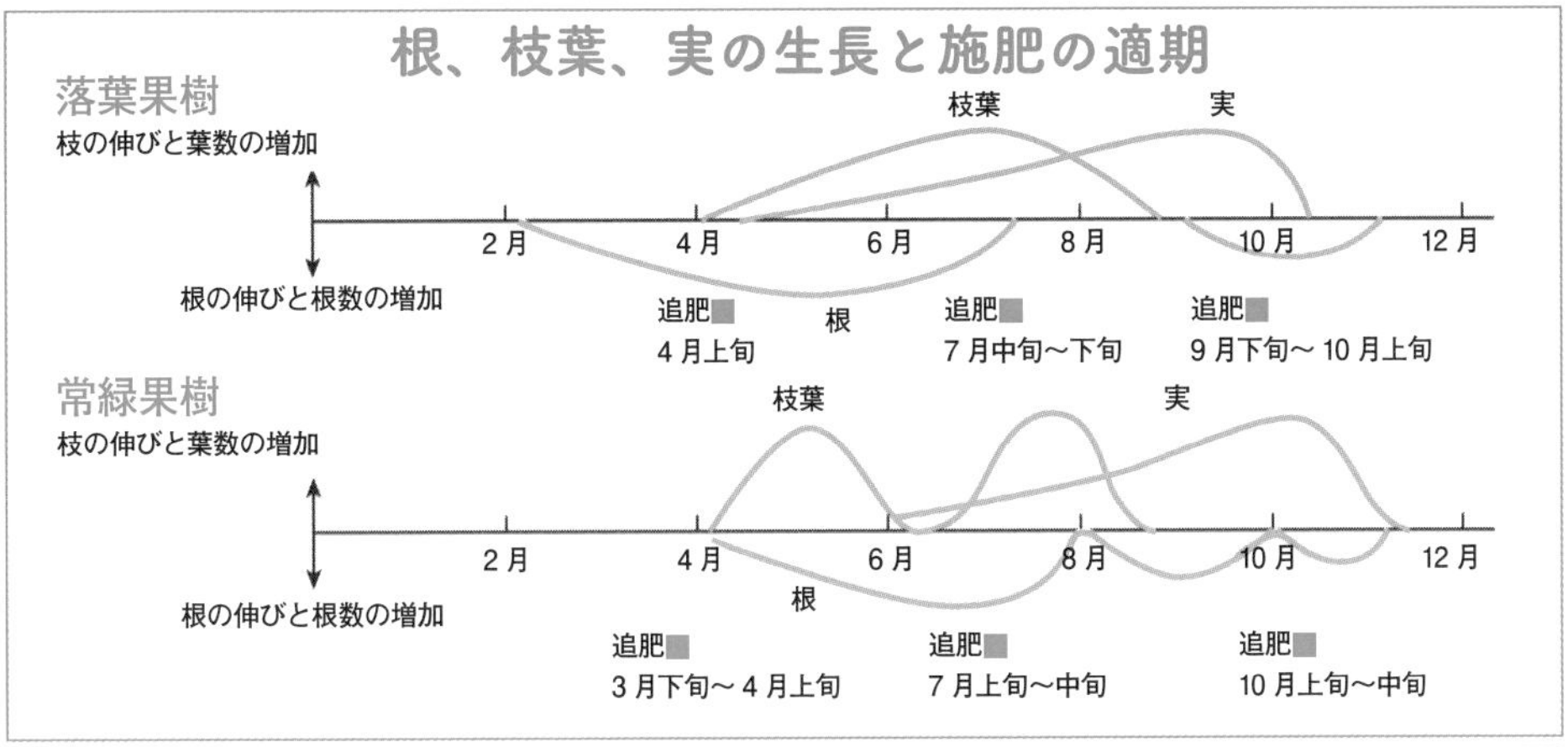
根、枝葉、実の生長と施肥の適期
落葉果樹
枝の伸びと葉数の増加
枝葉
実
2月
4月
6月
8月
10月
12月
根の伸びと根数の増加
根
追肥■
4月上旬
追肥■
7月中旬～下旬
追肥■
9月下旬～10月上旬
常緑果樹
枝の伸びと葉数の増加
枝葉
実
2月
4月
6月
8月
10月
12月
根の伸びと根数の増加
根
追肥■
3月下旬～4月上旬
追肥■
7月上旬～中旬
追肥■
10月上旬～中旬

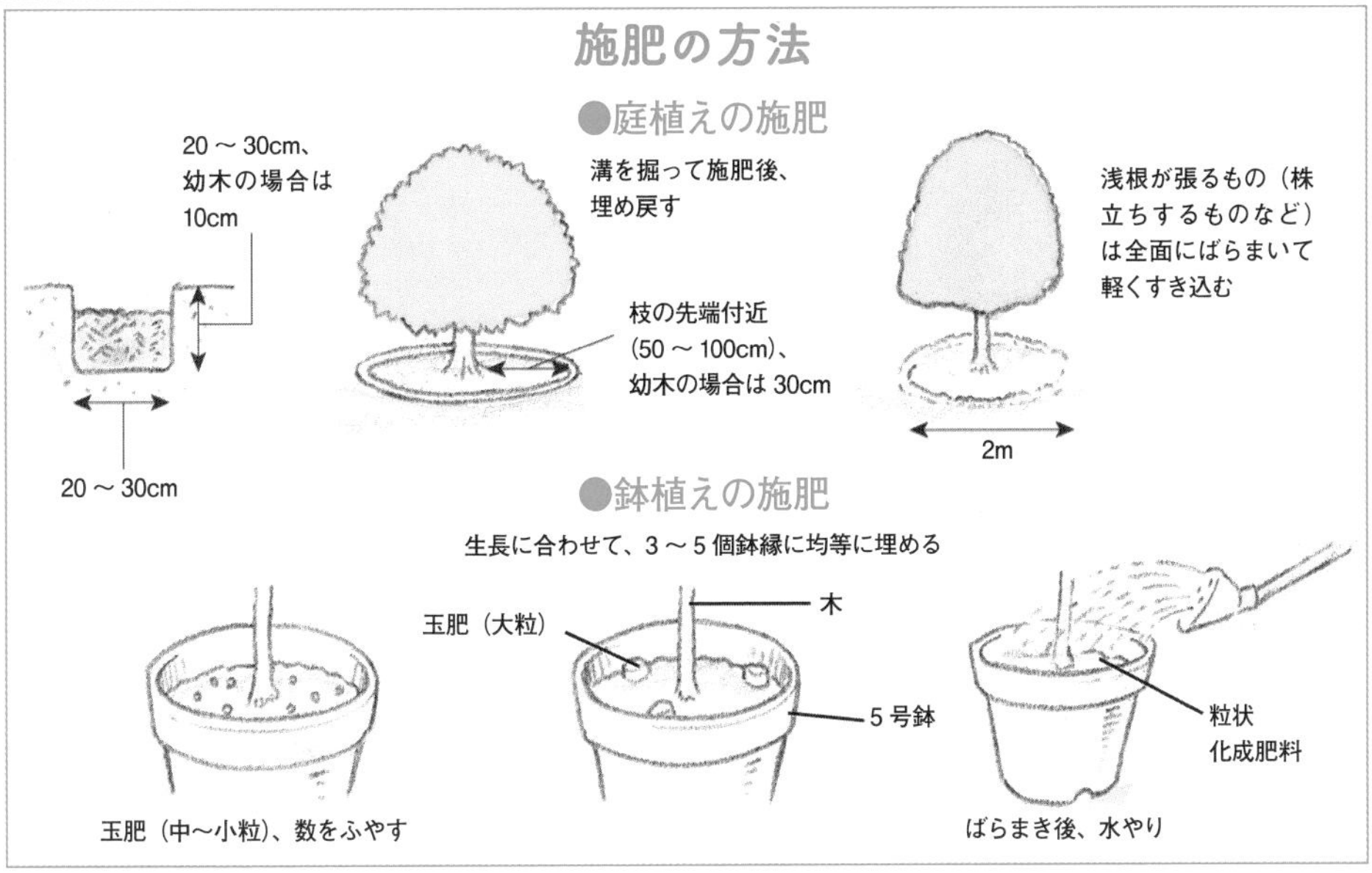
施肥の方法
●庭植えの施肥
20～30cm、
幼木の場合は
10cm
20～30cm
溝を掘って施肥後、
埋め戻す
枝の先端付近
(50～100cm)、
幼木の場合は30cm
浅根が張るもの（株
立ちするものなど）
は全面にばらまいて
軽くすき込む
2m
●鉢植えの施肥
生長に合わせて、3～5個鉢縁に均等に埋める
玉肥（大粒）
木
5号鉢
粒状
化成肥料
玉肥（中～小粒）、数をふやす
ばらまき後、水やり

木の周囲に浅い溝を掘り、肥料を入れて埋め戻すか、根張りの浅いものは周囲にばらまいて軽くすき込むようにします。

大木の場合は、周囲に溝を掘るのがたいへんなので、数カ所に穴を掘って肥料を埋めてもかまいません。

溝や穴は、木の枝の先端付近を目安に掘ります。

## 鉢植えの施肥

### ●施肥量は玉肥の数で調節を

鉢植えの場合は、土からの養分が限られているうえ、水やりで肥料が流れ出す分もあるので、施肥がより大切な作業となります。

元肥には油かすや骨粉を主体につくった固形肥料、玉肥を用います。市販のものは、近年はにおいの少ないものも多く出回っています。

大粒なら5号鉢に1年目に3個、2年目に4個、実のつく3年目には5個を鉢縁に置きます。中~小粒なら数をふやして鉢全体に均等に置きます。

いずれも1カ月もすると肥効がなくなるので、必ずとり除きます。

追肥は、収穫後の秋に玉肥を3個ほど施します。また、つる性のものには、生長期の5~7月に月1回、速効性の化成肥料を施してつるを伸ばします。

# 水やり

## 鉢植えの水やり

●鉢土が乾いたら、たっぷりと水をやる

庭植えでは、よほどの乾燥が続かない限り、水やりする必要はありません。特に夏に実が熟すモモやブドウなどは、むしろ乾きぎみにしたほうがおいしい実がとれます。

鉢植えの水やりは、一年を通じて、鉢土の表面が乾いたのを確かめて、鉢底から水が流れ出るまでたっぷりと与えるのが原則です。たっぷりと与えることによって、鉢土内の古い空気が押し出され、新鮮な空気が供給されることになります。

初心者のうちは暇さえあれば水を与えがちですが、これでは果樹は軟弱に育ち、過湿状態が続けば根腐れを生じることも少なくありません。

もちろん、水ぎれもタブーです。夏はだれでも水ぎれに用心するものですが、休眠中の冬は水やりがおろそかになりがちです。冬に乾燥する太平洋側の地域では、鉢土も意外に早く乾きます。また、ガラス越しに日が当たる室内なども同様で、ときには冬でも毎朝水やりしなければならないケースもあります。

なお、果樹は水を好む種類が多いので、夏は鉢底に受け皿を敷いて腰水してやることもあります。空中湿度を高めることができ、水やりに追われることもありません。腰水は必ず夕方にはきれるようにし、毎朝水をとりかえます。

●留守中の水管理

夏休みなどで家を留守にする場合は、短期間なら鉢を庭の木陰に埋めたり、水でぬらしたビニールシートなどをかけて、湿度を保つ対策をとります。

前述した腰水も有効な方法ですが、せいぜい日中に留守にする場合だけにします。腰水に1～2日つけたままにしておくと、過湿状態になり、木が弱ります。

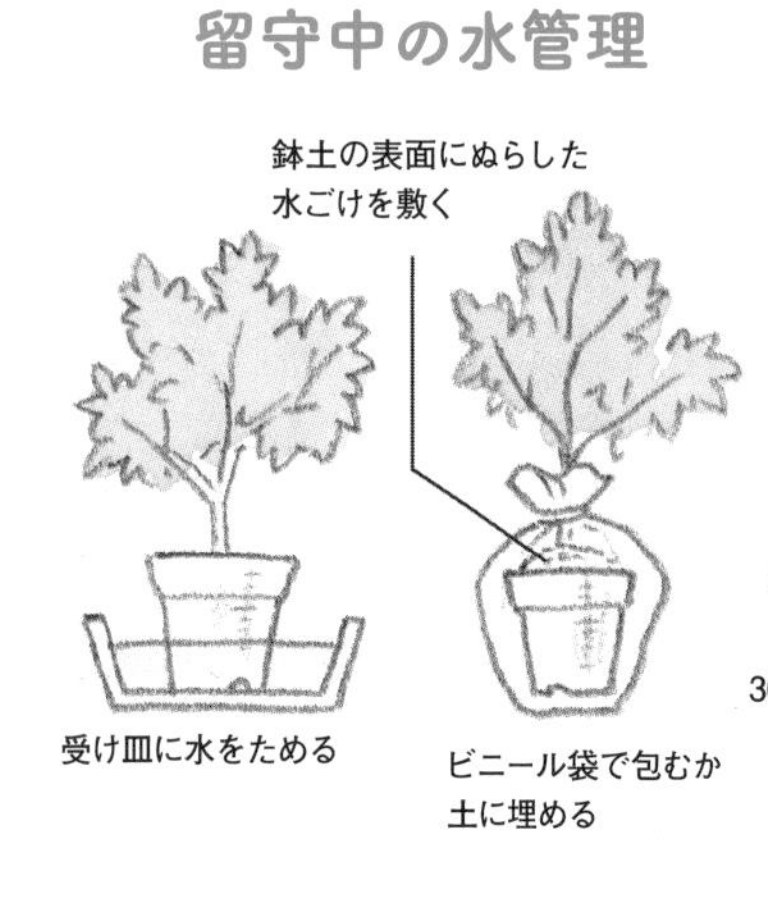
留守中の水管理
鉢土の表面にぬらした水ごけを敷く
受け皿に水をためる
ビニール袋で包むか土に埋める

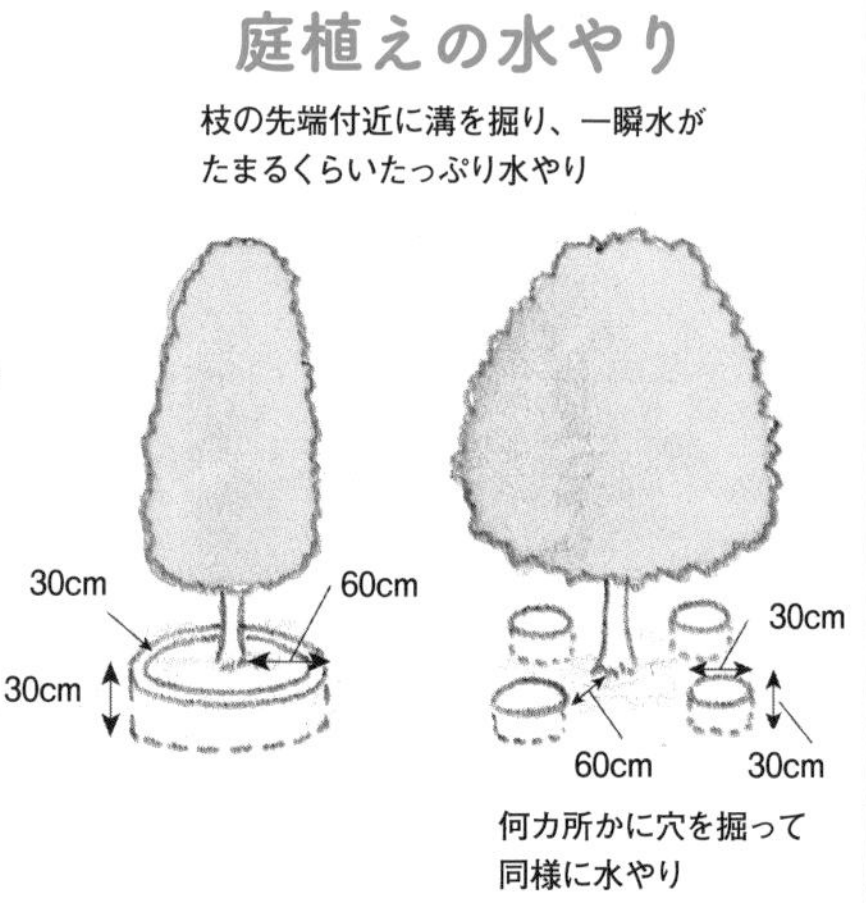
庭植えの水やり
枝の先端付近に溝を掘り、一瞬水がたまるくらいたっぷり水やり
30cm
60cm
30cm
30cm
60cm
30cm
何カ所かに穴を掘って同様に水やり

# 病害虫対策

**●果樹だけでなく、庭全体の対策を**

家庭果樹の病害虫対策は、常に庭全体で考えなければなりません。庭には果樹以外の樹木や草花も植えられています。アブラムシ、ハダニ、カイガラムシなどの害虫、炭そ病や灰色かび病などの病気、いずれも庭木に共通した病害虫です。果樹だけに薬剤をまいても隣の木にうつるだけなので、常に庭全体の対策を考える必要があります。

**●薬剤散布は最終手段**

農薬には殺菌剤と殺虫剤があります。家庭では汎用的に使えるビスダイセン水和剤など(殺菌剤)と、スミチオン乳剤など（殺虫剤）を2～3種類を用意しておきます。葉が巻いたり、食い尽くされてからでは遅いので、薬剤を散布するなら発生初期に行います。また、落葉中に石灰硫黄合剤を散布するのも、果樹への影響が少なく、広く行われています。

薬剤は雨の心配がなく、風のない曇りの日を選んで散布します。高温時は薬害を生じやすいので避けます。

農薬は、対象となる樹種や散布量が決まっています。希釈率は正確に守り、直接ふれないよう、目に入らないよう気をつけて散布しましょう。長袖、長ズボンに長靴、帽子、手袋、眼鏡、マスクなどで肌を保護し、散布後は手や顔を石けんでよく洗い流します。（166ページ参照）

農薬を使わない病害虫対策

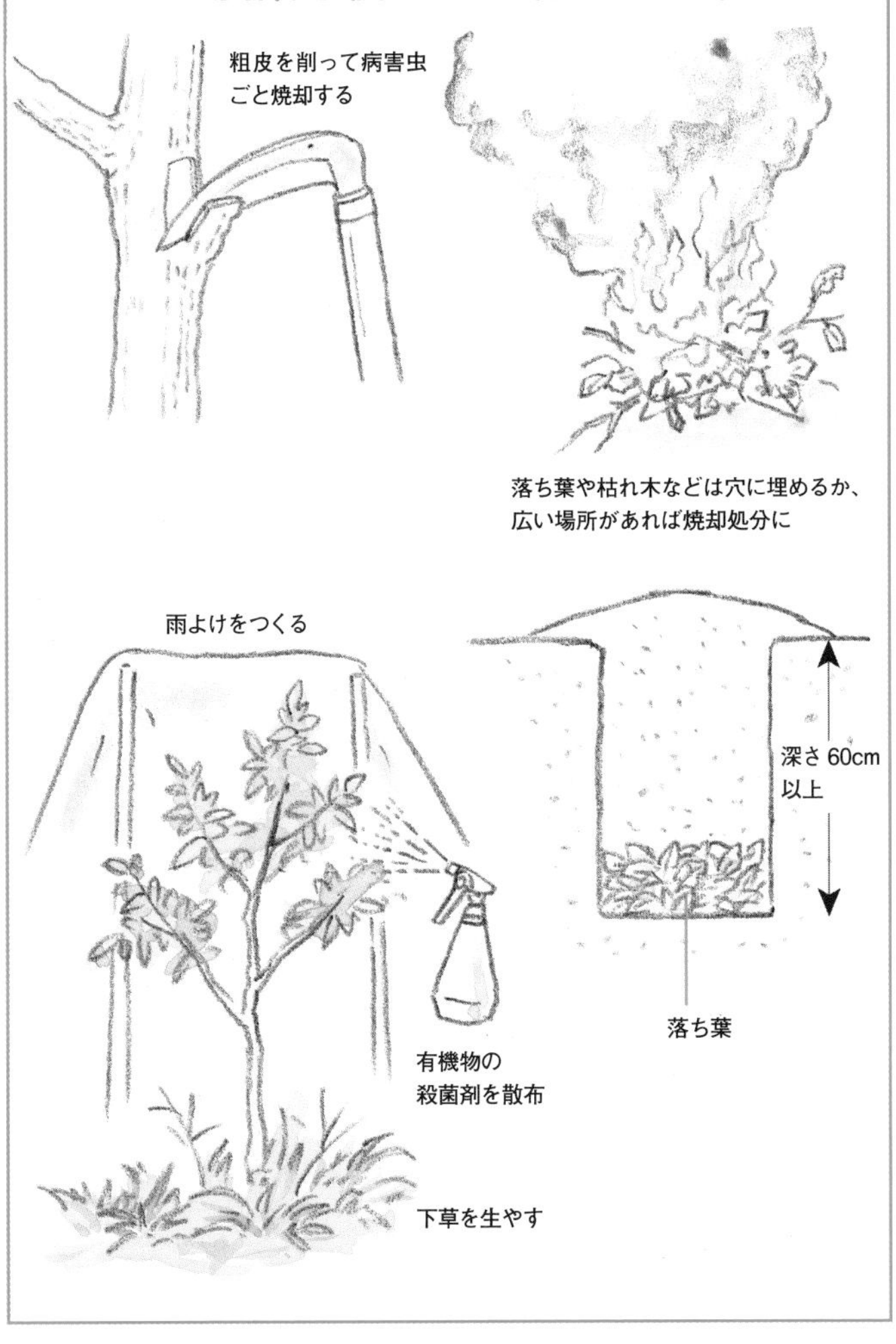
粗皮を削って病害虫
ごと焼却する
落ち葉や枯れ木などは穴に埋めるか、
広い場所があれば焼却処分に
雨よけをつくる
深さ60cm
以上
落ち葉
有機物の
殺菌剤を散布
下草を生やす

⚠使用に際しては必ず商品の説明をよく読んで、記載内容に従ってお使いください。

| つきやすい果樹 | 防除法 |
|---|---|
| ナシ、リンゴ | 病害葉はとり除き、被害が著しいときは開花中に薬剤を使用 |
| スグリ、ブドウ、リンゴ | 風通しと日当たりをよくする。病害部位はとり除き、被害がひどいときは発芽前後に薬剤を散布 |
| ブドウ | 風通しと日当たりをよくしておき、病斑が生じた葉は焼却する。落葉期に生石灰を散布 |
| モモ、ウメ | 低温多雨のときに発生しやすい。石灰硫黄合剤を散布 |
| 常緑果樹 | カビの発生源となるカイガラムシやアブラムシを防除 |
| ほとんどの果樹 | 病斑部分はとり除き、被害が著しいときは銅水和剤などを散布 |
| カキ | 落ち葉は焼却処分し、6月上旬に専用薬を散布する |
| ブドウ | 予防には発芽前後に薬剤を散布し、風通しをよくしておく |
| モモ | 風通しをよくし、発病部分は早めにとり除く。6月中旬に薬剤を散布 |
| イチジク | 薬剤を散布し、落ち葉は焼却処分する |
| ほとんどの果樹 | 根を傷つけないように注意。発病したら土ごと焼却処分し、土壌消毒をする |
| ブドウ、リンゴ | 発病したら焼却処分し、土壌改良を行う |
| 柑橘類 | 幼虫のうちに捕殺する。被害が著しいときは薬剤を使用 |
| ほとんどの果樹 | 発見したら歯ブラシで除去。日当たりと風通しをよくして、窒素肥料を控える |
| ブドウ | 成虫は見つけしだい捕殺する。有機質肥料を与えすぎない |
| ほとんどの果樹 | 剪定で日当たりと風通しをよくする。葉が白く変色したら薬剤を散布 |
| ナシ | 被害葉は除去し、日当たりと風通しをよくする。被害が著しいときは薬剤を使用 |
| ほとんどの果樹 | 殻は見つけしだい、歯ブラシなどでこそげ落とす。剪定によって日当たりと風通しをよくし、被害が著しいときは冬季に薬剤を使用する |
| カキ、ナシ、モモ | 見つけたらすぐに捕殺。雑草や落ち葉などをこまめに除去する |
| ほとんどの果樹 | 葉水で除去し、日当たりと風通しをよくする |
| ほとんどの果樹 | 被害を受けた部分は除去し、果実は袋をかぶせる。7月以降、薬剤を散布 |
| カキ | 見つけしだい捕殺する。秋、幹にむしろを巻き、春にはずして処分する |

## 薬剤を使わない工夫

### ●できれば無農薬で実を収穫したい

果樹と一般の庭木との違いは、実は直接口にするものだけに、薬剤はできるだけ使いたくないという点です。

無農薬栽培は生産農家にとっても非常に難しい課題ですが、家庭では以下のような工夫をとり入れましょう。

**落ち葉を処分**…落ち葉は灰色かび病やべと病などの病原菌をもつ。焼却処分にするか、深さ60㎝以上の穴を掘って埋める。

**粗皮を削る**…大木になると粗皮（木皮）が厚くなり、内側でカイガラムシやハダニが越冬する。褐斑病などの病原菌もついている。粗皮をはいで、病害虫ごと焼却処分にする。

**枯れ木、剪定枝の処分**…収穫後の果梗や剪定後に枯れ込んだ部分などは、病害虫の温床となるのでとり除く。剪定枝にも幼虫が冬眠していることがある。どちらも深い穴に埋めるか、焼却処分にする。

**下草を生やす**…雑草を刈らずにおくと、昆虫のビオトープ（生活圏）ができ、クモなどの天敵がハダニなどの害虫を食べてくれる。また、アブラナ科の雑草にアブラムシ

## 果樹で気をつけたい病害虫とその対応策

| 被害場所 | 病害虫名 | 症状 | 被害時期 |
| --- | --- | --- | --- |
| 葉に出る病気 | 赤星病 | 葉に赤褐色の斑点がつく | 葉が開くころ |
| | うどんこ病 | 葉が白い粉をまぶしたようになる | 梅雨時期 |
| | 黒星病（黒とう病） | つる、葉に黒点がつく。実にもうつる | 梅雨時期 |
| | 縮葉病 | 新葉が縮れて厚くなる | 葉が開くころ |
| | すす病 | 葉が黒いすすを塗ったようになる | 8～11月 |
| | 炭そ病、褐斑病など | 葉や実の表面に黒っぽい斑点ができる | 収穫期 |
| | 落葉病 | 斑点のついた葉が9月ごろに落葉する | 6月ごろ感染、9月ごろ症状が出る |
| 実に出る病気 | 晩腐病 | 収穫直前の実が腐る | 梅雨時期 |
| | 灰星病 | 収穫直前の実が腐る | 収穫期 |
| | 疫病 | 収穫直前の実が腐る | 収穫期 |
| 根に出る病気 | 根頭がん腫病 | 地ぎわの根にこぶができて大きくなる。生育が悪化 | 周年 |
| | 白紋羽病 | 根の周りに菌糸がつき、生育が年々悪化する | 周年 |
| 葉につく病気 | アゲハ（幼虫） | 葉が食べられる | 5～9月 |
| | アブラムシ | 若い枝や葉が巻いて伸びない | 4～6月 |
| | コガネムシ | 葉が食べられる | 7～8月 |
| | ハダニ類 | 葉色が悪くなる。葉の表面がかすり状になる | 7～9月 |
| | ハマキムシ | 葉が内側に巻く | 4月 |
| 実や枝につく害虫 | カイガラムシ類 | 枝に貝殻状のものがくっつく。また、綿のようなものがくっつき、中に動く虫がいることもある（コナカイガラムシ） | 周年 |
| | カメムシ類 | 実の表面がでこぼこになる | 実が小さいときに被害、大きくなってひどくなる |
| | ハダニ類 | 実の表面ががさがさになる | 周年 |
| | ヒメシンクイガ | 枝や実に穴があき、内部が食べられる | 6～9月 |
| | カキノヘタムシガ（カキミガ） | 木にヘタを残して落果する（虫はヘタにつく） | 6月下旬、8月 |

## 使用薬剤の例

| 病気・害虫 | 薬剤（商品名） |
| --- | --- |
| 赤星病 | ジマンダイセン水和剤 |
| うどんこ病 | ベンレート水和剤 |
| 黒点病 | トップジンＭ水和剤 |
| 炭そ病 | ベンレート水和剤 |
| 晩腐病 | ジマンダイセン水和剤 |
| 灰星病 | トップジンＭ水和剤 |
| アブラムシ | スミチオン乳剤、オルトラン水和剤 |
| ハダニ類 | コロマイト乳剤 |
| ハマキムシ | マラソン乳剤 |
| カイガラムシ | スプラサイド乳剤 |
| カメムシ類 | スミチオン乳剤 |

薬剤使用の際は、ラベルに記された適用の作物名や病害虫名を確認し、使用方法を守って散布する。

がついて、果樹まで登ってこなくなる。

**木酢液、もみ殻燻酢液を散布…**炭やもみ殻を燃やしたときの煙をとけ込ませた液で、消毒殺菌作用があるとされる。このほか、ＥＭぼかしなど、有用微生物を使った殺菌作用の高い液もある。

**機能水を散布…**強酸性イオン水（電気イオン分解した酸性水）の殺菌力を利用し、果樹に直接散布する。

**雨よけをする…**雨後は病気を多発しやすい。雨に当てない工夫をする。

いずれも、これで根絶とはいきませんが、被害を少なくし、薬剤散布の量や回数を減らすことができます。

## 受粉

### ●果樹の種類によって異なる受粉方法

家庭果樹は自然のままでは受粉しないものが多く、受粉の条件が限られているものがほとんどです。また、例外もありますが、自分の花粉、同じ品種の花粉では実つきが悪くなるのが普通です。

栽培する前に果樹の種類、品種の受粉の性質を知っておかないと、いつまでたっても実がつかないことになりかねません。種類、品種に合わせた人工授粉などの作業を行うことが必要になります。

果樹の花の性質を分類すると、次のようになります。

**雌雄両性花**…雌しべ、雄しべともに完全な花で、1本だけで実がつく種類もある。

**雌雄異花**…1本の木に雌しべしかない雌花と、雄しべだけの雄花があり、昆虫や風で花粉が運ばれないと受粉しない。枝ごとに雌花、雄花に分かれるものもある。

**雌雄異株**…雌花しか咲かない雌木と、雄花しか咲かない雄木がある。両方を植えないと受粉できない。

**花粉がない**…雌花しか咲かないので、ほかの品種の花粉がないと受粉できない。また、雌しべ、雄しべともある完全花なのに、花粉がないものもある。

### ●品種間の相性を知る

実つきをよくするには、相性のよい品種を選んで人工授粉をすることが大切です。相性のよい品種を数本混植するか、必要な品種の花粉を分けてもらうようにします。

どうしても1本しか植えるスペースがないときは、自分の花粉で受粉する自家結実性種や、花粉がなくても実がなる単為結果性種を選べばよいでしょう。こうした種類でも、人工授粉をしてやればより確実に実がつきます。

### ●人工授粉の時期とコツ

雌しべの先端がぬれたように光って見えたら、花粉をつけます。開花の前日には受粉が可能になりますが、五分咲きのときと満開時の2回行うと確実です。

花粉は雄しべを直接雌しべにこすりつけるか、耳かきの羽毛（白い毛の部分）や綿棒などに花粉をつけて雌しべにふれても、うまくできます。

雄しべは開花後、気温が高くなってからでないと花粉を出さないので注意します。人工授粉をすべての花に行う必要はありません。数がふえると養分が足りなくなって実が小さくなったりします。花の大きなもの、花房の中心の花というように、質のよい花を選んで受粉させましょう。鉢植えは観賞目的も大きいので、実のなる位置を考えて受粉させる花を選ぶことも必要です。

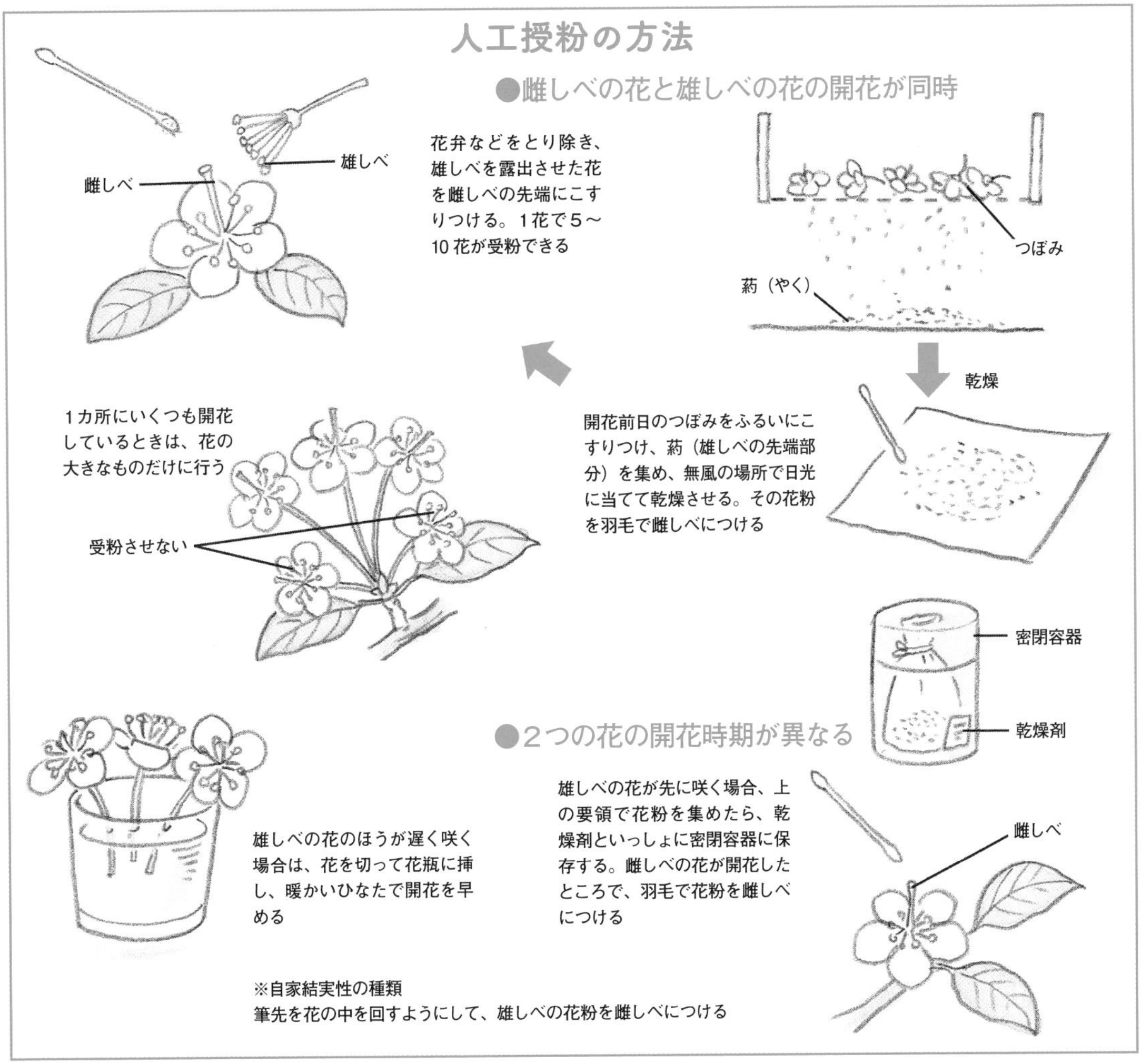
人工授粉の方法
●雌しべの花と雄しべの花の開花が同時
雄しべ
雌しべ
花弁などをとり除き、雄しべを露出させた花を雌しべの先端にこすりつける。1花で5～10花が受粉できる
つぼみ
葯（やく）
乾燥
開花前日のつぼみをふるいにこすりつけ、葯（雄しべの先端部分）を集め、無風の場所で日光に当てて乾燥させる。その花粉を羽毛で雌しべにつける
1カ所にいくつも開花しているときは、花の大きなものだけに行う
受粉させない
密閉容器
乾燥剤
●2つの花の開花時期が異なる
雄しべの花が先に咲く場合、上の要領で花粉を集めたら、乾燥剤といっしょに密閉容器に保存する。雌しべの花が開花したところで、羽毛で花粉を雌しべにつける
雌しべ
雄しべの花のほうが遅く咲く場合は、花を切って花瓶に挿し、暖かいひなたで開花を早める
※自家結実性の種類
筆先を花の中を回すようにして、雄しべの花粉を雌しべにつける

# 収穫までの果実管理

## ●木を疲れさせないための摘蕾、摘花

せっかく咲いた花をとるのは残念なような気もしますが、すべてを実らせると木が疲れ、おいしい実になりません。つぼみの段階で摘んでおけば、開花による養分の消費も抑えられます。

特にたくさんの花が咲き、幼果の初期段階の生長が旺盛なものは、この摘蕾によって花数を調整してやりましょう。必要以上の人工授粉の手間も省けます。

なお、摘蕾や摘花のコツは果樹の種類によるので、それぞれの栽培のページを参照してください。

## ●摘果によって養分を集中させる

いよいよ実が大きくなるころには、完全に受粉していない実や生長が不十分な実が黄色く枯れて落果したり、いびつな形になったりします。より充実した実を残すために、余分な実を摘みとる摘果を行います。花が咲き、実になってから3～4週間後が目安です。

本来は実1個につき葉25～30枚が必要ですが、リンゴやナシなどはまだ葉が出そろわない時期なので、葉7～10枚につき実1個になるように摘果します。

残す実は大きく形もよいもので、次のようなポイントがあります。

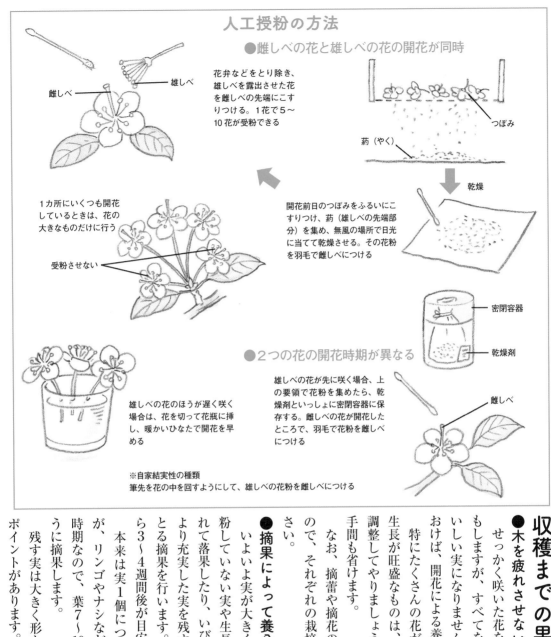

## カキの摘果

生理落果が落ち着いたころに摘果。1枝に1果となるように大きく育った実を残す

## カキの生理落果

カキは生理落果するときはヘタごと落ちる。上のようにヘタが残るのは害虫によるもの

## ナシの2度目の摘果

最初の摘果は生育不良の実をとり、最終的には葉25枚に1果となるようにする

## ブドウの摘粒

①摘房で残した房は実つきがよいが、このままでは養分が分散されてしまう

②大きな房のものなら30～50粒を目安に、小さい粒を思い切って切りとっていく

## ブドウの摘房

①ネオマスカット。開花2週間後までに、粒の数が少ない小さな房を切っておく

②残った房のうちよいものを残し、1結果枝に1房となるよう、果梗ごと切り落とす

### 摘果の方法

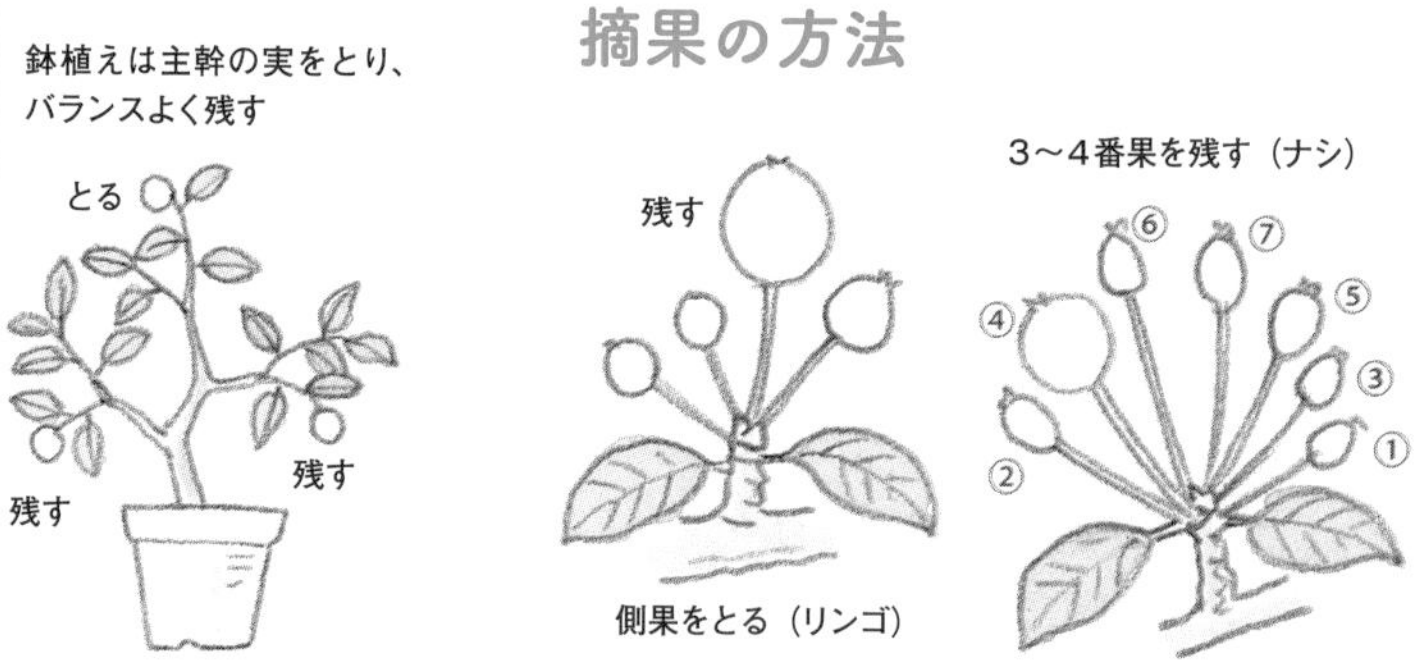
鉢植えは主幹の実をとり、
バランスよく残す
とる
残す
残す
残す
側果をとる（リンゴ）
3～4番果を残す（ナシ）
①
②
③
④
⑤
⑥
⑦

①傷がなく、病害虫に侵されていない。

②枝先に近いもの。鉢植えは主幹より側枝の中間についているもの。

③ナシ、モモ、リンゴはやや細長いもの。ナシは花房の中で3～4番目に開花したもの、リンゴは中心の葉陰にあるもの、カキはヘタの大きなもの。

**●摘蕾と摘果の必要性**

摘蕾や摘果を行わなくても充実した実がなることもありますが、木が弱って翌年はまったく花をつけなくなる隔年結果（実のなる表年とならない裏年がある）になってしまいます。

木が小さいうちは、生長を促すために結実を抑えるのが普通です。ただ、実を全部とってしまって木が大きくなりすぎるのも困りますから、若木のうちも少しは結実させて、収穫の楽しみを味わいましょう。摘蕾、摘果後は、残した実が落ちないよう日当たり、水やりに気をつけて育てます。

**●袋かけは日本独特の病害虫対策**

順調に育った実が収穫直前に病虫害にあったのでは元も子もありません。1果ずつ紙の袋をかけて虫食いや病気のない美しい実をつくるのは日本独特の果実管

# ブドウの袋かけ

①市販の留め金つき果実袋を使うとよい。息を吹き込みふくらませてかぶせる

②上部をしぼるようにして留め金で果梗にとめる。青ブドウには白い袋を

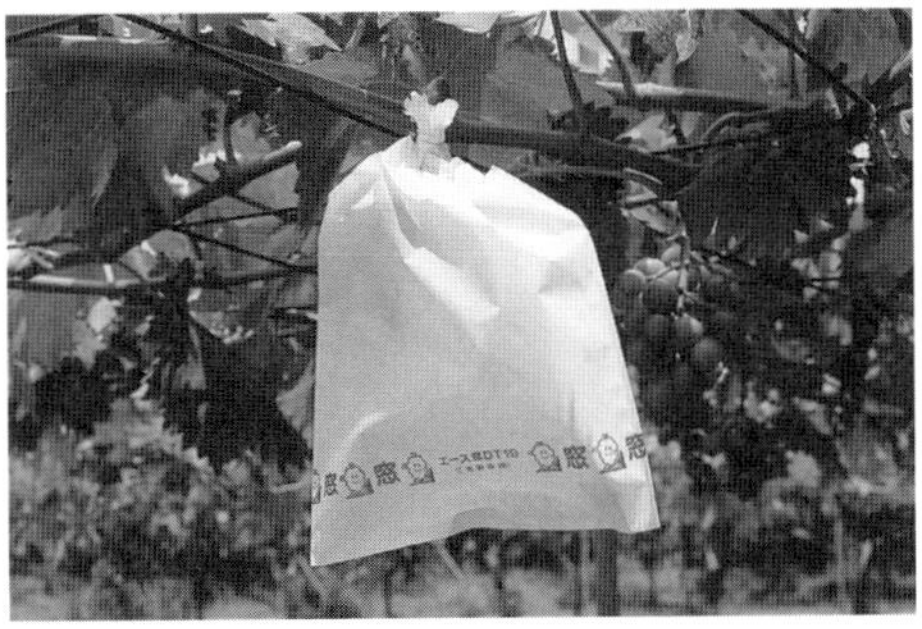


③実色が確認できる、透明フィルムをはったのぞき窓がついている袋が便利

## 袋かけの必要な種類と方法

### ●ナシ

・品種　青ナシ
・方法　摘果直後にろう紙かパラフィン紙の袋をかけ、果梗でとめる

ナシ、リンゴの袋かけは果梗でとめる

### ●リンゴ

・品種　黄色種（ゴールデンデリシャス、陸奥など）
・方法　摘果直後にハトロン紙の袋をかけ、大きくなって袋が破れたらモモと同じ袋にかけかえる。収穫の１カ月前にはとるようにする

### ●ビワ

・方法　３月に摘果を終えてから、大果種なら1/16大に切って実ひとつずつ、小果種は1/8大で果房全体にかける

### ●ブドウ

・品種　大粒ブドウ
・方法　キャンベリアーリーは白い袋をかける。赤ブドウ、青ブドウには専用の袋も市販されている

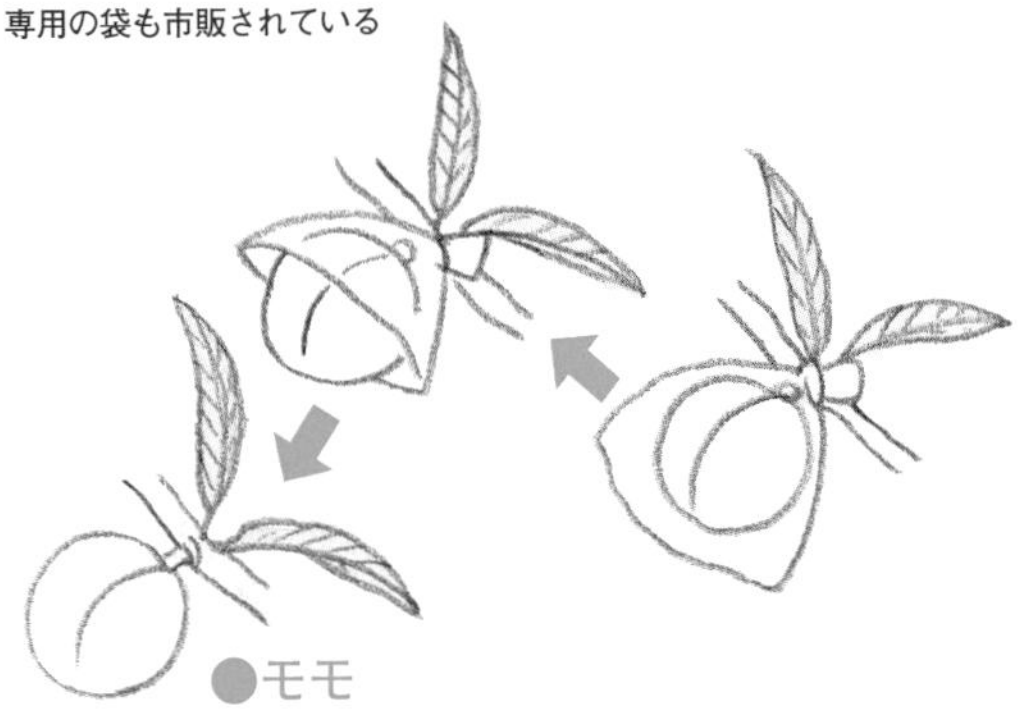

### ●モモ

・品種　白桃系、白鳳系、大久保など
・方法　摘果直後に、植物性油を塗った新聞紙を1/8に切り、二つ折りにしてかけて枝にとめる。収穫７～12日前に下部を半分くらいを破り、３～７日前にはずす

理法で、薬剤散布を減らす一方法です。

病虫害の可能性が高く、袋かけのメリットが見込める種類は、ネクタリン、青ナシ、リンゴ、大粒ブドウ、晩生モモ、ナシ、ビワなどです。

袋は留め金でとめます。果梗の長いナシ、リンゴ、ブドウは果梗に、モモ、スモモなどは枝にとめます。

袋は、収穫直前に実の着色をよくするために除くか破ります。同時に、実の上にかぶさる葉はとり除きます。

なお、ほとんどの種類は袋かけを行わなくても収穫にさほど影響ありません。むしろ、十分に日を浴びて色や味の濃い、栄養たっぷりの果実が収穫できます。

ブドウの粒をこのくらい減らすのが摘粒作業

# おいしい収穫のコツ

## ●いろいろな工夫で実をおいしく

せっかくの果樹ですから、できるだけおいしい実を収穫したいものです。いろいろな工夫で、よりおいしい実をつけることができます。ひと手間かけることで、家庭果樹ならではの味を深めましょう。

**短い期間で実を熟させる**…イチジクのオイリング処理など、落果や病害虫の危険を避けるため、早く熟させる作業を行う。オイリング処理は、植物性油をストローで1〜2滴、イチジクの目に垂らす方法。

**破袋と除袋**…袋かけは色の淡い品種ならそのままでもかまわないが、少しでも日当たりをよくするため、赤いリンゴなら収穫の1カ月前には袋をとってしまう。モモは7〜12日前に袋を破り、3〜7日前にとり除く。

**葉をとる**…日当たりがよいほど色づきがよくなるブドウ、モモ、リンゴなどは、実に陰をつくる葉をとり除く。

**玉回し**…日が当たっていない部分は色づきが悪くなるので、実がとれないように注意しながら、果梗ごと実を回してまんべんなく日に当てる。

**鉢回し、鉢の移動**…鉢植えの場合は、生長期は10日から2週間に一度鉢を回し、生長が偏らないようにする。実が色づく時期には特によく日の当たる場所に移動し、1週間に一度くらい鉢を回して均等に日に当てる。

# 収穫作業

## ●収穫適期を逃さない

売られている果物は、流通に要する時間を考慮して早めに収穫されています。その点、家庭果樹は完熟させた新鮮な果実が味わえます。色や香りのよいものか

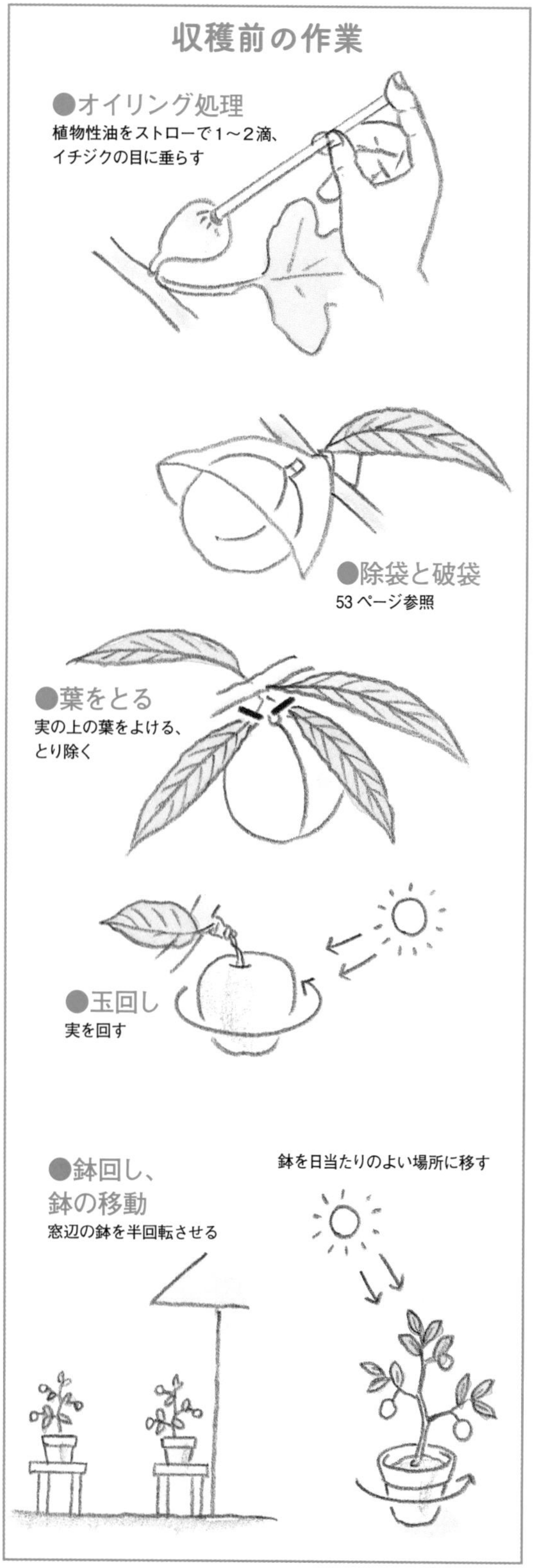

収穫前の作業
●オイリング処理
植物性油をストローで1〜2滴、イチジクの目に垂らす
●除袋と破袋
53ページ参照
●葉をとる
実の上の葉をよける、とり除く
●玉回し
実を回す
●鉢回し、鉢の移動
窓辺の鉢を半回転させる
鉢を日当たりのよい場所に移す

ら順に、収穫しましょう。青い実を利用するスダチなどの柑橘類は、摘果しながら収穫することもできます。

中には、キウイや西洋ナシなど、収穫してから追熟して食べる種類もあります。また、たくさんの収穫が見込めるときは、貯蔵するために早く収穫して長もちさせる方法もあります。利用方法がさまざまなウメは、1本の木でも上部と下部で実の熟し方が違います。使い道に合わせた状態のものを収穫します。

## ●追熟を早める方法、遅らせる方法

追熟や貯蔵をする方法は、実をビニール袋などに入れて冷暗所に置くのが基本です。量が多いときは浅箱に並べます。リンゴやナシなどの実がかたい種類は2段にしてもかまいませんが、キウイやミカンなどは1段にします。

早く追熟させたい場合は、できるだけ収穫を遅らせ、15度以上にならない場所に置きます。キウイの追熟を早めるため、リンゴを1個いっしょに入れるのも効果があります。

逆にできるだけ追熟を遅らせ、貯蔵しておきたいときは、早めに収穫します。収穫時間も朝、果実の温度が上がらないうちに行います。貯蔵場所は冷蔵庫の冷蔵室など、できるだけ温度の低いところが適します。

### 収穫適期

| | | |
|---|---|---|
| 樹上で熟させてから収穫 | アンズ（生食用）、生食する柑橘類、オリーブ（塩漬けする場合は未熟も可）、カキ（追熟させる品種もある）、スグリ、スモモ、ナシ、ネクタリン、ビワ、ブドウ、ベリー類、モモなど | |
| 追熟させるもの、早どりするもの | ウメ | 加工の方法によって熟し方を選んで収穫 |
| | キウイ | 凍らない温度があるなら11月下旬（早生種は10月下旬）まで待って収穫、追熟させる |
| | フェイジョア | 落果したものか、落果直前のものを2～3日室内に置いてから食べる |
| | 柑橘類（調理用） | 摘果しつつ利用し、スダチなど青い実は9月下旬まで、レモンなど黄色い実は12月下旬までにすべて収穫し、ビニール袋に入れて冷蔵庫に貯蔵 |
| | モモ、ネクタリン | 加工する場合は早どりのほうが実くずれしない |
| | アンズ | 干す場合は実がやわらかくならないうちに収穫 |
| | フサスグリ | ジャムなどに加工する場合は早どり |

### 追熟を早める方法

ビニール袋に入れて密閉する。リンゴを1個入れるとさらに早まる
※箱に並べて箱の上からビニールで包んでもよい

スグリとフサスグリの収穫は早朝に。

# 夏越しと冬越し

**●種類によって夏の暑さ対策が必要**

原産地が冷涼な気候の果樹、たとえばリンゴやスグリ類などは、夏の強い直射日光によって葉がやけたり、蒸れによって弱ったりします。庭植えは生長後の移植がたいへんなので、植えつけの時点で落葉樹の木陰になるような場所を選び、夏の遮光対策を考える必要があります。

やむをえず遮光する場合は、枠をつくって寒冷紗を張るか、ヨシズを立てかけてやります。遮光は7月下旬~8月下旬を目安に行います。鉢植えなら、午前中だけ日が当たる場所（特に西日が当たらない場所）に移動します。

**●鉢植えは水管理を徹底して夏越しを**

夏は乾きが早く、水ぎれに十分な注意を要する季節です。置き場の近くに水槽を置くなど、空中湿度を高める工夫をしましょう。

また、日中の高温による鉢内の蒸れの心配もあります。蒸れを防ぐには、日中に鉢内に余分な水を残さないようにします。夏の水やりは、早朝のうちにすまさなければなりません。また、夕方の水やりは、夜間の鉢温を低下させ、空中湿度を高めます。

なお、日中にホースで水やりする場合は、必ずホース内に残った水（熱湯）を出しきってから行います。

**●常緑果樹は冬の寒さ対策が必要**

常緑果樹は比較的寒さに弱いので、鉢植えは10月中旬ごろから水やりを控えぎみにして、寒さに強くしておきます。そして、1~2回霜に当て、明るい室内にとり込みます。

庭植えは、霜よけのヨシズを立てたり、小さいものならビニールトンネルをつくるなどして寒さをやわらげます。樹冠が大きくなったものは、木全体に寒冷紗をかけます。この寒冷紗は、光線を遮らない遮光度の低いものにします。根元にワラを敷いてマルチングをしておくのも効果的です。

落葉果樹は常緑果樹よりは寒さに耐えますが、凍結させない工夫は必要。たとえ凍結しても早くとける場所に置きます。よく日の当たる場所に鉢ごと土に埋めておくのも効果があります。

なお、冬は寒さ対策ばかりでなく、寒風を避ける工夫も大切です。特にブドウは、乾燥させると春に芽が出なくなります。

**●熱帯果樹はできれば10度以上で冬越しを**

熱帯育ちの果樹は、鉢植えにしたほうが移動ができ、管理が楽です。冬はできれば10度以上はほしいので、温室などの保温施設や加温設備のある場所に保護します。室内で管理する場合は、日中は日当たりのよい暖かい窓辺に置き、夜間は温度の低下を防ぐためビニールシートなどでおおいます。シートは日中ははずします。日中もかけたままにすると温度差が激しくなり、かえって木を弱らせます。

# 必要な道具類

**●剪定道具以外にもそろえたい道具がある**

庭を耕したり、穴を掘るためのクワ、シャベル、スコップ、移植ゴテなどは草花や球根などと共通に使用できますが、樹形をつくるために必要な、枝を切ったり、曲げたり、誘引したりする道具はぜひ用意しておきたいものです。これらは庭木と共通で使用することができますから、数種類をそろえておくと便利です。

**剪定ノコギリ**…歯の幅が広く、切りくずが詰まりにくくできている。歯を折り込めるものと、そうでないものがある。

**剪定バサミ**…片刃のもので、大小があるが、一般に長さ18cmくらいのものが楽に使用できる。両刃の花バサミは、枝を切るには不向き。

**癒合剤**…剪定した枝の切り口に塗り、切り口の癒合を早める。

**ひも類**…枝の誘引に使用する。太枝にはビニールひもも使用できるが、細枝には枝が太ってもくい込まない麻ひもが使いやすい。

**支柱**…グリーンの着色ビニールで被覆された金属製のもの。長短がある。主幹が曲がらないように固定したり、U字形仕立てやあんどん仕立てに使用する。

**棚**…キウイやブドウなど、つる性の種類では樹形づくりに欠かせない用具。金属製で高さ2mのものが市販されている。

**ガーデングローブ**…ケガや手荒れを防ぐ。トゲのある果樹を扱うときに便利。

**噴霧器やスプレー**…葉水や薬剤散布用。

**ふるい**…鉢植えの用土の粒の大きさを調整。

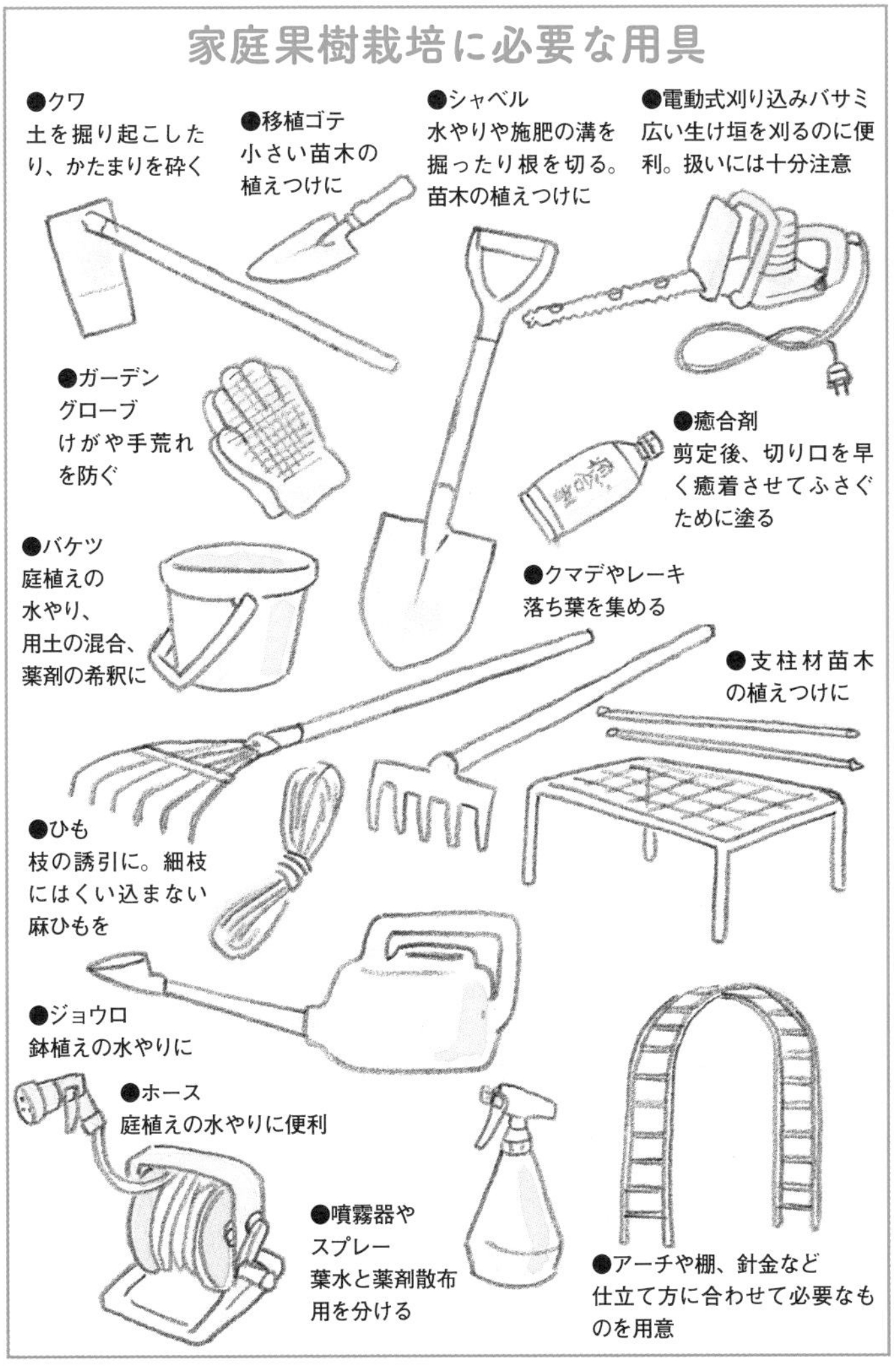
家庭果樹栽培に必要な用具
●クワ
土を掘り起こしたり、かたまりを砕く
●移植ゴテ
小さい苗木の植えつけに
●シャベル
水やりや施肥の溝を掘ったり根を切る。苗木の植えつけに
●電動式刈り込みバサミ
広い生け垣を刈るのに便利。扱いには十分注意
●ガーデングローブ
けがや手荒れを防ぐ
●癒合剤
剪定後、切り口を早く癒着させてふさぐために塗る
●バケツ
庭植えの水やり、用土の混合、薬剤の希釈に
●クマデやレーキ
落ち葉を集める
●支柱材苗木の植えつけに
●ひも
枝の誘引に。細枝にはくい込まない麻ひもを
●ジョウロ
鉢植えの水やりに
●ホース
庭植えの水やりに便利
●噴霧器やスプレー
葉水と薬剤散布用を分ける
●アーチや棚、針金など
仕立て方に合わせて必要なものを用意

# 家庭果樹の用語

**亜主枝**　主枝から発生し、主枝に次ぐ大切な枝。主枝よりこまかい部分を構成する枝。副主枝。

**油かす**　ナタネ、ラッカセイ、ダイズなど植物性油脂を含む植物から油脂分をしぼりとった残存物。窒素分を補う有機質肥料。

**あんどん仕立て**　あんどん支柱（垂直の支柱に2～3個の輪をとめたもの）に、つるをらせん状に巻きつけてつくる、主に鉢植えでの仕立て方。

**腋芽**《えきが》　枝の途中から出ている芽。葉のつけ根にある芽。**→側芽**

**腋花芽**《えきかが》　腋芽が花芽であるもの。

**液肥**《えきひ》　液体肥料。主に茎葉の生長を促すために施す液状の肥料。普通、速効性があるので、追肥として施す。

**枝変わり**　突然変異のひとつで、枝葉が異なる性質をもつこと。これを利用して接ぎ木により繁殖させることで、品種が生まれることも多い。

**表年、裏年**　隔年結果しやすい木において、たくさん実のつくのが表年、ほとんどつかないのが裏年。多くは1年ごとに表年と裏年を繰り返す。

**お礼肥**《れいごえ》　実を収穫したあと、疲労している木に施し、樹勢の回復を図る肥料。

**隔年結果**《かくねんけっか》　たくさん実なりが見られた翌年にまったく、あるいはほとんど実がつかなくなってしまうこと。多数の実に養分を使い果たし、樹勢が回復していない状態。これを避けるために摘蕾や摘花、摘果を行って、結実数を調整する。

**花梗**《かこう》　枝と2個以上の花をつなぐ茎のような部分。**→花柄**

**果梗**《かこう》　枝と実をつなぐ茎のような部分。

**果実管理**　実どまりを確実にする、実の数を制限して大果をつくる、袋かけをして病害虫に侵されないようにするなど、よりよい実の収穫のために行う作業。

**花柄**《かへい》　枝から伸びて先端に、花をひとつつける茎のような部分。

**花房**　1カ所からいくつも花梗を伸ばして花が咲いている部分。結実後は「果房」。

**仮植え**　寒い時期に落葉果樹の苗木を植えつけると寒さと乾燥で傷むことがあるため、植えつけ適期になるまで、仮に植えて厚く土をかけておくこと。

**緩効性化成肥料**　ゆっくり、長時間にわたって効きめが持続する無機質肥料。速効性はないが、急激に効いて根を傷める心配がない。

**環状剥皮**《かんじょうはくひ》　木皮の一部分をぐるりとはぎとり、養分の流れを止めること。それによって生育旺盛な木の生長を鈍らせ、花つきをよくする。

**寒冷紗**《かんれいしゃ》　光線量を調整するための網状の布。また、寒さから保護するために木全体をおおうときにも使う。

**切り詰め剪定**　186ページ参照。

**苦土石灰**《くどせっかい》　マグネシウム（苦土）とカルシウム（石灰）により、土壌の酸度をアルカリ性寄りに調整する土壌改良材。土質をあまり選ばない果樹栽培では、ほとんど必要ない。

**結果枝**　実がつく枝。

**結果習性**　花芽がついて実がつく習性は果樹の種類によって一定しており、その習性のこと。いくつかのパターンに分けることができる。

**結果母枝**　新梢が伸びて花をつける種類において、新梢を出す芽がついた枝のこと。

**結実**《けつじつ》　雌しべが花粉を受けて受精し、子房が肥大して実とタネができること。

**更新剪定**《こうしんせんてい》　古い枝を切り、そばから出ている新しい枝を伸ばすようにする剪定。何度も実をつける果樹では、枝が古くなると実の質が落ちる。古い枝を切って新しい枝に実をつけさせることで、よりよい収穫を目ざす。

**交配不和合性**　特定の品種間の交配で、実がつきにくい関係性のこと。

**混合芽**　ひとつの芽から、花と葉が生じる芽。

カキやナシで見られる。

**三大栄養素**　葉肥といわれる窒素、実肥といわれるリン酸、根肥といわれるカリの3つの栄養素をさす。植物の生長を支える肥料の主要な三栄養素。

**自家受粉**　ひとつの花、同じ木についた花、同じ品種の花粉で実がつくこと。

**自家不結実性**　自分の花粉では実をつけない、花粉がないなどの理由で自家受粉できない、または自家受粉しても結実しにくい性質。別品種の花粉をつけて結実させる。

**四季咲き性**　花期がほぼ春から秋にわたるもの（冬も咲くものもある）。トロピカルフルーツのように、一定の温度があればいつでも花を咲かせるので、すべて結実させる（四季なり性）と、木が疲れ、よい実にならない。寒さや暑さで木に負担が大きい季節の花は摘みとっておくほうがよい。また、もともと自生地では四季咲き性でも、日本の気候では一季咲きになることも多い。

**ジベレリン処理**　タネなしブドウをつくるとき、規定倍率に薄めたジベレリン（植物ホルモン）液にひたしたり、スプレーしたりすることで、単為結果させてタネができないようにしたり、生長を促したり、実を肥大させたりする。

**雌雄異花**《しゆういか》　1本の木に雌しべがあって雄しべのない雌花と、雌しべがなく雄しべだけの雄花が別々に咲くもの。

**雌雄異株**《しゆういしゆ》　雌花だけが咲く雌木と、雄花だけが咲く雄木が異なるもの。

**主芽**　芽がついている中心に位置する正常な芽。↔副芽

**主幹**《しゆかん》　中心となる幹。苗木を植えつけたときに剪定したところまで、また、その部分が生長したところ。主幹形仕立てでは生長した主枝も含めて主幹という。

**主枝**《しゆし》　主幹から発生し、樹形の骨組みをつくる枝。主幹の頂芽が上方へ伸びた枝。

**授粉樹**　自家受粉しない木、雄しべのない木に花粉を提供する木。

**純正花芽**　花だけを生じる芽。花芽。

**新梢**《しんしよう》　その年に伸びた枝。「新枝」「1年生枝」ともいう。

**人工授粉**　受精させるため、人為的に花粉をほかの花の雌しべにくっつけること。

**整枝**《せいし》　樹形を整えるために行う剪定や誘引、針金かけなど、樹形をつくる作業。

**生理落果**　木がもつ養分に不釣り合いな量の実がついてしまったとき、木は実を落として自身と実を守る。その実を落とすこと。カキなどは成熟するまでに数回の落果のピークがある。

**前々年枝**　前年枝が年を越したもの。新枝が3年目を迎えたもの。「3年生枝」。

**剪定**《せんてい》　枝を切る作業。

**前年枝**　前の年に伸びた枝。つまり、新枝が年を越したもの。「2年生枝」。

**側芽**《そくが》　→腋芽《えきが》。

**側枝**《そくし》　主枝や発生した亜主枝以外の枝、また亜主枝から出た枝。結果枝、結果母枝、不要枝など。

**台木**《だいぎ》　接ぎ木を行うときに接がれるほうの木、根を張っているほうの木。樹勢が強く、病気にかかりにくい種類などを選んで用いる。接ぎ穂と同じ種類の木の場合は、「共台（ともだい）」という。

**他家結実性**　自分の花粉では結実しないもの、ほかの木の花粉なら受粉後に受精、結実が起こる性質。

**玉肥**《たまごえ》　油かすや骨粉を主体に混ぜ合わせて固めた有機質肥料。鉢植えに施す肥料で、大粒と小粒の市販品がある。

**単為結果**　受粉せずに実ができるもの。タネがないことが多い。イチジクやカキ、ウンシュウミカンなど。

**短果枝**　実のつく枝は、長さによって短果枝、中果枝、長果枝と呼び分けることが多い。短果枝は10㎝以下の枝をさすことが多く、花芽がつきやすいので、収穫量をふやすためには、短果枝を多くつくることがポイントになる。

**着果習性**　→結果習性

**頂腋花芽**《ちようえきかが》　頂芽と先端の3～4芽の腋芽が花芽であるもの。

**頂芽**《ちようが》　枝の先端の芽。

**頂花芽**《ちようかが》　頂芽が花芽であるもの。

**直果**　結果母枝から葉のない枝が伸び、その先に開花、結実したもの。結果母枝が葉を出すほど充実していないときに出やすく、実が落ちやすく、質はよくない。

# 家庭果樹の用語

**直根《ちょっこん》**　地上部の主幹と反対に、真下へ長く太く伸びた根。

**追肥《ついひ》**　元肥に対し、果樹の生育に応じて生長途中に施す肥料。

**摘果《てきか》**　結実後、実数を減らしてよりよい実を残すために、実が小さいうち（幼果）に摘みとること。

**摘芯《てきしん》**　枝の伸びを抑えるためや腋芽を出させるために、伸びている枝の先端部を摘んだり、切ったりすること。

**摘蕾《てきらい》**　よりよい実を収穫し、木に負担をかけないよう実つきを減らすため、つぼみの段階で摘みとって間引くこと。結果までに実数が減ることを想定して、やや多めに残しておく。

**徒長枝《とちょうし》**　勢いよく長く伸びた枝。樹形を乱す、花芽がつきにくいなどの理由で、切り落とすことが多いが、短果枝の出やすいウメなどでは、切り戻して利用することもある。

**とりまき**　実ができたらタネをとり出し、保存せずにすぐにまくこと。

**花ぶるい**　開花後、そのまま花が落ちたり、小さく実をつけたところで落果すること。早い段階での生理落果。

**花芽《はなめ》**　花が咲く芽。「かが」。

**花芽分化《はなめぶんか》**　花芽ができること。木が生長している間は花芽はほとんどつかず、葉芽ばかりだが、一定の生長段階に達すると花芽分化が起きる。種類によって、分化する条件、時期には差がある。「かがぶんか」。

**葉芽《はめ》**　葉や枝が出る芽。「ようが」。

**葉やけ**　強い直射光線に当たることで、葉が乾燥して光線によって傷むこと。褐色に変色したりして元に戻らなくなる。

**半日陰《はんひかげ》**　木漏れ日が当たる程度のひなた。または1日のうち3～4時間程度、直射光線が当たる場所。ただし、夏の西日は葉やけを起こしたり、乾燥しすぎることがあるので避ける。

**ひこばえ**　勢いよく、親木の根元から伸び出る枝葉。

**副芽**　主芽に寄り添うようについた、主芽より小さい芽。主芽が順調に生長すれば芽吹かず、主芽が伸びなかったときには芽が出て主芽と交代する。

**副主枝**　→**亜主枝**

**プランター**　長方形（標準は長辺が約65㎝）の大きめの鉢。ベリー類の栽培によく使われる。大型という場合は長さがそれ以上に大きく深さもあるもの。丸形はコンテナということが多い。

**間引き剪定**　186ページ参照。

**マルチング**　冬の低温や夏の乾燥から守るため、木の根元付近の土をワラや段ボール、新聞紙などでおおうこと。

**実生《みしょう》**　タネをまいて植物を育てること。果樹は品種を交配して、優秀な特徴をもつ個体を選抜して品種をつくったりしているので、実生では親と同じ性質の実ができなかったり、実がつかないことが多い。

**実《み》どまり**　→**結実**

**無機質肥料《むきしつひりょう》**　人工的に三大栄養素や微量要素を合成してつくった肥料。肥効が高く、多くが速効性をうたっている。↓↑**有機質肥料**

**芽吹《めぶ》き**　生長期に入り、芽が動きだすこと。やがて枝が伸びたり葉が出てくる。

**元肥《もとごえ》**　植えつけや植えかえ時に、用土にあらかじめ施しておく肥料。

**模様木風仕立《もようぎふうしたて》て**　枝をまっすぐ垂直に伸ばさず、剪定によって主幹をジグザグ状にすること。盆栽の仕立てと同じで、幹に模様をつけた仕立て方。

**誘引《ゆういん》**　枝を支柱などに添わせて想定した形に仕上げるために、麻ひもやビニールタイなどを用いて枝を調整しながらとめつけていくこと。

**有機質肥料《ゆうきしつひりょう》**　化学肥料（無機質肥料）ではなく、油かすや骨粉、鶏ふん、魚粉、堆肥など、動物性・植物性の肥料。ほとんどが遅効性。↓↑**無機質肥料**

**緑枝《りょくし》**　春から伸びた緑色の枝。

**矮性種《わいせいしゅ》**　あまり大きくならないように、あらかじめ改良された品種。

**矮性台木**　あまり大きくならないように、接ぎ木の台木に矮性種を用いたもの。リンゴなどでは主流になっている。

**わき芽**　→**腋芽《えきが》**

# 果樹名索引

監修

**高橋栄治**（たかはしえいじ）

1928年京都府生まれ。法政大学文学部卒業。農林省園芸試験場を経て神奈川県に勤務。農業改良普及員、園芸試験場果樹科長、同相模原分場長、神奈川県立大船植物園業務部長を歴任。著書も多数。


表紙・本文デザイン　regia
写真協力　アルスフォト企画、五百蔵美能
撮影協力　佐藤 誠、ベリーコテージ
イラスト　群 境介、堀坂文雄
レシピ制作　金田初代、関塚直子
編集協力　池田久子、金田初代、高橋雄二、中根圭子、平野 威（平野編集制作事務所）
編集担当　木村晶子、大西清二（主婦の友社）

**最新版《さいしんばん》 はじめての果樹《かじゅ》の育《そだ》て方《かた》**

2021年 5 月 31 日　第 1 刷発行
2023年 5 月 20 日　第 3 刷発行

編　者　主婦の友社
発行者　平野健一
発行所　株式会社　主婦の友社
〒141-0021　東京都品川区上大崎 3-1-1
目黒セントラルスクエア
電話（編集）03-5280-7537
（販売）03-5280-7551
印刷所　大日本印刷株式会社

■本書の内容に関するお問い合わせ、また、印刷・製本など製造上の不良がございましたら、主婦の友社（電話 03-5280-7537）にご連絡ください。
■主婦の友社が発行する書籍・ムックのご注文は、お近くの書店か主婦の友社コールセンター（電話 0120-916-892）まで。
＊お問い合わせ受付時間 月～金（祝日を除く）9:30 ～ 17:30

主婦の友社ホームページ https://shufunotomo.co.jp/




ISBN978-4-07-448249-8




※この本は、2010年刊行の『決定版 はじめての果樹づくり』の内容をもとに、カバーや中面のデザインを新たに改訂したものです。